J. STEPHEN LANG

VERHEISSUNGSKONKORDANZ

J. Stephen Lang

Verheißungs-
konkordanz

über 100 Themen und Stichworte

Ermutigung, Warnung, Orientierung -
Gottes Versprechen und Zusagen
mitten in unseren Lebensalltag hinein

Impressum

Lang, J. Stephen:
Verheißungskonkordanz
Ermutigung, Warnung, Orientierung -
Gottes Versprechen und Zusagen mitten in unseren Lebensalltag hinein

ISBN 978-3-89436-227-0

4. Auflage 2008

Titel des amerikanischen Originals:
The Complete Book of Bible Promises
Encouragement for everyday life from the New Living Translation
© 1997 by J. Stephen Lang. All rights reserved. Published by Tyndale
House Publishers, Inc., Wheaton, Illinois.
Translated by permission of Tyndale House Publishers.

© Copyright der deutschen Ausgabe 2000:
Christliche Verlagsgesellschaft, Dillenburg, www.cv-dillenburg.de
Übersetzung: Joachim Köhler, Zweenfurth
Bibeltexte: Nach der Revidierten Elberfelder Bibelübersetzung
Mit freundlicher Genehmigung des R. Brockhaus Verlages,
Wuppertal und Zürich.
Satz: CV Dillenburg
Umschlaggestaltung: Eberhard Platte, Wuppertal
Druck: CPI Moravia, Pohorelice

Printed in Czech Republic

INHALTSVERZEICHNIS

VORWORT

»Wirf auf den HERRN deine Last, und er wird dich erhalten« (Psalm 55,23). Eine wunderbare Verheißung nicht wahr? Dieser Vers geht nicht einmal darauf ein, dass wir dem Herrn irgendwelche lebensbedrohliche oder andere große Lasten bringen. Vielmehr können wir *alle* bringen - ob sie nun groß oder klein, ob sie körperlicher, emotionaler oder geistlicher Art sind. Die Bibel verheißt den Angehörigen des treuen Volkes Gottes, dass der Herr fortwährend über sie wacht. Die Bibel verheißt Menschen, denen es an Glauben fehlt, dass sie ihn *besitzen* können, wenn sie danach verlangen. Kurz gesagt, hinsichtlich der Verheißungen der Bibel ist kein Mensch, keine Schwierigkeit ausgenommen.

Das ist das Schöne daran - wenn wir bedenken, dass uns viele Menschen etwas versprechen und uns dann im Stich lassen. Politiker, Werbung, Selbsthilfegurus und Tausende von selbsternannten »Experten« umgeben uns, indem sie uns ein besseres Leben versprechen, *wenn* wir ihnen unsere Stimme, unser Geld, unsere Zeit und alles Mögliche und Unmögliche geben. Wir wissen nur allzu gut, wohin diese Versprechungen gewöhnlich führen: zu Frustration, Enttäuschung und Zynismus. Wir fragen uns: *Hält überhaupt noch jemand das, was er verspricht?*

Sogar uns nahestehende Menschen werden uns enttäuschen. Wie oft haben wir gehört, dass ein Verwandter oder ein enger Freund sagten: »Es tut mir Leid, ich werde mich bessern«? Wir sind Menschen und unsere Absichten mögen gut sein, doch unsere Versprechungen sind nicht immer vertrauenswürdig. Das ist sie - die reale Welt, wo menschliche Versprechungen nur kurzzeitig gelten, schnell hinfällig werden und oft jegliche Bedeutung verlieren. Doch sie ist auch Gottes Welt. Unsere schlechten Erfahrungen und Enttäuschungen können uns noch empfänglicher werden lassen für die Unwandelbarkeit des Herrn, der sein Volk nie enttäuscht.

Das Buch, das Sie vor sich haben, beinhaltet einen umfassenden Versuch, die Verheißungen der Bibel zu jedem möglichen Thema zusammenzustellen. Am oberen Seitenrand erscheint jeweils der Name der alphabetisch angeordneten Themenbereiche (»Zorn«, »Himmel«, »Ehe«, »Selbstachtung und Selbstwertgefühl« usw.). Wenn Sie ein besonderes Sachgebiet (z.B. »Drogen«) suchen und es nicht im alphabetischen Inhaltsverzeichnis finden, sollten Sie es im Sachregister suchen. Dieses ebenfalls alphabetisch angeordnete Register wird Sie auf einen verwandten Themenbereich verweisen (im Register finden Sie »Drogen« mit dem Hinweis, im Themenbereich »Alkoholismus und andere materielle Süchte« nachzusehen). Sie werden ebenso feststellen, dass am Ende eines jeden Themenbereichs auf die verwandten Sachgebiete verwiesen wird.

Möge dieses Buch Sie dazu führen, das Wesen Gottes, der zu seinen Verheißungen steht, besser zu erfassen und zu erkennen!

ABKÜRZUNGEN DER BIBLISCHEN BÜCHER

ALTES TESTAMENT

1. Mose	1Mo *Gen*
2. Mose	2Mo *Ex*
3. Mose	3Mo *Lev*
4. Mose	4Mo *Num*
5. Mose	5Mo *Dtn*
Josua	Jos
Richter	Ri
Rut	Rt
1. Samuel	1Sam
2. Samuel	2Sam
1. Könige	1Kö
2. Könige	2Kö
1. Chronik	1Chr
2. Chronik	2Chr
Esra	Esr
Nehemia	Neh
Ester	Est
Hiob	Hi *Ijob*
Psalmen	Ps
Sprüche	Spr
Prediger	Pred*
Hoheslied	Hl
Jesaja	Jes
Jeremia	Jer
Klagelieder	Kla
Hesekiel	Hes *Ez*
Daniel	Dan
Hosea	Hos
Joel	Joe
Amos	Am
Obadja	Ob
Jona	Jon
Micha	Mi
Nahum	Nah
Habakuk	Hab
Zephanja	Zeph
Haggai	Hag
Sacharja	Sach
Maleachi	Mal

NEUES TESTAMENT

Matthäus	Mt
Markus	Mk
Lukas	Lk
Johannes	Joh
Apostelgeschichte	Apg
Römer	Röm
1. Korinther	1Kor
2. Korinther	2Kor
Galater	Gal
Epheser	Eph
Philipper	Phil
Kolosser	Kol
1. Thessalonicher	1Thes
2. Thessalonicher	2Thes
1. Timotheus	1Tim
2. Timotheus	2Tim
Titus	Tit
Philemon	Phim
Hebräer	Hebr
Jakobus	Jak
1. Petrus	1Petr
2. Petrus	2Petr
1. Johannes	1Jo
2. Johannes	2Jo
3. Johannes	3Jo
Judas	Jud
Offenbarung	Offb

* Kohelet (Koh) *(Einheits-übersetzung)*

ALKOHOLISMUS UND ANDERE MATERIELLE SÜCHTE

Siehe auch »Schlechter Umgang bzw. schlechte Gesellschaft«,
»Leib bzw. Körper«, »Krankheit«, »Versuchung«

*I*n den letzten Jahren ist vielen bewusster geworden, wie gefähr-lich Alkoholismus und Missbrauch anderer Stoffe ist. Trotz un-seres wachsenden Bewusstseins dafür, wie schädlich die damit verbundenen persönlichen und sozialen Auswirkungen sind, scheinen wir den Kampf gegen Drogen zu verlieren, während gleichzeitig der Alkoholismus zunimmt.

Was sagt die Bibel über solche Praktiken? Nun, Sie werden vergeblich nach einem Vers suchen, worin es heißt: »Trinke kei-nen Alkohol. Punkt.« Und über die heute bekannten illegalen Drogen sagt die Bibel überhaupt nichts, da sie in biblischen Zeiten nicht zur Verfügung standen. Dennoch enthält die Bibel viele Aussagen über all jene Stoffe, die uns als Menschen de-gradieren. Glücklicherweise befinden sich darin auch zahlrei-che Verse hinsichtlich der Alternativen zu einem Suchtmittel-rausch. Aus der Sicht der Bibel ist das »Erfülltsein mit dem Geist« weitaus besser als jeder rauschhafte Zustand, in den uns ein Getränk oder eine Droge bringen können.

- **Spr 20,1** Ein Spötter ist der Wein, ein Lärmer der Rauschtrank; und jeder, der davon taumelt, ist unweise.

- **Spr 21,17** Dem Mangel verfällt, wer Festfreude liebt; wer Wein und Öl liebt, wird nicht reich.

- **Spr 23,20-21.29-35** Sei nicht unter Weinsäufern, <noch> unter denen, die Fleisch verprassen! Denn ein Säufer und Schlemmer verarmt, und Schläfrigkeit kleidet in Lumpen ... Wer hat Ach, wer hat Weh, wer Zänkereien, wer Klage, wer Wunden ohne Ursache, wer trübe Augen?

Die spät beim Wein noch sitzen, die einkehren, um den Mischkrug zu erforschen. Sieh den Wein nicht an, wenn er so rötlich schimmert, wenn er im Becher funkelt <und> leicht hinuntergleitet. Zuletzt beißt er wie eine Schlange und speit <Gift> wie eine Viper. Deine Augen sehen Seltsames, und dein Herz redet Verworrenes, und du bist wie einer, der im Herzen des Meeres liegt, und wie einer, der da liegt im Ausguck am Mast.»Man hat mich geschlagen, es schmerzte mich nicht; man hat mich geprügelt, ich merkte es nicht. Wann werde ich aufwachen? Ich will ihn noch einmal aufsuchen.«

- **Jes 5,11.22-24** Wehe denen, die sich früh am Morgen aufmachen, um Rauschtrank nachzujagen, die bis spät am Abend bleiben, <dass> der Wein sie erhitze! ... Wehe denen, die Helden sind im Weintrinken und tapfere Männer im Mischen von Rauschtrank; die den Ungerechten wegen eines Bestechungsgeschenkes gerecht sprechen, den Gerechten aber ihre Gerechtigkeit absprechen! Darum, wie des Feuers Zunge die Stoppeln verzehrt und dürres Gras in der Flamme zusammensinkt, so wird ihre Wurzel wie Moder werden und ihre Blüte auffliegen wie Staub. Denn sie haben das Gesetz des HERRN der Heerscharen verworfen und das Wort des Heiligen Israels verschmäht.

- **Hos 4,11** Hurerei, Wein und Most nehmen den Verstand weg.

- **Lk 21,34-35** Hütet euch aber, dass eure Herzen nicht etwa beschwert werden durch Völlerei und Trunkenheit und Lebenssorgen und jener Tag plötzlich über euch hereinbricht wie ein Fallstrick! Denn er wird über alle kommen, die auf dem ganzen Erdboden ansässig sind.

Im Neuen Testament finden wir ein erstrebenswertes Ziel, das Reich Gottes. Unser Leben in dieser Welt sollte zeigen, dass wir unser ganzes Leben bereits Gottes Souveränität unterstellt haben. In diesem Reich gibt es keinen Platz für diejenigen, die ein Suchtmittel einem erfüllenden Leben mit Gott vorziehen.

- **Röm 13,13** Lasst uns anständig wandeln wie am Tag; nicht in Schwelgereien und Trinkgelagen, nicht in Unzucht und Ausschweifungen, nicht in Streit und Eifersucht.

- **Eph 5,18** Und berauscht euch nicht mit Wein, worin Ausschweifung ist, sondern werdet voller Geist.

- **1Petr 4,3-5** Denn die vergangene Zeit ist <uns> genug, den Willen der Nationen vollbracht zu haben, als ihr wandeltet in Ausschweifungen, Begierden, Trunkenheit, Festgelagen, Trinkgelagen und frevelhaften Götzendiensten. Hierbei befremdet es sie, dass ihr nicht <mehr> mitlauft in demselben Strom der Heillosigkeit, und sie lästern, die dem Rechenschaft geben werden, der bereit ist, Lebende und Tote zu richten.

Altwerden

Siehe auch »Hoffnung«, »Persönliches Wachstum«

W er möchte schon alt werden? Der Komiker George Burns, der mehr als 100 Jahre alt wurde, witzelte: »Es gibt nichts Besseres als das.« Doch stimmt das? Statt in dieser Welt weiterzuleben, bietet sich für gläubige Menschen die Möglichkeit, im Himmel zu sein. Gottes Wort enthält zahlreiche Aussagen über den Himmel, aber auch viel über das Älterwerden. Wir können dankbar sein, dass unser Herr eine verständnisvolle Haltung gegenüber dem Altwerden einnimmt als unsere jugendorientierte Gesellschaft.

- **Spr 16,31** Das graue Haar ist eine prächtige Krone, auf dem Weg der Gerechtigkeit findet man sie.

- **Spr 20,29** Der Schmuck der jungen Männer ist ihre Kraft, graues Haar aber die Zierde der Alten.

Welch ein altmodischer Gedanke! Graues Haar als »prächtige Krone«, als Zeichen der »Erfahrung«. Die Werte des Allmächtigen sind den unsrigen entgegengesetzt. Statt als Senioren aufs Abstellgleis geschoben zu werden, wird den Älteren Gottes fortwährende Wertschätzung und Fürsorge verheißen.

- **Jes 46,4** Auch bis in <euer> Greisenalter bin ich derselbe, und bis zu <eurem> grauen Haar werde ich selbst <euch> tragen. Ich, ich habe es getan, und ich selbst werde heben, und ich selbst werde tragen und werde erretten.

- **Spr 17,6a** Die Krone der Alten sind Kindeskinder.

- **3Mo 19,32** Vor grauem Haar sollst du aufstehen und die Person eines Greises ehren, und du sollst dich fürchten vor deinem Gott. Ich bin der HERR.

- **Ps 92,13-15** Der Gerechte wird sprossen wie die Palme, wie eine Zeder auf dem Libanon wird er empor-wachsen. Die gepflanzt sind im Haus des HERRN, wer-den grünen in den Vorhöfen unseres Gottes. Noch im Greisenalter gedeihen sie, sind sie saftvoll und grün.

Ist dies eine rosarote, unrealistische Sichtweise des Alters? Nein, nicht im geistlichen Sinne, denn ein Gottesfürchtiger kann tatsächlich Frucht hervorbringen - selbst im Alter. Doch die Bibel, die stets von der Realität ausgeht, stellt deutlich he-raus, dass Altwerden auch unangenehme Seiten hat.

- **Ps 90,1b-6.10-12** Herr, *du* bist unsere Wohnung gewesen von Geschlecht zu Geschlecht. Ehe die Berge geboren waren und du die Erde und die Welt erschaffen hattest, von Ewigkeit zu Ewigkeit bist du, Gott. Du lässt den Menschen zum Staub zurückkehren und sprichst: Kehrt zurück, ihr Menschenkinder! Denn tausend Jahre sind in deinen Augen wie der gestrige Tag, wenn er ver-gangen ist, und wie eine Wache in der Nacht. Du schwemmst sie hinweg, <sie sind wie> ein Schlaf, sie sind am Morgen wie Gras, das aufsprosst. Am Morgen blüht es und sprosst auf. Am Abend welkt es und ver-dorrt ... Die Tage unserer Jahre sind siebzig Jahre, und, wenn in Kraft, achtzig Jahre, und ihr Stolz ist Mühe und Nichtigkeit, denn schnell eilt es vorüber, und wir fliegen dahin. Wer erkennt die Stärke deines Zorns und deines Grimms, wie es der Furcht vor dir entspricht? So lehre <uns> denn zählen unsere Tage, damit wir ein weises Herz erlangen!

Worin besteht die Botschaft dieser Bibelverse? Darin, dass Alt-werden mit Verzweiflung einhergeht? Wohl kaum! Der letzte Vers umfasst eine Botschaft an jeden - ungeachtet seines Alters: Nutze die Zeit, die du hast, bestmöglich! Unser Leben in die-ser Welt ist nicht von Bestand, doch das geistliche Erbe, das wir hinterlassen, **bleibt bestehen.** *Bedenken wir die folgenden Bibelstellen:*

• **Ps 112,1-2** Halleluja! Glücklich der Mann, der den HERRN fürchtet, der große Freude an seinen Geboten hat! Seine Nachkommenschaft wird mächtig sein im Land. Das Geschlecht der Aufrichtigen wird gesegnet werden.

• **Apg 2,17-18** »Und es wird geschehen in den letzten Tagen, spricht Gott, dass ich von meinem Geist ausgießen werde auf alles Fleisch, und eure Söhne und eure Töchter werden weissagen, und eure jungen Männer werden Gesichte sehen, und eure Ältesten werden Traumgesichte haben; und sogar auf meine Knechte und auf meine Mägde werde ich in jenen Tagen von meinem Geist ausgießen, und sie werden weissagen.«

Paulus, der große Apostel, hinterließ uns die folgende Verheißung, die als tröstlichste aller Zusagen für Altgewordene und als großer Zuspruch für treue Gläubige ungeachtet ihres Alters gelten kann:

• **Phil 1,6** Ich bin ebenso in guter Zuversicht, dass der, der ein gutes Werk in euch angefangen hat, es vollenden wird bis auf den Tag Christi Jesu.

ANDEREN VERGEBEN

Siehe auch »Zorn«, »Feinde«,
»Gnade und Barmherzigkeit«, »Rache«

*E*in oft zitierter Satz ist der Ausspruch des Dichters Alexander Pope: »Irren ist menschlich, vergeben göttlich.« Damit erfasste Pope das Wesen der biblischen Botschaft. Gott vergibt uns und wenn wir seine Kinder sind, müssen auch wir Vergebung praktizieren. Daran führt kein Weg vorbei. Groll hat im Leben eines Christen kein Platz. So wie wir angesichts unserer Fehler dringend Gottes Vergebung brauchen, ist es für uns gleichermaßen dringlich, denen zu vergeben, die uns enttäuschen.

- **Spr 19,11** Die Einsicht eines Menschen macht ihn langmütig, und sein Ruhm ist es, an der Übertretung vorüberzugehen.

- **Spr 20,22** Sage nicht: Ich will Böses vergelten! Harre auf den HERRN, so wird er dich retten!

- **Mt 5,7.39-47** Glückselig die Barmherzigen, denn *ihnen* wird Barmherzigkeit widerfahren ...
  Ich ... sage euch: Widersteht nicht dem Bösen, sondern wenn jemand dich auf deine rechte Backe schlagen wird, dem biete auch die andere dar; und dem, der mit dir vor Gericht gehen und dein Untergewand nehmen will, dem lass auch den Mantel! Und wenn jemand dich zwingen wird, *eine* Meile zu gehen, mit dem geh zwei! Gib dem, der dich bittet, und weise den nicht ab, der von dir borgen will!
  Ihr habt gehört, dass gesagt ist: Du sollst deinen Nächsten lieben und deinen Feind hassen. Ich aber sage euch: Liebt eure Feinde, und betet für die, die euch verfolgen, damit ihr Söhne eures Vaters seid, der in den Himmeln

ist! Denn er lässt seine Sonne aufgehen über Böse und Gute und lässt regnen über Gerechte und Ungerechte. Denn wenn ihr liebt, die euch lieben, welchen Lohn habt ihr? Tun nicht auch die Zöllner dasselbe? Und wenn ihr allein eure Brüder grüßt, was tut ihr Besonderes? Tun nicht auch die von den Nationen dasselbe?

• **Mt 6,14-15** Denn wenn ihr den Menschen ihre Vergehungen vergebt, so wird euer himmlischer Vater auch euch vergeben; wenn ihr aber den Menschen nicht vergebt, so wird euer Vater eure Vergehungen auch nicht vergeben.

• **Mk 11,24-25** Darum sage ich euch: Alles, um was ihr auch betet und bittet, glaubt, dass ihr es empfangen habt, und es wird euch werden. Und wenn ihr steht und betet, so vergebt, wenn ihr etwas gegen jemand habt, damit auch euer Vater, der in den Himmeln ist, euch eure Übertretungen vergebe.

• **Lk 6,35-37** Doch liebt eure Feinde, und tut Gutes, und leiht, ohne etwas wieder zu erhoffen! Und euer Lohn wird groß sein, und ihr werdet Söhne des Höchsten sein; denn er ist gütig gegen die Undankbaren und Bösen.
Seid nun barmherzig, wie auch euer Vater barmherzig ist! Und richtet nicht, und ihr werdet *nicht* gerichtet werden; und verurteilt nicht, und ihr werdet *nicht* verurteilt werden. Lasst los, und ihr werdet losgelassen werden.

• **Röm 12,14.17.19-21** Segnet, die euch verfolgen; segnet, und flucht nicht! ... Vergeltet niemand Böses mit Bösem; seid bedacht auf das, was ehrbar ist vor allen Menschen! ... Rächt euch nicht selbst, Geliebte, sondern gebt Raum dem Zorn! Denn es steht geschrieben: »Mein ist die Rache; ich will vergelten, spricht der Herr.« »Wenn nun deinen Feind hungert, so speise ihn; wenn ihn dürstet, so gib ihm zu trinken! Denn wenn du das tust, wirst du feurige Kohlen auf sein Haupt sammeln.« Lass dich nicht vom Bösen überwinden, sondern überwinde das Böse mit dem Guten!

- **Kol 3,13** Ertragt einander und vergebt euch gegenseitig, wenn einer Klage gegen den anderen hat; wie auch der Herr euch vergeben hat, so auch ihr!

Vergebung sollten wir jedem gegenüber praktizieren, doch besonders gegenüber denen, die wir als unsere Glaubensgeschwister bezeichnen. Ihnen sollten wir besondere Güte erweisen, während Groll und anhaltende Streitigkeiten in der Gemeinde keinen Platz haben.

- **Lk 17,3-4** Habt acht auf euch selbst: Wenn dein Bruder sündigt, so weise ihn zurecht, und wenn er es bereut, so vergib ihm! Und wenn er siebenmal am Tag an dir sündigt und siebenmal zu dir umkehrt und spricht: Ich bereue es, so sollst du ihm vergeben.

- **Eph 4,31-32** Alle Bitterkeit und Wut und Zorn und Geschrei und Lästerung sei von euch weggetan, samt aller Bosheit! Seid aber zueinander gütig, mitleidig, und vergebt einander, so wie auch Gott in Christus euch vergeben hat!

ANGST UND FURCHT

*Siehe auch »Zufriedenheit«, »Hoffnung«,
»Kummer und Sorgen«*

*F*ranklin Roosevelt versicherte dem amerikanischen Volk, dass
»wir nichts befürchten müssen, nur die Angst selbst.« Die Bibel
gibt eine noch kühnere Verheißung: Wir müssen **nichts** befürchten.
Dies bedeutet nicht, dass unser Leben sorgenfrei sein wird -
ganz im Gegenteil. Doch Gottes Wort sagt uns, dass Angst - vor
Feinden, vor der Zukunft, vor Versagen oder vor was auch
immer - unser Leben nicht beherrschen und uns lähmen muss.
Es gibt einen einfachen Grund dafür, warum wir in Frieden
leben können: Gott ist bei uns.

• **Ps 23,4-5** Auch wenn ich wandere im Tal des Todesschattens, fürchte ich kein Unheil, denn du bist bei mir;
dein Stecken und dein Stab, *sie* trösten mich. Du bereitest
vor mir einen Tisch angesichts meiner Feinde; du hast
mein Haupt mit Öl gesalbt, mein Becher fließt über.

• **Ps 27,1-3** *Von David.* Der HERR ist mein Licht und
mein Heil, vor wem sollte ich mich fürchten? Der HERR
ist meines Lebens Zuflucht, vor wem sollte ich
erschrecken? Wenn Übeltäter mir nahen, mein Fleisch zu
fressen, meine Bedränger und meine Feinde, so sind sie es,
die straucheln und fallen. Wenn sich ein Heer gegen mich
lagert, so fürchtet sich mein Herz nicht; wenn sich auch
Krieg gegen mich erhebt, trotzdem bin ich vertrauensvoll.

• **Ps 46,2-6a** Gott ist uns Zuflucht und Stärke, als Beistand in Nöten reichlich gefunden. Darum fürchten wir
uns nicht, wenn auch die Erde erbebt und die Berge mitten ins Meer wanken. Mögen seine Wasser tosen und
schäumen, die Berge erbeben durch sein Aufbäumen! //

Des Stromes Läufe erfreuen die Stadt Gottes, die heiligste der Wohnungen des Höchsten. Gott ist in ihrer Mitte, sie wird nicht wanken.

- **Ps 91,4-6** Mit seinen Schwingen deckt er dich, und du findest Zuflucht unter seinen Flügeln. Schild und Schutzwehr ist seine Treue. Du fürchtest dich nicht vor dem Schrecken der Nacht, vor dem Pfeil, der am Tag fliegt, vor der Pest, die im Finstern umgeht, vor der Seuche, die am Mittag verwüstet.

- **Spr 3,21-26** Mein Sohn, lass sie nicht weichen aus deinen Augen, bewahre Umsicht und Besonnenheit! So werden sie Leben sein für deine Seele und Anmut für deinen Hals. Dann gehst du sicher deinen Weg, dein Fuß stößt nirgends an. Wenn du dich hinlegst, wirst du nicht aufschrecken, und liegst du, erquickt <dich> dein Schlaf. Fürchte dich nicht vor plötzlichem Schrecken noch vor dem Verderben der Gottlosen, wenn es <über sie> kommt! Denn der HERR ist deine Zuversicht und bewahrt deinen Fuß vor der Falle.

- **Spr 29,25** Menschenfurcht stellt eine Falle; wer aber auf den HERRN vertraut, ist in Sicherheit.

- **Jes 41,10-13** Fürchte dich nicht, denn ich bin mit dir! Habe keine Angst, denn ich bin dein Gott! Ich stärke dich, ja, ich helfe dir, ja, ich halte dich mit der Rechten meiner Gerechtigkeit. Siehe, beschämt und zuschanden werden alle, die <in Feindschaft> gegen dich entbrannt sind. Es werden wie nichts und gehen zugrunde die Männer, die den Rechtsstreit mit dir führen. Du wirst sie suchen und nicht finden, die Männer, die mit dir zanken. Wie nichts und wie Nichtigkeit werden die Männer, die mit dir Krieg führen. Denn ich bin der HERR, dein Gott, der deine Rechte ergreift, der zu dir spricht: Fürchte dich nicht! Ich, ich helfe dir!

- **Jes 43,1-3a** Aber jetzt, so spricht der HERR, der dich geschaffen, Jakob, und der dich gebildet hat, Israel: Fürchte dich nicht, denn ich habe dich erlöst! Ich habe dich bei deinem Namen gerufen, du bist mein. Wenn du durchs Wasser gehst, ich bin bei dir, und durch Ströme, sie werden dich nicht überfluten. Wenn du durchs Feuer gehst, wirst du nicht versengt werden, und die Flamme wird dich nicht verbrennen. Denn ich bin der HERR, dein Gott, <ich>, der Heilige Israels, dein Retter.

• **Jes 51,11b-12** Sie werden Wonne und Freude erlangen, Kummer und Seufzen werden entfliehen. Ich, ich bin es, der euch tröstet. Wer bist du, dass du dich vor dem Menschen fürchtest, der hinstirbt, und vor dem Menschenkind, das <wie> Gras dahingegeben wird.

• **Mt 10,28** Und fürchtet euch nicht vor denen, die den Leib töten, die Seele aber nicht zu töten vermögen; fürchtet aber vielmehr den, der sowohl Seele als Leib zu verderben vermag in der Hölle!

• **Lk 12,29-32** Und ihr, trachtet nicht <danach>, was ihr essen oder was ihr trinken sollt, und seid nicht in Unruhe! Denn nach diesem allen trachten die Nationen der Welt; euer Vater aber weiß, dass ihr dies benötigt. Trachtet jedoch nach seinem Reich! Und dies wird euch hinzugefügt werden. Fürchte dich nicht, du kleine Herde! Denn es hat eurem Vater wohlgefallen, euch das Reich zu geben.

• **Joh 14,27** Frieden lasse ich euch, *meinen* Frieden gebe ich euch; nicht wie die Welt gibt, gebe ich euch. Euer Herz werde nicht bestürzt, sei auch nicht furchtsam.

• **Röm 8,37-39** Aber in diesem allen sind wir mehr als Überwinder durch den, der uns geliebt hat. Denn ich bin überzeugt, dass weder Tod noch Leben, weder Engel noch Gewalten, weder Gegenwärtiges noch Zukünftiges, noch Mächte, weder Höhe noch Tiefe, noch irgendein anderes Geschöpf uns wird scheiden können von der Liebe Gottes, die in Christus Jesus ist, unserem Herrn.

- **Offb 2,10** Fürchte dich nicht vor dem, was du leiden wirst! Siehe, der Teufel wird <einige> von euch ins Gefängnis werfen, damit ihr geprüft werdet ... Sei treu bis zum Tod! Und ich werde dir den Siegeskranz des Lebens geben.

- **2Tim 1,6-7** Um dieser Ursache willen erinnere ich dich, die Gnadengabe Gottes anzufachen, die in dir durch das Auflegen meiner Hände ist. Denn Gott hat uns nicht einen Geist der Furchtsamkeit gegeben, sondern der Kraft und der Liebe und der Zucht.

Die neutestamentlichen Verfasser schrieben über eine ernstzunehmende Angst, die das geistliche Leben ruinieren kann: die Angst vor Gott selbst. Die Apostel geben diesbezüglich eine überaus deutliche Verheißung: Wenn wir wahrhaftig wiedergeboren und damit Gottes Kinder sind, brauchen wir keine Angst davor zu haben, dass er uns verlässt oder es sich anders überlegt.

- **Röm 8,14-17a** Denn so viele durch den Geist Gottes geleitet werden, die sind Söhne Gottes. Denn ihr habt nicht einen Geist der Knechtschaft empfangen, wieder zur Furcht, sondern einen Geist der Sohnschaft habt ihr empfangen, in dem wir rufen: Abba, Vater! Der Geist selbst bezeugt <zusammen> mit unserem Geist, dass wir Kinder Gottes sind. Wenn aber Kinder, so auch Erben, Erben Gottes und Miterben Christi.

- **Eph 3,12** In ihm haben wir Freimütigkeit und Zugang in Zuversicht durch den Glauben an ihn.

- **1Jo 4,17-18** Hierin ist die Liebe bei uns vollendet worden, dass wir Freimütigkeit haben am Tag des Gerichts, denn wie er ist, sind auch wir in dieser Welt. Furcht ist nicht in der Liebe, sondern die vollkommene Liebe treibt die Furcht aus, denn die Furcht hat <es mit> Strafe <zu tun>. Wer sich aber fürchtet, ist nicht vollendet in der Liebe.

ARBEIT

Siehe auch »Faulheit«, »Geld«, »Ruhetag«, »Erfolg«

*A*rbeit *ist für viele Menschen ein Wort mit sechs Buchstaben geworden. Zyklen bestimmen die Gesellschaft - eine Generation arbeitet hart und gönnt sich kaum Vergnügungen, während eine andere diesen Trend umkehrt. Gegenwärtig scheint unsere Gesellschaft vergnügungssüchtig und arbeitsfeindlich eingestellt zu sein. Wir haben scheinbar die Wahrheit der Aussage von William James vergessen: »Solange man nicht etwas anderes lieber tun würde, kommt einem nichts wie Arbeit vor.« Mit anderen Worten: Wenn man an seiner Arbeit wirklich Freude hat, ist es keine Arbeit. Vielleicht haben wir diese Wahrheit vernachlässigt und sind ein Opfer der Mentalität des »Ich kann den Freitag kaum erwarten« geworden. Doch die Bibel gibt keine angenehmen Verheißungen für Menschen, die ihre gesamte Arbeitswoche damit verbringen, dem Wochenende entgegenzusehen.*

Alle, die Arbeit als eine Art unnormale Last für die Menschheit ansehen, sollten sich daran erinnern, dass dem Menschen noch vor dem Sündenfall von Gott der Arbeitsauftrag gegeben wurde:

- **1Mo 1,27-28** Und Gott schuf den Menschen nach seinem Bild, nach dem Bild Gottes schuf er ihn; als Mann und Frau schuf er sie. Und Gott segnete sie, und Gott sprach zu ihnen: Seid fruchtbar und vermehrt euch, und füllt die Erde, und macht sie <euch> untertan; und herrscht über die Fische des Meeres und über die Vögel des Himmels und über alle Tiere, die sich auf der Erde regen!

- **1Mo 2,15** Und Gott, der HERR, nahm den Menschen und setzte ihn in den Garten Eden, ihn zu bebauen und ihn zu bewahren.

*Die Bibel geht davon aus, dass Arbeit etwas Natürliches ist - etwas, das Gott für die Menschheit bestimmt hat. Aufgrund dessen kann man mit ziemlicher Sicherheit annehmen, dass die biblischen Verfasser vom modernen Wohlfahrtsstaat und seinen Anreizen, **nicht** zu arbeiten, keine besonders hohe Meinung gehabt hätten. Doch die Bibel gebietet uns auch, nichts außer Gott anzubeten - Arbeitssüchtige aufgepasst! Wir sollten unseren Arbeitsplatz (oder uns selbst) nicht **allzu** ernst nehmen - einschließlich der Arbeit, die für Gott getan wird. Charles Wesley, der seine Arbeit mit Pflichtbewusstsein tat, stellte fest, dass »Gott seine Arbeiter zur Ruhe bettet, seine Arbeit aber fortführt.« Mit anderen Worten: Was Gott tut - und was in der Welt zu tun ist - wird weitergehen, selbst wenn sich ein Arbeitssüchtiger etwas mehr Ruhe gönnt.*

- **Spr 12,11.24.27** Wer sein Ackerland bebaut, wird sich satt essen können an Brot; wer aber nichtigen Dingen nachjagt, ist ohne Verstand ... Die Hand der Fleißigen wird herrschen, aber die lässige <Hand> muss Zwangsarbeit tun ... Nicht erjagt die Lässigkeit ihr Wild; aber kostbarer Besitz eines Menschen ist es, wenn er fleißig ist.

- **Spr 14,4.23** Wo keine Rinder sind, ist die Krippe leer, doch <kommt> reichlicher Ertrag durch die Kraft des Stieres ... Bei jeder Mühe ist Gewinn, aber bloßes Gerede <führt> nur zum Mangel.

- **Spr 21,5** Die Pläne des Fleißigen <führen> nur zum Gewinn; aber jeder, der hastig ist, erreicht nur Mangel.

- **Spr 22,29** Siehst du einen Mann, der gewandt ist in seinem Geschäft, - vor Könige wird er hintreten, er wird nicht vor Niedrige hintreten.

- **Spr 28,19** Wer sein Ackerland bebaut, wird sich satt essen können an Brot; wer aber nichtigen Dingen nachjagt, wird sich an der Armut satt essen.

*Damit wir hinsichtlich der Verheißungen der Sprüche (»Harte Arbeit führt zum Erfolg«) nicht einseitig werden, gibt uns das Buch Prediger die Zusicherung, dass Menschen nicht imstande sind, ihre **letztendliche** Erfüllung in der Arbeit zu finden. Nur Gott kann eine derartige Erfüllung geben:*

• **Pred 2,11** Und ich wandte mich hin zu all meinen Werken, die meine Hände gemacht, und zu der Mühe, mit der ich mich abgemüht hatte. Und siehe, das alles war Nichtigkeit und ein Haschen nach Wind. Also gibt es keinen Gewinn unter der Sonne.

• **Pred 5,11** Süß ist der Schlaf des Arbeiters, ob er wenig oder viel isst; aber der Überfluss des Reichen lässt ihn nicht schlafen.

Paulus, der im Dienst des Herrn hart arbeitete, hatte für Faulheit nichts übrig. Er wusste, dass Müßiggang nicht nur Gott missfallen, sondern auch Ungläubige veranlassen würde, wenig von Christen zu halten.

• **1Thes 4,11-12** Und (setzt) eure Ehre darein ..., still zu sein und eure eigenen Geschäfte zu tun und mit euren Händen zu arbeiten, so wie wir euch geboten haben, damit ihr anständig wandelt gegen die draußen und niemanden nötig habt.

• **1Tim 5,8** Wenn aber jemand für die Seinen und besonders für die Hausgenossen nicht sorgt, so hat er den Glauben verleugnet und ist schlechter als ein Ungläubiger.

• **2Thes 3,6-12** Wir gebieten euch aber, Brüder, im Namen unseres Herrn Jesus Christus, dass ihr euch zurückzieht von jedem Bruder, der unordentlich und nicht nach der Überlieferung wandelt, die ihr von uns empfangen habt. Denn ihr selbst wisst, wie man uns nachahmen soll; denn wir haben unter euch nicht unordentlich gelebt, noch haben wir von jemand Brot umsonst gegessen, sondern wir haben mit Mühe und Beschwerde Nacht und Tag gearbeitet, um keinem von euch beschwerlich zu fallen. Nicht, dass wir nicht das Recht <dazu> haben, sondern damit wir uns euch zum Vorbild gäben, damit ihr uns nachahmt. Denn auch als wir bei euch waren, geboten wir euch dies: wenn jemand nicht arbeiten will, soll er auch nicht essen. Denn wir hören, dass einige unter euch unordentlich wandeln, indem sie nicht arbeiten, sondern unnütze Dinge treiben. Solchen aber gebieten wir und ermahnen sie im Herrn Jesus Christus, dass sie in Stille arbeiten und ihr eigenes Brot essen.

- **Eph 4,28** Wer gestohlen hat, stehle nicht mehr, sondern mühe sich vielmehr und wirke mit seinen Händen das Gute, damit er dem Bedürftigen <etwas> mitzugeben habe!

- **Apg 20,33-35** Ich habe von niemandem Silber oder Gold oder Kleidung begehrt. Ihr selbst wisst, dass meinen Bedürfnissen und denen, die bei mir waren, diese Hände gedient haben. Ich habe euch in allem gezeigt, dass man so arbeitend sich der Schwachen annehmen und an die Worte des Herrn Jesus denken müsse, der selbst gesagt hat: Geben ist seliger als Nehmen.

Paulus verhieß den Christen einen Aspekt, den wir oft vergessen: Arbeit muss nicht stumpfsinnig sein, weil wir sie zur Ehre Gottes tun können. Wie jeder Bereich unseres Menschseins kann unsere Arbeit - welcher Art sie auch sein mag - den Herrn ehren.

- **Eph 6,5-7** Ihr Sklaven, gehorcht euren irdischen Herren mit Furcht und Zittern, in Einfalt eures Herzens, als dem Christus; nicht mit Augendienerei, als Menschengefällige, sondern als Sklaven Christi, indem ihr den Willen Gottes von Herzen tut! Dient mit Gutwilligkeit als dem Herrn und nicht den Menschen!

- **1Kor 10,31** Ob ihr nun esst oder trinkt oder sonst etwas tut, tut alles zur Ehre Gottes!

- **Röm 12,11** ... im Fleiß nicht säumig, brennend im Geist; dem Herrn dienend.

Man vergisst, dass das Alte Testament voller moralischer Gebote bezüglich der Arbeit und der geschäftlichen Tätigkeit ist. Es ist leicht, das Studium der Bücher des alttestamentlichen Gesetzes zu vernachlässigen, während doch seine Gebote hinsichtlich der Ehrlichkeit und Fairness noch immer gelten sollten. Genauso bedenkenswert sind die Zehn Gebote mit der entsprechenden Einzelaussage, die speziell davor warnt, die Arbeit zum Götzen zu machen.

- **2Mo 20,8-11** Denke an den Sabbattag, um ihn heilig zu halten. Sechs Tage sollst du arbeiten und all deine Arbeit tun, aber der siebte Tag ist Sabbat für den HERRN, deinen Gott. Du sollst <an ihm> keinerlei Arbeit tun, du und dein Sohn und deine Tochter, dein Knecht und deine Magd und dein Vieh und der Fremde bei dir, der innerhalb deiner Tore <wohnt>. Denn in sechs Tagen hat der HERR den Himmel und die Erde gemacht, das Meer und alles, was in ihnen ist, und er ruhte am siebten Tag; darum segnete der HERR den Sabbattag und heiligte ihn.

- **3Mo 19,13** Du sollst deinen Nächsten nicht unterdrücken und sollst <ihn> nicht berauben; der Lohn des Tagelöhners darf über Nacht bis zum Morgen nicht bei dir bleiben.

- **5Mo 24,14-15** Du sollst den bedürftigen und armen Lohnarbeiter nicht unterdrücken, <sei er einer> von deinen Brüdern oder von deinen Fremden, die in deinem Land, in deinen Toren <wohnen>. Am selben Tag sollst du ihm seinen Lohn geben, und die Sonne soll nicht darüber untergehen - denn er ist bedürftig und verlangt sehnsüchtig danach -, damit er nicht über dich zum HERRN schreit und Sünde an dir ist.

AUSHARREN

Siehe auch »Gottes Liebe zu uns«,
»Geduld und Langmut«, »Versuchung«

Obwohl Ausharren nicht ganz das gleiche wie Verstocktheit ist, ähneln beide einander. Winston Churchill - für seine Unnachgiebigkeit und Hartnäckigkeit bekannt - erklärte nachdrücklich, dass wir »nie, um keinen Preis, aufgeben sollten, es sei denn, wir beugen uns ehrenhaften Überzeugungen und der Vernunft.« Damit hatte er in gewisser Weise Recht. Die Sicht der Bibel ist ähnlich, doch sie fügt hinzu, dass wir auf Gottes Kraft zählen können, wenn unsere eigene Kraft versagt.

- **Joh 15,4-7** Bleibt in mir und ich in euch! Wie die Rebe nicht von sich selbst Frucht bringen kann, sie bleibe denn am Weinstock, so auch *ihr* nicht, ihr bleibt denn in mir. *Ich* bin der Weinstock, *ihr* seid die Reben. Wer in mir bleibt und ich in ihm, der bringt viel Frucht, denn getrennt von mir könnt ihr nichts tun. Wenn jemand nicht in mir bleibt, so wird er hinausgeworfen wie die Rebe und verdorrt; und man sammelt sie und wirft sie ins Feuer, und sie verbrennen. Wenn ihr in mir bleibt und meine Worte in euch bleiben, so werdet ihr bitten, was ihr wollt, und es wird euch geschehen.

- **Röm 8,35-39** Wer wird uns scheiden von der Liebe Christi? Bedrängnis oder Angst oder Verfolgung oder Hungersnot oder Blöße oder Gefahr oder Schwert? Wie geschrieben steht: »Um deinetwillen werden wir getötet den ganzen Tag; wie Schlachtschafe sind wir gerechnet worden.« Aber in diesem allen sind wir mehr als Überwinder durch den, der uns geliebt hat. Denn ich bin überzeugt, dass weder Tod noch Leben, weder Engel noch Gewalten, weder Gegenwärtiges noch Zukünftiges, noch

Mächte, weder Höhe noch Tiefe, noch irgendein anderes Geschöpf uns wird scheiden können von der Liebe Gottes, die in Christus Jesus ist, unserem Herrn.

- **2Kor 5,15** Und für alle ist er gestorben, damit die, welche leben, nicht mehr sich selbst leben, sondern dem, der für sie gestorben und auferweckt worden ist.

- **Gal 6,9** Lasst uns aber im Gutestun nicht müde werden! Denn zur bestimmten Zeit werden wir ernten, wenn wir nicht ermatten.

- **Kol 1,23** ... sofern ihr im Glauben gegründet und fest bleibt und euch nicht abbringen lasst von der Hoffnung des Evangeliums, das ihr gehört habt, das in der ganzen Schöpfung unter dem Himmel gepredigt worden ist, dessen Diener ich, Paulus, geworden bin.

- **2Tim 1,12** Um dieser Ursache willen leide ich dies auch; aber ich schäme mich nicht, denn ich weiß, wem ich geglaubt habe, und bin überzeugt, dass er mächtig ist, mein anvertrautes Gut bis auf jenen Tag zu bewahren.

- **2Tim 2,12-13** Wenn wir ausharren, werden wir auch mitherrschen; wenn wir verleugnen, wird auch er uns verleugnen; wenn wir untreu sind - er bleibt treu, denn er kann sich selbst nicht verleugnen.

Die Bibel verheißt uns, dass wir bestehen **werden,** *denn wir sind zu einem Leben bestimmt, das ewiglich Bestand hat. Sie gibt nicht nur diese Verheißung, sondern enthält auch zahlreiche Berichte von Menschen, die in großen Prüfungen aushielten. In einigen Fällen blieben sie bis in den Tod Gott treu - dazu brauchen wir uns nur den Herrn Jesus selbst anzuschauen. Doch Gott verheißt uns, dass wir über den Tod hinaus Hoffnung haben können.*

- **Ps 37,28** Denn der HERR liebt Recht und wird seine Frommen nicht verlassen; ewig werden sie bewahrt, und die Nachkommenschaft der Gottlosen wird ausgerottet.

- **Ps 138,8** Der HERR wird's für mich vollenden. HERR, deine Gnade <währt> ewig. Gib die Werke deiner Hände nicht auf!

- **Mt 24,13** Wer aber ausharrt bis ans Ende, der wird errettet werden.

- **Joh 10,28-29** ... und ich gebe ihnen ewiges Leben, und sie gehen nicht verloren in Ewigkeit, und niemand wird sie aus meiner Hand rauben. Mein Vater, der <sie> mir gegeben hat, ist größer als alle, und niemand kann <sie> aus der Hand <meines> Vaters rauben.

- **Röm 2,5-7** Nach deiner Störrigkeit und deinem unbußfertigen Herzen aber häufst du dir selbst Zorn auf für den Tag des Zorns und der Offenbarung des gerechten Gerichtes Gottes, der einem jeden vergelten wird nach seinen Werken: denen, die mit Ausdauer in gutem Werk Herrlichkeit und Ehre und Unvergänglichkeit suchen, ewiges Leben.

- **2Tim 4,18** Der Herr wird mich retten von jedem bösen Werk und mich in sein himmlisches Reich hineinretten. Ihm sei die Herrlichkeit von Ewigkeit zu Ewigkeit! Amen.

- **Hebr 3,14** Denn wir sind Teilhaber des Christus geworden, wenn wir die anfängliche Zuversicht bis zum Ende standhaft festhalten.

- **Jak 1,12** Glückselig der Mann, der die Versuchung erduldet! Denn nachdem er bewährt ist, wird er den Siegeskranz des Lebens empfangen, den der Herr denen verheißen hat, die ihn lieben.

- **Offb 2,7** Wer ein Ohr hat, höre, was der Geist den Gemeinden sagt! Wer überwindet, dem werde ich zu essen geben von dem Baum des Lebens, welcher in dem Paradies Gottes ist.

- **Offb 3,5** Wer überwindet, der wird so mit weißen Kleidern bekleidet werden, und ich werde seinen Namen aus dem Buch des Lebens *nicht* auslöschen und seinen Namen bekennen vor meinem Vater und vor seinen Engeln.

- **Offb 21,7** Wer überwindet, wird dies erben, und ich werde ihm Gott sein, und er wird mir Sohn sein.

BIBEL

*I*st die Bibel nur ein religiöses Buch unter vielen? Oder besitzt
sie göttliche Autorität? Kann man eigentlich beweisen, dass
die Bibel wahr ist? Bis heute diskutiert man über diese Fragen.
*Ein auf die Bibel zutreffender Sachverhalt, der nicht für die
maßgeblichen Bücher menschlicher Religionen gilt, besteht
darin, dass ihre Aussagen miteinander in Einklang stehen. Sie
widerspricht weder sich noch der elementaren Logik. Während
Wissenschaftler und Gelehrte bestätigen, dass viele historische
Tatsachen in der Bibel eindeutig wahr sind, hängt die Antwort
letzten Endes vom Glauben ab. Man kann die Bibel, das wahre
Wort Gottes, entweder akzeptieren oder ablehnen. Die besten
Zeugen für die Autorität und Inspiration der Bibel sind Menschen, deren Leben sich verändert hat - und sich noch immer
verändert -, weil sie beim Lesen der Bibel Gott begegnet sind,
der sich ihnen als Heiland und Herr offenbarte.*

- **Röm 1,16a** Denn ich schäme mich des Evangeliums
nicht, ist es doch Gottes Kraft zum Heil jedem Glaubenden.

- **Röm 10,17** Also ist der Glaube aus der Verkündigung,
die Verkündigung aber durch das Wort Christi.

*So wie Sie Ihr Auto und Ihre Haushaltsgeräte mit einem Benut-
zerhandbuch erhalten, gibt es auch für das Leben des Gläubigen Richtlinien. Gottes Handbuch für sein Volk ist die Bibel.
Gläubige aller geschichtlichen Epochen haben dieses »Handbuch zum Leben« wertgeschätzt, das mehr Inspiration und
lebensverändernde Kraft enthält als jedes Handbuch für ein
Haushaltsgerät.*

- **2Petr 1,20-21** Ihr (wisst) dies zuerst ..., dass keine Weissagung der Schrift aus eigener Deutung geschieht. Denn niemals wurde eine Weissagung durch den Willen eines Menschen hervorgebracht, sondern von Gott her redeten Menschen, getrieben vom Heiligen Geist.

- **Ps 119,105.130** Eine Leuchte für meinen Fuß ist dein Wort, ein Licht für meinen Pfad ... Die Eröffnung deiner Worte leuchtet, sie gibt Einsicht den Einfältigen.

- **Spr 6,23** Denn eine Leuchte ist das Gebot und die Weisung ein Licht, und ein Weg zum Leben sind Ermahnungen der Zucht.

- **2Tim 3,15-17** ... und weil du von Kind auf die heiligen Schriften kennst, die Kraft haben, dich weise zu machen zur Rettung durch den Glauben, der in Christus Jesus ist. Alle Schrift ist von Gott eingegeben und nützlich zur Lehre, zur Überführung, zur Zurechtweisung, zur Unterweisung in der Gerechtigkeit, damit der Mensch Gottes richtig sei, für jedes gute Werk ausgerüstet.

- **Röm 15,4** Denn alles, was früher geschrieben ist, ist zu unserer Belehrung geschrieben, damit wir durch das Ausharren und durch die Ermunterung der Schriften die Hoffnung haben.

- **Hebr 4,12-13** Denn das Wort Gottes ist lebendig und wirksam und schärfer als jedes zweischneidige Schwert und durchdringend bis zur Scheidung von Seele und Geist, sowohl der Gelenke als auch des Markes, und ein Richter der Gedanken und Gesinnungen des Herzens; und kein Geschöpf ist vor ihm unsichtbar, sondern alles bloß und aufgedeckt vor den Augen dessen, mit dem wir es zu tun haben.

Selbst Menschen, die seit Jahren die Bibel lesen, geben zu, dass sie nicht immer leicht zu verstehen ist. Warum eigentlich? Unsere eigene festgelegte Meinung lässt uns nur langsam Gedanken begreifen, die mit persönlicher Verantwortung,

Sünde und einem Gott zu tun haben, der jeden unserer Schrit-
te sieht. Manche Menschen trösten sich mit der folgenden Stel-
le, worin Petrus einräumt, dass einige Schriftstellen in der Tat
nicht leicht zu verstehen sind:

- **2Petr 3,15b-16** ... wie auch unser geliebter Bruder
  Paulus nach der ihm gegebenen Weisheit euch geschrieben hat, wie auch in allen Briefen, wenn er in ihnen von
  diesen Dingen redet. In diesen <Briefen> ist einiges
  schwer zu verstehen, was die Unwissenden und Ungefe-
  stigten verdrehen wie auch die übrigen Schriften zu
  ihrem eigenen Verderben.

Die weisen Anmerkungen des Petrus hinsichtlich der Schrift
erinnern uns an etwas Wichtiges: Die Bibel lässt sich nicht zur
Stützung eigenartiger Ideen und Bedingungen bezüglich des
Lebensstils verwenden. Die Geschichte ist voll von traurigen
Berichten über Menschen, die Teile der Bibel verdreht haben,
um ihre eigenen gottlosen Pläne vorzubringen. Viele ausgefalle-
nen Religionsgemeinschaften und Sekten - und sogar revolu-
tionäre Bewegungen - sind dadurch entstanden, dass irgendein
unbesonnener Führer Teile der Bibel aus ihrem Zusammenhang
gerissen hat.
  Bedeutet dies, dass wir möglicherweise von falschen Annah-
men ausgehen, wenn wir bemüht sind, die Bibel für unser eige-
nes Leben auszulegen? Ja, dies kann geschehen, wobei ein Teil
unseres Glaubenslebens darin besteht, im Verständnis des Wor-
tes Gottes zu reifen, indem wir manche Fehler begehen und da-
raus lernen. Glücklicherweise gibt uns Gott nicht nur die Bibel,
sondern auch eine Hilfe oder - genauer gesagt - einen Helfer,
der uns zur Seite steht. Die vielleicht tröstlichste Verheißung
hinsichtlich der Bibel ist die folgende, worin der Herr Jesus ver-
heißt, dass uns göttliche Hilfe zuteil wird, damit wir Gottes
Willen verstehen können:

- **Joh 14,26** Der Beistand aber, der Heilige Geist, den der
  Vater senden wird in meinem Namen, der wird euch alles
  lehren und euch an alles erinnern, was ich euch gesagt
  habe.

Wenn Sie schon einmal eine Kunstgalerie oder eine alte Kirche besichtigt haben, ist Ihnen möglicherweise ein Bild oder eine Statue des großen Apostels Paulus aufgefallen. Er wird oft als Mann mit dem Schwert in der Hand gezeigt. Dies erstaunt manche Leute, da Paulus kein gewalttätiger Mensch war. Dass ihn Künstler mit einem Schwert zeigen, hat einen Grund: Er beschrieb das wirksamste Schwert, das es auf der Welt gibt. Dieses Schwert gehört zur geistlichen Waffenrüstung, die jeder Gläubige trägt.

• **Eph 6,17** Nehmt auch den Helm des Heils und das Schwert des Geistes, das ist Gottes Wort!

BUßE

Siehe auch »Sündenbekenntnis«, »Rechtfertigung«,
»Wiedergeburt, neues Leben«

*D*ieses Wort ist unmodern geworden, obwohl der Begriff **sich ändern** weitverbreitet ist. Sinnesänderung gehört natürlich zur Buße dazu. Ja, sie wird oft dabei vergessen. Wir haben die seltsame Vorstellung, dass Buße einfach bedeute, Gott mit Tränen in den Augen zu sagen: »Es tut mir leid.« Sicher, dies ist der erste Schritt. Der zweite Schritt, der wichtiger ist, als tränenfeuchte Augen zu haben, umfasst die Sinnes- und Verhaltensänderung. Martin Luther drückte es so aus: »Wer dies nicht mehr tut, dem ist's wahrlich ernst mit der Buße.« Anders gesagt: Bei Sünden wie Klatschsucht, Betrug oder sexuellen Verfehlungen bzw. bei purem Egoismus lässt sich die angemessene Reaktion gegenüber Gott mit »Es tut mir leid« und einem anschließenden »Ich will es nicht wieder tun« beschreiben.

Das Schöne daran ist, dass Gott sich dazu stellt, ja dies freudig akzeptiert. Er und seine Engel freuen sich, wenn ein Nichtchrist sein Leben ihm übergibt. Und er freut sich ebenso, wenn sich ein Christ, der sich irgendwie falsch verhalten hat, seinem Vater zuwendet und sagt: »Ich möchte neu anfangen.« Gottes Antwort wird stets lauten: »Was du willst, soll geschehen.«

- **2Chr 7,14** (Wenn) mein Volk, über dem mein Name ausgerufen ist, (sich) demütigt ..., und sie beten und suchen mein Angesicht und kehren um von ihren bösen Wegen, dann werde *ich* vom Himmel her hören und ihre Sünden vergeben und ihr Land heilen.

- **Spr 28,13** Wer seine Verbrechen zudeckt, wird keinen Erfolg haben; wer sie aber bekennt und lässt, wird Erbarmen finden.

- **1Jo 1,9** Wenn wir unsere Sünden bekennen, ist er treu und gerecht, dass er uns die Sünden vergibt und uns reinigt von jeder Ungerechtigkeit.

- **Ps 34,19** Nahe ist der HERR denen, die zerbrochenen Herzens sind, und die zerschlagenen Geistes sind, rettet er.

Das größte biblische Bußlied ist Psalm 51, der von König David selbst geschrieben wurde. Darin kommt das Verlangen - und die Erwartung - zum Ausdruck, dass Gott die Sünde des Gläubigen vergeben und die zerbrochene Beziehung wiederherstellen wird.

- **Ps 51,3-19** Sei mir gnädig, o Gott, nach deiner Gnade; tilge meine Vergehen nach der Größe deiner Barmherzigkeit! Wasche mich völlig von meiner Schuld, und reinige mich von meiner Sünde! Denn ich erkenne meine Vergehen, und meine Sünde ist stets vor mir. Gegen dich, gegen dich allein habe ich gesündigt und getan, was böse ist in deinen Augen; damit du im Recht bist mit deinem Reden, rein erfunden in deinem Richten. Siehe, in Schuld bin ich geboren, und in Sünde hat mich meine Mutter empfangen. Siehe, du hast Lust an der Wahrheit im Innern, und im Verborgenen wirst du mir Weisheit kundtun. Entsündige mich mit Ysop, und ich werde rein sein; wasche mich, und ich werde weißer sein als Schnee. Lass mich Fröhlichkeit und Freude hören, so werden die Gebeine frohlocken, die du zerschlagen hast. Verbirg dein Angesicht vor meinen Sünden, und tilge alle meine Schuld! Erschaffe mir, Gott, ein reines Herz, und erneuere in mir einen festen Geist! Verwirf mich nicht von deinem Angesicht, und den Geist deiner Heiligkeit nimm nicht von mir! Lass mir wiederkehren die Freude deines Heils, und stütze mich mit einem willigen Geist! Lehren will ich die <von dir> Abgefallenen deine Wege, dass die Sünder zu dir umkehren. Errette mich von Blutschuld, Gott, du Gott meines Heils, so wird meine Zunge deine Gerechtigkeit jubelnd preisen. Herr, tue meine Lippen auf, dass mein Mund dein Lob verkünde. Denn du hast keine Lust am Schlachtopfer, sonst gäbe ich es; Brandopfer gefällt dir nicht. Die Opfer Gottes sind ein zerbrochener Geist; ein zerbrochenes und zerschlagenes Herz wirst du, Gott, nicht verachten.

Unsere Buße hätte für uns keine große Bedeutung, wenn wir nicht wüssten, dass sie für Gott bedeutungsvoll ist. Nach der Bibel bedeutet sie ihm alles. Die Fülle biblischer Bilder stellt Gott als den Vater dar, der mit offenen Armen Menschen annimmt, die ihr Selbstvertrauen aufgeben und sich ihm zuwenden.

- **Ps 95,7-8a** Denn er ist unser Gott, und wir sind das Volk seiner Weide und die Herde seiner Hand. Heute, wenn ihr seine Stimme hört, verhärtet euer Herz nicht.

- **Ps 147,3** Er heilt, die zerbrochenen Herzens sind, er verbindet ihre Wunden.

- **Jes 44,22** Ich habe deine Verbrechen ausgelöscht wie einen Nebel und wie eine Wolke deine Sünden. Kehre um zu mir, denn ich habe dich erlöst!

- **Jes 55,6-7** Sucht den HERRN, während er sich finden lässt! Ruft ihn an, während er nahe ist. Der Gottlose verlasse seinen Weg und der Mann der Bosheit seine Gedanken! Und er kehre um zu dem HERRN, so wird er sich über ihn erbarmen, und zu unserem Gott, denn er ist reich an Vergebung!

- **Hes 18,21-23.31-32** Wenn aber der Gottlose umkehrt von all seinen Sünden, die er getan hat, und alle meine Ordnungen bewahrt und Recht und Gerechtigkeit übt: leben soll er <und> nicht sterben. All seine Vergehen, die er begangen hat, sollen ihm nicht angerechnet werden; um seiner Gerechtigkeit willen, die er geübt hat, soll er leben. Sollte ich wirklich Gefallen haben am Tod des Gottlosen, spricht der Herr, HERR, nicht <vielmehr> daran, dass er von seinen Wegen umkehrt und lebt? ...

Werft von euch alle eure Vergehen, mit denen ihr euch vergangen habt, und schafft euch ein neues Herz und einen neuen Geist! Ja, wozu wollt ihr sterben, Haus Israel? Denn ich habe kein Gefallen am Tod dessen, der sterben muss, spricht der Herr, HERR. So kehrt um, damit ihr lebt!

*Viele Menschen halten den Herrn Jesus ohne weiteres für einen großen Lehrer - stets imstande, in Sachen Liebe und Frieden zu raten. Nun, der Herr Jesus **war** zweifellos ein großer Lehrer. Doch der Herr Jesus wusste, dass die Welt mehr brauchte als nur gute Ratschläge und wohlklingende Sprüche über Liebe und Güte. Wie die Einleitung des Markusevangeliums verdeutlicht, bestand der Herr Jesus darauf, dass sich die Menschen von ihren Sünden und ihrem Selbstvertrauen abwenden und ihre Zuversicht allein auf Gott setzen. Mit anderen Worten: Sie mussten Buße tun. Anderenfalls gibt es kein Glaubensleben und auch kein Heil.*

- **Mk 1,14b-15** Jesus (kam) nach Galiläa und predigte das Evangelium Gottes und sprach: Die Zeit ist erfüllt, und das Reich Gottes ist nahe gekommen. Tut Buße und glaubt an das Evangelium!

- **Lk 5,31-32** Und Jesus antwortete und sprach zu ihnen: Nicht die Gesunden brauchen einen Arzt, sondern die Kranken; ich bin nicht gekommen, Gerechte zu rufen, sondern Sünder zur Buße.

Ist Gott irgendein kosmischer, kaltherziger Tyrann, der unbußfertige Menschen unbedingt strafen will? Die Bibel zeigt uns, dass Gott ganz anders ist. Gott freut sich, wenn ein Bußfertiger sich ihm zuwendet. Freude empfindet nicht nur ein Mensch, wenn er sich als Bußfertiger in der rechten Beziehung zu Gott befindet.

- **Lk 15,4-10** Welcher Mensch unter euch, der hundert Schafe hat und *eins* von ihnen verloren hat, lässt nicht die neunundneunzig in der Wüste und geht dem verlorenen nach, bis er es findet? Und wenn er es gefunden hat, so

legt er es mit Freuden auf seine Schultern; und wenn er
nach Hause kommt, ruft er die Freunde und die Nachbarn zusammen und spricht zu ihnen: Freut euch mit
mir! Denn ich habe mein Schaf gefunden, das verloren
war. Ich sage euch: So wird Freude im Himmel sein über
einen Sünder, der Buße tut, <mehr> als über neunundneunzig Gerechte, die die Buße nicht nötig haben.

Oder welche Frau, die zehn Drachmen hat, zündet
nicht, wenn sie *eine* Drachme verliert, eine Lampe an und
kehrt das Haus und sucht sorgfältig, bis sie sie findet?
Und wenn sie sie gefunden hat, ruft sie die Freundinnen
und Nachbarinnen zusammen und spricht: Freut euch
mit mir! Denn ich habe die Drachme gefunden, die ich
verloren hatte. So, sage ich euch, ist Freude vor den
Engeln Gottes über *einen* Sünder, der Buße tut.

*Wir alle spekulieren gern über den geistlichen Zustand anderer
Menschen. Der Herr Jesus wusste das. Und er wusste auch,
dass viele fromme Menschen eine wichtige Tatsache übersehen,
denn die Frage lautet in Wirklichkeit nicht: »Lebt Bruder X so,
wie er leben müsste?«, sondern vielmehr: »Sieht **mein** Leben so
aus, wie es aussehen sollte?«*

- **Mt 7,3-5** Was aber siehst du den Splitter, der in deines
Bruders Auge ist, den Balken aber in deinem Auge
nimmst du nicht wahr? Oder wie wirst du zu deinem
Bruder sagen: Erlaube, ich will den Splitter aus deinem
Auge ziehen; und siehe, der Balken ist in deinem Auge?
Heuchler, zieh zuerst den Balken aus deinem Auge! Und
dann wirst du klar sehen, um den Splitter aus deines Bru-
ders Auge zu ziehen.

- **Lk 6,41-42** Was aber siehst du den Splitter, der in deines Bruders Auge ist, den Balken aber, der in deinem eigenen Auge ist, nimmst du nicht wahr? Wie kannst du zu
deinem Bruder sagen: Bruder, erlaube, ich will den Splitter herausziehen, der in deinem Auge ist, während du
selbst den Balken in deinem Auge nicht siehst? Heuchler,
ziehe zuerst den Balken aus deinem Auge! Und dann

wirst du klar sehen, um den Splitter herauszuziehen, der in deines Bruders Auge ist.

• **Lk 13,1-3** Zu dieser Zeit waren aber einige zugegen, die ihm von den Galiläern berichteten, deren Blut Pilatus mit ihren Schlachtopfern vermischt hatte. Und er antwortete und sprach zu ihnen: Meint ihr, dass diese Galiläer vor allen Galiläern Sünder waren, weil sie dies erlitten haben? Nein, sage ich euch, sondern wenn ihr nicht Buße tut, werdet ihr alle ebenso umkommen.

• **Apg 17,30-31** Nachdem nun Gott die Zeiten der Unwissenheit übersehen hat, gebietet er jetzt den Menschen, dass sie alle überall Buße tun sollen, weil er einen Tag festgesetzt hat, an dem er den Erdkreis richten wird in Gerechtigkeit durch einen Mann, den er <dazu> bestimmt hat, und er hat allen dadurch den Beweis gegeben, dass er ihn auferweckt hat aus den Toten.

• **Offb 3,19** Ich überführe und züchtige alle, die ich liebe. Sei nun eifrig und tu Buße!

• **Mt 3,11** [Johannes der Täufer:] Ich zwar taufe euch mit Wasser zur Buße; der aber nach mir kommt, ist stärker als ich, dessen Sandalen zu tragen ich nicht würdig bin; er wird euch mit Heiligem Geist und Feuer taufen.

• **Apg 2,38-39** Petrus aber sprach zu ihnen: Tut Buße, und jeder von euch lasse sich taufen auf den Namen Jesu Christi zur Vergebung eurer Sünden! Und ihr werdet die Gabe des Heiligen Geistes empfangen. Denn euch gilt die Verheißung und euren Kindern und allen, die in der Ferne sind, so viele der Herr, unser Gott, hinzurufen wird.

• **Apg 3,19-20** So tut nun Buße und bekehrt euch, dass eure Sünden ausgetilgt werden, damit Zeiten der Erquickung kommen vom Angesicht des Herrn und er den euch vorausbestimmten Jesus Christus sende!

Dass uns unsere Sünden Leid tun, ist nicht genug. Manchmal kann diese Seelennot zu Traurigkeit führen. Es fängt damit an, dass uns etwas Leid tut, doch die Bibel verdeutlicht, dass uns Seelennot entweder zu Gott oder zur Verzweiflung treiben kann.

• **2Kor 7,10** Denn die Betrübnis nach Gottes <Sinn> bewirkt eine nie zu bereuende Buße zum Heil; die Betrübnis der Welt aber bewirkt den Tod.

• **2Petr 3,9** Der Herr verzögert nicht die Verheißung, wie es einige für eine Verzögerung halten, sondern er ist langmütig euch gegenüber, da er nicht will, dass irgendwelche verloren gehen, sondern dass alle zur Buße kommen.

• **Jes 30,15a** Denn so spricht der Herr, HERR, der Heilige Israels: Durch Umkehr und durch Ruhe werdet ihr gerettet. In Stillsein und in Vertrauen ist eure Stärke.

• **1Chr 28,9** Und du, mein Sohn Salomo, erkenne den Gott deines Vaters und diene ihm mit ungeteiltem Herzen und mit williger Seele! Denn der HERR erforscht alle Herzen, und alles Streben der Gedanken kennt er. Wenn du ihn suchst, wird er sich von dir finden lassen; wenn du ihn aber verlässt, wird er dich verwerfen für ewig.

• **Ps 9,11b** Du hast nicht verlassen, die dich suchen, HERR.

• **Ps 32,5-6** So tat ich dir kund meine Sünde und deckte meine Schuld nicht zu. Ich sagte: Ich will dem HERRN meine Übertretungen bekennen; und du, du hast vergeben die Schuld meiner Sünde. // Deshalb soll jeder Fromme zu dir beten, zur Zeit, da du zu finden bist; gewiss, bei großer Wasserflut - ihn werden sie nicht erreichen.

• **Mt 5,4** Glückselig die Trauernden, denn *sie* werden getröstet werden.

- **Röm 10,9-11.13** Wenn du mit deinem Mund Jesus als Herrn bekennen und in deinem Herzen glauben wirst, dass Gott ihn aus den Toten auferweckt hat, (wirst) du errettet werden ... Denn mit dem Herzen wird geglaubt zur Gerechtigkeit, und mit dem Mund wird bekannt zum Heil. Denn die Schrift sagt: »Jeder, der an ihn glaubt, wird nicht zuschanden werden.« ... »Denn jeder, der den Namen des Herrn anrufen wird, wird errettet werden.«

Eines der bekanntesten Gleichnisse des Herrn Jesus ist das Gleichnis vom Verlorenen Sohn. Es wäre eigentlich zutreffender, es als das Gleichnis vom bußfertigen Sohn oder - noch genauer - als das Gleichnis vom vergebenden Vater zu bezeichnen. An keiner anderen Stelle der Bibel werden Buße und die Verheißung der Vergebung Gottes anschaulicher dargestellt.

- **Lk 15,11-24** Er sprach aber: Ein Mensch hatte zwei Söhne; und der jüngere von ihnen sprach zu dem Vater: Vater, gib mir den Teil des Vermögens, der mir zufällt! Und er teilte ihnen die Habe. Und nach nicht vielen Tagen brachte der jüngere Sohn alles zusammen und reiste weg in ein fernes Land, und dort vergeudete er sein Vermögen, indem er verschwenderisch lebte. Als er aber alles verzehrt hatte, kam eine gewaltige Hungersnot über jenes Land, und er selbst fing an, Mangel zu leiden. Und er ging hin und hängte sich an einen der Bürger jenes Landes, der schickte ihn auf seine Äcker, Schweine zu hüten. Und er begehrte seinen Bauch zu füllen mit den Schoten, die die Schweine fraßen; und niemand gab ihm. Als er aber in sich ging, sprach er: Wie viele Tagelöhner meines Vaters haben Überfluss an Brot, ich aber komme hier um vor Hunger. Ich will mich aufmachen und zu meinem Vater gehen und will zu ihm sagen: Vater, ich habe gesündigt gegen den Himmel und vor dir, ich bin nicht mehr würdig, dein Sohn zu heißen! Mach mich wie einen deiner Tagelöhner! Und er machte sich auf und ging zu seinem Vater. Als er aber noch fern war, sah ihn sein Vater und wurde innerlich bewegt und lief hin und fiel ihm um seinen Hals und küsste ihn. Der Sohn aber sprach zu ihm: Vater, ich habe gesündigt gegen den Himmel und vor dir, ich bin nicht mehr würdig, dein Sohn zu heißen. Der Vater aber sprach zu seinen Sklaven: Bringt schnell das beste Gewand heraus und zieht es ihm an und tut einen Ring an seine Hand und Sandalen an seine Füße; und bringt das gemästete Kalb her und schlachtet es, und lasst uns essen und fröhlich sein! Denn dieser mein Sohn war tot und ist wieder lebendig geworden, war verloren und ist gefunden worden. Und sie fingen an, fröhlich zu sein.

DANKBARKEIT

Siehe auch »Gemeinschaft mit Gott«,
»Gehorsam gegenüber Gott«, »Gebet«

*M*ark Twain behauptete: »Wenn man einen hungrigen Hund rettet und ihm wieder auf die Beine hilft, wird er einen nicht beißen. Dies ist der grundlegende Unterschied zwischen einem Hund und einem Menschen.« Twain erkannte einen Aspekt der menschlichen Natur: Wir sind oft undankbar, indem wir von jemandem etwas Gutes annehmen, uns aber nie darum kümmern, dankbar zu sein oder »danke« zu sagen.

So geht es in der Welt zu, doch diese Haltung hat im Glaubensleben keinen Platz. »Ein wahrer Christ ist ein Mensch, der in keinem einzigen Augenblick vergisst, was Gott für ihn in Christus getan hat.« Diese Aussage des Autors John Baillie fasst die biblische Sicht der Dankbarkeit gegenüber Gott und gegenüber Christus zusammen. Dankbarkeit ist ein Gut, ohne das wir nicht sein können. Wenn wir uns fortwährend bewusst sind, wie glücklich wir sein können, wie sehr uns Gott liebt und was er für uns tut, werden wir vor Selbstmitleid bewahrt. Wie im menschlichen Bereich Kinder ihren Eltern dankbar sein sollten, sind wir Gott als seine Kinder zu Dank - wenngleich in viel stärkerem Maße - verpflichtet.

Die Bibel weist uns auf etwas hin, das wir in unserem von Hast bestimmten Leben oft vergessen. Dankbarkeit ist ein wichtiger Bestandteil des Glücks. Da die Mentalität des »Ich zuerst« so weit verbreitet ist, vergessen wir, dass der volle Genüge, Freude und Zufriedenheit findet, der seine Dankbarkeit gegenüber gütigen Mitmenschen durch Gefühle - und Taten - zum Ausdruck bringt.

- **Ps 106,1** Halleluja! Preist den HERRN, denn er ist gut! Denn seine Gnade <währt> ewig.

- **Kol 1,11-12** ... gekräftigt mit aller Kraft nach der Macht seiner Herrlichkeit, zu allem Ausharren und <aller> Langmut, mit Freuden dem Vater danksagend, der euch fähig gemacht hat zum Anteil am Erbe der Heiligen im Licht.

- **1Tim 4,4-5** Denn jedes Geschöpf Gottes ist gut und nichts verwerflich, wenn es mit Danksagung genommen wird; denn es wird geheiligt durch Gottes Wort und durch Gebet.

- **2Kor 9,11** <Und ihr werdet> in allem reich gemacht zu aller Freigebigkeit, die durch uns Danksagung Gott gegenüber bewirkt.

- **Hebr 12,28** Deshalb lasst uns, da wir ein unerschütterliches Reich empfangen, dankbar sein, wodurch wir Gott wohlgefällig dienen mit Scheu und Furcht!

- **1Kor 15,57** Gott aber sei Dank, der uns den Sieg gibt durch unseren Herrn Jesus Christus!

- **2Kor 2,14** Gott aber sei Dank, der uns allezeit im Triumphzug umherführt in Christus und den Geruch seiner Erkenntnis an jedem Ort durch uns offenbart!

- **Kol 3,15-16** Und der Friede des Christus regiere in euren Herzen, zu dem ihr auch berufen worden seid in *einem* Leib! Und seid dankbar! Das Wort des Christus wohne reichlich in euch; in aller Weisheit lehrt und ermahnt euch gegenseitig! Mit Psalmen, Lobliedern und geistlichen Liedern singt Gott in euren Herzen in Gnade!

- **Phil 4,6-7** Seid um nichts besorgt, sondern in allem sollen durch Gebet und Flehen mit Danksagung eure Anliegen vor Gott kundwerden; und der Friede Gottes, der allen Verstand übersteigt, wird eure Herzen und eure Gedanken bewahren in Christus Jesus.

- **Eph 5,19-20** … indem ihr zueinander in Psalmen und Lobliedern und geistlichen Liedern redet und dem Herrn mit eurem Herzen singt und spielt! Sagt allezeit für alles dem Gott und Vater Dank im Namen unseres Herrn Jesus Christus!

- **1Thes 5,16-18** Freut euch allezeit! Betet unablässig! Sagt in allem Dank! Denn dies ist der Wille Gottes in Christus Jesus für euch.

EHE

Siehe auch »Ehebruch«, »Kinder«, »Eltern«

*M*ae West wurde mit einer ihrer Witzeleien folgendermaßen zitiert: »Die Ehe ist eine großartige Institution,
doch ich bin nicht auf diese Institution eingestellt.« Manchmal
scheinen die meisten Menschen die Ehe genauso zynisch wie
West zu sehen. Scheidungen sind so weitverbreitet, dass viele
Menschen aufgehört haben, sie als Tragödien anzusehen -
außer vielleicht die, die direkt davon betroffen sind. Scheidungen sind leider zu einer gewöhnlichen, »normalen« Erscheinung
geworden. Es ist noch gar nicht so lange her, dass Scheidung die
Ausnahme und eindeutig nicht die **Regel** war. Irgendwann im
Laufe der Zeit wurde der Gedanke der **Beständigkeit** fallen-
gelassen. »Bis dass der Tod euch scheidet« gehört nach wie vor
zu den meisten Hochzeitszeremonien, doch wir fragen uns, ob
jemand diese Worte noch ernst nimmt.

Die Bibel verheißt denen, die Gott lieben und ehren, eine
himmlische Zukunft. Ihre Verheißungen setzen die Ehe **nicht**
mit dem Himmel gleich, was vielleicht daran liegt, dass die Ehe
so viele Menschen enttäuscht. »Ich habe meinen Partner geliebt,
doch es funktionierte eben nicht!« Erwartet man zu viel? Können zwei Menschen erwarten, dass der Partner jeweils vollkommen ist?

Die Bibel schätzt die Ehe, insbesondere die Ehe zwischen
zwei Christen. Sie soll auf Lebenszeit angelegt und davor
geschützt sein, zu einem günstigen Zeitpunkt in einem
Anwaltsbüro und einem Gerichtssaal aufgelöst zu werden. Die
Liebe zwischen Mann und Frau weist in ihrem Idealzustand
auf die tiefere Liebe zwischen einem Menschen und Gott hin.

• **Hebr 13,4** Die Ehe sei ehrbar in allem, und das Ehebett
unbefleckt! Denn Unzüchtige und Ehebrecher wird Gott
richten.

- **Spr 5,15-18.19b** Trinke Wasser aus deiner <eigenen> Zisterne und was aus deinem Brunnen quillt. Sollen nach draußen verströmen deine Quellen, auf die Plätze die Wasserbäche? Dir allein sollen sie gehören, doch keinem Fremden neben dir. Deine Quelle sei gesegnet, erfreue dich an der Frau deiner Jugend! ... In ihrer Liebe sollst du taumeln immerdar!

- **Pred 9,9** Genieße das Leben mit der Frau, die du liebst, alle Tage deines nichtigen Lebens, das er dir unter der Sonne gegeben hat, all deine nichtigen Tage hindurch! Denn das ist dein Anteil am Leben und an deinem Mühen, womit du dich abmühst unter der Sonne.

- **Spr 18,22** Wer eine Frau gefunden, hat Gutes gefunden und hat Wohlgefallen erlangt von dem HERRN.

Der Apostel Paulus, der ledig war, empfahl Menschen, die wie er Gott hingegeben dienten, ein Leben als Unverheirateter. Doch Paulus war Realist genug, um zu wissen, dass viele Menschen ungeachtet der Tiefgründigkeit ihres Glaubens lieber heiraten sollten, als mit den Versuchungen eines Lebens als Lediger rechnen zu müssen:

- **1Kor 7,2-3.7-9** Aber um der Unzucht willen habe jeder seine eigene Frau, und jede habe ihren eigenen Mann. Der Mann leiste der Frau die <eheliche> Pflicht, ebenso aber auch die Frau dem Mann ... Ich wünsche aber, alle Menschen wären wie ich; doch jeder hat seine eigene Gnadengabe von Gott, der eine so, der andere so.
  Ich sage aber den Unverheirateten und den Witwen: es ist gut für sie, wenn sie bleiben wie ich. Wenn sie sich aber nicht enthalten können, so sollen sie heiraten, denn es ist besser, zu heiraten als <vor Verlangen> zu brennen.

Die Apostel Petrus und Paulus sprachen beide eine heikle Situation an, die sowohl damals bestand als auch heute existiert: Was ist, wenn der Partner eines Christen ungläubig ist?

- **1Kor 7,12-16** Den übrigen aber sage ich, nicht der Herr: Wenn ein Bruder eine ungläubige Frau hat und sie willigt ein, bei ihm zu wohnen, so entlasse er sie nicht. Und eine Frau, die einen ungläubigen Mann hat, und der willigt ein, bei ihr zu wohnen, entlasse den Mann nicht. Denn der ungläubige Mann ist durch die Frau geheiligt, und die ungläubige Frau ist durch den Bruder geheiligt; sonst wären ja eure Kinder unrein, nun aber sind sie heilig. Wenn aber der Ungläubige sich scheidet, so scheide er sich. Der Bruder oder die Schwester ist in solchen <Fällen> nicht gebunden; zum Frieden hat uns Gott doch berufen. Denn was weißt du, Frau, ob du den Mann erretten wirst? Oder was weißt du, Mann, ob du die Frau erretten wirst?

*Über das Thema der Ehe gibt es zahlreiche Aussagen des Paulus. Er ist beschuldigt worden, frauenfeindlich zu sein, weil er sich zur Unterordnung der Frau geäußert hat. Die folgende Stelle zeigt, dass er **nicht** an eine von Beleidigungen oder Tyrannei gekennzeichnete Beziehung, sondern an ein auf gegenseitige Liebe gegründetes Verhältnis dachte.*

- **Eph 5,21-33** Ordnet euch einander unter in der Furcht Christi, die Frauen den eigenen Männern als dem Herrn! Denn der Mann ist das Haupt der Frau, wie auch der Christus das Haupt der Gemeinde ist, *er* als der Heiland des Leibes. Wie aber die Gemeinde sich dem Christus unterordnet, so auch die Frauen den Männern in allem. Ihr Männer, liebt eure Frauen! wie auch der Christus die Gemeinde geliebt und sich selbst für sie hingegeben hat, um sie zu heiligen, <sie> reinigend durch das Wasserbad im Wort, damit *er* die Gemeinde sich selbst verherrlicht darstellte, die nicht Flecken oder Runzel oder etwas dergleichen habe, sondern dass sie heilig und tadellos sei. So sind auch die Männer schuldig, ihre Frauen zu lieben wie ihre eigenen Leiber. Wer seine Frau liebt, liebt sich selbst. Denn niemand hat jemals sein eigenes Fleisch gehasst, sondern er nährt und pflegt es, wie auch der Christus die Gemeinde. Denn wir sind Glieder seines

Leibes. »Deswegen wird ein Mensch Vater und Mutter verlassen und seiner Frau anhängen, und die zwei werden *ein* Fleisch sein.« Dieses Geheimnis ist groß, ich aber deute es auf Christus und die Gemeinde. Jedenfalls auch ihr - jeder von euch liebe seine Frau so wie sich selbst; die Frau aber, dass sie Ehrfurcht vor dem Mann habe!

- **1Petr 3,1.3-5** Ebenso ihr Frauen, ordnet euch den eigenen Männern unter, damit sie, wenn auch einige dem Wort nicht gehorchen, ohne Wort durch den Wandel der Frauen gewonnen werden ... Euer Schmuck sei nicht der äußerliche ..., sondern der verborgene Mensch des Herzens im unvergänglichen <Schmuck> des sanften und stillen Geistes, der vor Gott sehr köstlich ist. Denn so schmückten sich auch einst die heiligen Frauen, die ihre Hoffnung auf Gott setzten und sich ihren Männern unterordneten.

- **Kol 3,18-19** Ihr Frauen, ordnet euch euren Männern unter, wie es sich im Herrn ziemt! Ihr Männer, liebt eure Frauen und seid nicht bitter gegen sie!

- **1Thes 4,3-7** Denn dies ist Gottes Wille: eure Heiligung, dass ihr euch von der Unzucht fernhaltet, dass jeder von euch sich sein eigenes Gefäß in Heiligkeit und Ehrbarkeit zu gewinnen wisse, nicht in Leidenschaft der Begierde wie die Nationen, die Gott nicht kennen; dass er sich keine Übergriffe erlaube noch seinen Bruder in der Sache übervorteile, weil der Herr Rächer ist über dies alles, wie wir euch auch vorher <schon> gesagt und eindringlich bezeugt haben. Denn Gott hat uns nicht zur Unreinheit berufen, sondern in Heiligung.

- **1Petr 3,7** Ihr Männer ebenso, wohnt bei <ihnen> mit Einsicht als bei einem schwächeren Gefäß, dem weiblichen, und gebt <ihnen> Ehre als <solchen>, die auch Miterben der Gnade des Lebens sind, damit eure Gebete nicht verhindert werden!

Die Bibel weist uns an mehreren Stellen darauf hin, dass die Ehe göttlich erdacht und nicht aus menschlichen Zweckmäßigkeitsgründen eingeführt wurde. Sie gehört zu Gottes Ordnungen und soll uns in dieser Welt Freundschaft und Gemeinschaft ermöglichen. Jemand, der Eheprobleme durchlebt, mag dies bezweifeln, und man kann in Bezug auf die Ehe leicht zynisch werden, wenn sich überall um uns her Ehen auflösen. Doch die Bibel stellt deutlich heraus: Menschen mit all ihren Fehlern und Schwächen können Gott dafür danken, dass er die Ehe eingesetzt hat.

• **1Tim 4,1-5** Der Geist aber sagt ausdrücklich, dass in späteren Zeiten manche vom Glauben abfallen werden, indem sie auf betrügerische Geister und Lehren von Dämonen achten, durch die Heuchelei von Lügenrednern, die in ihrem eigenen Gewissen gebrandmarkt sind, die verbieten, zu heiraten, und <gebieten>, sich von Speisen zu enthalten, die Gott geschaffen hat zur Annahme mit Danksagung für die, welche glauben und die Wahrheit erkennen. Denn jedes Geschöpf Gottes ist gut und nichts verwerflich, wenn es mit Danksagung genommen wird; denn es wird geheiligt durch Gottes Wort und durch Gebet.

EHEBRUCH

Siehe auch »Ehe«, »Sexualität«, »Versuchung«

*E*in Buch über außereheliche Beziehungen trägt den Titel »Der Mythos vom grüneren Gras«. *Dies ist ein passender Titel, denn für viele Menschen, selbst für Christen, scheint das Gras an irgendeiner Stelle außerhalb der Beziehung zur eigenen Frau grüner zu sein. Früher wurde Ehebruch in der Welt ernstgenommen, doch wie sehr haben sich die Dinge geändert! Nach den Aussagen der Boulevardzeitungen und Talkshows im Fernsehen ist Ehebruch - normal. »Alle tun es« lautet mittlerweile die moralische Richtlinie, womit die ziemlich deutliche Aussage eines der Zehn Geboten beiseite geschoben wird:*

- **2Mo 20,14** Du sollst nicht ehebrechen.

O, welch eine große Anziehungskraft übt das »grünere Gras« aus! Gottes Wort nimmt eine überaus realistische Haltung zur Verlockung des Ehebruchs ein - und verschweigt auch die Konsequenzen nicht.

- **Spr 5,3-4** Denn Honig träufeln die Lippen der Fremden, und glatter als Öl ist ihr Gaumen; aber zuletzt ist sie bitter wie Wermut, scharf wie ein zweischneidiges Schwert.

- **Spr 6,26-29.32** Denn der Preis für eine Hure <geht> bis zu einem Brot, doch die Frau eines Mannes macht Jagd auf <dein> kostbares Leben. - Kann man Feuer wohl tragen in seinem Gewandbausch, ohne dass einem die Kleider verbrennen? Oder kann jemand wohl schreiten auf glühenden Kohlen, ohne dass er sich die Füße versengt? So <geht es auch dem>, der hineingeht zur Frau seines Nächsten: keiner bleibt ungestraft, der sie berührt

... Wer aber Ehebruch treibt mit der Frau <seines Nächsten>, ist ohne Verstand. Nur wer sich selber vernichten will, der mag das tun.

*Die Seele zu ruinieren - daran denkt ein von unbändiger Leidenschaft getriebener Mensch nicht. Wahrscheinlich hegt er eher Gedanken wie »Keiner wird es je erfahren« oder »Niemanden kümmert es«. Aber wir haben Gottes Zusage, dass es **dennoch** jemand weiß.*

- **Spr 5,20-23** Warum solltest du, mein Sohn, an einer Fremden taumeln und den Busen einer anderen umarmen? - Denn vor den Augen des HERRN <liegen> eines jeden Wege, und auf alle seine Bahnen gibt er acht. Seine eigenen Sünden fangen ihn, den Gottlosen, und in den Stricken seiner Sünde wird er festgehalten. Ein solcher wird sterben aus Mangel an Zucht, und in der Größe seiner Narrheit taumelt er dahin.

- **Hi 24,15.16b-19** Auch des Ehebrechers Auge lauert auf die Abenddämmerung, indem er sagt: Kein Auge kann mich dann erspähen. Und eine Hülle legt er aufs Gesicht ... Licht kennen sie nicht. Denn ihnen allen miteinander <gilt> als Morgen die Finsternis; ja, <jeder von ihnen> kennt die Schrecken der Finsternis.
  Leicht <treibt> er <dahin wie> auf der Oberfläche des Wassers, verflucht wird ihr Feld auf Erden; nicht <mehr> schlägt er den Weg zu den Weinbergen ein. Dürre und Hitze raffen Schneewasser weg; <so> der Scheol <alle>, die gesündigt haben.

- **Hebr 13,4** Die Ehe sei ehrbar in allem, und das Ehebett unbefleckt! Denn Unzüchtige und Ehebrecher wird Gott richten.

Wir denken nicht gern an Gott als Richter, oder? Dies steht im Widerspruch zum Trend moderner Meinungen, denn von uns wird erwartet, dass wir »tolerant« sind und »nicht richten«. Doch die Bibel stellt deutlich heraus: Gott ist ein gnädiger Vater - aber auch unser letzter Richter. Das Verbot des Ehe-

bruchs ist eben keine willkürliche Vorschrift, die uns die Freude verderben soll. Es umfasst vielmehr eine moralische Richtlinie, die anzeigt, welcher Art diejenigen sein sollen, die Gott in seinem ewigen Reich haben will.

Der Apostel Paulus stellte angesichts der vielen Sünden, die es auf sexuellem Gebiet in der Gemeinde Korinth gab, klar heraus:

- **1Kor 6,18** Flieht die Unzucht! Jede Sünde, die ein Mensch begehen mag, ist außerhalb des Leibes; wer aber Unzucht treibt, sündigt gegen den eigenen Leib.

- **1Kor 6,9-10** Oder wisst ihr nicht, dass Ungerechte das Reich Gottes nicht erben werden? Irrt euch nicht! Weder Unzüchtige noch Götzendiener, noch Ehebrecher, noch Lustknaben, noch Knabenschänder, noch Diebe, noch Habsüchtige, noch Trunkenbolde, noch Lästerer, noch Räuber werden das Reich Gottes erben.

Harte Worte, nicht wahr? Ehebrecher werden zusammen mit Dieben, Räubern und Trunkenbolden genannt. Trotz der Gleichgültigkeit der Welt gegenüber dem Ehebruch besitzen Christen einen hohen Maßstab.

Der Herr Jesus ging beim Verbot des Ehebruchs noch einen Schritt weiter:

- **Mt 5,27-28** Ihr habt gehört, dass gesagt ist: Du sollst nicht ehebrechen. Ich aber sage euch, dass jeder, der eine Frau ansieht, sie zu begehren, schon Ehebruch mit ihr begangen hat in seinem Herzen.

*Meinte der Herr Jesus, dass jeder flüchtige Blick gleichbedeutend mit der bösen Tat selbst sei? Offensichtlich sagte er eher etwas, das wir nur allzu gut kennen: Unser Herz und unsere Phantasie kann sehr wohl in Sünde verstrickt sein, selbst wenn wir die eigentliche Sünde nicht begehen. Während es daher viele Ehebrecher in der Welt gibt, haben weit mehr Menschen entsprechende Phantasievorstellungen - sie sind **im Innern** untreu, während sie **nach außen hin** treu bleiben. Die Botschaft des Herrn Jesus an die Menschen, die zum Reich Gottes* *gehören wollen, lautete folgendermaßen: Bewahre deinen Leib* **und** *deinen Sinn vor Untreue! Gott sieht nicht nur unsere Taten, sondern auch unsere Gedanken. Der Herr Jesus stellte dies deutlich genug heraus. Als der Herr Jesus zu Menschen sprach, die auf rechtes Verhalten großen Wert legten, erklärte er nachdrücklich, dass Sünden wie Ehebruch im Inneren eines Menschen beginnen:*

- **Mt 15,19-20a** Denn aus dem Herzen kommen hervor böse Gedanken: Mord, Ehebruch, Unzucht, Diebstahl, falsche Zeugnisse, Lästerungen; diese Dinge sind es, die den Menschen verunreinigen.

Doch ist Gott nicht ein Gott der Vergebung, ein Gott der Gnade? Natürlich. Er ist ein Gott, bei dem alle - sogar Ehebrecher - neu anfangen können. Diesbezüglich gibt es keine schönere Stelle in der Bibel als folgende Geschichte aus dem Johannesevangelium:

- **Joh 8,3-11** Die Schriftgelehrten und die Pharisäer aber bringen eine Frau, die beim Ehebruch ergriffen worden war, und stellen sie in die Mitte und sagen zu ihm: Lehrer, diese Frau ist auf frischer Tat beim Ehebruch ergriffen worden. In dem Gesetz aber hat uns Mose geboten, solche zu steinigen. Du nun, was sagst du? Dies aber sagten sie, ihn zu versuchen, damit sie etwas hätten, um ihn anzuklagen. Jesus aber bückte sich nieder und schrieb mit dem Finger auf die Erde. Als sie aber fortfuhren, ihn zu fragen, richtete er sich auf und sprach zu ihnen: Wer von euch ohne Sünde ist, werfe als erster einen Stein auf sie. Und wieder bückte er sich nieder und schrieb auf die Erde. Als sie aber <dies> hörten, gingen sie einer nach dem anderen hinaus, angefangen von den Älteren; und er wurde allein gelassen mit der Frau, die in der Mitte stand. Jesus aber richtete sich auf und sprach zu ihr: Frau, wo sind sie? Hat niemand dich verurteilt? Sie aber sprach: Niemand, Herr. Jesus aber sprach zu ihr: Auch ich verurteile dich nicht. Geh hin und sündige von jetzt an nicht mehr!

*Dieser Frau, die auf frischer Tat beim Ehebruch ertappt worden war, sagte der Herr Jesus, dass er sie **nicht** verurteile. Diesem Zuspruch göttlicher Gnade folgten die Worte, die man zu oft vergisst:* »*Geh hin und sündige von jetzt an nicht mehr!*«

*Gott ist derjenige, der Sünde richtet, während er **gleichzeitig** der Gott der Gnade ist.*

EHRGEIZ

Siehe auch »Selbstachtung und Selbstwertgefühl«, »Erfolg«

*I*st etwas daran auszusetzen, dass einer ehrgeizig ist, hochgesteckte Erwartungen hinsichtlich seines Erfolgs hat und Ziele verfolgt? Überhaupt nicht! Menschen, die diese irdischen Verhältnisse etwas erträglicher gestaltet haben, waren oft antriebsstark und ehrgeizig. Ehrgeiz an sich ist nicht schlecht, genauso wenig wie Erfolg. Gott hat an menschlicher Tatkraft nichts auszusetzen.

Aber wie steht es damit, dass das Lebensziel neben der Liebe zu Gott und zu unseren Mitmenschen eine eigenständige Größe wird? Ehrgeiz wäre wunderbar, wenn er nicht so oft die Liebe und Güte verdrängen würde. Im Glaubensleben muss der größte Ehrgeiz darin bestehen, Gott zu gefallen, wobei aus der Sicht der Bibel alles andere dem nachgeordnet ist.

- **Ps 49,11-13** Denn man sieht: die Weisen sterben, der Tor und der Unvernünftige kommen miteinander um, und sie lassen anderen ihr Vermögen. Ihr Gedanke <ist, dass> ihre Häuser in Ewigkeit <stehen>, ihre Wohnung von Geschlecht zu Geschlecht; sie hatten Ländereien nach ihren Namen benannt. Doch der Mensch, der im Ansehen ist, bleibt nicht; er gleicht dem Vieh, das vertilgt wird.

- **Spr 19,21** Viele Gedanken sind im Herzen eines Mannes; aber der Ratschluss des HERRN, er kommt zustande.

- **Jak 3,14-17** Wenn ihr aber bittere Eifersucht und Eigennutz in eurem Herzen habt, so rühmt euch nicht und lügt nicht gegen die Wahrheit! Dies ist nicht die Weisheit, die von oben herabkommt, sondern eine irdische, sinnliche, teuflische. Denn wo Eifersucht und Eigennutz ist, da ist Zerrüttung und jede schlechte Tat. Die Weisheit von oben aber ist erstens rein, sodann friedvoll, milde, folgsam, voller Barmherzigkeit und guter Früchte, unparteiisch, ungeheuchelt.

- **1Jo 2,16** Denn alles, was in der Welt ist, die Begierde des Fleisches und die Begierde der Augen und der Hochmut des Lebens, ist nicht vom Vater, sondern ist von der Welt.

Der Herr Jesus verstand das ehrgeizige Verlangen eines Menschen. Dennoch verhieß er seinen Nachfolgern, dass sich die Werte des Reiches Gottes radikal von den Werten dieser Welt unterscheiden. Macht, Gewalt und Ansehen umfassen Ziele, die menschlicher Ehrgeiz verfolgt, doch der Herr Jesus kündigte an, dass sein Reich völlig anders ist.

- **Lk 22,25-27** Er aber sprach zu ihnen: Die Könige der Nationen herrschen über sie, und die Gewalt über sie üben, lassen sich Wohltäter nennen. Ihr aber nicht so! Sondern der Größte unter euch sei wie der Jüngste und der Führende wie der Dienende. Denn wer ist größer, der zu Tisch Liegende oder der Dienende? Nicht der zu Tisch Liegende? Ich aber bin in eurer Mitte wie der Dienende.

- **Mt 16,24-26** Dann sprach Jesus zu seinen Jüngern: Wenn jemand mir nachkommen will, der verleugne sich selbst und nehme sein Kreuz auf und folge mir nach! Denn wenn jemand sein Leben erretten will, wird er es verlieren; wenn aber jemand sein Leben verliert um meinetwillen, wird er es finden. Denn was wird es einem Menschen nützen, wenn er die ganze Welt gewönne, aber sein Leben einbüßte? Oder was wird ein Mensch als Lösegeld geben für sein Leben?

- **Mt 23,12** Wer sich aber selbst erhöhen wird, wird erniedrigt werden; und wer sich selbst erniedrigen wird, wird erhöht werden.

• **Joh 5,44** Wie könnt *ihr* glauben, die ihr Ehre voneinander nehmt und die Ehre, die von dem alleinigen Gott ist, nicht sucht?

Ehrgeiz ist menschlich ... und entspricht damit unserem Wesen. Die Verfasser des Neuen Testaments gaben hinsichtlich des Umgangs mit Ehrgeiz einen vernünftigen Rat. Sie erkannten, dass ein Schlüssel zum diesbezüglichen Umgang in der Überlegung liegt: Wie kann ich nicht nur mich, sondern auch andere glücklich machen? Und ungöttlichen Ehrgeiz kann man natürlich am besten dadurch überwinden, dass man einen edleren Ehrgeiz besitzt, den man in einem Leben für Gott findet.

• **Phil 2,3-4** ... nichts aus Eigennutz oder eitler Ruhmsucht <tut>, sondern dass in der Demut einer den anderen höher achtet als sich selbst; ein jeder sehe nicht auf das Seine, sondern ein jeder auch auf das der anderen!

• **1Thes 4,11-12** Und (setzt) eure Ehre darein ..., still zu sein und eure eigenen Geschäfte zu tun und mit euren Händen zu arbeiten, so wie wir euch geboten haben, damit ihr anständig wandelt gegen die draußen und niemanden nötig habt.

EINSAMKEIT

*Siehe auch »Gemeinschaft mit Gott«,
»Gemeinschaft mit anderen Gläubigen«, »Freunde«*

*E*in Talkshowmaster des Fernsehens behauptet, dass Einsamkeit **das** Problem in unserer Gesellschaft ist - nicht Armut oder Obdachlosigkeit, nicht Drogen oder Kriminalität, sondern einfach pure **Einsamkeit,** jenes quälende Gefühl, mit niemandem eng **verbunden** zu sein.

Eine der ersten biblischen Beobachtungen über die menschliche Natur besteht darin, dass Einsamkeit etwas Schlimmes ist.

- **1Mo 2,18-20** Und Gott, der HERR, sprach: Es ist nicht gut, dass der Mensch allein sei; ich will ihm eine Hilfe machen, die ihm entspricht. Und Gott, der HERR, bildete aus dem Erdboden alle Tiere des Feldes und alle Vögel des Himmels, und er brachte sie zu dem Menschen, um zu sehen, wie er sie nennen würde; und genau so wie der Mensch sie, die lebenden Wesen, nennen würde, <so> sollte ihr Name sein. Und der Mensch gab Namen allem Vieh und den Vögeln des Himmels und allen Tieren des Feldes. Aber für Adam fand er keine Hilfe, ihm entsprechend.

Adams Einsamkeit wurde beseitigt, indem ihm ein anderer Mensch zur Seite gestellt wurde. Doch traurigerweise tritt Einsamkeit nicht nur unter Ledigen, sondern auch unter Verheirateten, unter Eltern und unter Menschen auf, die den ganzen Tag mit anderen arbeiten. Leider kann man einsam sein, selbst wenn man von anderen umgeben ist. Das vielleicht Schlimmste ist, dass nur wenige Menschen es zugeben wollen, dass die Einsamkeit eine Last für sie ist.

Wie viele Selbstmorde werden aufgrund von Einsamkeit begangen? Ein Nachbar, ein Kollege, jemand in unserer Familie

- sogar wir selbst - können innerlich Schmerz empfinden und ihn manchmal verbergen, indem wir nach außen hin freundlich sind. Indem wir den Schmerz verbergen, vergrößern wir nur die Last.

Interessanterweise enthält die Bibel - insbesondere das Buch der Psalmen - viele Beispiele einsamer Menschen, die Gott ihr leiderfülltes Herz ausschütteten.

- **Ps 25,16.21** Wende dich zu mir und sei mir gnädig, denn einsam und elend bin ich ... Lauterkeit und Redlichkeit mögen mich behüten, denn ich harre auf dich.

- **Ps 40,18** Ich aber bin elend und arm, der Herr denkt an mich. Meine Hilfe und mein Retter bist du; mein Gott, zögere nicht!

Aus diesen Worten spricht Schmerz, aber auch Trost in dem Wissen, dass Gott an uns denkt. Es ist ebenso tröstlich zu wissen, dass Gottes Sohn all die Schmerzen des menschlichen Lebens und sogar Einsamkeit erfahren hat, insbesondere zur Zeit seiner Gefangennahme und Kreuzigung.

- **Mt 26,56b** Da verließen ihn die Jünger alle und flohen.

Mit Sicherheit hat ein Retter, dem dieser Teil des menschlichen Lebens nicht erspart blieb, mit denen von uns Mitleid, die den gleichen Schmerz empfinden. Wir können dankbar dafür sein, dass er nicht nur Mitleid hat, sondern auch die **Antwort** *auf die Frage nach unserem Schmerz ist.*

- **Ps 68,5-7a** Singt Gott, spielt seinem Namen! Macht Bahn dem, der einherfährt durch die Wüsten. Jah ist sein Name, und frohlockt vor ihm! Ein Vater der Waisen und ein Richter der Witwen ist Gott in seiner heiligen Wohnung. Gott ist es, der Einsame zu Hause wohnen lässt, Gefangene hinausführt ins Glück.

Stimmt es wirklich, dass Gott »Einsame zu Hause wohnen lässt«? Nicht in dem Sinne, dass jeder Mensch einen Partner als Gefährten und Kinder um sich haben wird. Doch darüber hinaus gibt es die größte aller Familien, die Gemeinschaft des Volkes Gottes. Ein Mensch, der überhaupt keine Angehörigen hat, kann einen Platz in der Familie Gottes finden. Jeder Bruder und jede Schwester gehört zu den Glaubensgeschwistern, die alle ein und denselben Vater haben. Die größte biblische Verheißung für den Einsamen ist folgende Zusage, die der Apostel Paulus niederschrieb:

* **2Kor 6,18** ... und werde euch Vater sein, und *ihr* werdet mir Söhne und Töchter sein, spricht der Herr, der Allmächtige.

ELTERN

Siehe auch »Kinder«, »Ehe«

Welche Funktion nehmen Eltern in der modernen Welt wahr? Manchmal kommen sich Eltern wie unbezahlte Chauffeure vor, die ihre Kinder zu Ballspielen, Geburtstagsparties und dergleichen fahren bzw. von dort abholen. Im Zeitalter familiärer Mobilität, in dem jedes Mitglied seine eigenen, individuellen Pläne verfolgt, und angesichts des Minimums an familiärer Gemeinschaft fragen sich Eltern, ob sie für ihre Kinder wirklich noch notwendig sind. Von »Experten« auf dem Gebiet der Pädagogik, Psychologie und Kindererziehung umgeben, fühlen sich zu viele Eltern dieser Aufgabe nicht gewachsen. Das ist eigenartig, da Eltern ihre Kinder jahrhundertelang aufgezogen haben und dabei gewöhnlich recht weit gekommen sind.

Aus biblischer Sicht haben Eltern eine viel wichtigere Rolle als die eines Chauffeurs. Ja, ihre Stellung ist so bedeutsam, dass eines der Zehn Gebote sie betrifft:

- **2Mo 20,12** Ehre deinen Vater und deine Mutter, damit deine Tage lange währen in dem Land, das der HERR, dein Gott, dir gibt.

Im Widerspruch zum Trend säkularer Meinungen weist die Bibel den Eltern eine wichtige Aufgabe zu: die Züchtigung. Dies ist heutzutage ein unpopuläres Wort. Wann haben Sie je eine Familie in einer Fernsehserie beobachtet, die eine gesunde Einstellung zur Züchtigung hatte? Doch eigentlich ahmt elterliche Züchtigung die Züchtigung Gottes - des Vaters selbst - nach, der nicht missbräuchlich oder in verletzender Absicht züchtigt, sondern seine Kinder auf den rechten Weg bringen will. Es ist Züchtigung, die aus Liebe geschieht.

- **Ps 103,13-14** Wie sich ein Vater über Kinder erbarmt, so erbarmt sich der HERR über die, die ihn fürchten. Denn *er* kennt unser Gebilde, gedenkt, dass wir Staub sind.

- **Spr 3,12** Denn wen der HERR liebt, den züchtigt er wie ein Vater den Sohn, den er gern hat.

- **Spr 22,6** Erziehe den Knaben seinem Weg gemäß; er wird nicht davon weichen, auch wenn er älter wird.

- **Spr 22,15** Haftet Narrheit am Herzen des Knaben, die Rute der Zucht entfernt sie davon.

- **Spr 23,13-14** Entziehe dem Knaben die Züchtigung nicht! Wenn du ihn mit der Rute schlägst, wird er nicht sterben. Du schlägst ihn mit der Rute, aber errettest sein Leben vom Scheol.

- **Spr 29,15.17** Rute und Ermahnung geben Weisheit; aber ein sich selbst überlassener Junge macht seiner Mutter Schande ... Züchtige deinen Sohn, so wird er dich erquicken und dir Freude machen.

Klingt das zu streng? Eigentlich nicht - nirgendwo in der Bibel wird Kindesmisshandlung gutgeheißen. Ja, christliche Eltern werden oft darauf hingewiesen, dass sie bei aller Züchtigung Güte walten lassen sollen.

- **Eph 6,4** Und ihr Väter, reizt eure Kinder nicht zum Zorn, sondern zieht sie auf in der Zucht und Ermahnung des Herrn!

- **Kol 3,21** Ihr Väter, reizt eure Kinder nicht, damit sie nicht mutlos werden!

Sowohl im Alten als auch im Neuen Testament wird Menschen des Glaubens eine entscheidende Aufgabe übertragen: Sie sollen ihren Kindern das Erbe des Glaubens weitergeben.

• **Ps 78,3-8** Was wir gehört und erfahren und unsere Väter uns erzählt haben, wollen wir nicht verhehlen ihren Söhnen und dem künftigen Geschlecht erzählen die Ruhmestaten des HERRN und seine Macht und seine Wunder, die er getan hat. Denn er hat ein Zeugnis aufgerichtet in Jakob und ein Gesetz aufgestellt in Israel und gebot unseren Vätern, sie ihren Söhnen kundzutun, damit das künftige Geschlecht sie kenne, die Söhne, die geboren werden sollten, und <auch> sie aufständen und sie ihren Söhnen erzählten. Damit sie auf Gott ihr Vertrauen setzten und die Taten Gottes nicht vergäßen und seine Gebote befolgten. Damit sie nicht würden wie ihre Väter, ein widersetzliches und widerspenstiges Geschlecht, ein Geschlecht, dessen Herz nicht fest war und dessen Geist nicht treu war gegen Gott.

ENGEL

Siehe auch »Teufel«

Während der gesamten Geschichte ist die menschliche Neugier im Blick auf Engel beträchtlich gewesen. Dieses Thema ist in unseren Tagen am Ende des zwanzigsten Jahrhunderts wieder aufgegriffen worden. Die Bibel enthält viele Aussagen über Engel, die für das Volk Gottes größtenteils überaus tröstlich sind. Doch dass Menschen von Engeln fasziniert sind, ist nicht immer gut. Viele, die für geistliche Fragen kaum aufgeschlossen sind, interessieren sich für Engel einfach deshalb, weil sie übernatürliche Wesen verkörpern. Doch das Verhalten dieser Menschen ist oft keineswegs mit dem der biblischen Engel zu vergleichen.

Natürlich **sind** Engel übernatürliche Wesen! Sie sind Gottes Boten und damit unsichtbar, sofern sie nicht im Rahmen von Erscheinungen menschliche Gestalt annehmen. Wir wissen letztlich nicht, wie sie aussehen. Als erhabene, ehrfurchtgebietende Wesen erscheinen sie jedoch ganz anders als die pummeligen, niedlich aussehenden Kleinkinder in der klassischen Kunst. Die biblischen Berichte sprechen von Engeln als von majestätischen Wesen, die Ehrfurcht hervorrufen, aber auch Trost spenden.

Engel erscheinen an vielen Stellen in der Bibel, doch die bekanntesten Stellen weisen uns auf ihre Rolle als **Beschützer** und **Tröster** des Volkes Gottes hin.

- **Ps 34,8-9** Der Engel des HERRN lagert sich um die her, die ihn fürchten, und er befreit sie. Schmecket und sehet, dass der HERR gütig ist! Glücklich der Mann, der sich bei ihm birgt!

- **Ps 91,9-12** Denn du <hast gesagt>: »Der HERR ist meine Zuflucht!«; du hast den Höchsten zu deiner Wohnung gesetzt; so begegnet dir kein Unglück, und keine

Plage naht deinem Zelt. Denn er bietet seine Engel für dich auf, dich zu bewahren auf allen deinen Wegen. Auf den Händen tragen sie dich, damit du deinen Fuß nicht an einen Stein stößt.

- **Apg 5,17-19** Der Hohepriester aber trat auf und alle, die mit ihm waren, nämlich die Sekte der Sadduzäer, und wurden von Eifersucht erfüllt; und sie legten Hand an die Apostel und setzten sie in öffentlichen Gewahrsam. Ein Engel des Herrn aber öffnete während der Nacht die Türen des Gefängnisses und führte sie hinaus ...

- **Apg 12,6-11** Als aber Herodes ihn vorführen wollte, schlief Petrus in jener Nacht zwischen zwei Soldaten, gebunden mit zwei Ketten, und Wächter vor der Tür verwahrten das Gefängnis. Und siehe, ein Engel des Herrn stand da, und ein Licht leuchtete im Kerker; und er schlug Petrus an die Seite, weckte ihn und sagte: Steh schnell auf! Und die Ketten fielen ihm von den Händen. Und der Engel sprach zu ihm: Gürte dich und binde deine Sandalen unter! Er aber tat es. Und er spricht zu ihm: Wirf dein Oberkleid um und folge mir! Und er ging hinaus und folgte und wusste nicht, dass es Wirklichkeit war, was durch den Engel geschah; er meinte aber, eine Erscheinung zu sehen. Als sie aber durch die erste und die zweite Wache gegangen waren, kamen sie an das eiserne Tor, das in die Stadt führte, das sich ihnen von selbst öffnete; und sie traten hinaus und gingen *eine* Straße entlang, und sogleich schied der Engel von ihm. Und als Petrus zu sich selbst kam, sprach er: Nun weiß ich in Wahrheit, dass der Herr seinen Engel gesandt und mich gerettet hat aus der Hand des Herodes und aller Erwartung des Volkes der Juden.

- **Mt 18,10** Seht zu, dass ihr nicht *eines* dieser Kleinen verachtet! Denn ich sage euch, dass ihre Engel in den Himmeln allezeit das Angesicht meines Vaters schauen, der in den Himmeln ist.

- **Lk 12,8-9** Ich sage euch aber: Jeder, der sich vor den Menschen zu mir bekennen wird, zu dem wird sich auch der Sohn des Menschen vor den Engeln Gottes bekennen; wer mich aber vor den Menschen verleugnet haben wird, der wird vor den Engeln Gottes verleugnet werden.

- **Lk 15,10** So, sage ich euch, ist Freude vor den Engeln Gottes über *einen* Sünder, der Buße tut.

Der Herr Jesus und der Apostel Paulus haben verheißen, dass Engel bei der Wiederkunft des Herrn in Macht und Herrlichkeit eine Schlüsselrolle spielen würden. Die Engel sind diejenigen, die als Schnitter die Ernte des treuen Volkes Gottes einsammeln. Sie sind auch Herolde, die Jesu herrliche Ankunft auf Erde ankündigen.

- **Mt 13,41-43** Der Sohn des Menschen wird seine Engel aussenden, und sie werden aus seinem Reich alle Ärgernisse zusammenlesen und die, die Gesetzloses tun; und sie werden sie in den Feuerofen werfen: da wird das Weinen und das Zähneknirschen sein. Dann werden die Gerechten leuchten wie die Sonne in dem Reich ihres Vaters. Wer Ohren hat, der höre!

- **Mt 24,30-31** Und dann wird das Zeichen des Sohnes des Menschen am Himmel erscheinen; und dann werden wehklagen alle Stämme des Landes, und sie werden den Sohn des Menschen kommen sehen auf den Wolken des Himmels mit großer Macht und Herrlichkeit. Und er wird seine Engel aussenden mit starkem Posaunenschall, und sie werden seine Auserwählten versammeln von den vier Winden her, von dem einen Ende der Himmel bis zu ihrem anderen Ende.

- **1Thes 4,16-18** Denn der Herr selbst wird beim Befehlsruf, bei der Stimme eines Erzengels und bei <dem Schall> der Posaune Gottes herabkommen vom Himmel, und die Toten in Christus werden zuerst auferstehen; danach werden wir, die Lebenden, die übrigbleiben, zugleich mit ihnen entrückt werden in Wolken dem Herrn entgegen in die Luft; und so werden wir allezeit beim Herrn sein. So ermuntert nun einander mit diesen Worten!

In neutestamentlichen Zeiten gab es tatsächlich Menschen, die Engel **verehrten,** *weil sie übernatürliche Wesen sind. Diese Gefahr ist seitdem von Zeit zu Zeit wiederaufgetaucht, da sich manche Menschen mehr für Engel interessieren als für Gott selbst. Davor warnt der Brief an die Hebräer, indem er darlegt, dass Engel lediglich dienstbare Geister Gottes sind:*

- **Hebr 1,14** Sind sie nicht alle dienstbare Geister, ausgesandt zum Dienst um derer willen, die das Heil erben sollen?

- **Hebr 12,22** ... sondern ihr seid gekommen zum Berg Zion und zur Stadt des lebendigen Gottes, dem himmlischen Jerusalem; und zu Myriaden von Engeln, einer Festversammlung.

Der Apostel Paulus wies die Christen darauf hin, dass nicht jedes übernatürliche Wesen ein Engel ist, der jemandes Wohl sucht. Ja, das Neue Testament erinnert uns daran, dass sich das, was gut ist, manchmal ins Gegenteil verkehren kann. Satan und seine Dämonen waren ursprünglich Engel.

- **2Kor 11,14-15** Und kein Wunder, denn der Satan selbst nimmt die Gestalt eines Engels des Lichts an; es ist daher nichts Großes, wenn auch seine Diener die Gestalt von Dienern der Gerechtigkeit annehmen; und ihr Ende wird ihren Werken entsprechen.

- **2Petr 2,4** Denn wenn Gott Engel, die gesündigt hatten, nicht verschonte, sondern sie in finsteren Höhlen des Abgrundes gehalten und zur Aufbewahrung für das Gericht überliefert hat ...

- **Jud 6** ... und Engel, die ihren Herrschaftsbereich nicht bewahrt, sondern ihre eigene Behausung verlassen haben, hat er zum Gericht des großen Tages mit ewigen Fesseln unter Finsternis verwahrt.

ERDE UND NATUR

Siehe auch »Himmel«

»*Nichts von all der Farbenpracht, nicht ein Grashalm wurde erschaffen, der den Menschen nicht erfreuen könnte.« Dies sagte Johannes Calvin. Er erkannte, dass Gott die Erde und die gesamte Natur erschaffen hatte. Dies veranlasst uns, ehrfürchtig davorzustehen. Die Schöpfung ist **gut**, wie 1. Mose 1 verdeutlicht. Und wie mehrere Psalmen erkennen lassen, weist die Natur auf Gott hin. Denjenigen, die hören können, ruft die Natur zu: »All dies ist das Werk eines Schöpfers - eines großen Schöpfers!«*

*Doch die Natur selbst ist nicht göttlicher Art. In dieser Hinsicht unterscheidet sich der biblische Glaube radikal von den Naturreligionen der Vergangenheit und Gegenwart. Der Aufkleber mit den Worten »Liebe Deine Mutter«[1] (die sich auf die Erde beziehen) würde die Verfasser der Bibel entsetzt haben. Freilich, sie achteten und wertschätzten die Natur als göttliches Werk. Doch sie selbst ist nicht göttlicher Art, und wer sie (sowie alles Sonstige außer dem Schöpfer selbst) verehrt, sündigt. Christen können Bemühungen zur Erhaltung der Umwelt unterstützen - doch nur bis zu einem gewissen Punkt. Wir können der Vorstellung, dass die Natur **heilig** sei, nicht zustimmen.*

• **1Mo 1,31b** Und Gott sah alles, was er gemacht hatte, und siehe, es war sehr gut. Und es wurde Abend, und es wurde Morgen: der sechste Tag.

---

(1) Hintergrund ist die Tatsache, dass die Bezeichnung »Gaia« im Griechischen sowohl für die gleichnamige Göttin als auch für den Planeten Erde verwendet wird.

- **Spr 3,19-20** Der HERR hat durch Weisheit die Erde gegründet, die Himmel befestigt durch Einsicht. Durch seine Erkenntnis brachen die Fluten hervor, die Wolken triefen von Tau.

- **Ps 8,4-10** Wenn ich anschaue deine Himmel, deiner Finger Werk, den Mond und die Sterne, die du bereitet hast: Was ist der Mensch, dass du sein gedenkst, und des Menschen Sohn, dass du dich um ihn kümmerst? Denn du hast ihn wenig geringer gemacht als Engel, mit Herrlichkeit und Pracht krönst du ihn. Du machst ihn zum Herrscher über die Werke deiner Hände; alles hast du unter seine Füße gestellt: Schafe und Rinder allesamt und auch die Tiere des Feldes, Vögel des Himmels und Fische des Meeres, was die Pfade der Meere durchzieht. HERR, unser Herr, wie herrlich ist dein Name auf der ganzen Erde!

- **Ps 19,2-5** Die Himmel erzählen die Herrlichkeit Gottes, und das Himmelsgewölbe verkündet seiner Hände Werk. Ein Tag sprudelt dem anderen Kunde zu, und eine Nacht meldet der anderen Kenntnis - ohne Rede und ohne Worte, mit unhörbarer Stimme. Ihr Schall geht aus über die ganze Erde und bis an das Ende der Welt ihre Sprache. Dort hat er der Sonne ein Zelt gesetzt.

- **Ps 89,9-10.12** HERR, Gott der Heerscharen! Wer ist stark wie du, Jah? Deine Treue ist rings um dich her. Du beherrschst des Meeres Toben, erheben sich seine Wogen - du stillst sie ... Dein sind die Himmel, und dein ist die Erde. Die Welt und ihre Fülle, du hast sie gegründet.

Der Herr Jesus selbst schätzte die Schönheiten der Natur. Wie bewegend ist es, daran zu denken, dass der Herr Jesus, der uns als Mensch gleich war, die Schönheit einer Blume genauso bewunderte wie wir!

- **Lk 12,27** Betrachtet die Lilien, wie sie wachsen; sie mühen sich nicht und spinnen auch nicht. Ich sage euch aber, selbst Salomo in all seiner Herrlichkeit war nicht bekleidet wie eine von ihnen.

Die Bibel weist uns darauf hin, dass wir gegenüber der Natur keine Eindringlinge sind. Gott schuf uns nach seinem Bild und machte uns zum Gebieter über die Schöpfung, obwohl er sich die letztendliche Macht vorbehielt. Nach der großen Flut im ersten Buch Mose sagte Gott Noah und seiner Familie, dass ihre Mitgeschöpfe sein Geschenk sind. Sie sollten diese nicht missbrauchen, sondern gut damit umgehen und sie zum Wohl der Menschen nutzen.

- **1Mo 9,1-3** Und Gott segnete Noah und seine Söhne und sprach zu ihnen: Seid fruchtbar, und vermehrt euch, und füllt die Erde! Und Furcht und Schrecken vor euch sei auf allen Tieren der Erde und auf allen Vögeln des Himmels! Mit allem, was sich auf dem Erdboden regt, mit allen Fischen des Meeres sind sie in eure Hände gegeben. Alles, was sich regt, was da lebt, soll euch zur Speise sein; wie das grüne Kraut gebe ich es euch alles.

- **Ps 115,16** Die Himmel sind die Himmel des HERRN, die Erde aber hat er den Menschenkindern gegeben.

Eines der Zehn Gebote verbietet speziell den Götzendienst: Es soll nichts aufgerichtet werden, was man neben Gott anbeten kann. Israel, das erwählte Volk im Alten Testament, war von Nationen umgeben, die Naturgewalten verehrten. Diese heidnischen Religionen drangen oft in Israels Gottesdienst ein, so dass die Propheten fortwährend die Vermischung der Anbetung Gottes, des Schöpfers, mit der Verehrung eines Teils seiner Schöpfung brandmarken mussten. Das im zweiten Buch Mose befindliche Gebot bezieht sich nicht nur auf das Niederfallen vor Objekten des Götzendienstes, sondern auch auf die umfassende oder teilweise Verehrung der Natur.

- **2Mo 20,4-5a** Du sollst dir kein Götterbild machen, auch keinerlei Abbild dessen, was oben im Himmel oder was unten auf der Erde oder was in den Wassern unter der Erde ist. Du sollst dich vor ihnen nicht niederwerfen und ihnen nicht dienen. Denn *ich*, der HERR, dein Gott, bin ein eifersüchtiger Gott.

Die Erde scheint auf soliden und sicheren Fundamenten zu ruhen. Dennoch haben Umweltschützer aufgrund der Verschmutzung und des von uns getriebenen Missbrauchs der Erde Katastrophen vorausgesagt - und an Unheilspropheten fehlt es nicht. Darin stimmen sie mit der Bibel überein: Diese jetzige Erde wird nicht von Bestand sein. Die Bibel gibt jedoch keinen Hinweis im Blick darauf, was die Zerstörung herbeiführen wird. Während der gesamten Geschichte haben Menschen Zeitpunkte für das Weltende vorausgesagt. Ihre bisherigen Prognosen sind jedoch falsch gewesen. Doch die Bibel verheißt, dass es eintreten **wird** *- dann, wenn Gott es will. Diesen Sachverhalt können wir unmöglich vergessen, denn während uns Gottes Wort ermuntert, uns an der Erde zu freuen, sollen wir gleichzeitig auf das Himmlische sinnen. Die Erde ist eine Zwischenstation, nicht das Ziel. Schließlich soll sie nach den neutestamentlichen Verheißungen keinen ewigen Bestand haben. Die Geschichte wird ihren Höhepunkt erreichen, aber nicht auf einer zum Kultobjekt erhobenen und unverschmutzten Erde, sondern in einer neuen Schöpfung - der endgültigen Heimat derjenigen, die Gott lieben.*

- **Ps 102,26-29** Du hast einst die Erde gegründet, und die Himmel sind deiner Hände Werk. Sie werden umkommen, du aber bleibst. Sie alle werden veralten wie ein Kleid; wie ein Gewand wechselst du sie, und sie werden verwandelt. Du aber bist derselbe, und deine Jahre enden nicht.

- **Jes 51,6** Erhebt zum Himmel eure Augen und blickt auf die Erde unten! Denn die Himmel werden wie Rauch zerfetzt werden, und die Erde wird zerfallen wie ein Kleid, und ihre Bewohner werden dahinsterben wie Mücken. Aber mein Heil wird in Ewigkeit bestehen, und meine Gerechtigkeit wird nicht zerschlagen werden.

- **Mt 24,29-30.35** Aber gleich nach der Bedrängnis jener Tage wird die Sonne verfinstert werden und der Mond seinen Schein nicht geben, und die Sterne werden vom

Himmel fallen, und die Kräfte der Himmel werden erschüttert werden. Und dann wird das Zeichen des Sohnes des Menschen am Himmel erscheinen; und dann werden wehklagen alle Stämme des Landes, und sie werden den Sohn des Menschen kommen sehen auf den Wolken des Himmels mit großer Macht und Herrlichkeit ... Der Himmel und die Erde werden vergehen, meine Worte aber sollen *nicht* vergehen.

- **2Petr 3,7.10-11** Die jetzigen Himmel und die <jetzige> Erde aber sind durch dasselbe Wort aufbewahrt und für das Feuer aufgehoben zum Tag des Gerichts und des Verderbens der gottlosen Menschen ... Es wird aber der Tag des Herrn kommen wie ein Dieb; an ihm werden die Himmel mit gewaltigem Geräusch vergehen, die Elemente aber werden im Brand aufgelöst und die Erde und die Werke auf ihr <im Gericht> erfunden werden.

  Da dies alles so aufgelöst wird, was für <Leute> müsst ihr <dann> sein in heiligem Wandel und Gottseligkeit.

- **Offb 21,1-3** Und ich sah einen neuen Himmel und eine neue Erde; denn der erste Himmel und die erste Erde waren vergangen, und das Meer ist nicht mehr.

  Und ich sah die heilige Stadt, das neue Jerusalem, aus dem Himmel von Gott herabkommen, bereitet wie eine für ihren Mann geschmückte Braut. Und ich hörte eine laute Stimme vom Thron her sagen: Siehe, das Zelt Gottes bei den Menschen! Und er wird bei ihnen wohnen, und sie werden sein Volk sein, und Gott selbst wird bei ihnen sein, ihr Gott.

- **1Jo 2,15-17** Liebt nicht die Welt noch was in der Welt ist! Wenn jemand die Welt liebt, ist die Liebe des Vaters nicht in ihm; denn alles, was in der Welt ist, die Begierde des Fleisches und die Begierde der Augen und der Hochmut des Lebens, ist nicht vom Vater, sondern ist von der Welt. Und die Welt vergeht und ihre Begierde; wer aber den Willen Gottes tut, bleibt in Ewigkeit.

Erfolg

Siehe auch »Ehrgeiz«, »Faulheit«,
»Selbstachtung und Selbstwertgefühl«, »Arbeit«,
»Kummer und Sorgen«

*J*emand definierte Erfolg als »die Entwicklung einer reifen und schöpferisch tätigen Persönlichkeit«. Dies kommt der biblischen Sicht nahe. Wir definieren Erfolg gewöhnlich danach, ob wir Geld, Macht oder Einfluss haben - und natürlich danach, ob wir beneidet werden. Dies entspricht nicht der Sicht der Bibel. Ja, das Neue Testament gibt den Nachfolgern des Herrn Jesus die Zusicherung, dass sie möglicherweise Not leiden und nicht unbedingt Erfolg im üblichen, weltlichen Sinne haben werden.

Dies braucht Sie nicht zu entmutigen. Unser Herr hat uns nicht aufgefordert, allen Freuden in diesem Leben zu entsagen. Er sagte uns jedoch, dass es höhere, bessere Dinge gibt - Dinge, die ewig Bestand haben werden und aufgrund derer weltlicher Erfolg belanglos erscheint.

Der Herr Jesus stellte dies zu Beginn seines irdischen Dienstes unter Beweis, als Satan ihm während der Versuchung weltlichen Erfolg anbot.

• **Mt 4,1.8-10** Dann wurde Jesus von dem Geist in die Wüste hinaufgeführt, um von dem Teufel versucht zu werden ...

Wiederum nimmt der Teufel ihn mit auf einen sehr hohen Berg und zeigt ihm alle Reiche der Welt und ihre Herrlichkeit und sprach zu ihm: Dies alles will ich dir geben, wenn du niederfallen und mich anbeten willst. Da spricht Jesus zu ihm: Geh hinweg, Satan! Denn es steht geschrieben: »Du sollst den Herrn, deinen Gott, anbeten und ihm allein dienen.«

Die biblischen Werte gleichen einer Umkehrung weltlicher Werte. Obwohl die Bibel nirgendwo sagt, dass weltlicher Erfolg immer etwas Schlechtes ist, betont sie - und zwar immer wieder -, dass es uns letztendlich nicht um Erfolg aus der Sicht der Welt geht.

- **Joh 18,36** Jesus antwortete: Mein Reich ist nicht von dieser Welt; wenn mein Reich von dieser Welt wäre, so hätten meine Diener gekämpft, damit ich den Juden nicht überliefert würde, jetzt aber ist mein Reich nicht von hier.

- **Mt 16,26** Denn was wird es einem Menschen nützen, wenn er die ganze Welt gewönne, aber sein Leben einbüßte? Oder was wird ein Mensch als Lösegeld geben für sein Leben?

- **Lk 6,24-25** Aber wehe euch Reichen! Denn ihr habt euren Trost dahin. Wehe euch, die ihr voll seid, denn ihr werdet hungern. Wehe euch, die ihr jetzt lacht, denn ihr werdet trauern und weinen.

- **Joh 15,19** Wenn ihr von der Welt wäret, würde die Welt das Ihre lieben; weil ihr aber nicht von der Welt seid, sondern ich euch aus der Welt erwählt habe, darum hasst euch die Welt.

*Können wir ein Gott hingegebenes Leben führen und **gleichzeitig** weltlichen Erfolg haben? Dieser Fall ist selten, aber möglich. Zu den Nachfolgern des Herrn Jesus zählten einige erfolgreiche Menschen. Wie andere Leute sollte sich der Erfolgreiche daran erinnern, dass alles Gute eine Gabe Gottes ist - wobei alles, was in dieser Welt gut und angenehm ist, vergehen wird, denn das größte Gut geht weit über dieses Leben hinaus.*

- **1Kor 7,31** ... und die die Welt Nutzenden, als benutzten sie sie nicht; denn die Gestalt dieser Welt vergeht.

- **Pred 5,18** Auch jeder Mensch, dem Gott Reichtum und Güter gegeben und den er ermächtigt hat, davon zu genießen und sein Teil zu nehmen und sich bei seiner Mühe zu freuen, - das ist eine Gabe Gottes.

- **Ps 128,1-2** *Ein Wallfahrtslied.* Glücklich ein jeder, der den HERRN fürchtet, der wandelt auf seinen Wegen! Denn essen wirst du die Arbeit deiner Hände. Heil dir! Gut steht es um dich.

Erfolg umfasst weder Ruhm noch Reichtum oder Macht. Wahren Erfolg haben wir, wenn wir Gott suchen und lieben sowie ihm gehorchen. Indem uns dies zur Selbstverständlichkeit wird, werden wir das Leben von einer völlig anderen Perspektive als die meisten Menschen betrachten.

- **Röm 12,2** Und seid nicht gleichförmig dieser Welt, sondern werdet verwandelt durch die Erneuerung des Sinnes, dass ihr prüfen mögt, was der Wille Gottes ist: das Gute und Wohlgefällige und Vollkommene.

- **2Kor 5,16-18** Daher kennen wir von nun an niemand nach dem Fleisch; wenn wir Christus auch nach dem Fleisch gekannt haben, so kennen wir <ihn> doch jetzt nicht mehr <so>. Daher, wenn jemand in Christus ist, so ist er eine neue Schöpfung; das Alte ist vergangen, siehe, Neues ist geworden.
  Alles aber von Gott, der uns mit sich selbst versöhnt hat durch Christus und uns den Dienst der Versöhnung gegeben hat.

- **Gal 6,14-16** Mir aber sei es fern, mich zu rühmen als nur des Kreuzes unseres Herrn Jesus Christus, durch das mir die Welt gekreuzigt ist und ich der Welt. Denn weder Beschneidung noch Unbeschnittensein gilt etwas, sondern eine neue Schöpfung. Und so viele dieser Richtschnur folgen werden, Friede und Barmherzigkeit über sie und über das Israel Gottes!

Die Bibel erwähnt immer wieder Weisheit als ein Gut, nach dem wir verlangen sollten. Doch damit ist nicht Weisheit nach dem üblichen Verständnis der Welt gemeint. Die Weisheit, die

Gott verheißt, umfasst kein Fachwissen, das uns zu Reichtum und Macht verhilft. Sie stellt etwas viel Wichtigeres dar: die Weisheit, das Rechte zu tun und so zu leben, wie Gott es beabsichtigt hat.

- **Spr 8,19-20** [Die Weisheit spricht:] Besser ist meine Frucht als Gold und gediegenes Gold, und mein Ertrag <besser> als auserlesenes Silber. Auf dem Pfad der Gerechtigkeit gehe ich, mitten auf den Steigen des Rechts.

- **1Kor 1,20.26-29** Wo ist ein Weiser? Wo ein Schriftgelehrter? Wo ein Wortstreiter dieses Zeitalters? Hat nicht Gott die Weisheit der Welt zur Torheit gemacht? ... Denn seht, eure Berufung, Brüder, dass es nicht viele Weise nach dem Fleisch, nicht viele Mächtige, nicht viele Edle sind; sondern das Törichte der Welt hat Gott auserwählt, damit er die Weisen zuschanden mache; und das Schwache der Welt hat Gott auserwählt, damit er das Starke zuschanden mache. Und das Unedle der Welt und das Verachtete hat Gott auserwählt, das, was nicht ist, damit er das, was ist, zunichte mache, dass sich vor Gott kein Fleisch rühme.

- **1Kor 3,18-20** Niemand betrüge sich selbst! Wenn jemand unter euch meint, weise zu sein in dieser Welt, so werde er töricht, damit er weise werde. Denn die Weisheit dieser Welt ist Torheit bei Gott; denn es steht geschrieben: »Der die Weisen fängt in ihrer List.« Und wieder: »Der Herr kennt die Überlegungen der Weisen, dass sie nichtig sind.«

Fromme Menschen werden in Filmen und Fernsehsendungen oft als eigenartige Leute dargestellt. Die Bibel tut dies ebenfalls. Wie könnte es anders sein? Wenn sich unsere Werte von denen anderer Menschen unterscheiden, werden wir selbstverständlich gelegentlich kritisiert - vielleicht sogar offen angefeindet werden. Die Welt hält Gläubige vielleicht gern für Sonderlinge, Verlierer oder für beides. Die Bibel sagt uns, wie wir damit

*umgehen sollten: »Lasst es gut sein!« Wir schätzen etwas
Beständigeres als die Werte der Welt.*

- **1Kor 7,23** Ihr seid um einen Preis erkauft. Werdet
nicht Sklaven von Menschen!

- **1Kor 4,10a.11-13** Wir sind Narren um Christi willen
... Bis zur jetzigen Stunde leiden wir sowohl Hunger als
Durst und sind nackt und werden mit Fäusten geschlagen und haben keine bestimmte Wohnung und mühen
uns ab und arbeiten mit unseren eigenen Händen.
Geschmäht, segnen wir; verfolgt, dulden wir; gelästert,
reden wir gut zu; wie Auskehricht der Welt sind wir
geworden, ein Abschaum aller bis jetzt.

- **1Tim 6,17** Den Reichen in dem gegenwärtigen Zeitlauf gebiete, nicht hochmütig zu sein, noch auf die Ungewissheit des Reichtums Hoffnung zu setzen - sondern
auf Gott, der uns alles reichlich darreicht zum Genuss.

- **Jak 2,5** Hört, meine geliebten Brüder: Hat nicht Gott
die vor der Welt Armen auserwählt, reich im Glauben
und Erben des Reiches <zu sein>, das er denen verheißen hat, die ihn lieben?

- **Jak 4,4** Ihr Ehebrecherinnen, wisst ihr nicht, dass die
Freundschaft der Welt Feindschaft gegen Gott ist? Wer
nun ein Freund der Welt sein will, erweist sich als Feind
Gottes.

- **1Jo 2,15-17** Liebt nicht die Welt noch was in der Welt
ist! Wenn jemand die Welt liebt, ist die Liebe des Vaters
nicht in ihm; denn alles, was in der Welt ist, die Begierde
des Fleisches und die Begierde der Augen und der
Hochmut des Lebens, ist nicht vom Vater, sondern ist
von der Welt. Und die Welt vergeht und ihre Begierde;
wer aber den Willen Gottes tut, bleibt in Ewigkeit.

- **Joh 12,25** Wer sein Leben liebt, verliert es; und wer sein Leben in dieser Welt hasst, wird es zum ewigen Leben bewahren.

- **2Petr 1,3-5** Da seine göttliche Kraft uns alles zum Leben und zur Gottseligkeit geschenkt hat durch die Erkenntnis dessen, der uns berufen hat durch <seine> eigene Herrlichkeit und Tugend, durch die er uns die kostbaren und größten Verheißungen geschenkt hat, damit ihr durch sie Teilhaber der göttlichen Natur werdet, die ihr dem Verderben, das durch die Begierde in der Welt ist, entflohen seid: eben deshalb wendet aber auch allen Fleiß auf und reicht in eurem Glauben die Tugend dar, in der Tugend aber die Erkenntnis.

Die Bibel endet mit einer himmlischen Vision, die so überwältigend ist, dass sich kein Angehöriger des Volkes Gottes je bemitleiden könnte, weil ihm der Erfolg in dieser gegenwärtigen Welt nicht vergönnt war.

- **Offb 21,2-5a** Und ich sah die heilige Stadt, das neue Jerusalem, aus dem Himmel von Gott herabkommen, bereitet wie eine für ihren Mann geschmückte Braut. Und ich hörte eine laute Stimme vom Thron her sagen: Siehe, das Zelt Gottes bei den Menschen! Und er wird bei ihnen wohnen, und sie werden sein Volk sein, und Gott selbst wird bei ihnen sein, ihr Gott. Und er wird jede Träne von ihren Augen abwischen, und der Tod wird nicht mehr sein, noch Trauer, noch Geschrei, noch Schmerz wird mehr sein: denn das Erste ist vergangen. Und der, welcher auf dem Thron saß, sprach: Siehe, ich mache alles neu.

ESSEN

Siehe auch »Leib bzw. Körper«, »Irdische Sorgen«,
»Kummer und Sorgen«

*I*st es eigenartig, dieses Thema in einem Buch wie dem vorliegenden zu finden? Eigentlich nicht! Denken wir daran, wie
das Essen die Gedanken der Menschen beherrscht. Die Hälfte
aller Gespräche scheint sich heute um Kalorien, Cholesterin,
Fett und Ernährung zu drehen. Viele behaupten, sie bekämen
Schuldgefühle, wenn sie Schokolade oder Pfannkuchen essen
würden. In Restaurants wird mit Begriffen wie »verführerisch«
und »sündhaft fett« für kalorienreiche Desserts geworben.
Haben wir eine neue Moral hinsichtlich des Ernährungsver-
haltens entwickelt?

Im Buch der Sprüche, das zahlreiche praktische Ratschläge
beinhaltet, befindet sich ein drastisches Gebot hinsichtlich
derer, die gern essen:

- **Spr 23,2** Und setze ein Messer an deine Kehle, wenn
du heißhungrig bist!

*Damit wird die biblische Sicht tatsächlich ziemlich gut zusam-
mengefasst. Die Bibel empfiehlt niemandem, der gern isst, seine
Kehle im wörtlichen Sinne aufzuschlitzen. Sie sagt vielmehr,
dass solche ein ernstes Problem haben, das beachtet werden
muss: Sie versuchen, mit Hilfe des Essens Befriedigung zu finden, während für den Gläubigen volle Genüge letztendlich in
Gott zu erlangen ist.*

*Dennoch können wir uns damit trösten, dass uns die Bibel
im Blick auf das Essen einen großen Spielraum lässt. Wir sollen es nicht zu unserem Götzen machen, doch wir dürfen es
genießen. Wenn Sie in den Griff bekommen haben, was Sie
essen und trinken, werden Sie freudig entdecken, dass sich die
biblische Haltung gegenüber dem Essen radikal von der dies-*

bezüglichen Einstellung unserer Gesellschaft unterscheidet. Obwohl Völlerei und Trunkenheit verurteilt werden, lautet die allgemeine Haltung gegenüber dem Essen: Iss und genieße dabei die guten Gaben Gottes!

- **Röm 14,14.17** Ich weiß und bin überzeugt in dem Herrn Jesus, dass nichts an sich unrein ist; nur dem, der etwas als gemein ansieht, dem ist es unrein … Denn das Reich Gottes ist nicht Essen und Trinken, sondern Gerechtigkeit und Friede und Freude im Heiligen Geist.

- **Kol 2,16-23** So richte euch nun niemand wegen Speise oder Trank … Um den Kampfpreis soll euch niemand bringen, der seinen eigenen Willen tut in <scheinbarer> Demut und Anbetung der Engel, der auf das eingeht, was er <in Visionen> gesehen hat, grundlos aufgeblasen von der Gesinnung seines Fleisches, und nicht festhält das Haupt, von dem aus der ganze Leib, durch die Gelenke und Bänder unterstützt und zusammengefügt, das Wachstum Gottes wächst. Wenn ihr mit Christus den Elementen der Welt gestorben seid, was unterwerft ihr euch Satzungen, als lebtet ihr noch in der Welt: Berühre nicht, koste nicht, betaste nicht! - was <doch> alles zur Vernichtung durch den Gebrauch bestimmt ist - nach den Geboten und Lehren der Menschen? Das <alles> hat zwar einen Anschein von Weisheit, in eigenwilligem Gottesdienst und in Demut und im Nichtverschonen des Leibes - <also> nicht in einer gewissen Wertschätzung - <dient aber> zur Befriedigung des Fleisches.

- **1Tim 4,1.3-5** Der Geist aber sagt ausdrücklich, dass in späteren Zeiten manche vom Glauben abfallen werden, indem sie auf betrügerische Geister und Lehren von Dämonen achten … die verbieten, zu heiraten, und <gebieten>, sich von Speisen zu enthalten, die Gott geschaffen hat zur Annahme mit Danksagung für die, welche glauben und die Wahrheit erkennen. Denn jedes Geschöpf Gottes ist gut und nichts verwerflich, wenn es mit Danksagung genommen wird; denn es wird geheiligt durch Gottes Wort und durch Gebet.

- **Tit 1,15** Den Reinen ist alles rein; den Befleckten aber und Ungläubigen ist nichts rein, sondern befleckt ist sowohl ihre Gesinnung als auch ihr Gewissen.

- **Pred 9,7** Geh hin, iss dein Brot mit Freude und trink deinen Wein mit frohem Herzen! Denn längst hat Gott Wohlgefallen an deinem Tun.

- **1Kor 10,30-31** Wenn ich mit Danksagung teilnehme, warum werde ich geschmäht für das, wofür ich danksage? Ob ihr nun esst oder trinkt oder sonst etwas tut, tut alles zur Ehre Gottes!

EWIGES LEBEN

Siehe auch »Himmel«, »Hölle«,
»Wiederkunft des Herrn Jesus«, »Irdische Sorgen«

*D*ass wir Gott lieben und ihm gehorchen, verhilft uns leider nicht unbedingt zu Reichtum, gutem Aussehen oder Erfolg. Dabei zählen Maßstäbe dieser Welt sowieso nicht. Ja, die Bibel verheißt sogar, dass wir wegen unserer Treue zu Gott gelegentlich Hohn zu ertragen haben. Wie könnte es auch anders sein? Die Welt hasst diejenigen, die sich nicht nach der Mehrheitsmeinung richten, so dass sie zwangsläufig Menschen verspottet, die glauben, das ewige Leben sei so gut, dass das jetzige Leben nicht einmal ansatzweise damit verglichen werden kann.

Leider vernachlässigen wir oft diesen Glauben. Ganz im Gegensatz zur Bibel: Sie schenkt dem ewigen Leben so viel Beachtung, dass wir uns fragen, ob unser Leben in dieser Welt überhaupt zählt. Gewiss, es zählt! Doch unsere gegenwärtigen Umstände - ob angenehm oder nicht - können sich nicht mit dem Guten vergleichen lassen, das uns künftig bereitsteht.

- **Ps 16,10-11** Denn meine Seele wirst du dem Scheol nicht lassen, wirst nicht zugeben, dass dein Frommer die Grube sehe. Du wirst mir kundtun den Weg des Lebens; Fülle von Freuden ist vor deinem Angesicht, Lieblichkeiten in deiner Rechten immerdar.

- **Jes 26,19** Deine Toten werden lebendig, meine Leichen <wieder> auferstehen. Wacht auf und jubelt, Bewohner des Staubes! Denn ein Tau der Lichter ist dein Tau, und die Erde wird die Schatten gebären.

- **Hi 19,25-27** Doch *ich* weiß: Mein Erlöser lebt; und als der letzte wird er über dem Staub stehen. Und nachdem man meine Haut so zerschunden hat, werde ich doch aus meinem Fleisch Gott schauen. Ja, *ich* werde ihn für mich sehen, und meine Augen werden <ihn> sehen, aber nicht als Fremden. Meine Nieren verschmachten in meinem Innern.

- **Dan 12,2-3** Und viele von denen, die im Land des Staubes schlafen, werden aufwachen: die einen zu ewigem Leben und die anderen zur Schande, zu ewigem Abscheu. Und die Verständigen werden leuchten wie der Glanz der Himmelsfeste; und die, welche die vielen zur Gerechtigkeit gewiesen haben, <leuchten> wie die Sterne immer und ewig.

Das Alte Testament beinhaltet nur wenige Aussagen über das ewige Leben. Die vier vorhergehenden Stellen sind fast einzigartig, da sie zu den wenigen alttestamentlichen Abschnitten gehören, die ein von Freude erfülltes Leben nach dem Tod verheißen. Dies ändert sich schlagartig im Neuen Testament. Der Herr Jesus verkündigte das Reich Gottes als Realität, die in diesem Leben beginnt und ewig Bestand hat. Er ließ uns hinsichtlich der Ewigkeit nicht im Unklaren: Sie existiert tatsächlich und umfasst das Leben mit dem Vater, das dadurch erlangt wird, dass man an Christus selbst glaubt.

- **Lk 20,37-38** Dass aber die Toten auferstehen, hat auch Mose beim Dornbusch angedeutet, wenn er den Herrn »den Gott Abrahams und den Gott Isaaks und den Gott Jakobs« nennt. Er ist aber nicht Gott der Toten, sondern der Lebenden; denn für ihn leben alle.

- **Joh 3,6.36** Was aus dem Fleisch geboren ist, ist Fleisch, und was aus dem Geist geboren ist, ist Geist ...
  Wer an den Sohn glaubt, hat ewiges Leben; wer aber dem Sohn nicht gehorcht, wird das Leben nicht sehen, sondern der Zorn Gottes bleibt auf ihm.

- **Joh 6,39-40** Dies aber ist der Wille dessen, der mich gesandt hat, dass ich von allem, was er mir gegeben hat, nichts verliere, sondern es auferwecke am letzten Tag. Denn dies ist der Wille meines Vaters, dass jeder, der den

Sohn sieht und an ihn glaubt, ewiges Leben habe; und ich werde ihn auferwecken am letzten Tag.

• **Joh 8,51** Wahrlich, wahrlich, ich sage euch: Wenn jemand mein Wort bewahren wird, so wird er den Tod nicht sehen in Ewigkeit.

• **Joh 11,25-26a** Jesus sprach zu ihr: Ich bin die Auferstehung und das Leben; wer an mich glaubt, wird leben, auch wenn er gestorben ist; und jeder, der da lebt und an mich glaubt, wird nicht sterben in Ewigkeit.

• **Joh 14,2-3** Im Hause meines Vaters sind viele Wohnungen. Wenn es nicht so wäre, würde ich euch gesagt haben: Ich gehe hin, euch eine Stätte zu bereiten? Und wenn ich hingehe und euch eine Stätte bereite, so komme ich wieder und werde euch zu mir nehmen, damit auch ihr seid, wo ich bin.

Die Ewigkeit wird an keiner Stelle im Neuen Testament nur nebenbei behandelt. Insbesondere von Paulus stammen zahlreiche Aussagen über das ewige Leben. Seine Briefe sind voller Verheißungen hinsichtlich des Himmels. Jeder, der sich den christlichen Glauben als gesetzliche Religion voller Tabus vorstellt, hat die Bibel nie sorgfältig gelesen.

• **1Kor 15,19-22** Wenn wir allein in diesem Leben auf Christus gehofft haben, so sind wir die elendesten von allen Menschen.
Nun aber ist Christus aus <den> Toten auferweckt, der Erstling der Entschlafenen; denn da ja durch einen Menschen <der> Tod <kam>, so auch durch einen Menschen <die> Auferstehung <der> Toten. Denn wie in Adam alle sterben, so werden auch in Christus alle lebendig gemacht werden.

• **1Kor 15,42-50** So ist auch die Auferstehung der Toten. Es wird gesät in Vergänglichkeit, es wird auferweckt in Unvergänglichkeit. Es wird gesät in Unehre, es wird auferweckt in Herrlichkeit; es wird gesät in

Schwachheit, es wird auferweckt in Kraft; es wird gesät ein natürlicher Leib, es wird auferweckt ein geistlicher Leib. Wenn es einen natürlichen Leib gibt, so gibt es auch einen geistlichen. So steht auch geschrieben: »Der erste Mensch, Adam, wurde zu einer lebendigen Seele«, der letzte Adam zu einem lebendig machenden Geist. Aber das Geistliche ist nicht zuerst, sondern das Natürliche, danach das Geistliche. Der erste Mensch ist von der Erde, irdisch; der zweite Mensch vom Himmel. Wie der Irdische, so sind auch die Irdischen; und wie der Himmlische, so sind auch die Himmlischen. Und wie wir das Bild des Irdischen getragen haben, so werden wir auch das Bild des Himmlischen tragen. Dies aber sage ich, Brüder, dass Fleisch und Blut das Reich Gottes nicht erben können, auch die Vergänglichkeit nicht die Unvergänglichkeit erbt.

- **Röm 6,23** Denn der Lohn der Sünde ist der Tod, die Gnadengabe Gottes aber ewiges Leben in Christus Jesus, unserem Herrn.

- **Röm 8,11** Wenn aber der Geist dessen, der Jesus aus den Toten auferweckt hat, in euch wohnt, so wird er, der Christus Jesus aus den Toten auferweckt hat, auch eure sterblichen Leiber lebendig machen wegen seines in euch wohnenden Geistes.

- **1Kor 15,51-54** Siehe, ich sage euch ein Geheimnis: Wir werden nicht alle entschlafen, wir werden aber alle verwandelt werden, in einem Nu, in einem Augenblick, bei der letzten Posaune; denn posaunen wird es, und die Toten werden auferweckt werden, unvergänglich <sein>, und wir werden verwandelt werden. Denn dieses Vergängliche muss Unvergänglichkeit anziehen und dieses Sterbliche Unsterblichkeit anziehen.

   Wenn aber dieses Vergängliche Unvergänglichkeit anziehen und dieses Sterbliche Unsterblichkeit anziehen wird, dann wird das Wort erfüllt werden, das geschrieben steht: »Verschlungen ist der Tod in Sieg.«

- **2Kor 4,16b - 5,3.6** Wenn auch unser äußerer Mensch aufgerieben wird, so wird doch der innere Tag für Tag erneuert. Denn das schnell vorübergehende Leichte unserer Bedrängnis bewirkt uns ein über die Maßen überreiches, ewiges Gewicht von Herrlichkeit, da wir nicht das Sichtbare anschauen, sondern das Unsichtbare; denn das Sichtbare ist zeitlich, das Unsichtbare aber ewig.

  Denn wir wissen, dass, wenn unser irdisches Zelthaus zerstört wird, wir einen Bau von Gott haben, ein nicht mit Händen gemachtes, ewiges Haus in den Himmeln. Denn in diesem freilich seufzen wir und sehnen uns danach, mit unserer Behausung aus dem Himmel überkleidet zu werden, insofern wir ja bekleidet, nicht nackt befunden werden ... So <sind wir> nun allezeit guten Mutes und wissen, dass wir, während einheimisch im Leib, wir vom Herrn >ausheimisch< sind.

- **Gal 6,8** Denn wer auf sein Fleisch sät, wird vom Fleisch Verderben ernten; wer aber auf den Geist sät, wird vom Geist ewiges Leben ernten.

- **1Petr 5,10-11** Der Gott aller Gnade aber, der euch berufen hat zu seiner ewigen Herrlichkeit in Christus, er selbst wird <euch>, die ihr eine kurze Zeit gelitten habt, vollkommen machen, stärken, kräftigen, gründen. Ihm sei die Macht in Ewigkeit! Amen.

- **2Petr 1,10-11** Darum, Brüder, befleißigt euch um so mehr, eure Berufung und Erwählung fest zu machen! Denn wenn ihr diese <Dinge> tut, werdet ihr niemals straucheln. Denn so wird euch reichlich gewährt werden der Eingang in das ewige Reich unseres Herrn und Heilandes Jesus Christus.

Kommen wir bei den Freuden des Lebens zu kurz, wenn wir auf das Himmlische sinnen? Die Bibel verneint dies:

- **1Jo 2,16-17** Denn alles, was in der Welt ist, die Begierde des Fleisches und die Begierde der Augen und der Hochmut des Lebens, ist nicht vom Vater, sondern ist von der Welt. Und die Welt vergeht und ihre Begierde; wer aber den Willen Gottes tut, bleibt in Ewigkeit.

- **1Jo 3,2** Geliebte, jetzt sind wir Kinder Gottes, und es ist noch nicht offenbar geworden, was wir sein werden; wir wissen, dass wir, wenn es offenbar werden wird, ihm gleich sein werden, denn wir werden ihn sehen, wie er ist.

- **1Jo 5,11-13** Und dies ist das Zeugnis: dass Gott uns ewiges Leben gegeben hat, und dieses Leben ist in seinem Sohn. Wer den Sohn hat, hat das Leben; wer den Sohn Gottes nicht hat, hat das Leben nicht.

  Dies habe ich euch geschrieben, damit ihr wisst, dass ihr ewiges Leben habt, die ihr an den Namen des Sohnes Gottes glaubt.

Das Buch der Offenbarung wurde an Menschen geschrieben, die um ihres Glaubens willen litten. In der Abfassungszeit des Buches konnte es für einen Christen in dieser Welt kaum angenehm sein, weil er wusste, dass er oder seine Glaubensgeschwister verfolgt oder sogar hingerichtet werden konnten. Für solch einen Menschen muss die Verheißung des Himmels tröstlich gewesen sein. Die Welt hat sich seit jener Zeit weniger verändert, als wir denken. Rund um den Erdball erleiden Angehörige des Volkes Gottes noch immer Verfolgung, manchmal bis hin zum Märtyrertod. Gläubige sollten an ihre Verbundenheit mit diesen mutigen Menschen denken und dass uns eine himmlische Gemeinschaft mit ihnen verheißen wird:

- **Offb 7,9-17** Nach diesem sah ich: und siehe, eine große Volksmenge, die niemand zählen konnte, aus jeder Nation und aus Stämmen und Völkern und Sprachen, stand vor dem Thron und vor dem Lamm, bekleidet mit weißen Gewändern und Palmen in ihren Händen. Und sie rufen mit lauter Stimme und sagen: Das Heil unserem Gott, der auf dem Thron sitzt, und dem Lamm! Und alle Engel standen rings um den Thron und die Ältesten und die vier lebendigen Wesen, und sie fielen vor dem Thron auf ihre Angesichter und beteten Gott an und sagten: Amen! Den Lobpreis und die Herrlichkeit und die Weisheit und die Danksagung und die Ehre und die Macht und die Stärke unserem Gott von Ewigkeit zu Ewigkeit! Amen.

Und einer von den Ältesten begann und sprach zu mir: Diese, die mit weißen Gewändern bekleidet sind - wer sind sie, und woher sind sie gekommen? Und ich sprach zu ihm: Mein Herr, du weißt es. Und er sprach zu mir: Diese sind es, die aus der großen Bedrängnis kommen, und sie haben ihre Gewänder gewaschen und sie weiß gemacht im Blut des Lammes. Darum sind sie vor dem Thron Gottes und dienen ihm Tag und Nacht in seinem Tempel; und der auf dem Thron sitzt, wird über ihnen wohnen. Sie werden nicht mehr hungern, auch werden sie nicht mehr dürsten, noch wird die Sonne auf sie fallen noch irgendeine Glut; denn das Lamm, das in der Mitte des Thrones ist, wird sie hüten und sie leiten zu Wasserquellen des Lebens, und Gott wird jede Träne von ihren Augen abwischen.

• **Offb 21,3-5a** Und ich hörte eine laute Stimme vom Thron her sagen: Siehe, das Zelt Gottes bei den Menschen! Und er wird bei ihnen wohnen, und sie werden sein Volk sein, und Gott selbst wird bei ihnen sein, ihr Gott. Und er wird jede Träne von ihren Augen abwischen, und der Tod wird nicht mehr sein, noch Trauer, noch Geschrei, noch Schmerz wird mehr sein: denn das Erste ist vergangen. Und der, welcher auf dem Thron saß, sprach: Siehe, ich mache alles neu.

FALSCHE LEHREN

Siehe auch »Weisheit und Unterscheidungsvermögen«

*E*s spielt keine Rolle, was du glaubst, so lange du nur aufrichtig bist«, sagt Linus in dem Comic Strip »Peanuts«. Obwohl Linus seinen Glauben an den Großen Kürbis verteidigte, wird seine Meinung von vielen Menschen geteilt, einschließlich einer ansehnlichen Anzahl derer, die sich als Christen betrachten.

Linus könnte zusammen mit zahlreichen Christen auf die bekannte Stelle im Lukasevangelium verweisen, die von den beiden größten Geboten spricht:

- **Lk 10,27b** »Du sollst den Herrn, deinen Gott, lieben aus deinem ganzen Herzen und mit deiner ganzen Seele und mit deiner ganzen Kraft und mit deinem ganzen Verstand und deinen Nächsten wie dich selbst.«

Liebe *versteht jeder. Wo sie herrscht, ist es warm und gemütlich. Wo* **doziert** *und* **gelehrt** *wird, bestimmen Gefühlskälte, Schwierigkeiten und Forderungen das Geschehen. Beachten wir aber, dass uns das Gebot auffordert, Gott auch mit unserem ganzen* **Verstand** *zu lieben. Daher ist fundierter Glaube viel wichtiger als bloße geistliche Aufrichtigkeit.*

Die Bibel, insbesondere das Neue Testament, enthält zahlreiche Lehraussagen. Sie verheißt denjenigen, die am rechten Glauben festhalten (und außerdem natürlich Gott sowie ihren Nächsten lieben), Segen. Dagegen wird denjenigen Menschen, die andere willentlich in Glaubensdingen irreführen, Gericht verheißen.

- **Mt 5,19** Wer nun eins dieser geringsten Gebote auflöst und so die Menschen lehrt, wird der Geringste heißen im

Reich der Himmel; wer sie aber tut und lehrt, dieser wird groß heißen im Reich der Himmel.

* **Mt 15,7-9** Heuchler! Treffend hat Jesaja über euch geweissagt, indem er spricht: »Dieses Volk ehrt mich mit den Lippen, aber ihr Herz ist weit entfernt von mir. Vergeblich aber verehren sie mich, indem sie als Lehren Menschengebote lehren.«

* **Mt 7,21** Nicht jeder, der zu mir sagt: Herr, Herr! wird in das Reich der Himmel hineinkommen, sondern wer den Willen meines Vaters tut, der in den Himmeln ist.

* **Mk 9,42** Und wer einem dieser Kleinen, die an mich glauben, Anlass zur Sünde gibt, für den wäre es besser, wenn ein Mühlstein um seinen Hals gelegt und er ins Meer geworfen würde.

Der Herr Jesus sagte seinen Nachfolgern voraus, dass Popularität an sich kein Maßstab für die Wahrheit sei. Ja, Popularität kann manchmal ein Zeichen falscher Lehre sein:

* **Lk 6,26** Wehe, wenn alle Menschen gut von euch reden, denn ebenso taten ihre Väter den falschen Propheten.

* **Joh 7,16-18** Da antwortete ihnen Jesus und sprach: Meine Lehre ist nicht mein, sondern dessen, der mich gesandt hat. Wenn jemand seinen Willen tun will, so wird er von der Lehre wissen, ob sie aus Gott ist oder ob ich aus mir selbst rede. Wer aus sich selbst redet, sucht seine eigene Ehre; wer aber die Ehre dessen sucht, der ihn gesandt hat, der ist wahrhaftig, und Ungerechtigkeit ist nicht in ihm.

Rechter Glaube war ein Sachverhalt, den Paulus immer wieder betonte. Glücklicherweise forderte er die Christen nicht dazu auf, brillante Gelehrte oder professionelle Theologen zu sein. Ja, er war sich bewusst, dass zu viel sogenannte Weisheit Menschen von den grundlegenden Wahrheiten des Evangeliums abbringen kann.

- **Röm 16,17-18** Ich ermahne euch aber, Brüder, dass ihr achthabt auf die, welche entgegen der Lehre, die ihr gelernt habt, Parteiungen und Ärgernisse anrichten, und wendet euch von ihnen ab! Denn solche dienen nicht unserem Herrn Christus, sondern ihrem eigenen Bauch, und durch süße Worte und schöne Reden verführen sie die Herzen der Arglosen.

- **1Kor 3,11** Denn einen anderen Grund kann niemand legen außer dem, der gelegt ist, welcher ist Jesus Christus.

- **Kol 2,6.8** Wie ihr nun den Christus Jesus, den Herrn, empfangen habt, so wandelt in ihm ...
  Seht zu, dass niemand euch einfange durch die Philosophie und leeren Betrug nach der Überlieferung der Menschen, nach den Elementen der Welt und nicht Christus gemäß!

- **Kol 2,20-23** Wenn ihr mit Christus den Elementen der Welt gestorben seid, was unterwerft ihr euch Satzungen, als lebtet ihr noch in der Welt: Berühre nicht, koste nicht, betaste nicht! - was <doch> alles zur Vernichtung durch den Gebrauch bestimmt ist - nach den Geboten und Lehren der Menschen? Das <alles> hat zwar einen Anschein von Weisheit, in eigenwilligem Gottesdienst und in Demut und im Nichtverschonen des Leibes - <also> nicht in einer gewissen Wertschätzung - <dient aber> zur Befriedigung des Fleisches.

- **Hebr 13,9** Lasst euch nicht fortreißen durch verschiedenartige und fremde Lehren! Denn es ist gut, dass das Herz durch Gnade gefestigt wird, nicht durch Speisen, von denen die keinen Nutzen hatten, die danach wandelten.

- **2Kor 11,13-15** Denn solche sind falsche Apostel, betrügerische Arbeiter, die die Gestalt von Aposteln Christi annehmen. Und kein Wunder, denn der Satan selbst nimmt die Gestalt eines Engels des Lichts an; es ist daher nichts Großes, wenn auch seine Diener die Gestalt von Dienern der Gerechtigkeit annehmen; und ihr Ende wird ihren Werken entsprechen.

- **1Tim 4,1-3** Der Geist aber sagt ausdrücklich, dass in späteren Zeiten manche vom Glauben abfallen werden, indem sie auf betrügerische Geister und Lehren von Dämonen achten, durch die Heuchelei von Lügenrednern, die in ihrem eigenen Gewissen gebrandmarkt sind, die verbieten, zu heiraten, und <gebieten>, sich von Speisen zu enthalten, die Gott geschaffen hat zur Annahme mit Danksagung für die, welche glauben und die Wahrheit erkennen.

- **1Tim 6,3-5a** Wenn jemand anders lehrt und sich nicht zuwendet den gesunden Worten unseres Herrn Jesus Christus und der Lehre, die gemäß der Gottseligkeit ist, so ist er aufgeblasen und weiß nichts, sondern ist krank an Streitfragen und Wortgezänken. Aus ihnen entstehen: Neid, Streit, Lästerungen, böse Verdächtigungen, ständige Zänkereien von Menschen, die in der Gesinnung verdorben und der Wahrheit beraubt sind.

- **2Tim 3,13** Böse Menschen und Betrüger aber werden zu Schlimmerem fortschreiten, indem sie verführen und verführt werden.

- **2Tim 4,3-5** Denn es wird eine Zeit sein, da sie die gesunde Lehre nicht ertragen, sondern nach ihren eigenen Begierden sich selbst Lehrer aufhäufen werden, weil es ihnen in den Ohren kitzelt; und sie werden die Ohren von der Wahrheit abkehren und sich zu den Fabeln hinwenden. Du aber sei nüchtern in allem, ertrage Leid, tu das Werk eines Evangelisten, vollbringe deinen Dienst!

Einige der schärfsten Worte im Blick auf falsche Lehrer befinden sich im zweiten Brief des Petrus. Hier verurteilte er sogenannte »christliche Lehrer«, die Menschen irreführten - nicht nur in Glaubensdingen, sondern auch im moralischen Verhalten. Demzufolge bezeichnen sich Führerpersönlichkeiten der

Vergangenheit und Gegenwart, die mit jeglicher Moral gebrochen haben und noch stolz auf ihr Tun sind, als »Christen«.

- **2Petr 2,1-19** Es waren aber auch falsche Propheten unter dem Volk, wie auch unter euch falsche Lehrer sein werden, die verderbenbringende Parteiungen heimlich einführen werden, indem sie auch den Gebieter, der sie erkauft hat, verleugnen. Die ziehen sich selbst schnelles Verderben zu. Und viele werden ihren Ausschweifungen nachfolgen, um derentwillen der Weg der Wahrheit verlästert werden wird. Und aus Habsucht werden sie euch mit betrügerischen Worten kaufen; denen das Gericht seit langem schon nicht zögert, und ihr Verderben schlummert nicht. Denn wenn Gott Engel, die gesündigt hatten, nicht verschonte, sondern sie in finsteren Höhlen des Abgrundes gehalten und zur Aufbewahrung für das Gericht überliefert hat ... <so wird deutlich>: der Herr weiß die Gottseligen aus der Versuchung zu retten, die Ungerechten aber aufzubewahren für den Tag des Gerichts, wenn sie bestraft werden; besonders aber die, die in befleckender Begierde dem Fleisch nachlaufen und Herrschaft verachten, Verwegene, Eigenmächtige; sie schrecken nicht davor zurück, Herrlichkeiten zu lästern ... Diese aber, wie unvernünftige Tiere, von Natur aus zum Eingefangenwerden und Verderben geboren, lästern über das, was sie nicht kennen, und werden auch in ihrem Verderben umkommen, wobei sie um den Lohn der Ungerechtigkeit gebracht werden. Sie halten <sogar> die Schwelgerei bei Tage für ein Vergnügen, Schmutz- und Schandflecke, die in ihren Betrügereien schwelgen und zusammen mit euch Festessen halten; sie haben Augen voller <Begier nach> einer Ehebrecherin und lassen von der Sünde nicht ab, indem sie ungefestigte Seelen anlocken ... Diese sind Brunnen ohne Wasser und Nebel, vom Sturmwind getrieben; und ihnen ist das Dunkel der Finsternis aufbewahrt. Denn sie führen geschwollene, nichtige Reden und locken mit fleischlichen Begierden durch Ausschweifungen diejenigen an, die kaum denen entflohen sind, die im Irrtum wandeln; sie versprechen ihnen Freiheit, während sie selbst Sklaven des Verderbens sind; denn von wem jemand überwältigt ist, dem ist er auch als Sklave unterworfen.

- **Jud 17-19** Ihr aber, Geliebte, gedenkt der von den Aposteln unseres Herrn Jesus Christus vorausgesagten Worte! Denn sie sagten euch, dass am Ende der Zeit Spötter sein werden, die nach ihren gottlosen Begierden wandeln. Diese sind es, die Trennungen verursachen, irdisch gesinnte <Menschen>, die den Geist nicht haben.

Ist es immer schlecht, wenn man über Glaubensdinge streitet? Keineswegs! Paulus erkannte, dass eine geschwisterliche Streitigkeit innerhalb der christlichen Gemeinschaft einem guten Zweck dienen kann, indem sie falsche Glaubensdinge aufdeckt, so dass die Betreffenden sie beurteilen können. Er wusste, dass die Einheit von Christen überhaupt keinen Wert hat, wenn sich hinter dieser Einheit falsche Lehre verbirgt.

- **1Kor 11,18-19** Denn erstens höre ich, dass, wenn ihr in der Gemeinde zusammenkommt, Spaltungen unter euch sind, und zum Teil glaube ich es. Denn es müssen auch Parteiungen unter euch sein, damit die Bewährten unter euch offenbar werden.

Der Herr Jesus hinterließ der Welt die bedenkenswerte Wendung von den »Wölfen im Schafspelz«. Sie beinhaltet ein eindrucksvolles Bild dafür, wie verführerisch falsche Lehrer sein können. Dennoch gab der Herr Jesus seinen Nachfolgern die Zusicherung, dass falsche Lehrer nicht unentdeckt bleiben müssen. Ja, dem Auge des Glaubens fällt es in der Regel ziemlich leicht, falsche Lehre als solche zu erkennen.

- **Mt 7,15-20** Hütet euch vor den falschen Propheten, die in Schafskleidern zu euch kommen! Inwendig aber sind sie reißende Wölfe. An ihren Früchten werdet ihr sie erkennen. Liest man etwa von Dornen Trauben oder von Disteln Feigen? So bringt jeder gute Baum gute Früchte, aber der faule Baum bringt schlechte Früchte. Ein guter Baum kann nicht schlechte Früchte bringen, noch <kann> ein fauler Baum gute Früchte bringen. Jeder

Baum, der nicht gute Frucht bringt, wird abgehauen und ins Feuer geworfen. Deshalb, an ihren Früchten werdet ihr sie erkennen.

* **1Jo 4,1.3-6** Geliebte, glaubt nicht jedem Geist, sondern prüft die Geister, ob sie aus Gott sind! Denn viele falsche Propheten sind in die Welt hinausgegangen ... und jeder Geist, der nicht Jesus bekennt, ist nicht aus Gott; und dies ist der <Geist> des Antichrists, von dem ihr gehört habt, dass er komme, und jetzt ist er schon in der Welt. Ihr seid aus Gott, Kinder, und habt sie überwunden, weil der, welcher in euch ist, größer ist als der, welcher in der Welt ist. Sie sind aus der Welt, deswegen reden sie aus <dem Geist> der Welt, und die Welt hört sie. Wir sind aus Gott; wer Gott erkennt, hört uns; wer nicht aus Gott ist, hört uns nicht. Hieraus erkennen wir den Geist der Wahrheit und den Geist des Irrtums.

FAULHEIT

Siehe auch »Arbeit«, »Ehrgeiz«, »Ruhetag«

*I*n der Bibel steht nicht viel über Arbeitssüchtige. Wenn die Arbeit zum Götzen gemacht wird, trägt dies zur Vernachlässigung der Beziehung zu Gott bei. Das ist verkehrt! Doch in der Bibel wird viel über Müßiggang gesagt. In der damaligen Zeit, als es noch keinen Wohlfahrtsstaat gab, konnte der Faule nur mit Verarmung rechnen. Die biblischen Verheißungen hinsichtlich der Faulheit gelten noch heute, denn die Verfasser der Bibel erkannten, dass das Leben des Faulen nicht nur ihm selbst, sondern auch anderen - ja sogar der Gesellschaft - schadet.

• **Spr 18,9** Wer sich auch nur lässig zeigt bei seiner Arbeit, der ist ein Bruder des Verderbers.

• **Spr 10,26** Wie Essig für die Zähne und wie Rauch für die Augen, so ist der Faule für die, die ihn senden.

• **Spr 21,25** Die Begierde des Faulen bringt ihm den Tod, denn seine Hände weigern sich zu arbeiten.

• **Spr 6,6.9-11** Geh hin zur Ameise, du Fauler, sieh ihre Wege an und werde weise! ... Bis wann, du Fauler, willst du noch liegen? Wann willst du aufstehen von deinem Schlaf? Noch ein wenig Schlaf, noch ein wenig Schlummer, noch ein wenig Händefalten, um auszuruhen - und schon kommt wie ein Landstreicher deine Armut und dein Mangel wie ein unverschämter Mann.

• **Spr 12,27** Nicht erjagt die Lässigkeit ihr Wild; aber kostbarer Besitz eines Menschen ist es, wenn er fleißig ist.

- **Spr 12,11** Wer sein Ackerland bebaut, wird sich satt essen können an Brot; wer aber nichtigen Dingen nachjagt, ist ohne Verstand.

- **Spr 13,4** Gierig ist die Seele des Faulen, doch ist nichts da; aber die Seele der Fleißigen wird reichlich gesättigt.

- **Spr 14,23** Bei jeder Mühe ist Gewinn, aber bloßes Gerede <führt> nur zum Mangel.

- **Spr 15,19** Der Weg des Faulen ist wie eine Dornenhecke, aber der Pfad der Aufrichtigen ist gebahnt.

- **Spr 19,15** Faulheit versenkt in tiefen Schlaf, und eine lässige Seele muss hungern.

- **Spr 20,4.13** Im Winter pflügt der Faule nicht; sucht er zur Erntezeit, dann ist nichts da ... Liebe nicht den Schlaf, damit du nicht verarmst; halte deine Augen offen, dann kannst du dich an Brot satt essen!

- **Spr 21,5** Die Pläne des Fleißigen <führen> nur zum Gewinn; aber jeder, der hastig ist, erreicht nur Mangel.

- **Spr 23,21b** Schläfrigkeit kleidet in Lumpen.

- **Spr 24,30-31** Am Acker eines Faulen kam ich vorüber und am Weinberg eines Menschen ohne Verstand. Und siehe, er war ganz in Nesseln aufgegangen, seine Fläche war mit Unkraut bedeckt, und seine steinerne Mauer eingerissen.

- **Spr 28,19** Wer sein Ackerland bebaut, wird sich satt essen können an Brot; wer aber nichtigen Dingen nachjagt, wird sich an der Armut satt essen.

- **Pred 5,17-18** Siehe, was ich als gut, was ich als schön ersehen habe: Dass einer isst und trinkt und Gutes sieht bei all seiner Mühe, mit der er sich abmüht unter der Sonne, die Zahl seiner Lebenstage, die Gott ihm gegeben hat; denn das ist sein Teil. Auch jeder Mensch, dem Gott Reichtum und Güter gegeben und den er ermächtigt hat, davon zu genießen und sein Teil zu nehmen und sich bei seiner Mühe zu freuen, - das ist eine Gabe Gottes.

- **Pred 10,18** Durch Faulheit der beiden <Hände> senkt sich das Gebälk, und durch Lässigkeit der Hände tropft das Haus.

Der Apostel Paulus - ein arbeitsamer, tätiger Mensch - hatte für faule Menschen keine freundlichen Worte übrig. Er hielt es für besonders unangebracht, dass sich Menschen, die sich als Christen bezeichnen, auf die Almosen anderer verlassen und ihre Stunden durch Nichtstun vergeuden, statt sie gut zu nutzen.

- **2Thes 3,6-7.10-13** Wir gebieten euch aber, Brüder, im Namen unseres Herrn Jesus Christus, dass ihr euch zurückzieht von jedem Bruder, der unordentlich und nicht nach der Überlieferung wandelt, die ihr von uns empfangen habt. Denn ihr selbst wisst, wie man uns nachahmen soll; denn wir haben unter euch nicht unordentlich gelebt ... Denn auch als wir bei euch waren, geboten wir euch dies: wenn jemand nicht arbeiten will, soll er auch nicht essen. Denn wir hören, dass einige unter euch unordentlich wandeln, indem sie nicht arbeiten, sondern unnütze Dinge treiben. Solchen aber gebieten wir und ermahnen sie im Herrn Jesus Christus, dass sie in Stille arbeiten und ihr eigenes Brot essen. Ihr aber, Brüder, werdet nicht müde, Gutes zu tun!

Paulus wies die Menschen auf einen grundlegenden Tatbestand des christlichen Lebens hin: Alles, was wir tun - unsere Arbeit jeglicher Art eingeschlossen - sollte zur Ehre Gottes getan werden.

- **Röm 12,11** ... im Fleiß nicht säumig, brennend im Geist; dem Herrn dienend.

- **1Kor 15,58** Daher, meine geliebten Brüder, seid fest, unerschütterlich, allezeit überreich in dem Werk des Herrn, da ihr wisst, dass eure Mühe im Herrn nicht vergeblich ist!

FEINDE

Siehe auch »Anderen vergeben«,
»Gnade und Barmherzigkeit«

*D*ie Bibel verheißt nicht, dass wir niemals Feinde haben werden. Ja, die Bibel verdeutlicht vielmehr, dass Gläubige Feinde haben und Verfolgung erleiden werden. Dennoch verheißt sie uns: Gott ist größer als jeder Feind, dem wir je begegnen werden. Wir mögen leicht zu übersehen und schwach sein, wenn wir uns mit unseren Widersachern vergleichen, doch im Vergleich mit Gott sind unsere Gegner Schwächlinge. Selbst wenn die Gerechtigkeit in diesem Leben nicht erreicht wird, garantiert Gott, dass es eine letzte Gerechtigkeit gibt.

- **Ps 118,6-9** Der HERR ist für mich, ich werde mich nicht fürchten. Was könnte ein Mensch mir tun? Der HERR ist für mich unter denen, die mir helfen. Ich werde herabsehen auf meine Hasser. Es ist besser, sich bei dem HERRN zu bergen, als sich auf Menschen zu verlassen. Es ist besser, sich bei dem HERRN zu bergen, als sich auf Edle zu verlassen.

- **Hi 5,20** In Hungersnot kauft er dich los vom Tod und im Krieg von der Gewalt des Schwertes.

- **Ps 27,5-6a** Denn er wird mich bergen in seiner Hütte am Tag des Unheils, er wird mich verbergen im Versteck seines Zeltes; auf einen Felsen wird er mich heben. Und nun wird mein Haupt sich erheben über meine Feinde rings um mich her.

- **Ps 37,39-40** Doch die Hilfe der Gerechten <kommt> vom HERRN, der ihre Fluchtburg ist zur Zeit der Not; und der HERR wird ihnen beistehen und sie retten; er wird sie erretten von den Gottlosen und ihnen helfen, denn sie haben sich bei ihm geborgen.

- **Ps 60,14** Mit Gott werden wir mächtige Taten tun; und er, er wird unsere Bedränger zertreten.

- **Ps 97,10** Die ihr den HERRN liebt, hasst das Böse! Er bewahrt die Seelen seiner Frommen. Aus der Hand der Gottlosen errettet er sie.

- **Spr 16,7** Wenn der HERR an den Wegen eines Mannes Wohlgefallen hat, lässt er selbst seine Feinde mit ihm Frieden machen.

- **Spr 29,25** Menschenfurcht stellt eine Falle; wer aber auf den HERRN vertraut, ist in Sicherheit.

- **Jes 41,11-13** Siehe, beschämt und zuschanden werden alle, die <in Feindschaft> gegen dich entbrannt sind. Es werden wie nichts und gehen zugrunde die Männer, die den Rechtsstreit mit dir führen. Du wirst sie suchen und nicht finden, die Männer, die mit dir zanken. Wie nichts und wie Nichtigkeit werden die Männer, die mit dir Krieg führen. Denn ich bin der HERR, dein Gott, der deine Rechte ergreift, der zu dir spricht: Fürchte dich nicht! Ich, ich helfe dir!

- **Jer 39,17.18b** Aber ich werde dich an jenem Tag erretten, spricht der HERR, und du wirst nicht in die Hand der Männer gegeben, vor denen du dich fürchtest ...Und du sollst dein Leben als Beute haben, weil du auf mich vertraut hast, spricht der HERR.

- **Lk 18,7-8a** Gott aber, sollte er das Recht seiner Auserwählten *nicht* ausführen, die Tag und Nacht zu ihm schreien, und sollte er es bei ihnen lange hinziehen? Ich sage euch, dass er ihr Recht ohne Verzug ausführen wird.

- **Joh 16,33**   Dies habe ich zu euch geredet, damit ihr in mir Frieden habt. In der Welt habt ihr Bedrängnis; aber seid guten Mutes, ich habe die Welt überwunden.

Da Gott ein barmherziger Gott ist, wird von Angehörigen seines Volkes erwartet, dass sie ebenfalls barmherzig sind. Wir sollen nicht unseren normalen Neigungen Raum geben, denen zufolge wir unsere Feinde hassen. Ja, wir sollen genau das Gegenteil tun und sie lieben. Dies ist ein Zeichen dafür, dass wir Gott wirklich lieben und seinen Willen tun.

- **Röm 12,14.20**   Segnet, die euch verfolgen; segnet, und flucht nicht! ... »Wenn nun deinen Feind hungert, so speise ihn; wenn ihn dürstet, so gib ihm zu trinken! Denn wenn du das tust, wirst du feurige Kohlen auf sein Haupt sammeln.«

- **Mt 5,43-48**   Ihr habt gehört, dass gesagt ist: Du sollst deinen Nächsten lieben und deinen Feind hassen. Ich aber sage euch: Liebt eure Feinde, und betet für die, die euch verfolgen, damit ihr Söhne eures Vaters seid, der in den Himmeln ist! Denn er lässt seine Sonne aufgehen über Böse und Gute und lässt regnen über Gerechte und Ungerechte. Denn wenn ihr liebt, die euch lieben, welchen Lohn habt ihr? Tun nicht auch die Zöllner dasselbe? Und wenn ihr allein eure Brüder grüßt, was tut ihr Besonderes? Tun nicht auch die von den Nationen dasselbe? Ihr nun sollt vollkommen sein, wie euer himmlischer Vater vollkommen ist.

- **Spr 24,17-18**   Wenn dein Feind fällt, freue dich nicht, und wenn er stürzt, frohlocke dein Herz nicht, damit nicht der HERR es sieht und es böse ist in seinen Augen und er seinen Zorn von jenem abwendet!

FREIGEBIGKEIT

Siehe auch »Pflichten gegenüber den Armen«, »Güte«, »Geld«

*D*ie biblische Sicht hinsichtlich der Freigebigkeit wurde durch Winston Churchill treffend zusammengefasst: »Wir verdienen etwas, um unseren Lebensunterhalt zu bestreiten, doch wir geben etwas, um ein erfülltes Leben zu haben.« Die Bibel stellt klar heraus: Gütige Menschen sind freigebig. Ein Gläubiger setzt sich ein - nicht nur finanziell, sondern auch zeitlich, kräftemäßig und mit seinem ganzen Leben. Solchen, die hinsichtlich ihres Besitzes geizig sind und sich nicht für andere öffnen, gelten weder gegenwärtige noch zukünftige Friedensverheißungen.

- **Jes 32,8** Aber der Edle beschließt Edles, und auf Edlem besteht er.

- **Spr 14,21** Wer seinem Nächsten Verachtung zeigt, sündigt; aber wohl dem, der sich über die Elenden erbarmt!

- **Spr 28,27** Wer dem Armen gibt, wird keinen Mangel haben; wer aber seine Augen verhüllt, wird reich an Flüchen.

- **Pred 11,1-2** Wirf dein Brot hin auf die Wasserfläche! - denn du wirst es nach vielen Tagen <wieder> finden! - Gib Anteil sieben <anderen>, ja, sogar acht, denn du weißt nicht, was für Unglück sich auf der Erde ereignen wird!

- **5Mo 15,7-10** Wenn es einen Armen bei dir geben wird, irgendeinen deiner Brüder in einem deiner Tore in deinem Land, das der HERR, dein Gott, dir gibt, dann sollst du dein Herz nicht verhärten und deine Hand vor deinem Bruder, dem Armen, nicht verschließen. Sondern du sollst ihm deine Hand weit öffnen und ihm willig ausleihen, was für den Mangel ausreicht, den er hat. Hüte dich, dass in deinem Herzen nicht der boshafte Gedanke entsteht: Das siebte Jahr, das Erlassjahr, ist nahe! - und dass dein Auge <dann> böse auf deinen Bruder, den Armen <sieht> und du ihm nichts gibst. Er aber würde über dich zum HERRN schreien, und Sünde wäre an dir! Willig sollst du ihm geben, und dein Herz soll nicht böse sein, wenn du ihm gibst. Denn wegen dieser Sache wird der HERR, dein Gott, dich segnen in all deinem Tun und in allem Geschäft deiner Hand.

- **Lk 6,38** Gebt, und es wird euch gegeben werden: ein gutes, gedrücktes und gerütteltes und überlaufendes Maß wird man in euren Schoß geben; denn mit demselben Maß, mit dem ihr messt, wird euch wieder gemessen werden.

- **Lk 16,9** Und ich sage euch: Macht euch Freunde mit dem ungerechten Mammon, damit, wenn er zu Ende geht, man euch aufnehme in die ewigen Zelte!

Der springende Punkt in der Bibel ist, dass alles in unserem Leben von Gott kommt. Es ist daher nur angemessen, dass er uns deutlich sagt, was wir mit unserem Besitz tun sollen.

- **Spr 3,9** Ehre den HERRN mit deinem Besitz, mit den Erstlingen all deines Ertrages!

Der Ausdruck »ein fröhlicher Geber« entstammt der Bibel. In der folgenden Stelle hebt Paulus hervor, dass auch unser Handeln als Gebende, als Täter des Guten, einem freigebigen Herzen entspringen muss. Es ist gut, ein Täter zu sein, doch es ist noch besser, wenn das Motiv des Handelns Bereitwilligkeit und nicht nur Pflichtgefühl ist.

- **2Kor 9,6-8.10-11** Dies aber <sage ich>: Wer sparsam sät, wird auch sparsam ernten, und wer segensreich sät, wird auch segensreich ernten. Jeder <gebe>, wie er sich in seinem Herzen vorgenommen hat: nicht mit Verdruss oder aus Zwang, denn einen fröhlichen Geber liebt Gott. Gott aber vermag euch jede Gnade überreichlich zu geben, damit ihr in allem allezeit alle Genüge habt und überreich seid zu jedem guten Werk ... Der aber Samen darreicht dem Sämann und Brot zur Speise, wird eure Saat darreichen und mehren und die Früchte eurer Gerechtigkeit wachsen lassen, <und ihr werdet> in allem reich gemacht zu aller Freigebigkeit, die durch uns Danksagung Gott gegenüber bewirkt.

- **Hebr 6,10** Denn Gott ist nicht ungerecht, euer Werk zu vergessen und die Liebe, die ihr zu seinem Namen bewiesen habt, indem ihr den Heiligen gedient habt und dient.

- **Spr 11,24-25** Da ist einer, der ausstreut, und er bekommt immer mehr, und einer, der mehr spart, als recht ist, <und es gereicht ihm> nur zum Mangel. Wer gern wohltut, wird reichlich gesättigt, und wer <andere> tränkt, wird auch selbst getränkt.

- **Spr 19,17** Wer über den Geringen sich erbarmt, leiht dem HERRN, und seine Wohltat wird er ihm vergelten.

- **Spr 22,9** Wer gütigen Auges ist, der wird gesegnet werden; denn er gibt von seinem Brot dem Geringen.

Der Herr Jesus wusste, dass einige Menschen nach außen hin freigebig sind, weil sie bewundert werden wollen, ohne sich wirklich um andere zu kümmern. Er warnte vor dieser Haltung, indem er seinen Nachfolgern versicherte, dass die besten Taten freigebiger Menschen um ihrer selbst willen, unabhängig vom Beifall anderer, vollbracht wurden.

- **Mt 6,1-4** Habt acht auf eure Gerechtigkeit, dass ihr <sie> nicht vor den Menschen übt, um von ihnen gesehen zu werden! Sonst habt ihr keinen Lohn bei eurem Vater, der in den Himmeln ist. Wenn du nun Almosen

gibst, sollst du nicht vor dir her posaunen lassen, wie die
Heuchler tun in den Synagogen und auf den Gassen,
damit sie von den Menschen geehrt werden. Wahrlich,
ich sage euch, sie haben ihren Lohn dahin. Wenn *du* aber
Almosen gibst, so soll deine Linke nicht wissen, was
deine Rechte tut; damit dein Almosen im Verborgenen
sei, und dein Vater, der im Verborgenen sieht, wird dir
vergelten.

*Der Herr Jesus verfolgte diesen Gedanken in seiner Predigt vom
letzten Gericht. Er sagt voraus, dass das Gericht viele Menschen überraschen wird. Diejenigen, die wahrhaft freigebig
sind, werden überrascht sein: Sie handelten aus Freigebigkeit
heraus, statt es auf Belohnungen oder Pluspunkte bei Gott
abgesehen zu haben.*

- **Mt 25,31-46** Wenn aber der Sohn des Menschen kommen wird in seiner Herrlichkeit und alle Engel mit ihm,
dann wird er auf seinem Thron der Herrlichkeit sitzen;
und vor ihm werden versammelt werden alle Nationen,
und er wird sie voneinander scheiden, wie der Hirte die
Schafe von den Böcken scheidet. Und er wird die Schafe
zu seiner Rechten stellen, die Böcke aber zur Linken.
Dann wird der König zu denen zu seiner Rechten sagen:
Kommt her, Gesegnete meines Vaters, erbt das Reich, das
euch bereitet ist von Grundlegung der Welt an! Denn
mich hungerte, und ihr gabt mir zu essen; mich dürstete,
und ihr gabt mir zu trinken; ich war Fremdling, und ihr
nahmt mich auf; nackt, und ihr bekleidetet mich; ich war
krank, und ihr besuchtet mich; ich war im Gefängnis,
und ihr kamt zu mir. Dann werden die Gerechten ihm
antworten und sagen: Herr, wann sahen wir dich hungrig und speisten dich? Oder durstig und gaben dir zu trinken? Wann aber sahen wir dich als Fremdling und nahmen dich auf? Oder nackt und bekleideten dich? Wann
aber sahen wir dich krank oder im Gefängnis und kamen
zu dir? Und der König wird antworten und zu ihnen
sagen: Wahrlich, ich sage euch, was ihr einem dieser meiner geringsten Brüder getan habt, habt ihr mir getan.

Dann wird er auch zu denen zur Linken sagen: Geht von mir, Verfluchte, in das ewige Feuer, das bereitet ist dem Teufel und seinen Engeln! Denn mich hungerte, und ihr gabt mir nicht zu essen; mich dürstete, und ihr gabt mir nicht zu trinken; ich war Fremdling, und ihr nahmt mich nicht auf; nackt, und ihr bekleidetet mich nicht; krank und im Gefängnis, und ihr besuchtet mich nicht. Dann werden auch sie antworten und sagen: Herr, wann sahen wir dich hungrig oder durstig oder als Fremdling oder nackt oder krank oder im Gefängnis und haben dir nicht gedient? Dann wird er ihnen antworten und sagen: Wahrlich, ich sage euch, was ihr einem dieser Geringsten nicht getan habt, habt ihr auch mir nicht getan. Und diese werden hingehen zur ewigen Strafe, die Gerechten aber in das ewige Leben.

- **Lk 6,35-36** Doch liebt eure Feinde, und tut Gutes, und leiht, ohne etwas wieder zu erhoffen! Und euer Lohn wird groß sein, und ihr werdet Söhne des Höchsten sein; denn er ist gütig gegen die Undankbaren und Bösen.

 Seid nun barmherzig, wie auch euer Vater barmherzig ist!

Müssen wir reich sein, um freigebig sein zu können? Nein, eigentlich nicht. Der Herr Jesus lobte solche, die nur wenig geben konnten, aber trotzdem freigebig waren.

- **Lk 21,1-4** Er blickte aber auf und sah die Reichen ihre Gaben in den Schatzkasten legen. Er sah aber auch eine arme Witwe zwei Scherflein dort einlegen. Und er sprach: In Wahrheit sage ich euch, dass diese arme Witwe mehr eingelegt hat als alle. Denn alle diese haben von ihrem Überfluss eingelegt zu den Gaben; diese aber hat aus ihrem Mangel heraus den ganzen Lebensunterhalt, den sie hatte, eingelegt.

- **Lk 14,12-14** Er [d.h. Jesus] sprach aber auch zu dem, der ihn eingeladen hatte: Wenn du ein Mittag- oder ein Abendessen machst, so lade nicht deine Freunde ein, noch deine Brüder, noch deine Verwandten, noch reiche

Nachbarn, damit nicht etwa auch *sie* dich wieder einladen und dir Vergeltung zuteil werde. Sondern wenn du ein Mahl machst, so lade Arme, Krüppel, Lahme, Blinde ein! Und glückselig wirst du sein, weil sie nichts haben, um dir zu vergelten; denn es wird dir vergolten werden bei der Auferstehung der Gerechten.

• **1Tim 6,17-19** Den Reichen in dem gegenwärtigen Zeitlauf gebiete, nicht hochmütig zu sein, noch auf die Ungewissheit des Reichtums Hoffnung zu setzen - sondern auf Gott, der uns alles reichlich darreicht zum Genuss - Gutes zu tun, reich zu sein in guten Werken, freigebig zu sein, mitteilsam, indem sie sich selbst eine gute Grundlage auf die Zukunft sammeln, um das wirkliche Leben zu ergreifen.

»Tätige Nächstenliebe beginnt zu Hause«, lautet eine alte, aber noch immer gültige Redensart. Die Bibel erwartet von uns, dass wir uns um die eigene Familie kümmern. Und sie dehnt dies auf unsere »Familie des Glaubens«, auf unsere Mitgeschwister aus.

• **1Jo 3,17** Wer aber irdischen Besitz hat und sieht seinen Bruder Mangel leiden und verschließt sein Herz vor ihm, wie bleibt die Liebe Gottes in ihm?

• **Gal 6,10** Lasst uns also nun, wie wir Gelegenheit haben, allen gegenüber das Gute wirken, am meisten aber gegenüber den Hausgenossen des Glaubens!

• **1Tim 5,8** Wenn aber jemand für die Seinen und besonders für die Hausgenossen nicht sorgt, so hat er den Glauben verleugnet und ist schlechter als ein Ungläubiger.

FREIHEIT

Siehe auch »Sünde und Erlösung«, »Versuchung«,
»Irdische Sorgen«, »Kummer und Sorgen«, »Zufriedenheit«

*F*reiheit *kann so vielgestaltig sein. Für zahlreiche Menschen ist sie gleichbedeutend mit dem Abwerfen politischer Tyrannei. Einige meinen damit die Beseitigung aller moralischen Schranken. Für andere bedeutet sie, aller Verantwortung ledig zu sein.*

Die meisten Menschen stimmen wahrscheinlich darin überein, dass **Freiheit** *im Grunde genommen bedeutet, »als Menschen so zu sein, wie wir sein sollten«. Genau diese Art der Freiheit verheißt die Bibel. Doch das, was uns davon abhält, als Menschen so zu sein, wie wir sein sollten, ist gemäß der Bibel unser Ich. Oder, um einen unmodern gewordenen Begriff zu gebrauchen,* **die Sünde.** *Für die Bibel entsteht unser Mangel an Freiheit in unserem Herzen. Als solche, die durch Egoismus oder Stolz gebunden sind und kein Zielbewusstsein haben, sind wir nicht frei - zumindest solange, bis uns jemand den Ausweg zeigt.*

Nach der Bibel ist Christus diese Person. Obwohl diese verheißene Freiheit nicht politischer Art ist, kann man Christi Freiheit im Rahmen jeder Obrigkeitsform besitzen. Seine Freiheit umfasst keine Sittenlosigkeit, sondern die Freiheit, für höhere Werte als für Gesetze zu leben. Sie beinhaltet die Freiheit, gütig, großmütig, froh, geistlich gewinnend, freundlich und sogar imstande zu sein, von uns selbst loszukommen.

- **Joh 8,32.36** Und ihr werdet die Wahrheit erkennen, und die Wahrheit wird euch frei machen ... Wenn nun der Sohn euch frei machen wird, so werdet ihr wirklich frei sein.

- **1Petr 2,16-17a** ... als Freie und nicht als solche, die die Freiheit als Deckmantel der Bosheit haben, sondern als Sklaven Gottes. Erweist allen Ehre; liebt die Bruderschaft!

- **Röm 3,24** ... und werden umsonst gerechtfertigt durch seine Gnade, durch die Erlösung, die in Christus Jesus ist.

- **Röm 6,4-8.14.16-18** So sind wir nun mit ihm begraben worden durch die Taufe in den Tod, damit, wie Christus aus den Toten auferweckt worden ist durch die Herrlichkeit des Vaters, so auch wir in Neuheit des Lebens wandeln. Denn wenn wir verwachsen sind mit der Gleichheit seines Todes, so werden wir es auch mit der <seiner> Auferstehung sein, da wir dies erkennen, dass unser alter Mensch mitgekreuzigt worden ist, damit der Leib der Sünde abgetan sei, dass wir der Sünde nicht mehr dienen. Denn wer gestorben ist, ist freigesprochen von der Sünde. Wenn wir aber mit Christus gestorben sind, so glauben wir, dass wir auch mit ihm leben werden ...
  Denn die Sünde wird nicht über euch herrschen, denn ihr seid nicht unter Gesetz, sondern unter Gnade ...
  Wisst ihr nicht, dass, wem ihr euch zur Verfügung stellt als Sklaven zum Gehorsam, ihr dessen Sklaven seid, dem ihr gehorcht? Entweder <Sklaven> der Sünde zum Tod oder <Sklaven> des Gehorsams zur Gerechtigkeit? Gott aber sei Dank, dass ihr Sklaven der Sünde wart, aber von Herzen gehorsam geworden seid dem Bild der Lehre, dem ihr übergeben worden seid! Frei gemacht aber von der Sünde, seid ihr Sklaven der Gerechtigkeit geworden.

- **Ps 119,32** Den Weg deiner Gebote werde ich laufen, denn du machst mir das Herz weit.

- **Röm 7,22-25** Denn ich habe nach dem inneren Menschen Wohlgefallen am Gesetz Gottes. Aber ich sehe ein anderes Gesetz in meinen Gliedern, das dem Gesetz meines Sinnes widerstreitet und mich in Gefangenschaft bringt unter das Gesetz der Sünde, das in meinen Gliedern ist. Ich elender Mensch! Wer wird mich retten von diesem Leibe des Todes? - Ich danke Gott durch Jesus Christus, unseren Herrn! Also diene ich nun selbst mit dem Sinn dem Gesetz Gottes, mit dem Fleisch aber dem Gesetz der Sünde.

• **Ps 118,5** Aus der Bedrängnis rief ich zu Jah. Jah antwortete mir in der Weite.

• **Ps 32,1-2** *Von David. Ein Maskil.* Glücklich der, dem Übertretung vergeben, dem Sünde zugedeckt ist! Glücklich der Mensch, dem der HERR die Schuld nicht zurechnet und in dessen Geist kein Trug ist!

• **Röm 8,19-21** Denn das sehnsüchtige Harren der Schöpfung wartet auf die Offenbarung der Söhne Gottes. Denn die Schöpfung ist der Nichtigkeit unterworfen worden - nicht freiwillig, sondern durch den, der sie unterworfen hat - auf Hoffnung hin, dass auch selbst die Schöpfung von der Knechtschaft der Vergänglichkeit freigemacht werden wird zur Freiheit der Herrlichkeit der Kinder Gottes.

• **2Kor 3,17** Der Herr aber ist der Geist; wo aber der Geist des Herrn ist, ist Freiheit.

• **Gal 5,1** Für die Freiheit hat Christus uns freigemacht. Steht nun fest und lasst euch nicht wieder durch ein Joch der Sklaverei belasten!

• **Gal 5,13** Denn *ihr* seid zur Freiheit berufen worden, Brüder. Nur <gebraucht> nicht die Freiheit als Anlass für das Fleisch, sondern dient einander durch die Liebe! Denn das ganze Gesetz ist in *einem* Wort erfüllt, in dem: »Du sollst deinen Nächsten lieben wie dich selbst.«

• **Kol 2,6.8** Wie ihr nun den Christus Jesus, den Herrn, empfangen habt, so wandelt in ihm ...

Seht zu, dass niemand euch einfange durch die Philosophie und leeren Betrug nach der Überlieferung der Menschen, nach den Elementen der Welt und nicht Christus gemäß!

- **Kol 2,20-23** Wenn ihr mit Christus den Elementen der Welt gestorben seid, was unterwerft ihr euch Satzungen, als lebtet ihr noch in der Welt: Berühre nicht, koste nicht, betaste nicht! - was <doch> alles zur Vernichtung durch den Gebrauch bestimmt ist - nach den Geboten und Lehren der Menschen? Das <alles> hat zwar einen Anschein von Weisheit, in eigenwilligem Gottesdienst und in Demut und im Nichtverschonen des Leibes - <also> nicht in einer gewissen Wertschätzung - <dient aber> zur Befriedigung des Fleisches.

- **Jak 1,25** Wer aber in das vollkommene Gesetz der Freiheit hineingeschaut hat und dabei geblieben ist, indem er nicht ein vergeßlicher Hörer, sondern ein Täter des Werkes ist, der wird in seinem Tun glückselig sein.

- **Jak 2,12** Redet so und handelt so wie <solche>, die durch das Gesetz der Freiheit gerichtet werden sollen!

FREUDE

Siehe auch »Ewiges Leben«, »Glaube«, »Hoffnung«,
»Irdische Sorgen«, »Kummer und Sorgen«

*D*er christliche Autor C.S. Lewis gab seiner Autobiographie
den Titel »Überrascht von Freude«. Er glaubte, dass Freude ein wesentlicher Bestandteil des christlichen Lebens ist und
dennoch zu oft vernachlässigt wird.

Der christliche Glaube hat den Ruf, die »Religion der Verbote« zu sein - eine Religion der Spielverderber, die den Menschen
die Freude am Leben nehmen soll. Nichts könnte von der Wahrheit weiter entfernt sein. Das Alte und Neue Testament verheißen uns Freude - allerdings keine zeitweiliges, flüchtiges
»Hochgefühl«, sondern einen Zustand, der sowohl gute als auch
schlechte Zeiten überdauert.

- **Ps 118,24** Dies ist der Tag, den der HERR gemacht
hat! Seien wir fröhlich und freuen wir uns in ihm!

- **Jes 61,10-11** Freuen, ja freuen will ich mich in dem
HERRN! Jubeln soll meine Seele in meinem Gott! Denn
er hat mich bekleidet mit Kleidern des Heils, den Mantel
der Gerechtigkeit mir umgetan, wie der Bräutigam sich
nach Priesterart mit dem Kopfschmuck und wie die Braut
sich mit ihrem Geschmeide schmückt. Denn wie die Erde
ihr Gewächs hervorbringt und wie ein Garten seine Saat
aufsprossen lässt, so wird der Herr, HERR, Gerechtigkeit
und Ruhm aufsprossen lassen vor allen Nationen.

- **Ps 30,6.12** Denn einen Augenblick <stehen wir> in
seinem Zorn, ein Leben lang in seiner Gunst; am Abend
kehrt Weinen ein, und am Morgen ist Jubel da ... Meine
Wehklage hast du mir in Reigen verwandelt, mein Sack-
tuch hast du gelöst und mit Freude mich umgürtet.

- **Ps 33,21** Denn in ihm wird unser Herz sich freuen, weil wir seinem heiligen Namen vertrauen.

- **Ps 46,5** Des Stromes Läufe erfreuen die Stadt Gottes, die heiligste der Wohnungen des Höchsten.

- **Ps 64,11** Der Gerechte wird sich am HERRN freuen und sich bei ihm bergen; und alle von Herzen Aufrichtigen werden sich rühmen.

- **Ps 68,4** Aber freuen werden sich die Gerechten, sie werden frohlocken vor dem Angesicht Gottes und jubeln in Freude.

- **Ps 89,16-17** Glücklich ist das Volk, das den Jubelruf kennt! HERR, im Licht deines Angesichts wandeln sie. In deinem Namen freuen sie sich täglich, und durch deine Gerechtigkeit werden sie erhöht.

- **Ps 97,11-12** Licht ist dem Gerechten gesät, und Freude den von Herzen Aufrichtigen. Freut euch, ihr Gerechten, im HERRN, und preist sein heiliges Gedächtnis!

- **Jes 55,12** Denn in Freuden werdet ihr ausziehen und in Frieden geleitet werden. Die Berge und die Hügel werden vor euch in Jubel ausbrechen, und alle Bäume des Feldes werden in die Hände klatschen.

- **Joh 15,9-11** Wie der Vater mich geliebt hat, habe auch ich euch geliebt. Bleibt in meiner Liebe! Wenn ihr meine Gebote haltet, so werdet ihr in meiner Liebe bleiben, wie ich die Gebote meines Vaters gehalten habe und in seiner Liebe bleibe. Dies habe ich zu euch geredet, damit meine Freude in euch sei und eure Freude völlig werde.

- **Röm 14,17-18** Denn das Reich Gottes ist nicht Essen und Trinken, sondern Gerechtigkeit und Friede und Freude im Heiligen Geist. Denn wer in diesem dem Christus dient, ist Gott wohlgefällig und den Menschen bewährt.

- **Gal 5,22-23** Die Frucht des Geistes aber ist: Liebe, Freude, Friede, Langmut, Freundlichkeit, Güte, Treue, Sanftmut, Enthaltsamkeit. Gegen diese ist das Gesetz nicht <gerichtet>.

- **Eph 5,18-19** Und berauscht euch nicht mit Wein, worin Ausschweifung ist, sondern werdet voller Geist, indem ihr zueinander in Psalmen und Lobliedern und geistlichen Liedern redet und dem Herrn mit eurem Herzen singt und spielt!

- **Phil 4,4-7** Freut euch im Herrn allezeit! Wiederum will ich sagen: Freut euch! Eure Milde soll allen Menschen bekannt werden; der Herr ist nahe. Seid um nichts besorgt, sondern in allem sollen durch Gebet und Flehen mit Danksagung eure Anliegen vor Gott kundwerden; und der Friede Gottes, der allen Verstand übersteigt, wird eure Herzen und eure Gedanken bewahren in Christus Jesus.

- **Hebr 12,22** ... sondern ihr seid gekommen zum Berg Zion und zur Stadt des lebendigen Gottes, dem himmlischen Jerusalem; und zu Myriaden von Engeln, einer Festversammlung.

Die Worte des Herrn Jesus und des Apostels Paulus geben uns als Christen die Zusicherung, dass wir inmitten von Bedrängnis Freude erfahren können. Ihre Verheißungen haben Christen in all den Jahrhunderten, in denen sie verfolgt und beschimpft wurden, geholfen.

- **Lk 6,22-23** Glückselig seid ihr, wenn die Menschen euch hassen werden und wenn sie euch absondern und schmähen und euren Namen als böse verwerfen werden um des Sohnes des Menschen willen. Freut euch an jenem Tag und hüpft! Denn siehe, euer Lohn ist groß in dem Himmel; denn ebenso taten ihre Väter den Propheten.

- **Röm 5,2-4** ... durch den wir im Glauben auch Zugang erhalten haben zu dieser Gnade, in der wir stehen, und rühmen uns aufgrund der Hoffnung der Herrlichkeit Gottes. Nicht allein aber das, sondern wir rühmen uns auch in den Bedrängnissen, da wir wissen, dass die Bedrängnis Ausharren bewirkt, das Ausharren aber Bewährung, die Bewährung aber Hoffnung.

- **2Kor 6,8-10a** ... durch Ehre und Unehre, durch böse und gute Nachrede, als Verführer und Wahrhaftige; als Unbekannte und Wohlbekannte; als Sterbende, und siehe, wir leben; als Gezüchtigte und <doch> nicht getötet; als Traurige, aber allezeit uns freuend.

FREUNDE

*Siehe auch »Schlechter Umgang bzw. schlechte
Gesellschaft«, »Gemeinschaft mit Gott«, »Gemeinschaft
mit anderen Gläubigen«, »Einsamkeit«*

Wenn *Einsamkeit ein Problem in der modernen Welt ist (ein
Sachverhalt, der zweifelsohne zutrifft), sollte Freundschaft
besonders in Ehren gehalten werden. Doch viele ringen mit
einem »Treuedefizit«. Sie beschleicht das Gefühl, dass Beziehungen (ehelicher bzw. freundschaftlicher Art, Arbeitgeber-
Arbeitnehmer-Beziehungen usw.) bestenfalls zeitweilig sind
und aufgelöst werden können, wann immer einem danach
zumute ist. Diese Situation ist nicht neu, wie der folgende Vers
verdeutlicht:*

• **Spr 20,6** Die meisten Menschen rufen ihre eigene
Frömmigkeit aus; aber einen zuverlässigen Mann, wer
findet <ihn>?

*Natürlich berichtet die Bibel beispielhaft von einigen »wirklich
treuen« Freunden. Am vorbildlichsten ist im Alten Testament die
Freundschaft zwischen David und Jonatan.*

• **1Sam 18,1.3-4** Und es geschah, als er aufgehört hatte,
mit Saul zu reden, verband sich die Seele Jonatans mit der
Seele Davids; und Jonatan gewann ihn lieb wie seine eigene Seele ... Und Jonatan und David schlossen einen Bund,
weil er ihn liebhatte wie seine eigene Seele. Und Jonatan
zog das Oberkleid aus, das er anhatte, und gab es David,
und seinen Waffenrock und sogar sein Schwert, seinen
Bogen und seinen Gürtel.

*Welch bewegende und wunderbare Szene, aber mit welchem
Seltenheitswert! Wir schätzen unsere Freunde und zerbrechen*

uns doch viel zu oft den Kopf darüber, warum Freundschaften enden, statt Bestand zu haben. Der große englische Autor Samuel Johnson, der gern in Gesellschaft war und seine Freunde schätzte, erklärte: »Ein Mensch, mein Herr, sollte seine Freundschaften ständig in Ordnung halten.«

Die Bibel betont hauptsächlich unsere Beziehung zu Gott - der uns am beständigsten und treusten zur Seite steht. Dennoch sagt sie viel im Blick auf Freunde und darauf, wie Freundschaften »ständig in Ordnung« gehalten werden können. Insbesondere das Buch der Sprüche ist ein ausgezeichnetes »Handbuch zur Freundschaftspflege«.

- **Spr 17,17**   Ein Freund liebt zu jeder Zeit, und als Bruder für die Not wird er geboren.

- **Spr 18,24**   Manche Gefährten schlagen sich, aber mancher Freund ist anhänglicher als ein Bruder.

- **Spr 27,6.9-10.17**   Treu gemeint sind die Schläge dessen, der liebt, aber überreichlich die Küsse des Hassers ... Öl und Räucherwerk erfreuen das Herz, und die Süße eines Freundes <kommt> aus dem Rat der Seele. Deinen Freund und deines Vaters Freund lass nicht fahren und geh nicht in deines Bruders Haus am Tag deiner Not! Besser ein naher Nachbar als ein ferner Bruder ... Eisen wird durch Eisen geschärft, und ein Mann schärft das Angesicht seines Nächsten.

- **Spr 18,19**   Ein getäuschter Bruder <ist unzugänglicher> als eine befestigte Stadt; und Streitigkeiten sind wie der Riegel einer Burg.

- **Spr 25,17**   Mache deinen Fuß selten im Haus deines Nächsten, damit er dich nicht satt wird und dich hasst!

Die Sprüche befürworten Freundschaften, verdeutlichen aber, dass schlechte Gefährten schlimmer sind als überhaupt keine Freunde.

- **Spr 12,26** Der Gerechte erspäht seine Weide, aber der Weg der Gottlosen führt sie in die Irre.

- **Spr 22,24-25** Lass dich nicht ein mit einem Zornigen, und mit einem Mann, der sich schnell erregt, verkehre nicht, damit du dich nicht an seine Pfade gewöhnst und deinem Leben eine Falle stellst!

- **Spr 3,32** Denn ein Gräuel für den HERRN ist, wer sich auf Abwege begibt; doch mit den Aufrichtigen hält er seinen Rat.

Das Neue Testament fügt dem Grundgedanken der Freundschaft einen weiteren Aspekt hinzu: Nachfolger des Herrn Jesus sind nicht nur Schüler oder Diener, sondern auch **Freunde.** *Als solche sind sie Freunde aller anderen Gläubigen (oder sollten es zumindest sein). Die* **Liebe,** *die man fast immer mit ehelichen oder Eltern-Kind-Beziehungen verbindet, wird zum Schlüsselwort, wenn es um Freundschaft geht.*

- **Joh 15,12-15** Dies ist mein Gebot, dass ihr einander liebt, wie ich euch geliebt habe. Größere Liebe hat niemand als die, dass er sein Leben hingibt für seine Freunde. *Ihr* seid meine Freunde, wenn ihr tut, was ich euch gebiete. Ich nenne euch nicht mehr Sklaven, denn der Sklave weiß nicht, was sein Herr tut; euch aber habe ich Freunde genannt, weil ich alles, was ich von meinem Vater gehört, euch kundgetan habe.

- **1Jo 3,16** Hieran haben wir die Liebe erkannt, dass er für uns sein Leben hingegeben hat; auch wir sind schuldig, für die Brüder das Leben hinzugeben.

In der Bibel bezieht sich der Begriff **Gemeinde** *nicht auf ein Gebäude, sondern auf eine* **Gemeinschaft** *von Glaubensgeschwistern - mit anderen Worten: auf Freunde. Dies bedeutet nicht, dass jeder Christ der beste Freund und Gefährte seines Mitchristen werden soll. Damit ist vielmehr gemeint, dass wir am Wohlergehen des anderen Anteil nehmen. Wir sind untereinander sowohl Freunde als auch Geschwister.*

- **Hebr 10,24-25** ... und lasst uns aufeinander achthaben, um uns zur Liebe und zu guten Werken anzureizen, indem wir unser Zusammenkommen nicht versäumen, wie es bei einigen Sitte ist, sondern <einander> ermuntern, und <das> um so mehr, je mehr ihr den Tag herannahen seht!

- **1 Thes 4,9.10b** Was aber die Bruderliebe betrifft, so habt ihr nicht nötig, dass man euch schreibt, denn ihr seid selbst von Gott gelehrt, einander zu lieben ... Wir ermahnen euch aber, Brüder, reichlicher zuzunehmen

- **1 Petr 3,8-9** Endlich aber seid alle gleichgesinnt, mitleidig, <voll> brüderlicher Liebe, barmherzig, demütig, und vergeltet nicht Böses mit Bösem oder Scheltwort mit Scheltwort, sondern im Gegenteil segnet, weil ihr dazu berufen worden seid, dass ihr Segen erbt!

- **Hebr 13,1-3** Die Bruderliebe bleibe! Die Gastfreundschaft vergesst nicht! Denn dadurch haben einige, ohne es zu wissen, Engel beherbergt. Gedenkt der Gefangenen als Mitgefangene; derer, die geplagt werden, als <solche>, die auch selbst im Leib sind!

*Der Jakobusbrief ist das biblische Buch »der praktischen Verkündigung«. Jakobus weist Christen nachdrücklich darauf hin, dass alles Reden über Liebe, Treue und christliche Gemeinschaft unnütz ist, wenn wir die Liebe zu Glaubensgeschwistern nicht **unter Beweis stellen.***

- **Jak 2,14-17** Was nützt es, meine Brüder, wenn jemand sagt, er habe Glauben, hat aber keine Werke? Kann etwa der Glaube ihn erretten? Wenn aber ein Bruder oder eine Schwester dürftig gekleidet ist und der täglichen Nahrung entbehrt, aber jemand unter euch spricht zu ihnen: Geht hin in Frieden, wärmt euch und sättigt euch! ihr gebt ihnen aber nicht das für den Leib Notwendige, was nützt es? So ist auch der Glaube, wenn er keine Werke hat, in sich selbst tot.

Wie vor ihm das Buch der Sprüche verdeutlicht Jakobus, dass nichts eine Freundschaft und Gemeinschaft mehr gefährden kann als das kleine todbringende Glied des Leibes, die Zunge.

- **Jak 5,9** Seufzt nicht gegeneinander, Brüder, damit ihr nicht gerichtet werdet! Siehe, der Richter steht vor der Tür.

- **Spr 11,9** Mit dem Mund richtet der Ruchlose seinen Nächsten zugrunde, aber durch Erkenntnis werden die Gerechten befreit.

- **Spr 16,28** Ein Mann der Falschheit entfesselt Zank, und ein Ohrenbläser entzweit Vertraute.

- **Spr 17,9** Wer Vergehen zudeckt, strebt nach Liebe; wer aber eine Sache <immer wieder> aufrührt, entzweit Vertraute.

- **Spr 26,18-19** Wie ein Wahnsinniger, der Brandgeschosse, Pfeile und Tod schleudert, so ist ein Mann, der seinen Nächsten betrügt und <dann> sagt: Habe ich <denn> nicht <nur> Spaß gemacht?

Jakobus betonte ebenso, worin das größte Gut einer Freundschaft oder irgendeiner menschlichen Beziehung besteht: in Vergebung und Gnade.

- **Jak 5,19-20** Meine Brüder, wenn jemand unter euch von der Wahrheit abirrt und jemand ihn zurückführt, so wisst, dass der, welcher einen Sünder von der Verirrung seines Weges zurückführt, dessen Seele vom Tode erretten und eine Menge von Sünden bedecken wird.

FRIEDE

Siehe auch »Zufriedenheit«, »Freiheit«, »Vertrauen auf Gott«,
»Irdische Sorgen«, »Kummer und Sorgen«

*E*s ist eigenartig: Trotz all unserer technischen Hilfsmittel,
womit wir Zeit und Mühe sparen (Dinge, wovon unsere Vor-
fahren nur träumen konnten), sind wir offenbar unglaublich
gehetzte Menschen und das Leben scheint oft ein unaufhör-
licher Kampf zu sein. Es verwundert daher nicht, dass der
Begriff **Friede** uns so fasziniert.

Wenn Sie die Abendnachrichten einschalten, werden Sie feststellen, dass die Politiker der Welt im Blick auf die Schaffung
von Frieden nicht weitergekommen sind. Dies ist auch nicht zu
erwarten. Es ist zwecklos, darauf zu warten, dass Regierungen
Frieden schaffen. Friede bedeutet jedenfalls mehr als nur die
Abwesenheit von Krieg. Damit sind vielmehr innere Harmonie
und einträchtige zwischenmenschliche Beziehungen gemeint.
Derartigen Frieden kann man sogar mitten im Krieg erleben.
Wir können ihn - nach der entsprechenden göttlichen Verheißung - inmitten unseres hektischen, stresserfüllten Lebens
verspüren.

- **Jes 26,3** Bewährten Sinn bewahrst du in Frieden, in
Frieden, weil er auf dich vertraut.

- **Jes 48,22** Kein Friede den Gottlosen, spricht der
HERR.

- **Mt 5,9** Glückselig die Friedensstifter, denn *sie* werden
Söhne Gottes heißen.

- **Ps 4,9** In Frieden werde ich, sobald ich liege, schlafen;
denn du, HERR, lässt mich, <obschon> allein, in Sicherheit wohnen.

- **Ps 37,37** Achte auf den Rechtschaffenen und sieh auf den Redlichen; denn die Zukunft für einen <solchen> ist Frieden.

- **Spr 12,20** Betrug ist im Herzen derer, die Böses schmieden; bei denen aber, die zum Frieden raten, ist Freude.

- **Ps 85,9a** Hören will ich, was Gott, was der HERR reden wird; gewiss wird er Frieden ansagen seinem Volk und seinen Frommen.

- **Spr 16,7** Wenn der HERR an den Wegen eines Mannes Wohlgefallen hat, lässt er selbst seine Feinde mit ihm Frieden machen.

- **Spr 17,1** Besser ein trockener Bissen und Ruhe dabei als ein Haus voller Festspeisen, aber Streit dabei.

- **Röm 5,1** Da wir nun gerechtfertigt worden sind aus Glauben, so haben wir Frieden mit Gott durch unseren Herrn Jesus Christus.

- **Röm 8,6** Denn die Gesinnung des Fleisches ist Tod, die Gesinnung des Geistes aber Leben und Frieden.

- **Röm 15,13** Der Gott der Hoffnung aber erfülle euch mit aller Freude und allem Frieden im Glauben, damit ihr überreich seiet in der Hoffnung durch die Kraft des Heiligen Geistes!

- **Röm 16,20a** Der Gott des Friedens aber wird in kurzem den Satan unter euren Füßen zertreten.

- **1Kor 14,33a** Denn Gott ist nicht <ein Gott> der Unordnung, sondern des Friedens.

- **Gal 5,22-23** Die Frucht des Geistes aber ist: Liebe, Freude, Friede, Langmut, Freundlichkeit, Güte, Treue,

Sanftmut, Enthaltsamkeit. Gegen diese ist das Gesetz nicht <gerichtet>.

• **Eph 4,3-4** Befleißigt euch, die Einheit des Geistes zu bewahren durch das Band des Friedens: *Ein* Leib und *ein* Geist, wie ihr auch berufen worden seid in *einer* Hoffnung eurer Berufung!

Die ersten Christen wussten, dass die Sorge ein großer Feind des Friedens ist. Wir machen uns Sorgen, weil uns der Glaube fehlt, dass Gott für uns sorgt. Daher rauben wir uns oft den Frieden, weil wir hinsichtlich der ständigen Fürsorge Gottes kleingläubig sind. Paulus versichert den Christen, dass Gott ein größeres Gut als ein sorgenvolles Leben anbietet.

• **Phil 4,6-7.9** Seid um nichts besorgt, sondern in allem sollen durch Gebet und Flehen mit Danksagung eure Anliegen vor Gott kundwerden; und der Friede Gottes, der allen Verstand übersteigt, wird eure Herzen und eure Gedanken bewahren in Christus Jesus ... Was ihr auch gelernt und empfangen und gehört und an mir gesehen habt, das tut! Und der Gott des Friedens wird mit euch sein.

• **Kol 3,15** Und der Friede des Christus regiere in euren Herzen, zu dem ihr auch berufen worden seid in *einem* Leib! Und seid dankbar!

• **Mt 6,25-34** Deshalb sage ich euch: Seid nicht besorgt für euer Leben, was ihr essen und was ihr trinken sollt, noch für euren Leib, was ihr anziehen sollt! Ist nicht das Leben mehr als die Speise und der Leib mehr als die Kleidung? Seht hin auf die Vögel des Himmels, dass sie weder säen noch ernten, noch in Scheunen sammeln, und euer himmlischer Vater ernährt sie <doch>. Seid *ihr* nicht viel wertvoller als sie? Wer aber unter euch kann mit Sorgen seiner Lebenslänge *eine* Elle zusetzen? Und warum seid ihr um Kleidung besorgt? Betrachtet die Lilien des Feldes, wie sie wachsen: sie mühen sich nicht, auch spinnen sie nicht. Ich sage euch aber, dass selbst nicht Salomo in all seiner Herrlichkeit bekleidet war wie eine von diesen. Wenn aber Gott das Gras des Feldes, das heute steht und morgen in den Ofen geworfen wird, so kleidet, <wird er das> nicht viel mehr euch <tun>, ihr Kleingläubigen? So seid nun nicht besorgt, indem ihr sagt: Was sollen wir essen? Oder: Was sollen wir trinken? Oder: Was sollen wir anziehen? Denn nach diesem allen trachten die Nationen; denn euer himmlischer Vater weiß, dass ihr dies alles benötigt. Trachtet aber zuerst nach dem Reich Gottes und nach seiner Gerechtigkeit! Und dies alles wird euch hinzugefügt werden. So seid nun nicht besorgt um den morgigen Tag! Denn der morgige Tag wird für sich selbst sorgen. Jeder Tag hat an seinem Übel genug.

In einem Schlager wird der Rat gegeben: »Lass die Sorgen, sei zufrieden.« Das ist gewiss leichter gesagt als getan. Die Bibel gibt den gleichen Rat, fügt aber folgendes hinzu: Der Gott des Friedens ist als Gebieter der Welt unsere einzige wahre Quelle dauerhaften Friedens, der keine Sorgen kennt. Sie gibt uns aber auch einige Ratschläge, wie wir nach einem Leben des Friedens in dieser Welt streben können.

- **1Petr 3,10** »Denn wer das Leben lieben und gute Tage sehen will, der halte Zunge und Lippen vom Bösen zurück, dass sie nicht Trug reden.«

- **Ps 29,11** Der HERR möge Kraft geben seinem Volk, der HERR möge sein Volk segnen mit Frieden.

- **Ps 125,1-2** *Ein Wallfahrtslied.* Die auf den HERRN vertrauen, sind wie der Berg Zion, der nicht wankt, der ewig bleibt. Jerusalem - Berge sind rings um es her. So ist der HERR rings um sein Volk, von nun an bis in Ewigkeit.

- **Röm 2,10a** ... Herrlichkeit aber und Ehre und Frieden jedem, der das Gute wirkt.

- **2Kor 13,11b** Lasst euch ermuntern, seid *eines* Sinnes, haltet Frieden! Und der Gott der Liebe und des Friedens wird mit euch sein.

- **Hebr 12,14** Jagt dem Frieden mit allen nach und der Heiligung, ohne die niemand den Herrn schauen wird.

Der Herr Jesus, den man verfolgte, um ihn schließlich zu töten, wusste: Seine Nachfolger mussten ebenfalls mit Verfolgung rechnen. Er gab ihnen eine Verheißung des Friedens - sogar in der Verfolgung oder angesichts drohender Verfolgung.

- **Joh 14,27** Frieden lasse ich euch, *meinen* Frieden gebe ich euch; nicht wie die Welt gibt, gebe ich euch. Euer Herz werde nicht bestürzt, sei auch nicht furchtsam.

- **Joh 16,33** Dies habe ich zu euch geredet, damit ihr in mir Frieden habt. In der Welt habt ihr Bedrängnis; aber seid guten Mutes, ich habe die Welt überwunden.

Der Prophet Jesaja sah in einer Vision eine Welt, worin Friede herrscht. Er erlebte nie, wie diese Vision zu seinen Lebzeiten Wirklichkeit wurde. Interessanterweise sah er, dass das Reich des Friedens von einem »Sohn« eingeleitet wird. Obwohl es Jesaja nicht wusste, redete er prophetisch vom Fürsten des Friedens, von dem Herrn Jesus selbst.

- **Jes 9,5-6** Denn ein Kind ist uns geboren, ein Sohn uns gegeben, und die Herrschaft ruht auf seiner Schulter; und man nennt seinen Namen: Wunderbarer Ratgeber, starker Gott, Vater der Ewigkeit, Fürst des Friedens. Groß ist die Herrschaft, und der Friede wird kein Ende haben auf dem Thron Davids und über seinem Königreich, es zu festigen und zu stützen durch Recht und Gerechtigkeit von nun an bis in Ewigkeit. Der Eifer des HERRN der Heerscharen wird dies tun.

- **Jes 32,16-18** In der Wüste wird das Recht sich niederlassen und die Gerechtigkeit im Fruchtgarten wohnen. Und das Werk der Gerechtigkeit wird Friede sein und der Ertrag der Gerechtigkeit Ruhe und Sicherheit für ewig. Dann wird mein Volk wohnen an einer Wohnstätte des

Friedens und in sicheren Wohnungen und an sorgenfreien Ruheplätzen.

• **Jes 11,6-9**   Und der Wolf wird beim Lamm weilen und der Leopard beim Böckchen lagern. Das Kalb und der Junglöwe und das Mastvieh werden zusammen sein, und ein kleiner Junge wird sie treiben. Kuh und Bärin werden <miteinander> weiden, ihre Jungen werden zusammen lagern. Und der Löwe wird Stroh fressen wie das Rind. Und der Säugling wird spielen an dem Loch der Viper und das entwöhnte Kind seine Hand ausstrecken nach der Höhle der Otter. Man wird nichts Böses tun noch verderblich handeln auf meinem ganzen heiligen Berg. Denn das Land wird voll von Erkenntnis des HERRN sein, wie von Wassern, die das Meer bedecken.

Gebet

Siehe auch »Sündenbekenntnis«,
»Gemeinschaft mit Gott«, »Dankbarkeit«

»G ebet« ist ein weitverbreitetes Thema in religiösen Kreisen. Viele Bücher sind über dieses Thema geschrieben worden, man kann sogar Gebetsseminare und -workshops besuchen. Das Merkwürdige daran ist, dass die meisten Menschen **eben nicht regelmäßig beten.** Wenn sie es tun, dann selten und oft nur in Zeiten wirklicher Belastung. Obwohl wir nicht nur in Notzeiten beten sollen, können wir uns glücklich schätzen, dass Gott dennoch unsere von Herzen kommenden Gebete hört und nicht auf unsere Gebetstreue blickt.*

- **Ps 145,18-19** Nahe ist der HERR allen, die ihn anrufen, allen, die ihn in Wahrheit anrufen. Er erfüllt das Verlangen derer, die ihn fürchten. Ihr Schreien hört er, und er hilft ihnen.

- **Ps 34,16.18** Die Augen des HERRN <sind gerichtet> auf die Gerechten und seine Ohren auf ihr Schreien ... Sie schreien, und der HERR hört, aus allen ihren Bedrängnissen rettet er sie.

- **Ps 50,15** ... und rufe mich an am Tag der Not; ich will dich erretten, und du wirst mich verherrlichen!

- **Ps 55,17-18** Ich aber, ich rufe zu Gott, und der HERR hilft mir. Abends und morgens und mittags klage und stöhne ich; und er hat meine Stimme gehört.

- **Ps 91,14-16** »Weil er an mir hängt, will ich ihn erretten. Ich will ihn schützen, weil er meinen Namen kennt. Er ruft mich an, und ich antworte ihm. *Ich bin bei ihm in* der Not. Ich befreie ihn und bringe ihn zu Ehren. Ich sättige ihn mit langem Leben und lasse ihn mein Heil schauen.«

* **Ps 102,18-21** Er wird sich wenden zum Gebet der Verlassenen, ihr Gebet wird er nicht verachten. Dies sei aufgeschrieben für das künftige Geschlecht, und ein <neu> geschaffenes Volk soll Jah loben. Denn der HERR hat herniedergeblickt von der Höhe seines Heiligtums, er hat herabgeschaut vom Himmel auf die Erde, um zu hören das Seufzen des Gefangenen, um zu lösen die Kinder des Todes.

* **Jes 65,24** Und es wird geschehen: ehe sie rufen, werde ich antworten; während sie noch reden, werde ich hören.

* **Hebr 4,16** Lasst uns nun mit Freimütigkeit hinzutreten zum Thron der Gnade, damit wir Barmherzigkeit empfangen und Gnade finden zur rechtzeitigen Hilfe!

Merkwürdigerweise verbringt man Stunden damit, Sport zu treiben, zu trainieren, ein Musikinstrument zu üben bzw. sich Kenntnisse in der Computeranwendung anzueignen - stets in der Annahme, dass so etwas Wichtiges Zeitaufwand und Mühe rechtfertige. Und dennoch wird die Verbindung und das Gespräch mit Gott selten genutzt und oft vernachlässigt. Aus vielen Jahrhunderten gibt es Zeugnisse von Christen, die davon sprechen, wie oft sie beteten und wie dadurch ihr Leben umgestaltet wurde. Sogar J. Edgar Hoover stellte - obwohl hart im Nehmen - fest, dass »das Gebet das großartigste menschliche Mittel ist, die unbegrenzten Möglichkeiten Gottes anzuzapfen.« Obwohl wir dies hören, sind wir noch immer skeptisch.

Doch die Bibel ist überaus reich an Verheißungen: Gebet stellt uns in Gottes Gegenwart. Gebet verändert Menschen. Gebet verändert die Welt.

* **Jer 33,3** Rufe mich an, dann will ich dir antworten und will dir Großes und Unfassbares mitteilen, das du nicht kennst.

- **Jer 29,11-14a** Denn ich kenne ja die Gedanken, die ich über euch denke, spricht der HERR, Gedanken des Friedens und nicht zum Unheil, um euch Zukunft und Hoffnung zu gewähren. Ruft ihr mich an, geht ihr hin und betet zu mir, dann werde ich auf euch hören. Und sucht ihr mich, so werdet ihr <mich> finden, ja, fragt ihr mit eurem ganzen Herzen nach mir, so werde ich mich von euch finden lassen, spricht der HERR.

In unserer Gesellschaft der sofortigen Wunschbefriedigung scheint das Gebet unangebracht zu sein. Wir beten für eine Sache und erwarten, dass sie sofort - oder zumindest bald - eintritt. Die Bibel verheißt Erhörungen, doch nicht sofortige und nicht immer die von uns gewollten Erhörungen. Die beiden folgenden Stellen aus den Evangelien zeigen, dass der Herr Jesus **Beharrlichkeit** *beim Beten empfiehlt:*

- **Lk 18,1-8** Er sagte ihnen aber auch ein Gleichnis dafür, dass sie allezeit beten und nicht ermatten sollten, und sprach: Es war ein Richter in einer Stadt, der Gott nicht fürchtete und vor keinem Menschen sich scheute. Es war aber eine Witwe in jener Stadt; und sie kam zu ihm und sprach: Schaffe mir Recht gegenüber meinem Widersacher! Und eine Zeitlang wollte er nicht; danach aber sprach er bei sich selbst: Wenn ich auch Gott nicht fürchte und vor keinem Menschen mich scheue, so will ich doch, weil diese Witwe mir Mühe macht, ihr Recht verschaffen, damit sie nicht am Ende komme und mir ins Gesicht fahre. Der Herr aber sprach: Hört, was der ungerechte Richter sagt! Gott aber, sollte er das Recht seiner Auserwählten *nicht* ausführen, die Tag und Nacht zu ihm schreien, und sollte er es bei ihnen lange hinziehen? Ich sage euch, dass er ihr Recht ohne Verzug ausführen wird. Doch wird wohl der Sohn des Menschen, wenn er kommt, den Glauben finden auf der Erde?

- **Mt 7,7-11** Bittet, und es wird euch gegeben werden; sucht, und ihr werdet finden; klopft an, und es wird euch geöffnet werden! Denn jeder Bittende empfängt, und der Suchende findet, und dem Anklopfenden wird aufgetan werden. Oder welcher Mensch ist unter euch, der, wenn sein Sohn ihn um ein Brot bittet, ihm einen Stein geben wird? Und wenn er um einen Fisch bittet, wird er ihm eine Schlange geben? Wenn nun ihr, die ihr böse seid, euren Kindern gute Gaben zu geben wisst, wieviel mehr wird euer Vater, der in den Himmeln ist, Gutes geben denen, die ihn bitten!

*Einige Menschen behaupten, dass Beten egoistisch wäre und man dabei zu sehr mit den eigenen Bedürfnissen beschäftigt sei. Sie sagen, wir sollten nur beten, um Gott zu danken und ihn anzubeten, so dass wir völlig von uns loskommen. Solche Menschen haben in gewisser Weise Recht. Wir sollten wirklich mehr an Gott und weniger an uns denken. Doch die Bibel stellt klar heraus, dass wir **sehr wohl** unsere eigenen Anliegen vor Gott bringen sollen. Wie können wir sie loslassen, wenn nicht dadurch, dass wir sie Gott zu Füßen legen? Solche Gebete sind überhaupt nicht egoistisch.*

- **Phil 4,6-7** Seid um nichts besorgt, sondern in allem sollen durch Gebet und Flehen mit Danksagung eure Anliegen vor Gott kundwerden; und der Friede Gottes, der allen Verstand übersteigt, wird eure Herzen und eure Gedanken bewahren in Christus Jesus.

- **Jak 5,13-18** Leidet jemand unter euch? Er bete. Ist jemand guten Mutes? Er singe Psalmen. Ist jemand krank unter euch? Er rufe die Ältesten der Gemeinde zu sich, und sie mögen über ihm beten und ihn mit Öl salben im Namen des Herrn. Und das Gebet des Glaubens wird den Kranken retten, und der Herr wird ihn aufrichten, und wenn er Sünden begangen hat, wird ihm vergeben werden. Bekennt nun einander die Sünden und betet füreinander, damit ihr geheilt werdet! Viel vermag eines Gerechten Gebet in seiner Wirkung. Elia war ein Mensch von gleichen Gemütsbewegungen wie wir; und er betete inständig, dass es nicht regnen möge, und es regnete nicht auf der Erde drei Jahre und sechs Monate. Und wieder betete er, und der Himmel gab Regen, und die Erde brachte ihre Frucht hervor.

- **1Tim 2,1** Ich ermahne nun vor allen Dingen, dass Flehen, Gebete, Fürbitten, Danksagungen getan werden für alle Menschen.

Die Bibel fordert uns auf, für uns und natürlich für die uns Nahestehenden zu beten. Sie sagt uns auch, dass wir etwas tun sollen, das unseren natürlichen Gefühlen scheinbar zuwiderläuft:

- **Lk 6,28** Segnet, die euch fluchen; betet für die, die euch beleidigen!

Der Herr Jesus erkannte die Wichtigkeit des Gebets. Doch er erkannte ebenso, dass sich einige Menschen gern in menschengefälliger Weise präsentieren, indem sie versuchen, andere mit ihren langen und schwülstigen Gebeten zu beeindrucken. Er versicherte seinen Nachfolgern, dass sich Gott, der unsere Motive kennt, durch derartige Gebete keinesfalls beeinflussen lässt.

- **Mt 6,6-8** Wenn *du* aber betest, so geh in deine Kammer, und nachdem du deine Tür geschlossen hast, bete zu deinem Vater, der im Verborgenen ist! Und dein Vater, der im Verborgenen sieht, wird dir vergelten. Wenn ihr aber betet, sollt ihr nicht plappern wie die von den Nationen; denn sie meinen, dass sie um ihres vielen Redens willen erhört werden. Seid ihnen nun nicht gleich! Denn euer Vater weiß, was ihr benötigt, ehe ihr ihn bittet.

Der Herr Jesus wusste ebenfalls, dass Gebete behindert werden können - wenn man z.B. jemandem grollt. Er stellte klar heraus, dass es nicht zueinander passt, Gott zu nahen und gleichzeitig einen anderen Menschen zu verachten.

- **Mk 11,24-25** Darum sage ich euch: Alles, um was ihr auch betet und bittet, glaubt, dass ihr es empfangen habt, und es wird euch werden. Und wenn ihr steht und betet, so vergebt, wenn ihr etwas gegen jemand habt, damit

auch euer Vater, der in den Himmeln ist, euch eure Übertretungen vergebe.

*Zweifel gehört sicher zu den Hauptgründen dafür, dass Men-
schen nicht beten - und dafür, dass sie nichts empfangen, wenn
sie beten. Die Bibel verheißt ein wunderbares Gut für Menschen, die Gott ohne jeglichen Zweifel in Bezug auf seine
Macht nahen:*

- **Mt 21,21-22** Jesus aber antwortete und sprach zu
  ihnen: Wahrlich, ich sage euch: Wenn ihr Glauben habt
  und nicht zweifelt, so werdet ihr nicht allein das mit dem
  Feigenbaum Geschehene tun, sondern wenn ihr auch zu
  diesem Berg sagen werdet: Hebe dich empor und wirf
  dich ins Meer! so wird es geschehen. Und alles, was
  immer ihr im Gebet glaubend begehrt, werdet ihr empfangen.

- **Jak 1,5-7** Wenn aber jemand von euch Weisheit mangelt, so bitte er Gott, der allen willig gibt und keine Vorwürfe macht, und sie wird ihm gegeben werden. Er bitte
  aber im Glauben, ohne irgend zu zweifeln; denn der
  Zweifler gleicht einer Meereswoge, die vom Wind bewegt
  und hin und her getrieben wird. Denn jener Mensch
  denke nicht, dass er etwas von dem Herrn empfangen
  werde.

*Einige Menschen behaupten, dass sie nicht wüssten, **wie** man
beten soll. Die Bibel ist voller Beispiele - das bekannte »Vater-
unser« eingeschlossen (Matthäus 6,9-13 und Lukas 11,2-4).
Doch die Bibel verheißt auch, dass es angesichts unserer Unbe-
holfenheit beim Beten keinen Grund zur Zurückhaltung gibt.
Gott hat uns als Beter »jemanden zur Seite gestellt«, den
Heiligen Geist.*

- **Röm 8,26** Ebenso aber nimmt auch der Geist sich
  unserer Schwachheit an; denn wir wissen nicht, was wir
  bitten sollen, wie es sich gebührt, aber der Geist selbst
  verwendet sich <für uns> in unaussprechlichen Seuf-
  zern.

• **Eph 2,18**   Denn durch ihn haben wir beide durch *einen* Geist den Zugang zum Vater.

Hört Gott jedes Gebet? Natürlich - Gott hört alles! Dennoch versichert uns die Bibel, dass nicht alle Gebete gleichwertig sind. Wenn wir beten, ist unsere Haltung gegenüber Gott sehr wichtig - bestimmt wichtiger als die Worte selbst, die nicht gut formuliert oder grammatisch richtig sein müssen. Viel bedeutsamer als unsere Wortgewandtheit ist unser Verlangen, uns selbst dem Willen Gottes unterzuordnen.

• **1Chr 28,9**   Und du, mein Sohn Salomo, erkenne den Gott deines Vaters und diene ihm mit ungeteiltem Herzen und mit williger Seele! Denn der HERR erforscht alle Herzen, und alles Streben der Gedanken kennt er. Wenn du ihn suchst, wird er sich von dir finden lassen; wenn du ihn aber verlässt, wird er dich verwerfen für ewig.

• **Spr 15,29**   Fern ist der HERR von den Gottlosen, aber das Gebet der Gerechten hört er.

• **Joh 15,7**   Wenn ihr in mir bleibt und meine Worte in euch bleiben, so werdet ihr bitten, was ihr wollt, und es wird euch geschehen.

• **1Petr 3,12**   Denn die Augen des Herrn <sind gerichtet> auf die Gerechten und seine Ohren auf ihr Flehen; das Angesicht des Herrn aber ist gegen die, welche Böses tun.

• **1Jo 3,21-22**   Geliebte, wenn das Herz <uns> nicht verurteilt, haben wir Freimütigkeit zu Gott, und was immer wir bitten, empfangen wir von ihm, weil wir seine Gebote halten und das vor ihm Wohlgefällige tun.

• **1Jo 5,14-15**   Und dies ist die Zuversicht, die wir zu ihm haben, dass er uns hört, wenn wir etwas nach seinem Willen bitten. Und wenn wir wissen, dass er uns hört, was wir auch bitten, so wissen wir, dass wir das Erbetene haben, das wir von ihm erbeten haben.

GEDULD UND LANGMUT

Siehe auch »Ausharren«,
»Kummer und Sorgen«, »Verfolgung«

Vielleicht haben Sie vor einigen Jahren das weitverbreitete Plakat mit den Worten »Gib mir Geduld, aber bitte SOFORT!« gesehen. Geduld scheint in unserer Welt der sofortigen Wunschbefriedigung selten zu sein. Dennoch ist sie angesichts dessen, dass wir in dieser Welt so viel Stress haben, vielleicht die nützlichste Eigenschaft, die wir erhoffen sollten.

Gott wird als langmütig beschrieben, indem er über Ungerechtigkeiten der Menschen hinwegsieht und ihnen Zeit gibt, sich zu ändern, sich ihm zuzuwenden und das Rechte zu tun. Die Bibel spornt uns an, dies nachzuahmen, indem wir über die Kränkungen und nachhaltigen Beleidigungen anderer Menschen hinwegsehen. Was wird uns dafür verheißen? Ein Leben, das zwar Schwierigkeiten beinhaltet, aber in dem wir immer weniger in Wut geraten - ein Leben, das Gott gefällt.

- **Ps 37,7-9** Sei still dem HERRN und harre auf ihn! Entrüste dich nicht über den, dessen Weg gelingt, über den Mann, der böse Pläne ausführt! Lass ab vom Zorn und lass den Grimm! Entrüste dich nicht! <Es führt> nur zum Bösen. Denn die Übeltäter werden ausgerottet; aber die auf den HERRN hoffen, die werden das Land besitzen.

- **Spr 15,18** Ein hitziger Mann erregt Zank, aber ein Langmütiger beschwichtigt den Rechtsstreit.

- **Spr 16,32** Besser ein Langmütiger als ein Held, und besser, wer seinen Geist beherrscht, als wer eine Stadt erobert.

- **Spr 25,15** Durch langen Atem wird ein Richter überredet, und eine sanfte Zunge zerbricht Knochen.

- **Pred 7,8b-9** Besser langmütig als hochmütig. Sei nicht vorschnell in deinem Geist zum Zorn, denn der Zorn ruht im Busen der Toren.

- **Lk 21,19** Gewinnt eure Seelen durch euer Ausharren!

- **1Kor 13,4-5** Die Liebe ist langmütig, die Liebe ist gütig; sie neidet nicht; die Liebe tut nicht groß, sie bläht sich nicht auf, sie benimmt sich nicht unanständig, sie sucht nicht das Ihre, sie lässt sich nicht erbittern, sie rechnet Böses nicht zu.

- **Röm 5,3-4** Nicht allein aber das, sondern wir rühmen uns auch in den Bedrängnissen, da wir wissen, dass die Bedrängnis Ausharren bewirkt, das Ausharren aber Bewährung, die Bewährung aber Hoffnung.

- **Röm 8,25** Wenn wir aber das hoffen, was wir nicht sehen, so warten wir mit Ausharren.

- **Röm 15,3-5** Denn auch der Christus hat nicht sich selbst gefallen, sondern wie geschrieben steht: »Die Schmähungen derer, die dich schmähen, sind auf mich gefallen.« Denn alles, was früher geschrieben ist, ist zu unserer Belehrung geschrieben, damit wir durch das Ausharren und durch die Ermunterung der Schriften die Hoffnung haben. Der Gott des Ausharrens und der Ermunterung aber gebe euch, gleichgesinnt zu sein untereinander, Christus Jesus gemäß.

- **2Kor 6,3-7** Und wir geben in keiner Sache irgendeinen Anstoß, damit der Dienst nicht verlästert werde, sondern in allem empfehlen wir uns als Gottes Diener, in vielem Ausharren, in Bedrängnissen, in Nöten, in Ängsten, in Schlägen, in Gefängnissen, in Tumulten, in Mühen, in Wachen, in Fasten; in Reinheit, in Erkenntnis, in Langmut, in Güte, im Heiligen Geist, in ungeheuchelter Liebe;

im Reden der Wahrheit, in der Kraft Gottes; durch die Waffen der Gerechtigkeit zur Rechten und zur Linken.

• **Kol 1,11-12** ... gekräftigt mit aller Kraft nach der Macht seiner Herrlichkeit, zu allem Ausharren und <aller> Langmut, mit Freuden dem Vater danksagend, der euch fähig gemacht hat zum Anteil am Erbe der Heiligen im Licht.

• **Hebr 10,35-38** Werft nun eure Zuversicht nicht weg, die eine große Belohnung hat. Denn Ausharren habt ihr nötig, damit ihr, nachdem ihr den Willen Gottes getan habt, die Verheißung davontragt. Denn noch eine ganz kleine Weile, <und> der Kommende wird kommen und nicht säumen. »Mein Gerechter aber wird aus Glauben leben«; und: »Wenn er sich zurückzieht, wird meine Seele kein Wohlgefallen an ihm haben.«

• **Hebr 12,1-3** Deshalb lasst nun auch uns ... jede Bürde und die <uns so> leicht umstrickende Sünde ablegen und mit Ausdauer laufen den vor uns liegenden Wettlauf, indem wir hinschauen auf Jesus, den Anfänger und Vollender des Glaubens, der um der vor ihm liegenden Freude willen die Schande nicht achtete und das Kreuz erduldete und sich gesetzt hat zur Rechten des Thrones Gottes. Denn betrachtet den, der so großen Widerspruch von den Sündern gegen sich erduldet hat, damit ihr nicht ermüdet und in euren Seelen ermattet!

• **Jak 1,2-4** Haltet es für lauter Freude, meine Brüder, wenn ihr in mancherlei Versuchungen geratet, indem ihr erkennt, dass die Bewährung eures Glaubens Ausharren bewirkt. Das Ausharren aber soll ein vollkommenes Werk haben, damit ihr vollkommen und vollendet seid und in nichts Mangel habt.

• **1Petr 2,20b-21** Wenn ihr ... ausharrt, indem ihr Gutes tut und leidet, das ist Gnade bei Gott. Denn hierzu seid ihr berufen worden; denn auch Christus hat für euch gelitten und euch ein Beispiel hinterlassen, damit ihr seinen Fußspuren nachfolgt.

In einer der bewegendsten Zusagen der Bibel verheißt der Herr Jesus, den Mühseligen Ruhe zu geben. Wenn Sie je eine diesbezügliche Vertonung in Händels **Messias** *gehört haben, können sie diese Worte nicht mehr vergessen.*

• **Mt 11,28-30** Kommt her zu mir, alle ihr Mühseligen und Beladenen! Und ich werde euch Ruhe geben. Nehmt auf euch mein Joch, und lernt von mir! Denn ich bin sanftmütig und von Herzen demütig, und »ihr werdet Ruhe finden für eure Seelen«; denn mein Joch ist sanft, und meine Last ist leicht.

Die ersten Christen erwarteten eifrig die Wiederkunft Christi. Sie trat während ihres Lebens nicht ein. Einige davon fingen daher an, sich zu beunruhigen, besonders die, die um ihres Glaubens willen verfolgt wurden: »Hat Gott uns vergessen?«, fragten sie. »Ist all unsere treue Lebensführung umsonst gewesen?« Die Antwort der Apostel war ein überwältigendes »Nein!« Christus wird wiederkommen - wobei sein Plan und nicht der unsrige gilt. In der Zwischenzeit, während wir geduldig unsere Nöte ertragen und uns auf den Himmel freuen, geht unser irdisches Leben weiter.

• **Jak 5,7-9** Habt nun Geduld, Brüder, bis zur Ankunft des Herrn! Siehe, der Bauer wartet auf die köstliche Frucht der Erde und hat Geduld ihretwegen, bis sie den Früh- und Spätregen empfange. Habt auch ihr Geduld, stärkt eure Herzen! Denn die Ankunft des Herrn ist nahe gekommen. Seufzt nicht gegeneinander, Brüder, damit ihr nicht gerichtet werdet! Siehe, der Richter steht vor der Tür.

• **2Petr 3,9** Der Herr verzögert nicht die Verheißung, wie es einige für eine Verzögerung halten, sondern er ist langmütig euch gegenüber, da er nicht will, dass irgendwelche verloren gehen, sondern dass alle zur Buße kommen.

- **Gal 6,9** Lasst uns aber im Gutestun nicht müde werden! Denn zur bestimmten Zeit werden wir ernten, wenn wir nicht ermatten.

GEHORSAM GEGENÜBER GOTT

Siehe auch »Glaube«, »Gemeinschaft mit Gott«,
»Vertrauen auf Gott«

Jemand, der irgendwie mit Kindern zu tun hatte, weiß, dass **gehorchen** kein anstößiges Wort ist. Ob dies Kindern auch so erscheint? Erwachsene wissen jedenfalls, dass eine Familie, eine Schule und eine Freizeit zweckentfremdet wird, wenn ein Kind immer nur fragt: »Wer hat mir etwas zu sagen?« Es gehört eben **Vertrauen** dazu. Wenn dem, der Anweisungen erteilt, Vertrauen entgegengebracht wird, kann er eher mit Gehorsam rechnen. Es verwundert daher nicht, dass der Refrain eines alten Glaubensliedes folgendermaßen lautet:

> **Folgen und Trau'n**
> **wird zum Siegen und Schau'n.**
> **Willst du Frieden der Seele,**
> **musst du folgen und trau'n.**

Dies steht natürlich im Widerspruch zu unseren menschlichen Gefühlen. Das heutige Leitmotiv lautet nicht »ich folge und traue«, sondern »ich tue, was ich will«. Dennoch sucht man nach Orientierung. Viele, wenn nicht die meisten Buchhandlungen verfügen über eine Abteilung »Selbsthilfe« und »Weiterbildung« mit einem reichhaltigen Angebot - ein Zeichen dafür, dass man nicht völlig mit sich zufrieden ist.

Was die Bibel verheißt, bringt uns aus der Fassung: Wir werden nur in dem Maße frei oder zufrieden, wie wir unseren Egoismus sowie unsere belanglosen Wünsche aufgeben und uns Gott unterordnen. Indem wir dies tun, gehorchen wir nicht einem kosmischen Tyrannen, sondern einem liebevollen Vater.

• **Ps 25,10** Alle Pfade des HERRN sind Gnade und Treue denen, die seinen Bund und seine Zeugnisse bewahren.

- **Ps 112,1** Halleluja! Glücklich der Mann, der den HERRN fürchtet, der große Freude an seinen Geboten hat!

- **Ps 119,2** Glücklich sind, die seine Zeugnisse bewahren, die ihn von ganzem Herzen suchen.

- **Spr 19,16** Wer das Gebot bewahrt, bewahrt sein Leben; wer seine Wege verachtet, muss sterben.

- **Mt 7,24-27** Jeder nun, der diese meine Worte hört und sie tut, den werde ich mit einem klugen Mann vergleichen, der sein Haus auf den Felsen baute; und der Platzregen fiel herab, und die Ströme kamen, und die Winde wehten und stürmten gegen jenes Haus; und es fiel nicht, denn es war auf den Felsen gegründet. Und jeder, der diese meine Worte hört und sie nicht tut, der wird mit einem törichten Mann zu vergleichen sein, der sein Haus auf den Sand baute; und der Platzregen fiel herab, und die Ströme kamen, und die Winde wehten und stießen an jenes Haus; und es fiel, und sein Fall war groß.

- **Röm 8,7-9** Die Gesinnung des Fleisches (ist) Feindschaft gegen Gott ..., denn sie ist dem Gesetz Gottes nicht untertan, denn sie kann das auch nicht. Die aber, die im Fleisch sind, können Gott nicht gefallen. *Ihr* aber seid nicht im Fleisch, sondern im Geist, wenn wirklich Gottes Geist in euch wohnt. Wenn aber jemand Christi Geist nicht hat, der ist nicht sein.

- **2Mo 19,5-6a** Und nun, wenn ihr willig auf meine Stimme hören und meinen Bund halten werdet, dann sollt ihr aus allen Völkern mein Eigentum sein; denn mir gehört die ganze Erde. Und ihr sollt mir ein Königreich von Priestern und eine heilige Nation sein.

- **Phil 4,9** Was ihr auch gelernt und empfangen und gehört und an mir gesehen habt, das tut! Und der Gott des Friedens wird mit euch sein.

Wir hören heute oft, wie man über bedingungslose Liebe redet. Uns wird gesagt, dass wir Menschen lieben und annehmen sollten, wie sie sind, indem wir nichts von ihnen verlangen. So denken viele Menschen sogar in Bezug auf Gott - und in gewisser Hinsicht stimmt diese Vorstellung. Gott liebt und akzeptiert uns wirklich, so wie wir sind - ungeachtet dessen, worin unsere Fehler und Schwächen bestehen. Doch die Bibel stellt eines deutlich heraus: Ein wahres Kind Gottes wird Gott gehorchen. Wir können nicht sagen: »Gott nimmt mich an, wie ich bin«, ohne die wichtigen Worte anzufügen »... und daher muss ich mich seiner Autorität unterordnen«.

- **Mt 7,21** Nicht jeder, der zu mir sagt: Herr, Herr! wird in das Reich der Himmel hineinkommen, sondern wer den Willen meines Vaters tut, der in den Himmeln ist.

- **Röm 6,16-18** Wisst ihr nicht, dass, wem ihr euch zur Verfügung stellt als Sklaven zum Gehorsam, ihr dessen Sklaven seid, dem ihr gehorcht? Entweder <Sklaven> der Sünde zum Tod oder <Sklaven> des Gehorsams zur Gerechtigkeit? Gott aber sei Dank, dass ihr Sklaven der Sünde wart, aber von Herzen gehorsam geworden seid dem Bild der Lehre, dem ihr übergeben worden seid! Frei gemacht aber von der Sünde, seid ihr Sklaven der Gerechtigkeit geworden.

- **Ps 103,17-21** Die Gnade des HERRN aber <währt> von Ewigkeit zu Ewigkeit über denen, die ihn fürchten, seine Gerechtigkeit <bis zu> den Kindeskindern, für die, die seinen Bund halten, die seiner Vorschriften gedenken, um sie zu tun. Der HERR hat in den Himmeln aufgerichtet seinen Thron, und seine Herrschaft regiert über alles. Preist den HERRN, ihr seine Engel, ihr Gewaltigen an Kraft, Täter seines Wortes, dass man höre auf die Stimme seines Wortes! Preist den HERRN, alle seine Heerscharen, ihr seine Diener, die ihr einen Willen tut.

- **Joh 3,36** Wer an den Sohn glaubt, hat ewiges Leben; wer aber dem Sohn nicht gehorcht, wird das Leben nicht sehen, sondern der Zorn Gottes bleibt auf ihm.

Die Worte »ich liebe dich« sind so leicht ausgesprochen. Doch wie schwer ist es oft, sie in die Tat umzusetzen! Wir können hinsichtlich der Liebe mit der Zunge flinker sein als mit den Füßen. Dies gilt für unsere Liebe zu anderen Menschen und zu Gott. Jeder von uns weiß in seinem Innersten, dass die Worte bedeutungslos sind, wenn wir sie nicht durch Taten der Liebe untermauern. Der Bibel ist eine »Liebe in Worten« fremd.

- **Joh 8,31-32.51** Jesus sprach nun zu den Juden, die ihm geglaubt hatten: Wenn ihr in meinem Wort bleibt, so seid ihr wahrhaft meine Jünger; und ihr werdet die Wahrheit erkennen, und die Wahrheit wird euch frei machen ...
  Wahrlich, wahrlich, ich sage euch: Wenn jemand mein Wort bewahren wird, so wird er den Tod nicht sehen in Ewigkeit.

- **Joh 14,15.21** Wenn ihr mich liebt, so werdet ihr meine Gebote halten ... Wer meine Gebote hat und sie hält, der ist es, der mich liebt; wer aber mich liebt, wird von meinem Vater geliebt werden; und ich werde ihn lieben und mich selbst ihm offenbaren.

- **Joh 15,10-16** Wenn ihr meine Gebote haltet, so werdet ihr in meiner Liebe bleiben, wie ich die Gebote meines Vaters gehalten habe und in seiner Liebe bleibe. Dies habe ich zu euch geredet, damit meine Freude in euch sei und eure Freude völlig werde. Dies ist mein Gebot, dass ihr einander liebt, wie ich euch geliebt habe. Größere Liebe hat niemand als die, dass er sein Leben hingibt für seine Freunde. *Ihr* seid meine Freunde, wenn ihr tut, was ich euch gebiete. Ich nenne euch nicht mehr Sklaven, denn der Sklave weiß nicht, was sein Herr tut; euch aber habe ich Freunde genannt, weil ich alles, was ich von meinem Vater gehört, euch kundgetan habe. *Ihr* habt nicht mich erwählt, sondern *ich* habe euch erwählt und euch <dazu> bestimmt, dass ihr hingeht und Frucht bringt und eure Frucht bleibe, damit, was ihr den Vater bitten werdet in meinem Namen, er euch gebe.

- **1Jo 2,5-6.17** Wer aber sein Wort hält, in dem ist wahrhaftig die Liebe Gottes vollendet. Hieran erkennen wir, dass wir in ihm sind. Wer sagt, dass er in ihm bleibe, ist schuldig, selbst auch so zu wandeln, wie er gewandelt ist ...

  Und die Welt vergeht und ihre Begierde; wer aber den Willen Gottes tut, bleibt in Ewigkeit.

- **1Jo 5,2-3** Hieran erkennen wir, dass wir die Kinder Gottes lieben, wenn wir Gott lieben und seine Gebote befolgen. Denn dies ist die Liebe Gottes, dass wir seine Gebote halten, und seine Gebote sind nicht schwer.

- **2Jo 9** Jeder, der weitergeht und nicht in der Lehre des Christus bleibt, hat Gott nicht; wer in der Lehre bleibt, der hat sowohl den Vater als auch den Sohn.

GEISTLICHE KRAFT

Siehe auch »Engel«, »Gottes Führung«, »Heiliger Geist«

*M*it **Kraft** verbinden wir militärische Stärke, politische Schlagkraft, finanzielle Anziehungskraft oder zumindest körperliche Kraft. Die Bibel interessiert sich kaum für diese Formen der Kraft, sondern stellt fest, dass diese Kräfte alle vergehen werden. Die Kraft, worüber die Bibel Aussagen und Verheißungen hat, umfasst geistliche Kraft - ein Gut, das die Welt für unbedeutend hält. Vielleicht unterschätzt die Welt eine solche Kraft, weil sie auf eine Art und Weise wirkt, die niemand erwartet. Trotzdem haben Gläubige seit vielen Jahrhunderten ihr Wesen verstanden. Es ist traurig, dass so viele Christen die ihnen zur Verfügung stehende Kraft vernachlässigen.

- **1Kor 4,20** Denn das Reich Gottes <besteht> nicht im Wort, sondern in Kraft.

- **2Tim 1,7** Denn Gott hat uns nicht einen Geist der Furchtsamkeit gegeben, sondern der Kraft und der Liebe und der Zucht.

- **1Kor 1,23-29** *Wir* (predigen) Christus als gekreuzigt, den Juden ein Ärgernis und den Nationen eine Torheit; den Berufenen selbst aber, Juden wie Griechen, Christus, Gottes Kraft und Gottes Weisheit. Denn das Törichte Gottes ist weiser als die Menschen, und das Schwache Gottes ist stärker als die Menschen. Denn seht, eure Berufung, Brüder, dass es nicht viele Weise nach dem Fleisch, nicht viele Mächtige, nicht viele Edle sind; sondern das Törichte der Welt hat Gott auserwählt, damit er die Weisen zuschanden mache; und das Schwache der Welt hat Gott auserwählt, damit er das Starke zuschanden mache. Und das Unedle der Welt und das Verachtete hat Gott auserwählt, das, was nicht ist, damit er das, was ist, zunichte mache, dass sich vor Gott kein Fleisch rühme.

- **1Kor 1,18-19** Denn das Wort vom Kreuz ist denen, die verlorengehen, Torheit; uns aber, die wir errettet werden, ist es Gottes Kraft. Denn es steht geschrieben:»Ich werde die Weisheit der Weisen vernichten, und den Verstand der Verständigen werde ich verwerfen.«

- **1Kor 2,4-5** ... und meine Rede und meine Predigt <bestand> nicht in überredenden Worten der Weisheit, sondern in Erweisung des Geistes und der Kraft, damit euer Glaube nicht auf Menschenweisheit, sondern auf Gottes Kraft beruhe.

Die biblischen Verfasser erkannten die menschliche Neigung, stolz zu werden. Immer wieder wiesen in der Bibel die Menschen, die in überaus großem Maße Nutznießer der Kraft Gottes waren, deutlich darauf hin, dass es nicht ihre eigene, sondern Gottes Kraft war.

- **2Kor 4,7** Wir haben aber diesen Schatz in irdenen Gefäßen, damit das Übermaß der Kraft von Gott sei und nicht aus uns.

- **2Kor 10,3-5** Denn obwohl wir im Fleisch wandeln, kämpfen wir nicht nach dem Fleisch; denn die Waffen unseres Kampfes sind nicht fleischlich, sondern mächtig für Gott zur Zerstörung von Festungen; so zerstören wir Vernünfteleien und jede Höhe, die sich gegen die Erkenntnis Gottes erhebt, und nehmen jeden Gedanken gefangen unter den Gehorsam Christi.

- **1Thes 1,5** Denn unser Evangelium erging an euch nicht im Wort allein, sondern auch in Kraft und im Heiligen Geist und in großer Gewissheit; ihr wisst ja, als was für Leute wir um euretwillen unter euch auftraten.

- **Jak 5,16b** Viel vermag eines Gerechten Gebet in seiner Wirkung.

Oft denken wir an Kraft als Ursache größerer Veränderungen in der Welt. Eigentlich ist nach der Verheißung des Zweiten Petrusbriefes geistliche Kraft auch etwas Alltägliches - die Kraft, die der Gläubige braucht, um recht zu leben.

- **2Petr 1,3-5** Da seine göttliche Kraft uns alles zum Leben und zur Gottseligkeit geschenkt hat durch die Erkenntnis dessen, der uns berufen hat durch <seine> eigene Herrlichkeit und Tugend, durch die er uns die kostbaren und größten Verheißungen geschenkt hat, damit ihr durch sie Teilhaber der göttlichen Natur werdet, die ihr dem Verderben, das durch die Begierde in der Welt ist, entflohen seid: eben deshalb wendet aber auch allen Fleiß auf und reicht in eurem Glauben die Tugend dar, in der Tugend aber die Erkenntnis.

- **Apg 1,6-8** Sie nun, als sie zusammengekommen waren, fragten ihn und sagten: Herr, stellst du in dieser Zeit für Israel das Reich wieder her? Er sprach zu ihnen: Es ist nicht eure Sache, Zeiten oder Zeitpunkte zu wissen, die der Vater in seiner eigenen Vollmacht festgesetzt hat. Aber ihr werdet Kraft empfangen, wenn der Heilige Geist auf euch gekommen ist; und ihr werdet meine Zeugen sein, sowohl in Jerusalem als auch in ganz Judäa und Samaria und bis an das Ende der Erde.

- **Apg 2,43** Es kam aber über jede Seele Furcht, und es geschahen viele Wunder und Zeichen durch die Apostel.

- **Apg 10,37-38** Ihr (kennt) die Sache, die, angefangen von Galiläa, durch ganz Judäa hin geschehen ist, nach der Taufe, die Johannes predigte: Jesus von Nazareth, wie Gott ihn mit Heiligem Geist und mit Kraft gesalbt hat, der umherging und wohltat und alle heilte, die von dem Teufel überwältigt waren; denn Gott war mit ihm.

Das Leben kann eine Last sein - nicht nur in Krisenzeiten, sondern manchmal auch im ganz normalen Alltag. Für jeden, der sich vorkommt, als habe ihm die Welt das Letzte abverlangt, gleichen Gottes Verheißungen der geistlichen Kraft Wasserbächen in einer Wüste.

- **Jes 40,29-31** Er gibt dem Müden Kraft und dem Ohnmächtigen mehrt er die Stärke. Jünglinge ermüden und ermatten, und junge Männer straucheln <und> stürzen. Aber die auf den HERRN hoffen, gewinnen neue Kraft: sie heben die Schwingen empor wie die Adler, sie laufen und ermatten nicht, sie gehen und ermüden nicht.

- **2Kor 12,9** Und er [d.h. Gott] hat zu mir gesagt: Meine Gnade genügt dir, denn <meine> Kraft kommt in Schwachheit zur Vollendung. Sehr gerne will ich mich nun vielmehr meiner Schwachheiten rühmen, damit die Kraft Christi bei mir wohne.

GELD

Siehe auch »Ehrgeiz«, »Erfolg«, »Freigebigkeit«,
»Kummer und Sorgen«, »Pflichten gegenüber den Armen«,
»Selbstachtung und Selbstwertgefühl«

*O*bwohl die Bibel ein geistliches Buch ist, bedeutet das nicht, dass ihr das Geld unwichtig ist. Es **ist** ihr wichtig - hauptsächlich aufgrund der menschlichen Neigung, statt Gott das Geld zu verehren. Es ist ihr wichtig, weil von Anfang an menschliche Beziehungen durch Habsucht beeinträchtigt worden sind. Die Person, die in dem Film **Wall Street** die berüchtigte Rede mit dem Titel »Habsucht ist gut« hielt, gab keine Gedanken des Wortes Gottes, sondern Weisheiten der Welt wieder. Ja, die Bibel nimmt eine Haltung ein, die niemanden aus der Fassung bringt: Geld macht nicht zufrieden. Und ob wir Geld haben oder nicht, zählt letztendlich nicht vor Gott. Viel wichtiger ist, wie wir leben sollen.

- **Spr 22,2** Reiche und Arme begegnen sich; der sie alle gemacht hat, ist der HERR.

- **Ps 37,16** Das Wenige des Gerechten ist besser als der Überfluss vieler Gottloser.

- **Ps 39,7** Nur als ein Schattenbild wandelt der Mann einher; nur um Nichtigkeit lärmen sie; er häuft auf und weiß nicht, wer es einsammeln wird.

- **Spr 11,4.28** Nichts nützt Reichtum am Tag des Zornes, Gerechtigkeit aber rettet vom Tod ... Wer auf seinen Reichtum vertraut, der wird fallen, aber wie Laub werden die Gerechten sprossen.

- **Ps 49,11-14.21** Denn man sieht: die Weisen sterben, der Tor und der Unvernünftige kommen miteinander um, und sie lassen anderen ihr Vermögen. Ihr Gedanke <ist, dass> ihre Häuser in Ewigkeit <stehen>, ihre Wohnung von Geschlecht zu Geschlecht; sie hatten Ländereien nach ihren Namen benannt. Doch der Mensch, der im Ansehen ist, bleibt nicht; er gleicht dem Vieh, das vertilgt wird. Dies ist ihr Weg, <der Weg> derer, die unerschütterlich sind, und ihr Ende, <das Ende derer,> die Gefallen finden an ihren Worten. // ... Der Mensch, der im Ansehen ist, hat keine Einsicht, er gleicht dem Vieh, das vertilgt wird. //

- **Spr 15,16-17** Besser wenig in der Furcht des HERRN als ein großer Schatz und Unruhe dabei. Besser ein Gericht Gemüse, und Liebe ist da, als ein gemästeter Ochse und Hass dabei.

- **Jak 1,11** Denn die Sonne ist aufgegangen mit ihrer Glut und hat das Gras verdorren lassen, und seine Blume ist abgefallen, und die Zierde seines Ansehens ist verdorben; so wird auch der Reiche in seinen Wegen dahinschwinden.

- **Spr 23,4-5** Mühe dich nicht ab, es zu Reichtum zu bringen, da verzichte auf deine Klugheit! Wenn du deine Augen darauf richtest, ist er nicht <mehr> da. Denn plötzlich macht er sich Flügel wie ein Adler und fliegt zum Himmel.

- **Spr 27,24** Denn nicht ewig <reicht> der Vorrat. Und <währt> etwa eine Krone von Generation zu Generation?

- **Pred 5,9-15** Wer Geld liebt, wird des Geldes nicht satt, und wer den Reichtum liebt, nicht des Ertrages. Auch das ist Nichtigkeit. - Wenn das Gut sich mehrt, so mehren sich die, die davon zehren. Und welchen Nutzen hat sein Besitzer, als dass seine Augen es ansehen? - Süß ist der Schlaf des Arbeiters, ob er wenig oder viel isst; aber der

Überfluss des Reichen lässt ihn nicht schlafen. - Es gibt ein schlimmes Übel, das ich unter der Sonne gesehen habe: Reichtum, der von seinem Besitzer zu seinem Unglück aufbewahrt wird. Und geht solcher Reichtum durch ein unglückliches Ereignis verloren und hat er einen Sohn gezeugt, so ist gar nichts in dessen Hand. Wie er aus dem Leib seiner Mutter hervorgekommen ist, nackt wird er wieder hingehen, wie er gekommen ist, und für seine Mühe wird er nicht das Geringste davontragen, das er in seiner Hand mitnehmen könnte. Und auch dies ist ein schlimmes Übel: Ganz wie er gekommen ist, wird er hingehen. Und was für einen Gewinn hat er davon, dass er für den Wind sich müht?

- **Spr 28,20b.22** Wer ... hastet, um es zu Reichtum zu bringen, bleibt nicht ungestraft ... Ein missgünstiger Mann hastet nach Besitz, und er erkennt nicht, dass Mangel über ihn kommt.

- **Spr 13,11** Schnell erworbener Besitz wird <schnell> weniger; wer aber händeweise sammelt, vermehrt <ihn>.

- **Hes 7,19** Ihr Silber werden sie auf die Gassen werfen, und ihr Gold wird als Unflat gelten; ihr Silber und ihr Gold wird sie nicht erretten können am Tag des Grimms des HERRN. Ihre Gier werden sie <damit> nicht sättigen und ihren Bauch <davon> nicht füllen. Denn es ist ein Anstoß zu ihrer Schuld geworden.

Das Wort Gottes bestätigt einen Sachverhalt, den wir alle in unserem Innersten kennen: Obwohl Geld etwas ist, das wir haben wollen, schenkt es uns keine tiefe Befriedigung. Dies gilt sogar für Geld, das wir ehrlich erwerben. Und die Bibel geht mehrfach sehr scharf mit denen ins Gericht, die unredlich oder auf Kosten der Armen zu Geld gekommen sind.

- **Hab 2,9-14** Weh dem, der unrechten Gewinn macht, - <zum> Unheil für sein Haus! - um sein Nest in der Höhe anzulegen, um sich <damit> vor der Hand des

Unheils zu retten! Zur Schande für dein Haus hast du die Ausrottung vieler Völker beschlossen und so gegen dich selbst gesündigt. Ja, der Stein schreit um Hilfe aus der Mauer, und der Sparren gibt ihm Antwort aus dem Holzwerk.

Weh dem, der eine Stadt mit Blut baut, und eine Ortschaft auf Unrecht gründet! Siehe, <kommt das> nicht von dem HERRN der Heerscharen, dass <dann> Völker fürs Feuer sich abmühen und Völkerschaften für nichts sich plagen? - Denn die Erde wird davon erfüllt sein, die Herrlichkeit des HERRN zu erkennen, wie die Wasser den Meeresgrund bedecken.

- **Spr 22,16** Wer den Geringen unterdrückt, verschafft ihm <nur> mehr; wer dem Reichen gibt, <das gereicht> nur zum Mangel.

- **Spr 22,22-23** Beraube nicht den Geringen, weil er gering ist, und zertritt nicht den Elenden im Tor! Denn der HERR führt ihren Rechtsstreit und raubt ihren Räubern das Leben.

- **Spr 17,5** Wer den Armen verspottet, verhöhnt den, der ihn gemacht hat; wer sich über Unglück freut, bleibt nicht ungestraft.

- **Jak 5,1-6** Nun also, ihr Reichen, weint und heult über eure Plagen, die über euch kommen! Euer Reichtum ist verfault, und eure Kleider sind von Motten zerfressen worden. Euer Gold und Silber ist verrostet, und ihr Rost wird zum Zeugnis sein gegen euch und euer Fleisch fressen wie Feuer; ihr habt Schätze gesammelt in den letzten Tagen. Siehe, der von euch vorenthaltene Lohn der Arbeiter, die eure Felder geschnitten haben, schreit, und das Geschrei der Schnitter ist vor die Ohren des Herrn Zebaoth gekommen. Ihr habt auf der Erde in Üppigkeit gelebt und geschwelgt; ihr habt eure Herzen gemästet an einem Schlachttag. Ihr habt verurteilt, ihr habt getötet den Gerechten; er widersteht euch nicht.

- **Ps 12,6** Wegen der gewalttätigen Behandlung der Elenden, wegen des Seufzens der Armen will ich nun aufstehen, spricht der HERR; ich will in Sicherheit stellen den, gegen den man schnaubt.

So wie denen, die nach unrechtem Gewinn streben, Gericht verheißen wird, gelten denen, die statt dessen gütig sind, die Verheißungen bezüglich der Güte des Herrn:

- **Ps 15,5** ... der sein Geld nicht auf Zins gibt, und kein <Bestechungs->Geschenk nimmt gegen den Unschuldigen. Wer solches tut, wird nicht wanken in Ewigkeit.

- **Ps 41,2** ... Glücklich, wer acht hat auf den Geringen; am Tage des Übels wird der HERR ihn erretten.

Der Herr Jesus, der offensichtlich sehr wenig besaß, erkannte das Schlüsselproblem hinsichtlich des Geldes. Es besteht darin, dass wir uns seinetwegen von Gott trennen lassen. Es ist an und für sich nicht schlecht, doch wir lassen es zum Götzen werden.

- **Mt 6,24** Niemand kann zwei Herren dienen; denn entweder wird er den einen hassen und den anderen lieben, oder er wird einem anhängen und den anderen verachten. Ihr könnt nicht Gott dienen und dem Mammon.

- **Mk 10,24b-27** Jesus aber antwortete wieder und spricht zu ihnen: Kinder, wie schwer ist es, in das Reich Gottes hineinzukommen! Es ist leichter, dass ein Kamel durch das Öhr der Nadel geht, als dass ein Reicher in das Reich Gottes hineinkommt. Sie aber gerieten ganz außer sich und sprachen zueinander: Und wer kann <dann> errettet werden? Jesus aber sah sie an und spricht: Bei Menschen ist es unmöglich, aber nicht bei Gott; denn bei Gott sind alle Dinge möglich.

Der Herr Jesus erkannte noch etwas anderes: Geld an sich ist nicht schlecht. Es ist ein Gut, das wir egoistisch für uns oder aber zur Unterstützung von Menschen verwenden können, die *wenig besitzen. Die Bibel vermittelt uns den Begriff der **Verwalterschaft** - den Gedanken, dass der Umgang mit unserem Geld die Prioritäten in unserem Leben erkennen lässt.*

- **Lk 16,11** Wenn ihr nun mit dem ungerechten Mammon nicht treu gewesen seid, wer wird euch das Wahrhaftige anvertrauen?

- **2Kor 6,10b** ... als Arme, aber viele reich machend; als nichts habend und <doch> alles besitzend.

- **2Kor 9,11** ... <und ihr werdet> in allem reich gemacht zu aller Freigebigkeit, die durch uns Danksagung Gott gegenüber bewirkt.

Paulus und die anderen Apostel wussten: Christen - wie Menschen im allgemeinen - vergessen, dass ihr Geld zum Nutzen anderer eingesetzt werden sollte. Je mehr wir haben, desto schneller geht es allem Anschein nach, dass wir unsere Mitmenschen und Gott vernachlässigen.

- **1Tim 6,10.17-19** Denn eine Wurzel alles Bösen ist die Geldliebe, nach der einige getrachtet haben und von dem Glauben abgeirrt sind und sich selbst mit vielen Schmerzen durchbohrt haben ...
  Den Reichen in dem gegenwärtigen Zeitlauf gebiete, nicht hochmütig zu sein, noch auf die Ungewissheit des Reichtums Hoffnung zu setzen - sondern auf Gott, der uns alles reichlich darreicht zum Genuss - Gutes zu tun, reich zu sein in guten Werken, freigebig zu sein, mitteilsam, indem sie sich selbst eine gute Grundlage auf die Zukunft sammeln, um das wirkliche Leben zu ergreifen.

- **Hebr 13,5** Der Wandel sei ohne Geldliebe; begnügt euch mit dem, was vorhanden ist! Denn *er* hat gesagt: »Ich will dich *nicht* aufgeben und dich *nicht* verlassen.«

- **Offb 3,17-19** Weil du sagst: Ich bin reich und bin reich geworden und brauche nichts, und nicht weißt, dass du der Elende und bemitleidenswert und arm und blind und bloß bist, rate ich dir, von mir im Feuer geläutertes Gold zu kaufen, damit du reich wirst; und weiße Kleider, damit du bekleidet wirst und die Schande deiner Blöße nicht offenbar werde; und Augensalbe, deine Augen zu salben, damit du siehst. Ich überführe und züchtige alle, die ich liebe. Sei nun eifrig und tu Buße!

Eine letzte Anmerkung: Gottes Wort verbietet es, gegenüber Reichen parteiisch zu sein. Doch wie häufig kommt dies vor! Sogar Christen sind geneigt, den Reichen und Gutgekleideten zu begünstigen, während sie den Armen übersehen und vernachlässigen. Doch so verhält sich ein Christ nicht!

• **Jak 2,5-9** Hört, meine geliebten Brüder: Hat nicht Gott die vor der Welt Armen auserwählt, reich im Glauben und Erben des Reiches <zu sein>, das er denen verheißen hat, die ihn lieben? *Ihr* aber habt den Armen verachtet. Unterdrücken euch nicht die Reichen, und ziehen nicht *sie* euch vor die Gerichte? Lästern nicht *sie* den guten Namen, der über euch angerufen worden ist? Wenn ihr wirklich das königliche Gesetz »Du sollst deinen Nächsten lieben wie dich selbst« nach der Schrift erfüllt, so tut ihr recht. Wenn ihr aber die Person anseht, so begeht ihr Sünde und werdet vom Gesetz als Übertreter überführt.

GELEGENHEITEN

Siehe auch »Zeugnisgeben«

*E*in altes Sprichwort sagt: »Der Weg zur Hölle ist mit guten Vorsätzen gepflastert und mit verpassten Gelegenheiten überdacht.« Das Neue Testament warnt nicht nur davor, Gelegenheiten zur Umkehr zu verpassen. Es hält auch daran fest, dass unser ganzes Leben eine Gelegenheit ist, Gott in seiner Gnade zu bezeugen.

- **Gal 6,9-10** Lasst uns aber im Gutestun nicht müde werden! Denn zur bestimmten Zeit werden wir ernten, wenn wir nicht ermatten. Lasst uns also nun, wie wir Gelegenheit haben, allen gegenüber das Gute wirken, am meisten aber gegenüber den Hausgenossen des Glaubens!

- **Eph 5,15-16** Seht nun genau zu, wie ihr wandelt, nicht als Unweise, sondern als Weise! Kauft die rechte Zeit aus! Denn die Tage sind böse.

- **Kol 4,5-4** Wandelt in Weisheit gegenüber denen, die draußen sind, kauft die gelegene Zeit aus! Euer Wort sei allezeit in Gnade, mit Salz gewürzt; ihr sollt wissen, wie ihr jedem einzelnen antworten sollt!

Der Herr Jesus verkündigte die Botschaft vom Reich Gottes und die Notwendigkeit der Buße. Er sagte seinen Nachfolgern, dass sie das gleiche tun sollten. Als er die Verheißung gab, dass einige Menschen auf das Evangelium freudig reagieren und andere es ablehnen würden, forderte er sie auf, in jedem Fall weiterzuarbeiten.

- **Mt 10,7.11-14** Wenn ihr aber hingeht, predigt und sprecht: Das Reich der Himmel ist nahe gekommen ...

Wenn ihr aber in eine Stadt oder in ein Dorf einkehrt, so forscht, wer darin würdig ist; und dort bleibt, bis ihr weggeht! Wenn ihr aber in das Haus eintretet, so grüßt es! Und wenn nun das Haus würdig ist, so komme euer Friede darauf; wenn es aber nicht würdig ist, so wende sich euer Friede zu euch zurück. Und wenn jemand euch nicht aufnehmen noch eure Worte hören wird - geht hinaus aus jenem Haus oder jener Stadt, und schüttelt den Staub von euren Füßen!

- **Lk 14,16b-24** Ein Mensch machte ein großes Gastmahl und lud viele ein. Und er sandte seinen Knecht zur Stunde des Gastmahls, um den Eingeladenen zu sagen: Kommt! Denn schon ist alles bereit. Und sie fingen alle ohne Ausnahme an, sich zu entschuldigen. Der erste sprach zu ihm: Ich habe einen Acker gekauft und muss unbedingt hinausgehen und ihn besehen; ich bitte dich, halte mich für entschuldigt. Und ein anderer sprach: Ich habe fünf Joch Ochsen gekauft, und ich gehe hin, sie zu erproben; ich bitte dich, halte mich für entschuldigt. Und ein anderer sprach: Ich habe eine Frau geheiratet, und darum kann ich nicht kommen. Und der Knecht kam herbei und berichtete dies seinem Herrn. Da wurde der Hausherr zornig und sprach zu seinem Knecht: Geh schnell hinaus auf die Straßen und Gassen der Stadt und bringe die Armen und Krüppel und Blinden und Lahmen hier herein! Und der Knecht sprach: Herr, es ist geschehen, wie du befohlen hast, und es ist noch Raum. Und der Herr sprach zu dem Knecht: Geh hinaus auf die Wege und <an die> Zäune und nötige <sie> hereinzukommen, dass mein Haus voll werde! Denn ich sage euch, dass nicht einer jener Männer, die eingeladen waren, mein Gastmahl schmecken wird.

GEMEINSCHAFT MIT GOTT

Siehe auch »Ewiges Leben«, »Himmel«,
»Einsamkeit«, »Gebet«

*D*ie Bibel weist uns immer wieder darauf hin, dass Gott ein **persönlicher** Gott ist. Er ist kein weit entfernter, unerreichbarer Gedanke, sondern der Höchste, der sich über die Gemeinschaft mit seinen Kindern freut. Im Gegensatz zu einigen der gefühllosen, unnahbaren Götter verschiedener Religionen kann man unserem Gott nahen. Indem er uns nahe sein will, möchte er unsere Hingabe und Liebe sehen.

Das Schöne daran ist, dass wir auf diese Gemeinschaft nicht bis zum Tod warten müssen. Gemeinschaft mit Gott beginnt heute und bleibt ohne Unterbrechung bis in alle Ewigkeit bestehen.

- **3Mo 26,11-12** Und ich werde meine Wohnung in eure Mitte setzen, und meine Seele wird euch nicht verabscheuen. Und ich werde in eurer Mitte leben und werde euer Gott sein, und *ihr* werdet mein Volk sein.

- **1Jo 1,3.5-7** Was wir gesehen und gehört haben, verkündigen wir auch euch, damit auch *ihr* mit uns Gemeinschaft habt; und zwar ist unsere Gemeinschaft mit dem Vater und mit seinem Sohn Jesus Christus ...

  Und dies ist die Botschaft, die wir von ihm gehört haben und euch verkündigen: dass Gott Licht ist und gar keine Finsternis in ihm ist.

  Wenn wir sagen, dass wir Gemeinschaft mit ihm haben, und wandeln in der Finsternis, lügen wir und tun nicht die Wahrheit. Wenn wir aber im Licht wandeln, wie *er* im Licht ist, haben wir Gemeinschaft miteinander, und das Blut Jesu, seines Sohnes, reinigt uns von jeder Sünde.

- **Mt 18,20** Denn wo zwei oder drei versammelt sind in meinem Namen, da bin ich in ihrer Mitte.

- **Joh 15,4-5.7** Bleibt in mir und ich in euch! Wie die Rebe nicht von sich selbst Frucht bringen kann, sie bleibe denn am Weinstock, so auch *ihr* nicht, ihr bleibt denn in mir. *Ich* bin der Weinstock, *ihr* seid die Reben. Wer in mir bleibt und ich in ihm, der bringt viel Frucht, denn getrennt von mir könnt ihr nichts tun ... Wenn ihr in mir bleibt und meine Worte in euch bleiben, so werdet ihr bitten, was ihr wollt, und es wird euch geschehen.

- **Joh 17,21-26** ... damit sie alle eins seien, wie du, Vater, in mir und ich in dir, dass auch *sie* in uns eins seien, damit die Welt glaube, dass du mich gesandt hast. Und die Herrlichkeit, die du mir gegeben hast, habe ich ihnen gegeben, dass sie eins seien, wie *wir* eins sind - ich in ihnen und du in mir - dass sie in eins vollendet seien, damit die Welt erkenne, dass du mich gesandt und sie geliebt hast, wie du mich geliebt hast. Vater, ich will, dass *die*, welche du mir gegeben hast, auch bei mir seien, wo ich bin, damit sie meine Herrlichkeit schauen, die du mir gegeben hast, denn du hast mich geliebt vor Grundlegung der Welt. Gerechter Vater! - Und die Welt hat dich nicht erkannt; ich aber habe dich erkannt, und diese haben erkannt, dass du mich gesandt hast. Und ich habe ihnen deinen Namen kundgetan und werde ihn kundtun, damit die Liebe, womit du mich geliebt hast, in ihnen sei und ich in ihnen.

- **Röm 8,10.17** Ist aber Christus in euch, so ist der Leib zwar tot der Sünde wegen, der Geist aber Leben der Gerechtigkeit wegen ...
  Wenn aber Kinder, so auch Erben, Erben Gottes und Miterben Christi, wenn wir wirklich mitleiden, damit wir auch mitverherrlicht werden.

Die beste Art der Gemeinschaft - weitaus besser als jede menschliche Freundschaft - bildet die Gemeinschaft mit dem, der uns erschaffen hat und uns liebt. Doch die Bibel stellt Gott nicht als eine Art personifizierte kosmische Nachgiebigkeit dar, die sich nicht darum kümmert, wie wir unser Leben führen. Wie jeder gute Freund will er in seiner Stellung als Vater, dass wir das Rechte tun. Vielleicht gefällt uns der Gedanke des Gehorsams nicht, doch gemäß der Bibel lässt er sich nicht vom Gedanken der Gemeinschaft trennen. Wer Gott liebt und ihn als Vater akzeptiert, ist bereit, seine Autorität zu akzeptieren. So einfach ist das.

- **Joh 14,23** Jesus antwortete und sprach zu ihm: Wenn jemand mich liebt, so wird er mein Wort halten, und mein Vater wird ihn lieben, und wir werden zu ihm kommen und Wohnung bei ihm machen.

- **1Jo 3,24** Und wer seine Gebote hält, bleibt in ihm, und er in ihm; und hieran erkennen wir, dass er in uns bleibt: durch den Geist, den er uns gegeben hat.

- **2Jo 1,9** Jeder, der weitergeht und nicht in der Lehre des Christus bleibt, hat Gott nicht; wer in der Lehre bleibt, der hat sowohl den Vater als auch den Sohn.

*Mit dem Wort **Himmel** verbindet man Bilder wie Harfenspiel und weiße Kleider - und Langeweile. Man übersieht dabei die Tatsache, dass Gemeinschaft mit Gott der Höhepunkt himmlischer Wirklichkeit ist. So wie es zu den größten Freuden des Lebens gehört, umgängliche Gefährten zu haben, bietet das ewige Leben die großartigste Gemeinschaft - mit Gott selbst.*

- **Offb 21,3-4** Und ich hörte eine laute Stimme vom Thron her sagen: Siehe, das Zelt Gottes bei den Menschen! Und er wird bei ihnen wohnen, und sie werden sein Volk sein, und Gott selbst wird bei ihnen sein, ihr Gott. Und er wird jede Träne von ihren Augen abwischen, und der Tod wird nicht mehr sein, noch Trauer, noch Geschrei, noch Schmerz wird mehr sein: denn das Erste ist vergangen.

Das letzte biblische Buch, die Offenbarung, enthält eine der überwältigendsten Verheißungen in der gesamten Bibel. Der Herr Jesus verheißt uns, dass wir mit ihm für immer Gemein-

schaft haben werden - nicht als seine unterwürfigen Sklaven,
sondern als seine Freunde.

• **Offb 3,20**   Siehe, ich stehe an der Tür und klopfe an;
wenn jemand meine Stimme hört und die Tür öffnet, zu
dem werde ich hineingehen und mit ihm essen, und er
mit mir.

GEMEINSCHAFT MIT ANDEREN GLÄUBIGEN

Siehe auch »Gemeinschaft mit Gott«, »Freunde«, »Einsamkeit«,
»Schlechter Umgang bzw. schlechte Gesellschaft«, »Versuchung«

*D*iesen Themenbereich könnte man auch mit »Die Gemeinde« überschreiben. Beim Wort **Gemeinde** denkt man oft nicht an die Frische oder Dynamik einer **Gemeinschaft**. Es geht auch nicht um ein Gebäude oder eine Institution. Eine **Gemeinschaft** umfasst eine Gruppe aktiver Menschen, die hinsichtlich eines gemeinsamen Zieles zueinander gefunden haben und sich über die Verbundenheit untereinander freuen.

Es gibt keine Christen als Einzelgänger, wie die Bibel verdeutlicht. Wir **fühlen** uns vielleicht manchmal allein und glaubensmäßig ausgelaugt, doch rund um den Erdball und in allen Jahrhunderten gehören Menschen wie wir als Gläubige zum lebendigen Leib Christi. Zu der uns als Gläubigen verheißenen Freude gehört nicht nur die Gemeinschaft mit Gott, sondern auch die Gemeinschaft mit anderen Gläubigen in unserem Miteinander als Gotteskinder.

- **1Kor 10,16-17** Der Kelch der Segnung, den wir segnen, ist er nicht <die> Gemeinschaft des Blutes des Christus? Das Brot, das wir brechen, ist es nicht <die> Gemeinschaft des Leibes des Christus? Denn *ein* Brot, *ein* Leib sind wir, die vielen, denn wir alle nehmen teil an dem *einen* Brot.

- **1Jo 2,9-11** Wer sagt, dass er im Licht sei, und hasst seinen Bruder, ist in der Finsternis bis jetzt. Wer seinen Bruder liebt, bleibt im Licht, und nichts Anstößiges ist in ihm. Wer aber seinen Bruder hasst, ist in der Finsternis und wandelt in der Finsternis und weiß nicht, wohin er geht, weil die Finsternis seine Augen verblendet hat.

- **1Jo 3,14** Wir wissen, dass wir aus dem Tod in das Leben hinübergegangen sind, weil wir die Brüder lieben; wer nicht liebt, bleibt im Tod.

- **Hebr 10,25** ... indem wir unser Zusammenkommen nicht versäumen, wie es bei einigen Sitte ist, sondern <einander> ermuntern, und <das> um so mehr, je mehr ihr den Tag herannahen seht!

- **1Jo 1,3** Was wir gesehen und gehört haben, verkündigen wir auch euch, damit auch *ihr* mit uns Gemeinschaft habt; und zwar ist unsere Gemeinschaft mit dem Vater und mit seinem Sohn Jesus Christus.

- **Gal 6,10** Lasst uns also nun, wie wir Gelegenheit haben, allen gegenüber das Gute wirken, am meisten aber gegenüber den Hausgenossen des Glaubens!

- **1Petr 2,17a** Erweist allen Ehre; liebt die Bruderschaft!

- **Röm 14,10-13** Du aber, was richtest du deinen Bruder? Oder auch du, was verachtest du deinen Bruder? Denn wir werden alle vor den Richterstuhl Gottes gestellt werden. Denn es steht geschrieben: »<So wahr> ich lebe, spricht der Herr, mir wird sich jedes Knie beugen, und jede Zunge wird Gott bekennen.« Also wird nun jeder von uns für sich selbst Gott Rechenschaft geben. Lasst uns nun nicht mehr einander richten, sondern haltet vielmehr das für recht, dem Bruder keinen Anstoß oder kein Ärgernis zu geben!

*Wie viele gesellschaftliche Gruppen versammeln sich auch Christen, um dem grundlegenden menschlichen Bedürfnis nach Gemeinschaft entgegenzukommen. Wir sind alle gern dort, wo es »warm und gemütlich« ist. Doch die Gemeinschaft mit Gläubigen geht darüber hinaus, dass man zeitweilig zusammenkommt und sich dabei wohl fühlt. Man kann leicht **sagen,** dass der jeweilige Geschwisterkreis von liebevoller Gemeinschaft geprägt ist. Doch die Bibel besteht darauf, dass alles*

Reden über die Liebe in die Praxis umgesetzt wird. Gemeinschaft mit Menschen, die wir lieben, bringt es oft mit sich, dass wir die Ärmel hochkrempeln und zupacken müssen.

- **Apg 2,44-47** Alle Gläubiggewordenen aber waren beisammen und hatten alles gemeinsam; und sie verkauften die Güter und die Habe und verteilten sie an alle, je nachdem einer bedürftig war. Täglich verharrten sie einmütig im Tempel und brachen zu Hause das Brot, nahmen Speise mit Jubel und Schlichtheit des Herzens, lobten Gott und hatten Gunst beim ganzen Volk. Der Herr aber tat täglich hinzu, die gerettet werden sollten.

- **Röm 12,9-10.13.15-16** Die Liebe sei ungeheuchelt! Verabscheut das Böse, haltet fest am Guten! In der Bruderliebe seid herzlich zueinander, in Ehrerbietung einer dem anderen vorangehend ... An den Bedürfnissen der Heiligen nehmt teil; nach Gastfreundschaft trachtet! ... Freut euch mit den sich Freuenden, weint mit den Weinenden! Seid gleichgesinnt gegeneinander; sinnt nicht auf hohe Dinge, sondern haltet euch zu den Niedrigen; seid nicht klug bei euch selbst!

- **Apg 4,32-35** Die Menge derer aber, die gläubig geworden, war *ein* Herz und *eine* Seele; und auch nicht einer sagte, dass etwas von seiner Habe sein eigen sei, sondern es war ihnen alles gemeinsam. Und mit großer Kraft legten die Apostel das Zeugnis von der Auferstehung des Herrn Jesus ab; und große Gnade war auf ihnen allen. Denn es war auch keiner bedürftig unter ihnen, denn so viele Besitzer von Äckern oder Häusern waren, verkauften sie und brachten den Preis des Verkauften und legten ihn nieder zu den Füßen der Apostel; es wurde aber jedem zugeteilt, so wie einer Bedürfnis hatte.

- **Jak 2,14-17** Was nützt es, meine Brüder, wenn jemand sagt, er habe Glauben, hat aber keine Werke? Kann etwa der Glaube ihn erretten? Wenn aber ein Bruder oder eine Schwester dürftig gekleidet ist und der täglichen Nahrung entbehrt, aber jemand unter euch spricht zu ihnen: Geht hin in Frieden, wärmt euch und sättigt euch! ihr gebt ihnen aber nicht das für den Leib Notwendige, was nützt es? So ist auch der Glaube, wenn er keine Werke hat, in sich selbst tot.

- **Gal 6,1-3** Brüder, wenn auch ein Mensch von einem Fehltritt übereilt wird, so bringt ihr, die Geistlichen, einen solchen im Geist der Sanftmut wieder zurecht. Und dabei gib auf dich selbst acht, dass nicht auch du versucht wirst! Einer trage des anderen Lasten, und so werdet ihr das Gesetz des Christus erfüllen. Denn wenn jemand meint, etwas zu sein, während er doch nichts ist, so betrügt er sich selbst.

- **Röm 12,4-8** Denn wie wir in *einem* Leib viele Glieder haben, aber die Glieder nicht alle dieselbe Tätigkeit haben, so sind wir, die vielen, *ein* Leib in Christus, einzeln aber Glieder voneinander. Da wir aber verschiedene Gnadengaben haben nach der uns gegebenen Gnade, <so lasst sie uns gebrauchen>: es sei Weissagung, in der Entsprechung zum Glauben; es sei Dienst, im Dienen; es sei, der lehrt, in der Lehre: es sei, der ermahnt, in der Ermahnung; der mitteilt, in Einfalt; der vorsteht, mit Fleiß; der Barmherzigkeit übt, mit Freudigkeit.

Streitigkeiten gehörten und gehören bekanntlich zum Gemeindeleben. Sind sie stets negativ zu sehen? Paulus war anderer Meinung. In der wichtigen Angelegenheit der Unterscheidung zwischen falscher und wahrer Lehre kann ein Streit etwas Nützliches bewirken:

- **1Kor 11,18-19** Denn erstens höre ich, dass, wenn ihr in der Gemeinde zusammenkommt, Spaltungen unter euch sind, und zum Teil glaube ich es. Denn es müssen auch Parteiungen unter euch sein, damit die Bewährten unter euch offenbar werden.

Dennoch sind die meisten Streitigkeiten unter Gläubigen (wie auch die meisten familiären Auseinandersetzungen) belanglos. Ja, die beste Gemeinschaft wird unter Gotteskindern wie in *allen menschlichen Familien nur dann erreicht, wenn jeder einzelne seine egoistischen Ansprüche zurückstellt und sich überlegt, wie alle anderen einen entsprechenden Beitrag leisten können. Paulus, der erkannte, welche Aufgaben Gläubige als Angehörige einer Familie untereinander wahrnehmen (und manchmal auch **nicht**), verglich die Gemeinschaft der Gläubigen mit einem anderen Gebilde, dem menschlichen Leib.*

- **1Kor 12,13-20.26-31a** Denn in *einem* Geist sind wir alle zu *einem* Leib getauft worden, es seien Juden oder Griechen, es seien Sklaven oder Freie, und sind alle mit *einem* Geist getränkt worden. Denn auch der Leib ist nicht *ein* Glied, sondern viele. Wenn der Fuß spräche: Weil ich nicht Hand bin, gehöre ich nicht zum Leib: gehört er deswegen nicht zum Leib? Und wenn das Ohr spräche: Weil ich nicht Auge bin, gehöre ich nicht zum Leib: gehört es deswegen nicht zum Leib? Wenn der ganze Leib Auge wäre, wo wäre das Gehör? Wenn ganz Gehör, wo der Geruch? Nun aber hat Gott die Glieder bestimmt, jedes einzelne von ihnen am Leib, wie er wollte. Wenn aber alles *ein* Glied wäre, wo wäre der Leib? Nun aber sind zwar viele Glieder, aber *ein* Leib ... Und wenn *ein* Glied leidet, so leiden alle Glieder mit; oder wenn *ein* Glied verherrlicht wird, so freuen sich alle Glieder mit. Ihr aber seid Christi Leib und, einzeln genommen, Glieder. Und die einen hat Gott in der Gemeinde eingesetzt erstens als Apostel, zweitens <andere> als Propheten, drittens als Lehrer, sodann <Wunder->Kräfte, sodann Gnadengaben der Heilungen, Hilfeleistungen, Leitungen, Arten von Sprachen. Sind etwa alle Apostel? Alle Propheten? Alle Lehrer? Haben alle <Wunder->Kräfte? Haben alle Gnadengaben der Heilungen? Reden alle in Sprachen? Legen alle aus? Eifert aber um die größeren Gnadengaben!

GERECHTIGKEIT

Siehe auch »Rechtfertigung«, »Gehorsam gegenüber Gott«, »Selbstgerechtigkeit«

Was ist eigentlich mit dem Wort **Gerechtigkeit** geschehen? Es ist unmodern geworden. Heute möchten Menschen gern als besorgt oder mitfühlend, aber nicht als gerecht eingestuft werden.

Mag auch das Wort altmodisch erscheinen - der Grundgedanke ist immer aktuell. Dabei geht es hauptsächlich darum, **in der rechten Beziehung** - zu Gott und zu anderen Menschen zu sein. Es geht nicht nur darum, dass wir vor Gott gerecht sind, sondern auch praktisch im täglichen Leben diesem Zustand entsprechen. Ja, die Bibel stellt deutlich heraus, dass wir in die rechte Stellung zu uns selbst gebracht werden müssen, bevor wir der Welt zu dieser Stellung verhelfen können.

Verwechseln wir nicht Gerechtigkeit mit Selbstgerechtigkeit (dazu gibt es übrigens einen gesonderten Themenbereich)! Gerechtigkeit ist ein Gut, das wir nicht in uns selbst finden. Sie ist vielmehr göttlichen Ursprungs. Und Gott belohnt die Menschen, deren Herzen - und Taten - in der rechten Stellung vor ihm sind.

- **Ps 37,16.29** Das Wenige des Gerechten ist besser als der Überfluss vieler Gottloser ... Die Gerechten werden das Land besitzen und für immer darin wohnen.

- **Ps 1,6** Denn der HERR kennt den Weg der Gerechten; aber der Gottlosen Weg vergeht.

- **Ps 5,13** Denn du segnest den Gerechten, HERR, wie mit einem Schild umringst du ihn mit Huld.

- **Ps 11,5** Der HERR prüft den Gerechten; aber den Gottlosen und den, der Gewalttat liebt, hasst seine Seele.

- **Ps 34,20.22** Vielfältig ist das Unglück des Gerechten, aber aus dem allen errettet ihn der HERR ... Den Gottlosen wird die Bosheit töten; und die den Gerechten hassen, werden es büßen.

- **Ps 55,23** Wirf auf den HERRN deine Last, und er wird dich erhalten; er wird nimmermehr zulassen, dass der Gerechte wankt.

- **Spr 3,32-33** Denn ein Gräuel für den HERRN ist, wer sich auf Abwege begibt; doch mit den Aufrichtigen hält er seinen Rat. Der Fluch des HERRN fällt auf das Haus des Gottlosen, doch die Wohnung der Gerechten segnet er.

- **Spr 4,18** Aber der Pfad der Gerechten ist wie das glänzende Morgenlicht, heller und heller erstrahlt es bis zur Tageshöhe.

- **Spr 10,3** Der HERR lässt nicht hungern die Seele des Gerechten, aber die Gier der Gottlosen stößt er zurück.

- **Spr 13,21** Unheil verfolgt die Sünder, aber Glück belohnt die Gerechten.

- **Spr 16,8** Besser wenig mit Gerechtigkeit als viel Einkommen mit Unrecht.

- **Spr 29,7** Der Gerechte ist bedacht auf den Rechtsanspruch der Geringen; der Gottlose versteht sich nicht auf Erkenntnis.

- **Mt 5,6.10** Glückselig, die nach der Gerechtigkeit hungern und dürsten, denn *sie* werden gesättigt werden ... Glückselig die um Gerechtigkeit willen Verfolgten, denn *ihrer* ist das Reich der Himmel.

Wie genau werden wir gerecht? Die Antwort ist sowohl einfach als auch komplex. Gerechtigkeit ist einfach eine Frage des Gehorsams gegenüber Gott - sowohl gegenüber seinen Geboten als auch seiner Führung in unserem Leben. Die Tatsache, dass wir sündige, egozentrische Menschen sind, kompliziert das Ganze jedoch. Glücklicherweise weiß Gott das. Er verlangt nur eines - Glauben und Vertrauen.

- **5Mo 6,25** Und es wird unsere Gerechtigkeit sein, wenn wir darauf achten, dieses ganze Gebot vor dem HERRN, unserm Gott, zu tun, so wie er <es> uns befohlen hat.

- **Ps 14,4-5** Haben denn keine Erkenntnis alle, die Böses tun, die mein Volk fressen, als äßen sie Brot? Den HERRN rufen sie nicht an. Da überfiel sie Schrecken, denn Gott ist beim Geschlecht des Gerechten.

- **Ps 84,12b** Gnade und Herrlichkeit wird der HERR geben, kein Gutes vorenthalten denen, die in Lauterkeit wandeln.

*In seiner Bergpredigt warnte der Herr Jesus mit scharfen Worten diejenigen, die versuchen, gerecht zu **erscheinen**:*

- **Mt 6,1** Habt acht auf eure Gerechtigkeit, dass ihr <sie> nicht vor den Menschen übt, um von ihnen gesehen zu werden! Sonst habt ihr keinen Lohn bei eurem Vater, der in den Himmeln ist.

Der Herr Jesus stellte ebenso deutlich heraus, dass er nicht auf die Erde gekommen war, um Menschen zu retten, die von Selbstzufriedenheit beherrscht wurden. Er verkündigte das Reich Gottes den Menschen, die ihre Unzulänglichkeiten kannten und sich damit nicht zufriedengaben.

- **Mk 2,17** Und Jesus hörte es und spricht zu ihnen: Nicht die Starken brauchen einen Arzt, sondern die Kranken. Ich bin nicht gekommen, Gerechte zu rufen, sondern Sünder.

- **Röm 6,18** Frei gemacht aber von der Sünde, seid ihr Sklaven der Gerechtigkeit geworden.

- **Eph 4,21-24** Ihr habt ihn doch gehört und seid in ihm gelehrt worden, wie es Wahrheit in Jesus ist: dass ihr, was den früheren Lebenswandel angeht, den alten Menschen abgelegt habt, der sich durch die betrügerischen Begierden zugrunde richtet, dagegen erneuert werdet in dem Geist eurer Gesinnung und den neuen Menschen angezogen habt, der nach Gott geschaffen ist in wahrhaftiger Gerechtigkeit und Heiligkeit.

*Bedeutet **gerecht** sein, dass der Betreffende völlig sündlos ist? Nach der Bibel nicht! Die besten Menschen versagen, doch sie haben eine Verheißung der Gnade und können neu anfangen.*

- **Hes 18,20b-23** Die Gerechtigkeit des Gerechten soll auf ihm sein, und die Gottlosigkeit des Gottlosen soll auf ihm sein.
  Wenn aber der Gottlose umkehrt von all seinen Sünden, die er getan hat, und alle meine Ordnungen bewahrt und Recht und Gerechtigkeit übt: leben soll er <und> nicht sterben. All seine Vergehen, die er begangen hat, sollen ihm nicht angerechnet werden; um seiner Gerechtigkeit willen, die er geübt hat, soll er leben. Sollte ich wirklich Gefallen haben am Tod des Gottlosen, spricht der Herr, HERR, nicht <vielmehr> daran, dass er von seinen Wegen umkehrt und lebt?

- **1Jo 1,9** Wenn wir unsere Sünden bekennen, ist er treu und gerecht, dass er uns die Sünden vergibt und uns reinigt von jeder Ungerechtigkeit.

»Gerechtigkeit an sich ist bereits eine Belohnung« lautet eine alte Redensart. Das entspricht der Wahrheit. Wir sollten das Rechte tun, weil ... das Recht unveränderlich ist. Doch gemäß der Bibel belohnt Gott die Gerechten in dieser Welt auf andere Weise, wobei der Lohn in der ewigen Welt viel bedeutsamer ist.

- **Ps 58,12b** Es gibt doch Lohn für den Gerechten; es gibt doch einen Gott, der auf Erden richtet.

- **Spr 10,24** Wovor dem Gottlosen graut, das wird über ihn kommen, aber der Wunsch der Gerechten wird gewährt.

- **Mt 13,43a** Dann werden die Gerechten leuchten wie die Sonne in dem Reich ihres Vaters.

- **2Tim 4,8** Fortan liegt mir bereit der Siegeskranz der Gerechtigkeit, den der Herr, der gerechte Richter, mir <als Belohnung> geben wird an jenem Tag: nicht allein aber mir, sondern auch allen, die sein Erscheinen liebgewonnen haben.

- **Jak 3,18** Die Frucht der Gerechtigkeit aber wird in Frieden denen gesät, die Frieden stiften.

GLAUBE

Siehe auch »Gottes Führung«, »Hoffnung«,
»Vertrauen auf Gott«

*M*artin Luther definierte Glauben als »lebendiges, kühnes Vertrauen auf Gottes Gnade«. Er spielt in dem Christenleben eine solch wichtige Rolle, dass wir von unserer Beziehung zu Gott als »Glaubensleben« sprechen und unsere christlichen Überzeugungen mit dem Begriff »Glauben« zusammenfassen. Glaube geht weit über verstandesmäßiges Für-wahr-Halten und über bloßes Sich-Gedanken-machen hinaus. Schließlich erweist sich der Glaube ja nach Luthers Worten als »lebendig« und »kühn«. Er ist nicht nur »Kopfsache«, sondern vielmehr »Herzens-« und »Willenssache«.

Eine der größten Verheißungen, die in der Bibel gegeben werden, umfasst die Zusicherung des Herrn Jesus, dass wir keine Glaubensriesen sein müssen, um Gott zu gefallen. Selbst ein unscheinbarer Glaube ist positiv einzuschätzen und besitzt zudem ein großes Potential. Ein solcher Glaube kann stets wachsen:

- **Mt 17,20b** Denn wahrlich, ich sage euch, wenn ihr Glauben habt wie ein Senfkorn, so werdet ihr zu diesem Berg sagen: Hebe dich weg von hier dorthin! und er wird sich hinwegheben. Und nichts wird euch unmöglich sein.

- **Joh 14,12-14** Wahrlich, wahrlich, ich sage euch: Wer an mich glaubt, der wird auch die Werke tun, die ich tue, und wird größere als diese tun, weil ich zum Vater gehe. Und was ihr bitten werdet in meinem Namen, das werde ich tun, damit der Vater verherrlicht werde im Sohn. Wenn ihr mich etwas bitten werdet in meinem Namen, so werde ich es tun.

- **Röm 14,1** Den Schwachen im Glauben aber nehmt auf, <doch> nicht zur Entscheidung zweifelhafter Fragen!

- **1Kor 13,13a** Nun aber bleibt Glaube, Hoffnung, Liebe, diese drei.

- **2Kor 5,7** Denn wir wandeln durch Glauben, nicht durch Schauen.

- **Gal 2,20** ... und nicht mehr lebe ich, sondern Christus lebt in mir; was ich aber jetzt im Fleisch lebe, lebe ich im Glauben, <und zwar im Glauben> an den Sohn Gottes, der mich geliebt und sich selbst für mich hingegeben hat.

- **Eph 3,17-19** ... dass der Christus durch den Glauben in euren Herzen wohne und ihr in Liebe gewurzelt und gegründet seid, damit ihr imstande seid, mit allen Heiligen völlig zu erfassen, was die Breite und Länge und Höhe und Tiefe ist, und zu erkennen die die Erkenntnis übersteigende Liebe des Christus, damit ihr erfüllt werdet zur ganzen Fülle Gottes.

- **Kol 2,6-7** Wie ihr nun den Christus Jesus, den Herrn, empfangen habt, so wandelt in ihm, gewurzelt und auferbaut in ihm und gefestigt im Glauben, wie ihr gelehrt worden seid, indem ihr überreich seid in Danksagung!

- **1Jo 5,4-5** Denn alles, was aus Gott geboren ist, überwindet die Welt; und dies ist der Sieg, der die Welt überwunden hat: unser Glaube. Wer aber ist es, der die Welt überwindet, wenn nicht der, der glaubt, dass Jesus der Sohn Gottes ist?

- **Jak 1,2-4** Haltet es für lauter Freude, meine Brüder, wenn ihr in mancherlei Versuchungen geratet, indem ihr erkennt, dass die Bewährung eures Glaubens Ausharren bewirkt. Das Ausharren aber soll ein vollkommenes Werk haben, damit ihr vollkommen und vollendet seid und in nichts Mangel habt.

Von Paulus, dem Autor eines großen Teils des Neuen Testaments, stammen viele Aussagen über den Glauben. Für ihn bildete der Glaube den eigentlichen Grundpfeiler der Rettung eines Menschen. Es geht vorrangig um den Glauben daran, dass uns Christus in die rechte Beziehung zu einem liebevollen, vergebenden Vater gebracht hat.

- **Röm 3,22** ... Gottes Gerechtigkeit aber durch Glauben an Jesus Christus für alle, die glauben. Denn es ist kein Unterschied ...

- **Röm 5,1-3** Da wir nun gerechtfertigt worden sind aus Glauben, so haben wir Frieden mit Gott durch unseren Herrn Jesus Christus, durch den wir im Glauben auch Zugang erhalten haben zu dieser Gnade, in der wir stehen, und rühmen uns aufgrund der Hoffnung der Herrlichkeit Gottes. Nicht allein aber das, sondern wir rühmen uns auch in den Bedrängnissen, da wir wissen, dass die Bedrängnis Ausharren bewirkt.

- **Gal 3,26-27** Denn ihr alle seid Söhne Gottes durch den Glauben in Christus Jesus. Denn ihr alle, die ihr auf Christus getauft worden seid, ihr habt Christus angezogen.

- **Eph 2,8-10** Denn aus Gnade seid ihr errettet durch Glauben, und das nicht aus euch, Gottes Gabe ist es; nicht aus Werken, damit niemand sich rühme. Denn wir sind sein Gebilde, in Christus Jesus geschaffen zu guten Werken, die Gott vorher bereitet hat, damit wir in ihnen wandeln sollen.

Den Jakobusbrief hat man als »Brief des tätigen Glaubens« bezeichnet. Jakobus verdeutlicht, dass Glaube, der nur aus Reden und nicht aus Tun besteht, überhaupt kein Glaube ist. Wenn ein Mensch wahrhaftig glaubt, werden dies seine Taten erweisen. So etwas wie einen völlig verborgenen Glauben gibt es nicht. Jeder Gläubige muss ebenso ein Täter sein.

• **Jak 2,14-18.20** Was nützt es, meine Brüder, wenn jemand sagt, er habe Glauben, hat aber keine Werke? Kann etwa der Glaube ihn erretten? Wenn aber ein Bruder oder eine Schwester dürftig gekleidet ist und der täglichen Nahrung entbehrt, aber jemand unter euch spricht zu ihnen: Geht hin in Frieden, wärmt euch und sättigt euch! ihr gebt ihnen aber nicht das für den Leib Notwendige, was nützt es? So ist auch der Glaube, wenn er keine Werke hat, in sich selbst tot. Es wird aber jemand sagen: Du hast Glauben, und ich habe Werke. Zeige mir deinen Glauben ohne Werke, und ich werde dir aus meinen Werken den Glauben zeigen! ... Willst du aber erkennen, du eitler Mensch, dass der Glaube ohne die Werke nutzlos ist?

Der Brief an die Hebräer beinhaltet das bekannteste Glaubenskapitel in der Bibel: »die Ruhmeshalle des Glaubens«. Nachdem der Autor darin den Glauben definiert hat, beschreibt er Menschen, die große Glaubensvorbilder waren. Das Kapitel enthält mehr als eine Lektion der Geschichte. Es umfasst vielmehr eine Verheißung, wonach auch wir wie die großen Glaubenshelden der Bibel Menschen des Glaubens sein können.

• **Hebr 11,1-12,2a** Der Glaube aber ist eine Verwirklichung dessen, was man hofft, ein Überführtsein von Dingen, die man nicht sieht. Denn durch ihn haben die Alten Zeugnis erlangt ...
Ohne Glauben aber ist es unmöglich, <ihm> wohlzugefallen; denn wer Gott naht, muss glauben, dass er ist und denen, die ihn suchen, ein Belohner sein wird ...
Diese alle sind im Glauben gestorben und haben die Verheißungen nicht erlangt, sondern sahen sie von fern und begrüßten sie und bekannten, dass sie Fremde und ohne Bürgerrecht auf der Erde seien. Denn die, die solches sagen, zeigen deutlich, dass sie ein Vaterland suchen. Und wenn sie an jenes gedacht hätten, von dem sie ausgezogen waren, so hätten sie Zeit gehabt, zurückzukehren. Jetzt aber trachten sie nach einem besseren, das ist nach einem himmlischen. Darum schämt sich Gott ihrer nicht,

ihr Gott genannt zu werden, denn er hat ihnen eine Stadt
bereitet ...

... die durch Glauben Königreiche bezwangen, Gerechtigkeit wirkten, Verheißungen erlangten, der Löwen
Rachen verstopften, des Feuers Kraft auslöschten, des
Schwertes Schärfe entgingen, aus der Schwachheit Kraft
gewannen, im Kampf stark wurden, der Fremden Heere
zurücktrieben. Frauen erhielten ihre Toten durch Auferstehung wieder; andere aber wurden gefoltert, da sie die
Befreiung nicht annahmen, um eine bessere Auferstehung zu erlangen. Andere aber wurden durch Verhöh-
nung und Geißelung versucht, dazu durch Fesseln und
Gefängnis. Sie wurden gesteinigt, zersägt, starben den
Tod durch das Schwert, gingen umher in Schafpelzen, in
Ziegenfellen, Mangel leidend, bedrängt, geplagt. Sie,
deren die Welt nicht wert war, irrten umher in Wüsten
und Gebirgen und Höhlen und den Klüften der Erde.

Und diese alle, die durch den Glauben ein Zeugnis
erhielten, haben die Verheißung nicht erlangt, da Gott für
uns etwas Besseres vorgesehen hat, damit sie nicht ohne
uns vollendet werden sollten.

Deshalb lasst nun auch uns, da wir eine so große Wolke
von Zeugen um uns haben, jede Bürde und die <uns so>
leicht umstrickende Sünde ablegen und mit Ausdauer
laufen den vor uns liegenden Wettlauf, indem wir hinschauen auf Jesus, den Anfänger und Vollender des Glaubens.

GNADE UND BARMHERZIGKEIT

*Siehe auch »Feinde«, »Anderen vergeben«,
»Gottes Gnade und Barmherzigkeit«*

»Gnade ist in der Tat ein Merkmal des Himmels«, schrieb ein englischer Dichter. *Die Bibel verheißt nicht nur, dass Gott den Menschen gnädig ist und sich ihrer erbarmt, sondern zeigt auch, dass Menschen miteinander barmherzig sein können - und **müssen.** Dass jemand anderen grollt oder ihnen etwas heimzahlt, ist in der Welt normal, hat aber keinen Platz im Leben dessen, der Nutznießer der Gnade Gottes ist.*

Die Bibel verheißt denen Segen, die Gottes Gnade widerspiegeln. Anders lauten die Verheißungen für solche, die sie ablehnen.

• **Mt 5,7** Glückselig die Barmherzigen, denn *ihnen* wird Barmherzigkeit widerfahren.

• **Jak 2,13** Denn das Gericht <wird> ohne Barmherzigkeit <sein> gegen den, der nicht Barmherzigkeit geübt hat. Die Barmherzigkeit triumphiert über das Gericht.

• **Spr 11,17** Es erweist der Gütige sich selbst Gutes, doch schneidet sich ins eigene Fleisch der Grausame.

• **Spr 12,10** Der Gerechte kümmert sich um das Wohlergehen seines Viehes, aber das Herz der Gottlosen ist grausam.

• **Kol 3,12-15** Zieht nun an als Auserwählte Gottes, als Heilige und Geliebte: herzliches Erbarmen, Güte, Demut, Milde, Langmut! Ertragt einander und vergebt euch gegenseitig, wenn einer Klage gegen den anderen hat; wie auch der Herr euch vergeben hat, so auch ihr! Zu diesem allen aber <zieht> die Liebe <an>, die das Band der Vollkommenheit ist! Und der Friede des Christus regiere in euren Herzen, zu dem ihr auch berufen worden seid in *einem* Leib! Und seid dankbar!

- **1Petr 3,9** ... und vergeltet nicht Böses mit Bösem oder Scheltwort mit Scheltwort, sondern im Gegenteil segnet, weil ihr dazu berufen worden seid, dass ihr Segen erbt!

- **Jud 22-22** Und der einen, die zweifeln, erbarmt euch, rettet sie, indem ihr sie aus dem Feuer reißt, der anderen aber erbarmt euch mit Furcht, indem ihr sogar das vom Fleisch befleckte Kleid hasst!

- **Jak 3,16-18** Denn wo Eifersucht und Eigennutz ist, da ist Zerrüttung und jede schlechte Tat. Die Weisheit von oben aber ist erstens rein, sodann friedvoll, milde, folgsam, voller Barmherzigkeit und guter Früchte, unparteiisch, ungeheuchelt. Die Frucht der Gerechtigkeit aber wird in Frieden denen gesät, die Frieden stiften.

- **Lk 6,35-38** Doch liebt eure Feinde, und tut Gutes, und leiht, ohne etwas wieder zu erhoffen! Und euer Lohn wird groß sein, und ihr werdet Söhne des Höchsten sein; denn er ist gütig gegen die Undankbaren und Bösen.
  Seid nun barmherzig, wie auch euer Vater barmherzig ist! Und richtet nicht, und ihr werdet *nicht* gerichtet werden; und verurteilt nicht, und ihr werdet *nicht* verurteilt werden. Lasst los, und ihr werdet losgelassen werden. Gebt, und es wird euch gegeben werden: ein gutes, gedrücktes und gerütteltes und überlaufendes Maß wird man in euren Schoß geben; denn mit demselben Maß, mit dem ihr messt, wird euch wieder gemessen werden.

Eine großartige Veranschaulichung der Barmherzigkeit beinhaltet das Gleichnis des Herrn Jesus vom Barmherzigen Samariter. Indem er wusste, wie Juden und Samaritaner einander verachteten, zeigte er, dass wir menschliche Barmherzigkeit am umfassendsten dem erweisen können, dessen Verabscheuung uns anerzogen worden ist.

• **Lk 10,29-37** Indem er aber sich selbst rechtfertigen wollte, sprach er zu Jesus: Und wer ist mein Nächster? Jesus aber nahm <das Wort> und sprach: Ein Mensch ging von Jerusalem nach Jericho hinab und fiel unter Räuber, die ihn auch auszogen und ihm Schläge versetzten und weggingen und ihn halbtot liegen ließen. Zufällig aber ging ein Priester jenen Weg hinab; und als er <ihn> sah, ging er an der entgegengesetzten Seite vorüber. Ebenso aber kam auch ein Levit, der an den Ort gelangte, und er sah <ihn> und ging an der entgegengesetzten Seite vorüber. Aber ein Samariter, der auf der Reise war, kam zu ihm hin; und als er <ihn> sah, wurde er innerlich bewegt; und er trat hinzu und verband seine Wunden und goss Öl und Wein darauf; und er setzte ihn auf sein eigenes Tier und führte ihn in eine Herberge und trug Sorge für ihn. Und am folgenden Morgen zog er zwei Denare heraus und gab sie dem Wirt und sprach: Trage Sorge für ihn! Und was du noch dazu verwenden wirst, werde ich dir bezahlen, wenn ich zurückkomme. Was meinst du, wer von diesen dreien der Nächste dessen gewesen ist, der unter die Räuber gefallen war? Er aber sprach: Der die Barmherzigkeit an ihm übte. Jesus aber sprach zu ihm: Geh hin und handle du ebenso!

GOTT ALS RICHTER

Siehe auch »Gottes gerechtes Handeln«,
»Gottes Gnade und Barmherzigkeit«

Wer in unserer Zeit als **intolerant** gilt, erregt zunehmend Anstoß. Wir werden unter Druck gesetzt, »Offenheit« und »Toleranz« zu praktizieren. Es verwundert kaum, dass einem der Gedanke an Gott als Weltenrichter, der über unsere Taten Buch führt, missfällt. Doch dieser Gedanke sollte uns vielmehr Trost spenden. Er erinnert uns daran, dass unsere Taten und unsere Worte zählen. Wären wir wirklich treu, wenn Gott unserer Meinung nach die personifizierte kosmische Nachgiebigkeit sein und unser Verhalten nicht beachten würde?

- **Hi 37,23-24** Den Allmächtigen - ihn erreichen wir nicht, den Erhabenen an Kraft. Und das Recht und die Fülle der Gerechtigkeit beugt er nicht. Darum fürchten ihn die Menschen; er sieht all die Weisheitskundigen nicht an.

- **Ps 62,13** ... und dein, o Herr, (ist) die Gnade; denn du, du vergiltst jedem nach seinem Werk.

- **Spr 16,2** Alle Wege eines Mannes sind lauter in seinen Augen, aber der die Geister prüft, ist der HERR.

- **Spr 21,2-3** Jeder Weg eines Mannes ist gerade in seinen Augen, aber der die Herzen prüft, ist der HERR. Gerechtigkeit und Recht üben ist dem HERRN lieber als Schlachtopfer.

- **Pred 12,14** Denn Gott wird jedes Werk, es sei gut oder böse, in ein Gericht über alles Verborgene bringen.

- **Jer 17,9-10** Trügerisch ist das Herz, mehr als alles, und unheilbar ist es. Wer kennt sich mit ihm aus? Ich, der HERR, <bin es>, der das Herz erforscht und die Nieren prüft, und zwar um einem jeden zu geben nach seinen Wegen, nach der Frucht seiner Taten.

- **Mt 16,26-27** Denn was wird es einem Menschen nützen, wenn er die ganze Welt gewönne, aber sein Leben einbüßte? Oder was wird ein Mensch als Lösegeld geben für sein Leben? Denn der Sohn des Menschen wird kommen in der Herrlichkeit seines Vaters mit seinen Engeln, und dann wird er einem jeden vergelten nach seinem Tun.

- **Hebr 6,10** Denn Gott ist nicht ungerecht, euer Werk zu vergessen und die Liebe, die ihr zu seinem Namen bewiesen habt, indem ihr den Heiligen gedient habt und dient.

- **Röm 2,1-4** Deshalb bist du nicht zu entschuldigen, o Mensch, jeder, der da richtet; denn worin du den anderen richtest, verdammst du dich selbst; denn du, der du richtest, tust dasselbe. Wir wissen aber, dass das Gericht Gottes der Wahrheit entsprechend über die ergeht, die so etwas tun. Denkst du aber dies, o Mensch, der du die richtest, die so etwas tun, und dasselbe verübst, dass du dem Gericht Gottes entfliehen wirst? Oder verachtest du den Reichtum seiner Gütigkeit und Geduld und Langmut und weißt nicht, dass die Güte Gottes dich zur Buße leitet?

- **1Kor 4,3-5** Mir aber ist es das Geringste, dass ich von euch oder von einem menschlichen <Gerichts->Tag beurteilt werde; ich beurteile mich aber auch selbst nicht. Denn ich bin mir selbst nichts bewusst, aber dadurch bin ich nicht gerechtfertigt. Der mich aber beurteilt, ist der Herr. So verurteilt nichts vor der Zeit, bis der Herr kommt, der auch das Verborgene der Finsternis ans Licht bringen und die Absichten der Herzen offenbaren wird! Und dann wird jedem sein Lob werden von Gott.

- **1Kor 11,31-32** Wenn wir uns aber selbst beurteilten, so würden wir nicht gerichtet. Wenn wir aber vom Herrn gerichtet werden, so werden wir gezüchtigt, damit wir nicht mit der Welt verurteilt werden.

- **1Petr 1,17** Und wenn ihr den als Vater anruft, der ohne Ansehen der Person nach eines jeden Werk richtet, so wandelt die Zeit eurer Fremdlingschaft in Furcht!

- **1Jo 4,17-18** Hierin ist die Liebe bei uns vollendet worden, dass wir Freimütigkeit haben am Tag des Gerichts, denn wie er ist, sind auch wir in dieser Welt. Furcht ist nicht in der Liebe, sondern die vollkommene Liebe treibt die Furcht aus, denn die Furcht hat <es mit> Strafe <zu tun>. Wer sich aber fürchtet, ist nicht vollendet in der Liebe.

- **Mt 12,35-37** Der gute Mensch bringt aus dem guten Schatz Gutes hervor, und der böse Mensch bringt aus dem bösen Schatz Böses hervor. Ich sage euch aber, dass die Menschen von jedem unnützen Wort, das sie reden werden, Rechenschaft geben müssen am Tag des Gerichts; denn aus deinen Worten wirst du gerechtfertigt werden, und aus deinen Worten wirst du verdammt werden.

Es ist noch in einer anderen Hinsicht tröstlich zu wissen, dass Gott der große Richter ist: Dies gibt uns die Gewissheit, dass die Ungerechtigkeit auf dieser Welt nicht für immer ungestraft bleiben wird. Wenn Gott nicht der Richter ist - der einzige völlig gerechte Richter des Universums - wer wird dann unschuldigen Menschen zum Recht verhelfen?

- **Ps 7,10** Ein Ende nehme die Bosheit der Gottlosen, aber dem Gerechten gib Bestand, der du Herzen und Nieren prüfst, gerechter Gott!

- **Ps 58,12** Und der Mensch soll sagen: Es gibt doch Lohn für den Gerechten; es gibt doch einen Gott, der auf Erden richtet.

- **2Petr 2,9** Der Herr weiß die Gottseligen aus der Versuchung zu retten, die Ungerechten aber aufzubewahren für den Tag des Gerichts, wenn sie bestraft werden.

- **2Kor 5,10** Denn wir müssen alle vor dem Richterstuhl Christi offenbar werden, damit jeder empfange, was er durch den Leib <vollbracht>, dementsprechend, was er getan hat, es sei Gutes oder Böses.

- **Hebr 9,27** Und wie es den Menschen bestimmt ist, *einmal* zu sterben, danach aber das Gericht ...

- **2Petr 3,7-9** Die jetzigen Himmel und die <jetzige> Erde aber sind durch dasselbe Wort aufbewahrt und für das Feuer aufgehoben zum Tag des Gerichts und des Verderbens der gottlosen Menschen. Dies eine aber sei euch nicht verborgen, Geliebte, dass beim Herrn *ein* Tag ist wie tausend Jahre und tausend Jahre wie *ein* Tag. Der Herr verzögert nicht die Verheißung, wie es einige für eine Verzögerung halten, sondern er ist langmütig euch gegenüber, da er nicht will, dass irgendwelche verloren gehen, sondern dass alle zur Buße kommen.

Die Bibel weist uns immer wieder darauf hin, dass das Universum Gott unterstellt ist, so dass es ihm allein gebührt, Richter zu sein. Dies sollte uns dazu bewegen, das Richten Gott zu überlassen.

- **1Kor 5,12-13** Denn was habe ich zu richten, die draußen sind? Richtet ihr nicht, die drinnen sind? Die aber draußen sind, richtet Gott. Tut den Bösen von euch selbst hinaus!

- **Jak 5,9** Seufzt nicht gegeneinander, Brüder, damit ihr nicht gerichtet werdet! Siehe, der Richter steht vor der Tür.

• **1Petr 4,4-5** Hierbei befremdet es sie, dass ihr nicht <mehr> mitlauft in demselben Strom der Heillosigkeit, und sie lästern, die dem Rechenschaft geben werden, der bereit ist, Lebende und Tote zu richten.

Die Bibel endet mit der Vision vom letzten Gericht, die Johannes in der Offenbarung gegeben wurde. Einige haben diese Vision als »grausig« bezeichnet, doch das liegt nur daran, dass sie aus irgendeinem Grund Gottes Gericht fürchten müssen.

• **Offb 20,11-12.14-15** Und ich sah einen großen weißen Thron und den, der darauf saß, vor dessen Angesicht die Erde entfloh und der Himmel, und keine Stätte wurde für sie gefunden. Und ich sah die Toten, die Großen und die Kleinen, vor dem Thron stehen, und Bücher wurden geöffnet; und ein anderes Buch wurde geöffnet, welches das des Lebens ist. Und die Toten wurden gerichtet nach dem, was in den Büchern geschrieben war, nach ihren Werken ... Und der Tod und der Hades wurden in den Feuersee geworfen. Dies ist der zweite Tod, der Feuersee. Und wenn jemand nicht geschrieben gefunden wurde in dem Buch des Lebens, so wurde er in den Feuersee geworfen.

GOTTES FÜHRUNG

Siehe auch »Glaube«, »Hoffnung«,
»Gehorsam gegenüber Gott«, »Vertrauen auf Gott«

An Experten fehlt es auf dieser Welt nicht. In vielen Fernseh- und Rundfunksendungen sowie in jeder Buchhandlung finden sich in großer Zahl Meinungen von Menschen, die sich als Experten vorstellen und kaum einen Bereich auslassen - Karriere, Schlankheitskuren, Fitnessfragen, Politik und sogar geistliche Angelegenheiten.

Doch wie steht es diesbezüglich mit **Vertrauenswürdigkeit**? Ist es nicht wichtig, dass wir von jemandem geführt werden, der wirklich unser Bestes will und der unsere größten Nöte versteht? Das Traurige hinsichtlich all der selbsternannten Experten um uns her besteht darin, dass sie uns enttäuschen können. Und das Leben ist zu kurz und zu kostbar, als dass wir es in die Hand von Verführern und Narren legen könnten.

Aber die Bibel verheißt uns jemand, der sich auskennt und dessen Führung nie angezweifelt werden muss.

- **Ps 48,15** Ja, dieser ist Gott, unser Gott immer und ewig! Er wird uns leiten.

- **2Sam 22,29-30** Ja, du bist meine Leuchte, HERR; und der HERR erhellt meine Finsternis. Denn mit dir kann ich auf Raubzug gehen, mit meinem Gott kann ich eine Mauer überspringen.

- **Jes 42,16** Und ich will die Blinden auf einem Weg gehen lassen, den sie nicht kennen, auf Pfaden, die sie nicht kennen, will ich sie schreiten lassen. Die Finsternis vor ihnen will ich zum Licht machen und das Holperige zur Ebene. Das sind die Dinge, die ich tun und von denen ich nicht ablassen werde.

- **Jer 29,11-13a** Denn ich kenne ja die Gedanken, die ich über euch denke, spricht der HERR, Gedanken des Friedens und nicht zum Unheil, um euch Zukunft und Hoffnung zu gewähren. Ruft ihr mich an, geht ihr hin und betet zu mir, dann werde ich auf euch hören. Und sucht ihr mich, so werdet ihr <mich> finden.

Der Herr Jesus gab der Welt eine neue Verheißung bezüglich der Führung durch den Heiligen Geist. Das Schöne daran ist, dass die Funktionen des Heiligen Geistes jeden Bereich und jeden Tag unseres Lebens betreffen. Da der Herr Jesus nicht leibhaftig unter uns sein kann, ist uns, den Gläubigen, die ständige Gegenwart Gottes durch den Heiligen Geist gewiss.

- **Joh 14,16-17.26** ... und ich werde den Vater bitten, und er wird euch einen anderen Beistand geben, dass er bei euch sei in Ewigkeit, den Geist der Wahrheit, den die Welt nicht empfangen kann, weil sie ihn nicht sieht noch ihn kennt. *Ihr* kennt ihn, denn er bleibt bei euch und wird in euch sein ... Der Beistand aber, der Heilige Geist, den der Vater senden wird in meinem Namen, der wird euch alles lehren und euch an alles erinnern, was ich euch gesagt habe.

Die Psalmen beschreiben in anschaulichen Bildern, wie Gott mit uns geht. Insbesondere Psalm 23 ist als »Hirtenpsalm« bekannt. Er beinhaltet eine Zusicherung, dass Gott selbst in den schlimmsten Zeiten führt.

- **Ps 23** *Ein Psalm. Von David.* Der HERR ist mein Hirte, mir wird nichts mangeln. Er lagert mich auf grünen Auen, er führt mich zu stillen Wassern. Er erquickt meine Seele. Er leitet mich in Pfaden der Gerechtigkeit um seines Namens willen. Auch wenn ich wandere im Tal des Todesschattens, fürchte ich kein Unheil, denn du bist bei mir; dein Stecken und dein Stab, *sie* trösten mich. Du bereitest vor mir einen Tisch angesichts meiner Feinde; du hast mein Haupt mit Öl gesalbt, mein Becher fließt über. Nur Güte und Gnade werden mir folgen alle Tage meines Lebens; und ich kehre zurück ins Haus des HERRN lebenslang.

• **Ps 32,8**   Ich will dich unterweisen und dich lehren den Weg, den du gehen sollst; ich will dir raten, meine Augen über dir <offenhalten>.

• **Ps 37,23-24**   Vom HERRN her werden eines Mannes Schritte gefestigt, und seinen Weg hat er gern; fällt er, so wird er doch nicht hingestreckt, denn der HERR stützt seine Hand.

• **Spr 16,9**   Das Herz des Menschen plant seinen Weg, aber der HERR lenkt seine Schritte.

• **Ps 73,22-26**   Ich (war) dumm und verstand nicht; <wie> ein Tier war ich bei dir. Doch ich bin stets bei dir. Du hast meine rechte Hand gefasst. Nach deinem Rat leitest du mich, und nachher nimmst du mich in Herrlichkeit auf. Wen habe ich im Himmel? Und außer dir habe ich an nichts Gefallen auf der Erde. Mag auch mein Leib und mein Herz vergehen - meines Herzens Fels und mein Teil ist Gott auf ewig.

• **Spr 29,25**   Menschenfurcht stellt eine Falle; wer aber auf den HERRN vertraut, ist in Sicherheit.

• **Jes 30,20-21**   Und hat der Herr euch auch Brot der Not und Wasser der Bedrängnis gegeben, so wird dein Lehrer sich nicht mehr verbergen, sondern deine Augen werden deinen Lehrer sehen. Und wenn ihr zur Rechten oder wenn ihr zur Linken abbiegt, werden deine Ohren ein Wort hinter dir her hören: Dies ist der Weg, den geht!

• **Ps 139,7-10**   Wohin sollte ich gehen vor deinem Geist, wohin fliehen vor deinem Angesicht? Stiege ich zum Himmel hinauf, so bist du da. Bettete ich mich in dem Scheol, siehe, du bist da. Erhöbe ich die Flügel der Morgenröte, ließe ich mich nieder am äußersten Ende des

Meeres, auch dort würde deine Hand mich leiten und deine Rechte mich fassen.

Der Herr Jesus erkannte, dass die Welt voller selbsternannter Führer ist. Wer ihren Rat befolgt, ist schlimmer dran als jemand, der überhaupt keinen Führer hat. Er wies seine Jünger darauf hin, was mit diesen unaufrichtigen Führern und deren Nachfolgern geschehen wird.

- **Mt 15,14** Lasst sie! Sie sind blinde Leiter der Blinden. Wenn aber ein Blinder einen Blinden leitet, so werden beide in eine Grube fallen.

Unserem größten Führer dagegen entgeht glücklicherweise nichts. Auch sind wir nicht allein auf menschliche Führer angewiesen. Menschen, die Weisung vom Herrn haben möchten, können sich in dem Bewusstsein trösten, dass er sie mit Freuden führt.

- **Spr 11,5** Die Gerechtigkeit des Lauteren ebnet ihm den Weg, doch der Gottlose kommt durch seine Gottlosigkeit zu Fall.

- **Spr 3,6** Auf all deinen Wegen erkenne nur ihn, dann ebnet er selbst deine Pfade!

GOTTES FÜRSORGE FÜR DIE ARMEN

Siehe auch »Pflichten gegenüber den Armen«

*I*n der gesamten Geschichte sind die Armen dieser Welt bestenfalls ignoriert und schlimmstenfalls ungerecht behandelt worden. In unserer Zeit kommen sie sich immer noch wie ein politischer Spielball vor, während sich Politiker und Steuerzahler um staatliche Unterstützung und um Sozialprogramme streiten. Angesichts der heftigen Debatten weist uns die Bibel darauf hin, dass diese Menschen keine Figuren auf dem Schachbrett der Politik sind. Insbesondere auf sie richtet Gott sein Augenmerk, denn selbst wenn sie von ihren Mitmenschen vergessen werden, vergisst sie der Vater nicht.

- **Ps 69,34** Denn der HERR hört auf die Armen, und seine Gefangenen verachtet er nicht.

- **Ps 72,12-14** Denn retten wird er den Armen, der um Hilfe ruft, und den Elenden und den, der keinen Helfer hat. Er wird sich erbarmen des Geringen und des Armen, und das Leben der Armen wird er retten. Aus Bedrückung und Gewalttat wird er ihr Leben erlösen, denn ihr Blut ist kostbar in seinen Augen.

- **Ps 102,18** Er wird sich wenden zum Gebet der Verlassenen, ihr Gebet wird er nicht verachten.

- **Ps 107,9.41** Denn er hat die durstende Seele gesättigt, die hungernde Seele mit Gutem erfüllt ... Doch den Armen hob er empor aus dem Elend, und machte <seine> Sippen <zahlreich> wie Herden.

- **Ps 109,31** Denn er steht zur Rechten des Armen, um ihn von denen zu retten, die seine Seele richteten.

- **Ps 113,7** ... der aus dem Staub emporhebt den Geringen, aus dem Schmutz den Armen erhöht.

- **Ps 140,13** Ich weiß, dass der HERR die Rechtssache des Elenden wahrnimmt, das Recht der Armen.

- **Spr 22,22-23** Beraube nicht den Geringen, weil er gering ist, und zertritt nicht den Elenden im Tor! Denn der HERR führt ihren Rechtsstreit und raubt ihren Räubern das Leben.

- **Jes 41,17** Die Elenden und die Armen suchen nach Wasser, und es gibt keins, ihre Zunge vertrocknet vor Durst. Ich, der HERR, werde sie erhören, ich, der Gott Israels, werde sie nicht verlassen.

- **Jak 2,5** Hört, meine geliebten Brüder: Hat nicht Gott die vor der Welt Armen auserwählt, reich im Glauben und Erben des Reiches <zu sein>, das er denen verheißen hat, die ihn lieben?

GOTTES GERECHTES HANDELN

Siehe auch »Anderen vergeben«, »Gott als Richter«, »Rache«

*S*ind Sie jemals bei einer Beförderung, einem Arbeitsplatzwechsel oder dergleichen zu Unrecht übergangen worden? Die meisten Menschen kennen dies. Manchmal erscheint dem Übergangenen die betreffende Entscheidung unfair, während derjenige, der sie getroffen hat, sie als gerecht empfunden haben mag. Doch die traurige Wahrheit ist, dass es auf der Welt ungerecht zugeht. Einige Menschen haben Lieblinge, während andere bestochen und erpresst werden können. Und Christen kennen durchaus Situationen, in denen sie um ihres Glaubens willen ungerecht behandelt wurden.

Während es auf dieser Welt kaum gerecht zugeht, gibt es bei unserem himmlischen Vater volle Gerechtigkeit. Er ist völlig unparteiisch.

- **5Mo 10,17-18** Denn der HERR, euer Gott, er ist der Gott der Götter und der Herr der Herren, der große, mächtige und furchtbare Gott, der niemanden bevorzugt und kein Bestechungsgeschenk annimmt, der Recht schafft der Waise und der Witwe und den Fremden liebt, so dass er ihm Brot und Kleidung gibt.

- **Hi 36,5** Siehe, Gott ist gewaltig, doch verwirft er niemanden; er ist gewaltig an Kraft des Herzens.

- **Apg 10,34-35** Petrus aber tat den Mund auf und sprach: In Wahrheit begreife ich, dass Gott die Person nicht ansieht, sondern in jeder Nation ist, wer ihn fürchtet und Gerechtigkeit wirkt, ihm angenehm.

Wir sollten dankbar dafür sein, dass Gott unparteiisch ist. Wenn unser Leben allerdings nicht den göttlichen Maßstäben entspricht, sollten wir erschrecken. Mehrere neutestamentliche Stellen sagen voraus, dass unser Fehlverhalten gerichtet werden und niemand begünstigt wird. Gott hat unter den Reichen, den Gebildeten, den Attraktiven oder selbst unter regelmäßigen Gottesdienstbesuchern keine Lieblinge. Er ist allen gnädig, doch er ist auch der gerechte Richter aller.

• **Röm 2,5-11** Nach deiner Störrigkeit und deinem unbußfertigen Herzen aber häufst du dir selbst Zorn auf für den Tag des Zorns und der Offenbarung des gerechten Gerichtes Gottes, der einem jeden vergelten wird nach seinen Werken: denen, die mit Ausdauer in gutem Werk Herrlichkeit und Ehre und Unvergänglichkeit suchen, ewiges Leben; denen jedoch, die von Selbstsucht <bestimmt> und der Wahrheit ungehorsam sind, der Ungerechtigkeit aber gehorsam, Zorn und Grimm. Bedrängnis und Angst über die Seele jedes Menschen, der das Böse vollbringt, sowohl des Juden zuerst als auch des Griechen; Herrlichkeit aber und Ehre und Frieden jedem, der das Gute wirkt, sowohl dem Juden zuerst als auch dem Griechen. Denn es ist kein Ansehen der Person bei Gott.

• **Eph 6,8-9** Ihr wisst doch, dass jeder, der Gutes tut, dies vom Herrn empfangen wird, er sei Sklave oder Freier. Und ihr Herren, tut dasselbe ihnen gegenüber, und lasst das Drohen! da ihr wisst, dass sowohl ihr als auch euer Herr in den Himmeln ist und dass es bei ihm kein Ansehen der Person gibt.

• **Kol 3,25** Denn wer unrecht tut, wird das Unrecht empfangen, das er getan hat; und da ist kein Ansehen der Person.

• **1Petr 1,17** Und wenn ihr den als Vater anruft, der ohne Ansehen der Person nach eines jeden Werk richtet, so wandelt die Zeit eurer Fremdlingschaft in Furcht!

GOTTES GNADE UND BARMHERZIGKEIT

Siehe auch »Sündenbekenntnis«, »Schuld«, »Buße«

»*D*as lasse ich mir nicht gefallen. Das zahle ich dir heim!«
Auf diese Weise scheint man üblicherweise mit Konflikten umzugehen. Wir sollten dankbar dafür sein, dass Gott die Dinge anders sieht. Obwohl die Bibel verdeutlicht, dass Gott der große Richter ist, der jede böse Tat hasst, ist er auch der Gnädige, der Menschen, die sich ihm zuwenden, vergibt und sie annimmt.*

- **1Chr 16,34** Preist den HERRN! Denn er ist gut, denn seine Gnade <währt> ewig.

- **Jes 55,7** Der Gottlose verlasse seinen Weg und der Mann der Bosheit seine Gedanken! Und er kehre um zu dem HERRN, so wird er sich über ihn erbarmen, und zu unserem Gott, denn er ist reich an Vergebung!

- **Hes 33,11** Sage zu ihnen: So wahr ich lebe, spricht der Herr, HERR: Wenn ich Gefallen habe am Tod des Gottlosen! Wenn nicht vielmehr daran, dass der Gottlose von seinem Weg umkehrt und lebt! Kehrt um, kehrt um von euren bösen Wegen! Ja, warum wollt ihr sterben, Haus Israel?

- **2Sam 22,26** Gegen den Gnädigen verhältst du dich gnädig, gegen den vollkommenen Mann vollkommen.

- **Kla 3,31-33** Denn nicht für ewig verstößt der Herr, sondern wenn er betrübt hat, erbarmt er sich nach der Fülle seiner Gnadenerweise. Denn nicht von Herzen demütigt und betrübt er die Menschenkinder.

- **Eph 2,4-6** Gott aber, der reich ist an Barmherzigkeit, hat um seiner vielen Liebe willen, womit er uns geliebt hat, auch uns, die wir in den Vergehungen tot waren, mit dem Christus lebendig gemacht - durch Gnade seid ihr errettet! Er hat uns mitauferweckt und mitsitzen lassen in der Himmelswelt in Christus Jesus.

- **Neh 9,17b** Du aber bist ein Gott der Vergebung, gnädig und barmherzig, langsam zum Zorn und groß an Gnade, und du hast sie nicht verlassen.

- **Mi 7,18-20** Wer ist ein Gott wie du, der Schuld vergibt und Vergehen verzeiht dem Überrest seines Erbteils! Nicht für immer behält er seinen Zorn, denn er hat Gefallen an Gnade. Er wird sich wieder über uns erbarmen, wird unsere Schuld niedertreten. Und du wirst alle ihre Sünden in die Tiefen des Meeres werfen. Du wirst an Jakob Treue erweisen, an Abraham Gnade, die du unsern Vätern geschworen hast von den Tagen der Vorzeit her.

- **Mt 18,12-14** Was meint ihr? Wenn ein Mensch hundert Schafe hätte und eins von ihnen sich verirrte, lässt er nicht die neunundneunzig auf den Bergen und geht hin und sucht das irrende? Und wenn es geschieht, dass er es findet, wahrlich, ich sage euch, er freut sich mehr über dieses als über die neunundneunzig, die nicht verirrt sind. So ist es nicht der Wille eures Vaters, der in den Himmeln ist, dass *eines* dieser Kleinen verloren gehe.

- **Tit 3,5** (Er) errettete ... uns, nicht aus Werken, die, in Gerechtigkeit <vollbracht>, wir getan hätten, sondern nach seiner Barmherzigkeit durch die Waschung der Wiedergeburt und Erneuerung des Heiligen Geistes.

- **Hebr 4,16** Lasst uns nun mit Freimütigkeit hinzutreten zum Thron der Gnade, damit wir Barmherzigkeit empfangen und Gnade finden zur rechtzeitigen Hilfe!

Ist Gottes Gnadenverheißung völlig bedingungslos? Genau genommen nicht! Der Herr Jesus lässt seine Nachfolger wissen,

*dass nur derjenige Gottes Barmherzigkeit empfängt, der selbst
barmherzig ist. Nach der Bibel sitzen wir alle im gleichen Boot:
Wir sind Sünder, die es nötig haben, Gottes Vergebung zu empfangen und in die rechte Beziehung zu ihm zu kommen. Daher
darf keiner von uns anderen gegenüber eine hochmütige und
unversöhnliche Haltung einnehmen.*

- **Mt 6,14-15** Denn wenn ihr den Menschen ihre Vergehungen vergebt, so wird euer himmlischer Vater auch
  euch vergeben; wenn ihr aber den Menschen nicht vergebt, so wird euer Vater eure Vergehungen auch nicht vergeben.

- **Lk 1,50** Und seine Barmherzigkeit ist von Geschlecht
  zu Geschlecht über die, welche ihn fürchten.

- **Apg 3,19-20** So tut nun Buße und bekehrt euch, dass
  eure Sünden ausgetilgt werden, damit Zeiten der
  Erquickung kommen vom Angesicht des Herrn und er
  den euch vorausbestimmten Jesus Christus sende!

- **Apg 17,30** Nachdem nun Gott die Zeiten der Unwissenheit übersehen hat, gebietet er jetzt den Menschen,
  dass sie alle überall Buße tun sollen.

- **2Petr 3,9** Der Herr verzögert nicht die Verheißung,
  wie es einige für eine Verzögerung halten, sondern er ist
  langmütig euch gegenüber, da er nicht will, dass irgendwelche verloren gehen, sondern dass alle zur Buße kommen.

*Nichts lässt Vergebung besser erkennen als das wunderbare
Gleichnis des Herrn Jesus vom Knecht, der Vergebung erfahren
hatte, aber seinerseits nicht vergebungsbereit war.*

- **Mt 18,23-35** Deswegen ist es mit dem Reich der Himmel wie mit einem König, der mit seinen Knechten
  abrechnen wollte. Als er aber anfing, abzurechnen, wurde
  einer zu ihm gebracht, der zehntausend Talente schulde-
  te. Da er aber nicht zahlen konnte, befahl der Herr, ihn

und seine Frau und die Kinder und alles, was er hatte, zu verkaufen und <damit> zu bezahlen. Der Knecht nun fiel nieder, bat ihn kniefällig und sprach: Herr, habe Geduld mit mir, und ich will dir alles bezahlen. Der Herr jenes Knechtes aber wurde innerlich bewegt, gab ihn los und erließ ihm das Darlehen. Jener Knecht aber ging hinaus und fand einen seiner Mitknechte, der ihm hundert Denare schuldig war. Und er ergriff und würgte ihn und sprach: Bezahle, wenn du etwas schuldig bist! Sein Mitknecht nun fiel nieder und bat ihn und sprach: Habe Geduld mit mir, und ich will dir bezahlen. Er aber wollte nicht, sondern ging hin und warf ihn ins Gefängnis, bis er die Schuld bezahlt habe. Als aber seine Mitknechte sahen, was geschehen war, wurden sie sehr betrübt und gingen und berichteten ihrem Herrn alles, was geschehen war. Da rief ihn sein Herr herbei und spricht zu ihm: Böser Knecht! Jene ganze Schuld habe ich dir erlassen, weil du mich batest. Solltest nicht auch du dich deines Mitknechtes erbarmt haben, wie auch ich mich deiner erbarmt habe? Und sein Herr wurde zornig und überlieferte ihn den Folterknechten, bis er alles bezahlt habe, was er ihm schuldig war. So wird auch mein himmlischer Vater euch tun, wenn ihr nicht ein jeder seinem Bruder von Herzen vergebt.

In Psalm 103 wird Gottes Barmherzigkeit besungen. Keine andere biblische Stelle kommt ihm diesbezüglich gleich. Es verwundert daher nicht, dass er vielfach vertont worden ist.

- **Ps 103,3-17a** Der da vergibt alle deine Sünde, der da heilt alle deine Krankheiten. Der dein Leben erlöst aus der Grube, der dich krönt mit Gnade und Erbarmen. Der mit Gutem sättigt dein Leben. Deine Jugend erneuert sich wie bei einem Adler. Der HERR verschafft Gerechtigkeit und Recht allen, die bedrückt werden. Er tat seine Wege kund dem Mose, den Söhnen Israel seine Taten. Barmherzig und gnädig ist der HERR, langsam zum Zorn und groß an Gnade. Er wird nicht immer rechten, nicht ewig zürnen. Er hat uns nicht getan nach unseren Vergehen, nach unseren Sünden uns nicht vergolten. Denn so hoch die Himmel über der Erde sind, so übermächtig ist seine Gnade über denen, die ihn fürchten. So fern der Osten ist vom Westen, hat er von uns entfernt unsere Vergehen. Wie sich ein Vater über Kinder erbarmt, so erbarmt sich der HERR über die, die ihn fürchten. Denn *er* kennt unser Gebilde, gedenkt, dass wir Staub sind. Der Mensch - wie Gras sind seine Tage, wie die Blume des Feldes, so blüht er. Denn fährt ein Wind darüber, so ist sie nicht mehr, und ihr Ort kennt sie nicht mehr. Die Gnade des HERRN aber <währt> von Ewigkeit zu Ewigkeit über denen, die ihn fürchten.

GOTTES LIEBE ZU UNS

*Siehe auch »Trost in Zeiten der Bedrängnis«,
»Züchtigung und Zurechtbringung«, »Gottes Führung«*

*Liebe ist ein überstrapaziertes Wort. »Lieben« nicht die meisten von uns heiße Würstchen, Apfelkuchen und Ausflüge an den Strand? Doch **Liebe** hat in der Bibel eine viel umfassendere Bedeutung, was insbesondere für Gottes Empfindungen gegenüber seinem Volk gilt. Die Bibel beschreibt eine Art von Liebe, die weit über das menschliche Fassungsvermögen hinausgeht.*

- **Ps 33,18.20** Siehe, das Auge des HERRN <ruht> auf denen, die ihn fürchten, die auf seine Gnade harren ... Unsere Seele wartet auf den HERRN; unsere Hilfe und unser Schild ist er.

- **Hos 14,5-6a** Ich will ihre Abtrünnigkeit heilen, will sie aus freiem Antrieb lieben. Denn mein Zorn hat sich von ihm abgewandt. Ich werde für Israel sein wie der Tau.

- **Jer 31,3b** »Ja, mit ewiger Liebe habe ich dich geliebt; darum habe ich dir <meine> Güte bewahrt.«

- **Röm 8,35-39** Wer wird uns scheiden von der Liebe Christi? Bedrängnis oder Angst oder Verfolgung oder Hungersnot oder Blöße oder Gefahr oder Schwert? Wie geschrieben steht: »Um deinetwillen werden wir getötet den ganzen Tag; wie Schlachtschafe sind wir gerechnet worden.« Aber in diesem allen sind wir mehr als Überwinder durch den, der uns geliebt hat. Denn ich bin überzeugt, dass weder Tod noch Leben, weder Engel noch Gewalten, weder Gegenwärtiges noch Zukünftiges, noch Mächte, weder Höhe noch Tiefe, noch irgendein anderes

Geschöpf uns wird scheiden können von der Liebe Gottes, die in Christus Jesus ist, unserem Herrn.

- **Eph 3,19** ... und zu erkennen die die Erkenntnis übersteigende Liebe des Christus, damit ihr erfüllt werdet zur ganzen Fülle Gottes.

- **1Jo 3,1** Seht, welch eine Liebe uns der Vater gegeben hat, dass wir Kinder Gottes heißen sollen! Und wir sind es. Deswegen erkennt uns die Welt nicht, weil sie ihn nicht erkannt hat.

Im Neuen Testament nimmt diese überwältigende Liebe, die Gott zu uns hat, in der aufopfernden Liebe Jesu menschliche Gestalt an.

- **Joh 1,14** Und das Wort wurde Fleisch und wohnte unter uns, und wir haben seine Herrlichkeit angeschaut, eine Herrlichkeit als eines Eingeborenen vom Vater, voller Gnade und Wahrheit.

- **Joh 3,16-17** Denn so hat Gott die Welt geliebt, dass er seinen eingeborenen Sohn gab, damit jeder, der an ihn glaubt, nicht verloren geht, sondern ewiges Leben hat. Denn Gott hat seinen Sohn nicht in die Welt gesandt, dass er die Welt richte, sondern dass die Welt durch ihn errettet werde.

- **Röm 5,5b.8-11** ... denn die Liebe Gottes ist ausgegossen in unsere Herzen durch den Heiligen Geist, der uns gegeben worden ist ... Gott aber erweist *seine* Liebe zu uns darin, dass Christus, als wir noch Sünder waren, für uns gestorben ist. Vielmehr nun, da wir jetzt durch sein Blut gerechtfertigt sind, werden wir durch ihn vom Zorn gerettet werden. Denn wenn wir, als wir Feinde waren, mit Gott versöhnt wurden durch den Tod seines Sohnes, so werden wir viel mehr, da wir versöhnt sind, durch sein Leben gerettet werden. Nicht allein aber das, sondern wir rühmen uns auch Gottes durch unseren Herrn Jesus

Christus, durch den wir jetzt die Versöhnung empfangen haben.

- **2Kor 5,14** Denn die Liebe Christi drängt uns, da wir zu diesem Urteil gekommen sind, dass einer für alle gestorben ist <und> somit alle gestorben sind.

- **Eph 2,4-7** Gott aber, der reich ist an Barmherzigkeit, hat um seiner vielen Liebe willen, womit er uns geliebt hat, auch uns, die wir in den Vergehungen tot waren, mit dem Christus lebendig gemacht - durch Gnade seid ihr errettet! Er hat uns mitauferweckt und mitsitzen lassen in der Himmelswelt in Christus Jesus, damit er in den kommenden Zeitaltern den überragenden Reichtum seiner Gnade in Güte an uns erwiese in Christus Jesus.

- **1Jo 4,8-13** Wer nicht liebt, hat Gott nicht erkannt, denn Gott ist Liebe. Hierin ist die Liebe Gottes zu uns geoffenbart worden, dass Gott seinen eingeborenen Sohn in die Welt gesandt hat, damit wir durch ihn leben möchten. Hierin ist die Liebe: nicht dass wir Gott geliebt haben, sondern dass er uns geliebt und seinen Sohn gesandt hat als eine Sühnung für unsere Sünden. Geliebte, wenn Gott uns so geliebt hat, sind auch wir schuldig, einander zu lieben. Niemand hat Gott jemals gesehen. Wenn wir einander lieben, bleibt Gott in uns, und seine Liebe ist in uns vollendet. Hieran erkennen wir, dass wir in ihm bleiben und er in uns, dass er uns von seinem Geist gegeben hat.

Liebt Gott alle Menschen? Natürlich! Doch denken wir an die alte Redensart: »Nicht die Menschen, sondern ihre sündigen Lebensweisen sind hassenswert.« Dies entspricht dem, was die Bibel im Blick auf Gott sagt: Er hasst das Böse und betrachtet es von seinem Wesen her. Und obwohl er gottlose Menschen nicht hasst (weil er ja will, dass jeder Buße tut und ein Leben des Glaubens führt), kümmert er sich besonders um Menschen, die ihn lieben und ihm gehorchen.

- **Ps 146,8** Der HERR öffnet die Augen der Blinden. Der HERR richtet die Gebeugten auf. Der HERR liebt die Gerechten.

- **Spr 15,9** Ein Gräuel für den HERRN ist der Weg des Gottlosen; wer aber der Gerechtigkeit nachjagt, den liebt er.

- **Jer 29,11-14a** Denn ich kenne ja die Gedanken, die ich über euch denke, spricht der HERR, Gedanken des Friedens und nicht zum Unheil, um euch Zukunft und Hoffnung zu gewähren. Ruft ihr mich an, geht ihr hin und betet zu mir, dann werde ich auf euch hören. Und sucht ihr mich, so werdet ihr <mich> finden, ja, fragt ihr mit eurem ganzen Herzen nach mir, so werde ich mich von euch finden lassen, spricht der HERR.

- **Ps 32,10-11** Viele Schmerzen hat der Gottlose; wer aber auf den HERRN vertraut, den umgibt er mit Gnade. Freut euch an dem HERRN, und frohlockt, ihr Gerechten, und jubelt, alle ihr von Herzen Aufrichtigen!

- **Joh 14,21.23** Wer meine Gebote hat und sie hält, der ist es, der mich liebt; wer aber mich liebt, wird von meinem Vater geliebt werden; und ich werde ihn lieben und mich selbst ihm offenbaren ... Jesus antwortete und sprach zu ihm: Wenn jemand mich liebt, so wird er mein Wort halten, und mein Vater wird ihn lieben, und wir werden zu ihm kommen und Wohnung bei ihm machen.

- **Röm 8,28** Wir wissen aber, dass denen, die Gott lieben, alle Dinge zum Guten mitwirken, denen, die nach <seinem> Vorsatz berufen sind.

Das letzte biblische Buch, die Offenbarung, weist uns darauf hin, dass Liebe und Züchtigung nicht voneinander getrennt werden können. In dem Bewusstsein, dass diese jetzige Welt eines Tages vergehen muss, ermahnt der Verfasser der Offenbarung die Leser, wachsam zu sein, denn der Gott der Liebe ist auch derjenige, der beim letzten Weltgericht das Urteil spricht.

- **Offb 3,19** Ich überführe und züchtige alle, die ich liebe. Sei nun eifrig und tu Buße!

GÜTE

Siehe auch »Anderen vergeben«, »Freigebigkeit«

*E*in großer christlicher Liederdichter schrieb, dass »durch Güte mehr Sünder zum Glauben gekommen sind als durch Eifer, Beredsamkeit oder Gelehrsamkeit.« Ist es nicht bemerkenswert, dass wir unsere Vorstellungen von »freundlichen Menschen«, »Heiligen« oder »vorbildlichen Christen« zunächst mit Güte und nicht mit Intelligenz oder Klugheit verbinden? Der Herr Jesus ist nicht nur unser Retter, sondern wir sind auch berufen, seine Nachahmer zu sein. Obwohl er weise und redegewandt war, denken wir im Blick auf den Herrn Jesus vorrangig an Barmherzigkeit, Güte und Mitgefühl.

- **Mt 5,7** Glückselig die Barmherzigen, denn *ihnen* wird Barmherzigkeit widerfahren.

Da die Bibel ein äußerst praktisches Buch ist, beinhaltet der Gedanke der Barmherzigkeit keine abstrakte Vorstellung. Im gleichen Kapitel, in dem der Herr Jesus die Menschen auffordert, barmherzig zu sein, bringt er den Gedanken der Güte sehr konkret zum Ausdruck:

- **Mt 5,42** Gib dem, der dich bittet, und weise den nicht ab, der von dir borgen will!

- **Mt 25,34-36** Dann wird der König zu denen zu seiner Rechten sagen: Kommt her, Gesegnete meines Vaters, erbt das Reich, das euch bereitet ist von Grundlegung der Welt an! Denn mich hungerte, und ihr gabt mir zu essen; mich dürstete, und ihr gabt mir zu trinken; ich war Fremdling, und ihr nahmt mich auf; nackt, und ihr bekleidetet mich; ich war krank, und ihr besuchtet mich; ich war im Gefängnis, und ihr kamt zu mir.

• **Lk 6,34-36** Und wenn ihr denen leiht, von denen ihr <wieder> zu empfangen hofft, was für einen Dank habt ihr? Auch Sünder leihen Sündern, damit sie das gleiche wieder empfangen. Doch liebt eure Feinde, und tut Gutes, und leiht, ohne etwas wieder zu erhoffen! Und euer Lohn wird groß sein, und ihr werdet Söhne des Höchsten sein; denn er ist gütig gegen die Undankbaren und Bösen.

Seid nun barmherzig, wie auch euer Vater barmherzig ist!

• **Röm 12,8-10** ... es sei, der ermahnt, in der Ermahnung; der mitteilt, in Einfalt; der vorsteht, mit Fleiß; der Barmherzigkeit übt, mit Freudigkeit.

Die Liebe sei ungeheuchelt! Verabscheut das Böse, haltet fest am Guten! In der Bruderliebe seid herzlich zueinander, in Ehrerbietung einer dem anderen vorangehend.

• **1Kor 13,4-7** Die Liebe ist langmütig, die Liebe ist gütig; sie neidet nicht; die Liebe tut nicht groß, sie bläht sich nicht auf, sie benimmt sich nicht unanständig, sie sucht nicht das Ihre, sie lässt sich nicht erbittern, sie rechnet Böses nicht zu, sie freut sich nicht über die Ungerechtigkeit, sondern sie freut sich mit der Wahrheit, sie erträgt alles, sie glaubt alles, sie hofft alles, sie erduldet alles.

Güte lässt sich schwer von der Frage der Vergebung trennen. Ja, die Bibel stellt beide Begriffe immer wieder nebeneinander. Das Leben in dieser Welt bringt uns ständig mit Menschen in Kontakt, die uns reizen, frustrieren und sogar zur Weißglut bringen. Trotzdem wiederholt es die Bibel: Vergebt einander, denn Gott, dem wir ähnlich werden sollen, ist ein Gott der Vergebung.

• **Kol 3,12-15** Zieht nun an als Auserwählte Gottes, als Heilige und Geliebte: herzliches Erbarmen, Güte, Demut, Milde, Langmut! Ertragt einander und vergebt euch gegenseitig, wenn einer Klage gegen den anderen hat; wie auch der Herr euch vergeben hat, so auch ihr! Zu diesem allen aber <zieht> die Liebe <an>, die das Band der Vollkommenheit ist! Und der Friede des Christus regiere in euren Herzen, zu dem ihr auch berufen worden seid in *einem* Leib! Und seid dankbar!

* **1Petr 3,8** Endlich aber seid alle gleichgesinnt, mitleidig, <voll> brüderlicher Liebe, barmherzig, demütig.

* **Spr 14,21** Wer seinem Nächsten Verachtung zeigt, sündigt; aber wohl dem, der sich über die Elenden erbarmt!

* **1Jo 3,17** Wer aber irdischen Besitz hat und sieht seinen Bruder Mangel leiden und verschließt sein Herz vor ihm, wie bleibt die Liebe Gottes in ihm?

HASS

*Siehe auch »Zorn«, »Feinde«, »Neid und Eifersucht«,
»Anderen vergeben«, »Gnade und Barmherzigkeit«*

*W*enn man die Tagesnachrichten einschaltet, kommt man nicht umhin festzustellen, wie hasserfüllt die Welt ist. Eine Nation gegen die andere, eine ethnische Gruppe hasst die andere, eine politische Gruppierung verbreitet hässliche Halbwahrheiten über die andere. Man gewinnt leicht den Eindruck, dass manche Menschen **Freude daran haben,** andere zu hassen. Je mehr wir uns dessen bewusst sind, desto normaler erscheint es uns. Was ist nur mit dem Rat unserer Großeltern: »Nicht die Menschen, sondern ihre **sündigen Lebensweisen** sind hassenswert« geschehen?

Der biblische Grundgedanke hinsichtlich des Hasses auf Menschen besteht darin, ihn **auszumerzen.** Es ist normal und richtig, dass ein Christ das Böse hasst. Dies gilt jedoch nicht für Menschen, nicht einmal für schlechte Menschen, wobei wir insbesondere Mitchristen nicht hassen sollen. Im Reich Gottes hat die Veranlassung zum Hass keinen Platz.

- **Spr 10,12** Hass erregt Zänkereien, aber Liebe deckt alle Vergehen zu.

- **Mt 5,43-45** Ihr habt gehört, dass gesagt ist: Du sollst deinen Nächsten lieben und deinen Feind hassen. Ich aber sage euch: Liebt eure Feinde, und betet für die, die euch verfolgen, damit ihr Söhne eures Vaters seid, der in den Himmeln ist! Denn er lässt seine Sonne aufgehen über Böse und Gute und lässt regnen über Gerechte und Ungerechte.

- **1Jo 2,9-11** Wer sagt, dass er im Licht sei, und hasst seinen Bruder, ist in der Finsternis bis jetzt. Wer seinen Bruder liebt, bleibt im Licht, und nichts Anstößiges ist in ihm. Wer aber seinen Bruder hasst, ist in der Finsternis und wandelt in der Finsternis und weiß nicht, wohin er geht, weil die Finsternis seine Augen verblendet hat.

- **1Jo 4,20-21** Wenn jemand sagt: Ich liebe Gott, und hasst seinen Bruder, ist er ein Lügner. Denn wer seinen Bruder nicht liebt, den er gesehen hat, kann nicht Gott lieben, den er nicht gesehen hat. Und dieses Gebot haben wir von ihm, dass, wer Gott liebt, auch seinen Bruder lieben soll.

Diese Worte aus dem ersten Johannesbrief erinnern uns schmerzhaft daran, wie die Realität aussieht: Unter Christen kommt es zu Auseinandersetzungen. Dies geschieht innerhalb von Denominationen und einzelnen Gemeinden, ja sogar unter befreundeten Christen. Christen bekämpfen einander, brüskieren ihre Mitgeschwister und handeln so, als wären sie miteinander überhaupt nicht geistlich verwandt. Verwundert es da noch, dass sich die Welt manchmal über uns lustig macht?

- **1Jo 3,10-15** Hieran sind offenbar die Kinder Gottes und die Kinder des Teufels: Jeder, der nicht Gerechtigkeit tut, ist nicht aus Gott, und wer nicht seinen Bruder liebt.
    Denn dies ist die Botschaft, die ihr von Anfang an gehört habt, dass wir einander lieben sollen. Nicht wie Kain <sollen wir sein, der> aus dem Bösen war und seinen Bruder ermordete. Und weshalb ermordete er ihn? Weil seine Werke böse waren, die seines Bruders aber gerecht.
    Wundert euch nicht, Brüder, wenn die Welt euch hasst. Wir wissen, dass wir aus dem Tod in das Leben hinübergegangen sind, weil wir die Brüder lieben; wer nicht liebt, bleibt im Tod. Jeder, der seinen Bruder hasst, ist ein Menschenmörder, und ihr wisst, dass kein Menschenmörder ewiges Leben bleibend in sich hat.

HEIL UND RETTUNG

Siehe auch »Rechtfertigung«, »Wiedergeburt, neues Leben«
»Buße« »Sünde und Erlösung«

*E*igene Bemühungen, besser zu werden, und »Selbsthilfe« sind heute weitverbreitete Begriffe. Wenn es sie zu Zeiten der biblischen Verfasser gegeben hätte, wären sie für sie völlig bedeutungslos gewesen. Ihre Verheißungen bezogen sich überhaupt nicht darauf, wie man **lernt,** Kind Gottes zu sein, oder **Anstrengungen unternimmt,** sich als Mensch recht zu verhalten. Die Botschaft vom Heil besteht darin, dass es keine **Verbesserung,** sondern eine **Umwandlung** gibt. Wir werden - von Gott - umgestaltet, indem er aus Sündern Gotteskinder macht. Wir werden umgestaltet, indem wir nicht mehr ihm Entfremdete, sondern mit ihm Versöhnte sind. Dies wird nicht dadurch erreicht, dass man Bücher liest, Seminare besucht oder einen Zwölf-Punkte-Plan einhält. Es geschieht vielmehr dadurch, dass wir zunächst erkennen: Wir **müssen gerettet** werden, besser werden reicht nicht.

Dies geht uns gegen den Strich. Wir denken gern, dass wir einen anderen Weg herausgefunden hätten, um unsere persönlichen Ziele zu erreichen. Doch die Heilsbotschaft in der Bibel hat nichts mit Unterstützung unserer Bemühungen zu tun - ihr geht es vielmehr darum, uns völlig umzugestalten. Die Bibel verheißt uns, dass wir dies durch die »Wiedergeburt« erreichen. Unser alter Mensch - wie gut, edel, attraktiv und erfolgreich er auch sein mag - erweist sich dabei als unzulänglich - zumindest im Vergleich mit einem vollkommenen Gott.

Die Welt sieht in dem Herrn Jesus gern ausschließlich einen in Ehren gehaltenen moralischen Lehrer. Warum eigentlich? Es hat von Anfang an redliche und kluge Sittenlehrer gegeben. Sie waren der Welt von Nutzen, konnten sie jedoch nicht retten. Kluge Ratschläge können wir nicht gebrauchen. Wir brauchen (um jenes altmodische Wort zu verwenden) einen **Heiland.**

Nach der Bibel war und ist dies einzig und allein der Herr Jesus.

Den alttestamentlichen Schreibern war der Herr Jesus noch nicht bekannt. Sie sahen ihm entgegen, indem sie ihn erwarteten. Dies ist der Grund dafür, dass so viele der alttestamentlichen Stellen ihre Erfüllung im Rettungswerk des Herrn Jesus haben.

- **Ps 34,19** Nahe ist der HERR denen, die zerbrochenen Herzens sind, und die zerschlagenen Geistes sind, rettet er.

- **Ps 116,6** Der HERR behütet die Einfältigen. Ich war schwach, doch er hat mich gerettet.

- **Jer 29,11-13a** Denn ich kenne ja die Gedanken, die ich über euch denke, spricht der HERR, Gedanken des Friedens und nicht zum Unheil, um euch Zukunft und Hoffnung zu gewähren. Ruft ihr mich an, geht ihr hin und betet zu mir, dann werde ich auf euch hören. Und sucht ihr mich, so werdet ihr <mich> finden.

- **Hes 36,25-27.28b** Und ich werde reines Wasser auf euch sprengen, und ihr werdet rein sein; von all euren Unreinheiten und von all euren Götzen werde ich euch reinigen. Und ich werde euch ein neues Herz geben und einen neuen Geist in euer Inneres geben; und ich werde das steinerne Herz aus eurem Fleisch wegnehmen und euch ein fleischernes Herz geben. Und ich werde meinen Geist in euer Inneres geben; und ich werde machen, dass ihr in meinen Ordnungen lebt und meine Rechtsbestimmungen bewahrt und tut ... und ihr werdet mir zum Volk, und ich, *ich*, werde euch zum Gott sein.

- **Jes 7,14** Darum wird der Herr selbst euch ein Zeichen geben: Siehe, die Jungfrau wird schwanger werden und einen Sohn gebären und wird seinen Namen Immanuel nennen.

Der Herr Jesus kam in die Welt, indem er das Reich Gottes verkündigte - kein geographisch erfassbares Reich, sondern die

Herrschaft Gottes über Menschen, die bereit sind, ihn Herr sein zu lassen. Mit anderen Worten: Das Heil wird denen gewährt, die bereitwillig zu dem Herrn Jesus sagen: »Mit der Führung meines Lebens steht es nicht zum Besten. Sei du darin mein Herr!« Jeder kann dies sagen, doch nur wenige tun es auch.

- **Mt 7,13-14** Geht hinein durch die enge Pforte! Denn weit ist die Pforte und breit der Weg, der zum Verderben führt, und viele sind, die auf ihm hineingehen. Denn eng ist die Pforte und schmal der Weg, der zum Leben führt, und wenige sind, die ihn finden.

- **Mt 16,25-26** Denn wenn jemand sein Leben erretten will, wird er es verlieren; wenn aber jemand sein Leben verliert um meinetwillen, wird er es finden. Denn was wird es einem Menschen nützen, wenn er die ganze Welt gewönne, aber sein Leben einbüßte? Oder was wird ein Mensch als Lösegeld geben für sein Leben?

- **Lk 19,10** Denn der Sohn des Menschen ist gekommen, zu suchen und zu retten, was verloren ist.

- **Mk 16,15-16** Und er sprach zu ihnen: Geht hin in die ganze Welt und predigt das Evangelium der ganzen Schöpfung! Wer gläubig geworden und getauft worden ist, wird errettet werden; wer aber ungläubig ist, wird verdammt werden.

- **Joh 3,16-17** Denn so hat Gott die Welt geliebt, dass er seinen eingeborenen Sohn gab, damit jeder, der an ihn glaubt, nicht verloren geht, sondern ewiges Leben hat. Denn Gott hat seinen Sohn nicht in die Welt gesandt, dass er die Welt richte, sondern dass die Welt durch ihn errettet werde.

- **Joh 3,3-7** Jesus antwortete und sprach zu ihm: Wahrlich, wahrlich, ich sage dir: Wenn jemand nicht von neuem geboren wird, kann er das Reich Gottes nicht sehen. Nikodemus spricht zu ihm: Wie kann ein Mensch geboren werden, wenn er alt ist? Kann er etwa zum zweiten Mal in den Leib seiner Mutter hineingehen und geboren werden? Jesus antwortete: Wahrlich, wahrlich, ich sage dir: Wenn jemand nicht aus Wasser und Geist geboren wird, kann er nicht in das Reich Gottes hineingehen. Was aus dem Fleisch geboren ist, ist Fleisch, und was aus dem Geist geboren ist, ist Geist. Wundere dich nicht, dass ich dir sagte: *Ihr* müsst von neuem geboren werden.

• **Joh 10,9** Ich bin die Tür; wenn jemand durch mich hineingeht, so wird er errettet werden und wird ein- und ausgehen und Weide finden.

• **Mk 10,45** Denn auch der Sohn des Menschen ist nicht gekommen, um bedient zu werden, sondern um zu dienen und sein Leben zu geben als Lösegeld für viele.

Paulus, der einen Großteil des Neuen Testaments schrieb, verstand die eigenen Bemühungen, besser zu werden. Er war in dem Glauben erzogen worden, dass man durch das Halten des jüdischen Gesetzes Gott gefallen könne. Er hielt es gewissenhaft und kam doch zu dem Ergebnis, dass ihn dies nicht in die rechte Stellung vor Gott brachte. Und ungeachtet dessen, wie eifrig er war - er konnte das Gesetz nicht völlig halten. Immer wieder wies Paulus in seinen Briefen seine Leser darauf hin, dass Christus allein der Weg zum Heil ist.

• **Röm 3,20-24** Darum: aus Gesetzeswerken wird kein Fleisch vor ihm gerechtfertigt werden; denn durch Gesetz <kommt> Erkenntnis der Sünde.
Jetzt aber ist ohne Gesetz Gottes Gerechtigkeit geoffenbart worden, bezeugt durch das Gesetz und die Propheten: Gottes Gerechtigkeit aber durch Glauben an Jesus Christus für alle, die glauben. Denn es ist kein Unterschied, denn alle haben gesündigt und erlangen nicht die Herrlichkeit Gottes und werden umsonst gerechtfertigt durch seine Gnade, durch die Erlösung, die in Christus Jesus ist.

- **Röm 8,3** Denn das dem Gesetz Unmögliche, weil es durch das Fleisch kraftlos war, <tat> Gott, indem er seinen eigenen Sohn in Gleichgestalt des Fleisches der Sünde und für die Sünde sandte und die Sünde im Fleisch verurteilte.

- **Röm 10,9-10** Wenn du mit deinem Mund Jesus als Herrn bekennen und in deinem Herzen glauben wirst, dass Gott ihn aus den Toten auferweckt hat, (wirst) du errettet werden ... Denn mit dem Herzen wird geglaubt zur Gerechtigkeit, und mit dem Mund wird bekannt zum Heil.

Paulus wusste nur zu gut, dass das Evangelium Skeptikern zu Ohren kommen würde. Glauben intelligente Menschen wirklich, dass der Herr Jesus der Sohn Gottes ist und dass es nur einen Weg gibt, durch seinen Kreuzestod »in die rechte Stellung vor Gott« gebracht zu werden? Dies glauben eigentlich zahlreiche intelligente Menschen. Und viele bezweifeln es. Paulus stellte deutlich heraus, dass die Botschaft nicht nur nach ihrer Popularität beurteilt werden kann.

- **1Kor 1,18-19** Denn das Wort vom Kreuz ist denen, die verlorengehen, Torheit; uns aber, die wir errettet werden, ist es Gottes Kraft. Denn es steht geschrieben: »Ich werde die Weisheit der Weisen vernichten, und den Verstand der Verständigen werde ich verwerfen.«

- **2Kor 7,10** Denn die Betrübnis nach Gottes <Sinn> bewirkt eine nie zu bereuende Buße zum Heil; die Betrübnis der Welt aber bewirkt den Tod.

- **Eph 2,1-6.8-9** Auch euch <hat er auferweckt>, die ihr tot wart in euren Vergehungen und Sünden, in denen ihr einst wandeltet gemäß dem Zeitlauf dieser Welt, gemäß dem Fürsten der Macht der Luft, des Geistes, der jetzt in den Söhnen des Ungehorsams wirkt. Unter diesen hatten auch *wir* einst all unseren Verkehr in den Begierden unseres Fleisches, indem wir den Willen des Fleisches und der Gedanken taten und von Natur Kinder des Zorns waren wie auch die anderen. Gott aber, der reich ist an Barmherzigkeit, hat um seiner vielen Liebe willen, womit er uns geliebt hat, auch uns, die wir in den Vergehungen tot waren, mit dem Christus lebendig gemacht - durch Gnade seid ihr errettet! Er hat uns mitauferweckt und mitsitzen lassen in der Himmelswelt in Christus Jesus ... Denn aus Gnade seid ihr errettet durch Glauben, und das nicht aus euch, Gottes Gabe ist es; nicht aus Werken, damit niemand sich rühme.

- **1Tim 1,15a** Das Wort ist gewiss und aller Annahme wert, dass Christus Jesus in die Welt gekommen ist, Sünder zu erretten.

- **1Tim 2,3-6** Dies ist gut und angenehm vor unserem Heiland-Gott, welcher will, dass alle Menschen errettet werden und zur Erkenntnis der Wahrheit kommen. Denn *einer* ist Gott, und *einer* ist Mittler zwischen Gott und Menschen, der Mensch Christus Jesus, der sich selbst als Lösegeld für alle gab, als das Zeugnis zur rechten Zeit.

- **Hebr 2,3-4** Wie werden wir entfliehen, wenn wir eine so große Rettung missachten? Sie ist <ja>, nachdem sie ihren Anfang <damit> genommen hatte, dass sie durch den Herrn verkündet wurde, uns gegenüber von denen bestätigt worden, die es gehört haben, wobei Gott zugleich Zeugnis gab durch Zeichen und Wunder und mancherlei Machttaten und Austeilungen des Heiligen Geistes nach seinem Willen.

- **Röm 8,38-39** Denn ich bin überzeugt, dass weder Tod noch Leben, weder Engel noch Gewalten, weder Gegenwärtiges noch Zukünftiges, noch Mächte, weder Höhe noch Tiefe, noch irgendein anderes Geschöpf uns wird scheiden können von der Liebe Gottes, die in Christus Jesus ist, unserem Herrn.

- **Hebr 2,14** Weil nun die Kinder Blutes und Fleisches teilhaftig sind, hat auch er in gleicher Weise daran Anteil gehabt, um durch den Tod den zunichte zu machen, der die Macht des Todes hat, das ist den Teufel.

Das Neue Testament gebraucht das Wort **neu** *sehr häufig. So wie uns die Werbung ständig »neue und verbesserte« Produkte anbietet, bietet uns das Neue Testament fortwährend ein neues Leben an. Wo immer man die Worte* **Heil bzw. Rettung** *im Neuen Testament findet, ist der Begriff* **neu** *wahrscheinlich nicht weit davon weg.*

- **2Kor 5,17-19.21** Daher, wenn jemand in Christus ist, so ist er eine neue Schöpfung; das Alte ist vergangen, siehe, Neues ist geworden.
  Alles aber von Gott, der uns mit sich selbst versöhnt hat durch Christus und uns den Dienst der Versöhnung gegeben hat, <nämlich> dass Gott in Christus war und die Welt mit sich selbst versöhnte, ihnen ihre Übertretungen nicht zurechnete und in uns das Wort von der Versöhnung gelegt hat ... Den, der Sünde nicht kannte, hat er für uns zur Sünde gemacht, damit wir Gottes Gerechtigkeit würden in ihm.

- **Kol 2,12-13** ... mit ihm begraben in der Taufe, in ihm auch mit auferweckt durch den Glauben an die wirksame Kraft Gottes, der ihn aus den Toten auferweckt hat. Und euch, die ihr tot wart in den Vergehungen und in der Unbeschnittenheit eures Fleisches, hat er mit lebendig gemacht mit ihm, indem er uns alle Vergehungen vergeben hat.

- **Tit 3,5-6** (Er) errettete ... uns, nicht aus Werken, die, in Gerechtigkeit <vollbracht>, wir getan hätten, sondern nach seiner Barmherzigkeit durch die Waschung der Wiedergeburt und Erneuerung des Heiligen Geistes. Den hat er durch Jesus Christus, unseren Heiland, reichlich über uns ausgegossen.

- **Röm 5,11** Nicht allein aber das, sondern wir rühmen uns auch Gottes durch unseren Herrn Jesus Christus, durch den wir jetzt die Versöhnung empfangen haben.

Jeder kann über Rettung reden, und jeder kann die Worte »Gott hat mich gerettet« aussprechen. Worte sind jedoch inhaltslos, wenn sie nicht von Taten untermauert werden. Der Herr Jesus stellte deutlich heraus, dass es der Gerettete nicht dabei belässt, nur darüber zu reden.

- **Joh 8,31-32.51** Jesus sprach nun zu den Juden, die ihm geglaubt hatten: Wenn ihr in meinem Wort bleibt, so seid ihr wahrhaft meine Jünger; und ihr werdet die Wahrheit erkennen, und die Wahrheit wird euch frei machen ...

  Wahrlich, wahrlich, ich sage euch: Wenn jemand mein Wort bewahren wird, so wird er den Tod nicht sehen in Ewigkeit.

- **Joh 14,15.21** Wenn ihr mich liebt, so werdet ihr meine Gebote halten ... Wer meine Gebote hat und sie hält, der ist es, der mich liebt; wer aber mich liebt, wird von meinem Vater geliebt werden; und ich werde ihn lieben und mich selbst ihm offenbaren.

HEILIGER GEIST

Siehe auch »Taufe des Geistes und Gaben des Geistes«,
»Gottes Führung«

*I*n den letzten Jahren ist das Interesse am Heiligen Geist wie-
dererwacht. Dies ist berechtigt, denn zu lange wurde der Heilige Geist in unserem Glauben vernachlässigt. Man zwängte
ihn in die Aussage des Glaubensbekenntnisses ein: »Ich glaube
an den Heiligen Geist«, verstand aber kaum sein Wesen. Rund
um den Erdball sind Menschen zur Bibel zurückgekehrt, unter
denen ein neues Interesse am Heiligen Geist und seiner Rolle in
ihrem Leben aufgebrochen ist.

   Ein gesondertes Kapitel trägt die Überschrift »Taufe des
Geistes und Gaben des Geistes«. Anhand der biblischen Verheißungen in diesem vorliegenden Kapitel werden Sie erkennen, dass der Heilige Geist selbst Gottes größte Gabe für
alle Gläubigen **ist.** Die im Alten Testament prophezeite Gabe
wurde im Neuen Testament Realität, wobei der Heilige Geist
unter Gotteskindern heute noch immer am Wirken ist. Gott sei
dafür gepriesen!

- **Jes 59,21**   Ich aber - dies ist mein Bund mit ihnen,
  spricht der HERR: Mein Geist, der auf dir ruht, und
  meine Worte, die ich in deinen Mund gelegt habe, werden
  nicht aus deinem Mund weichen noch aus dem Mund
  deiner Nachkommen, noch aus dem Mund der Nachkommen deiner Nachkommen, spricht der HERR, von
  nun an bis in Ewigkeit.

- **Hes 36,26-27.28b**   Und ich werde euch ein neues
  Herz geben und einen neuen Geist in euer Inneres geben;
  und ich werde das steinerne Herz aus eurem Fleisch wegnehmen und euch ein fleischernes Herz geben. Und ich
  werde meinen Geist in euer Inneres geben; und ich werde

machen, dass ihr in meinen Ordnungen lebt und meine Rechtsbestimmungen bewahrt und tut. Und ihr werdet ... mir zum Volk, und ich, *ich*, werde euch zum Gott sein.

- **Joe 3,1-2**   Und danach wird es geschehen, dass ich meinen Geist ausgießen werde über alles Fleisch. Und eure Söhne und eure Töchter werden weissagen, eure Greise werden Träume haben, eure jungen Männer werden Gesichte sehen. Und selbst über die Knechte und über die Mägde werde ich in jenen Tagen meinen Geist ausgießen.

- **Mt 3,11**   [Johannes der Täufer:] Ich zwar taufe euch mit Wasser zur Buße; der aber nach mir kommt, ist stärker als ich, dessen Sandalen zu tragen ich nicht würdig bin; er wird euch mit Heiligem Geist und Feuer taufen.

- **Lk 11,10-13**   Denn jeder Bittende empfängt, und der Suchende findet, und dem Anklopfenden wird aufgetan werden. Wen von euch, der Vater ist, wird der Sohn um einen Fisch bitten - und wird er ihm statt des Fisches <etwa> eine Schlange geben? Oder auch, wenn er um ein Ei bäte - er wird ihm doch nicht einen Skorpion geben? Wenn nun ihr, die ihr böse seid, euren Kindern gute Gaben zu geben wisst, wieviel mehr wird der Vater, der vom Himmel <gibt, den> Heiligen Geist geben denen, die ihn bitten!

- **Joh 3,5-6**   Jesus antwortete: Wahrlich, wahrlich, ich sage dir: Wenn jemand nicht aus Wasser und Geist geboren wird, kann er nicht in das Reich Gottes hineingehen. Was aus dem Fleisch geboren ist, ist Fleisch, und was aus dem Geist geboren ist, ist Geist.

- **Joh 14,16-17.26**   ... und ich werde den Vater bitten, und er wird euch einen anderen Beistand geben, dass er bei euch sei in Ewigkeit, den Geist der Wahrheit, den die Welt nicht empfangen kann, weil sie ihn nicht sieht noch ihn kennt. *Ihr* kennt ihn, denn er bleibt bei euch und wird in euch sein ... Der Beistand aber, der Heilige Geist, den der Vater senden wird in meinem Namen, der wird euch alles lehren und euch an alles erinnern, was ich euch gesagt habe.

- **Joh 6,63** Der Geist ist es, der lebendig macht; das Fleisch nützt nichts. Die Worte, die ich zu euch geredet habe, sind Geist und sind Leben.

- **Joh 16,13-15** Wenn aber jener, der Geist der Wahrheit, gekommen ist, wird er euch in die ganze Wahrheit leiten; denn er wird nicht aus sich selbst reden, sondern was er hören wird, wird er reden, und das Kommende wird er euch verkündigen. Er wird mich verherrlichen, denn von dem Meinen wird er nehmen und euch verkündigen. Alles, was der Vater hat, ist mein; darum sagte ich, dass er von dem Meinen nimmt und euch verkündigen wird.

- **Mt 10,19-20** Wenn sie euch aber überliefern, so seid nicht besorgt, wie oder was ihr reden sollt; denn es wird euch in jener Stunde gegeben werden, was ihr reden sollt. Denn nicht *ihr* seid die Redenden, sondern der Geist eures Vaters, der in euch redet.

- **Mt 28,19-20** Geht nun hin und macht alle Nationen zu Jüngern, und tauft sie auf den Namen des Vaters und des Sohnes und des Heiligen Geistes, und lehrt sie alles zu bewahren, was ich euch geboten habe! Und siehe, *ich* bin bei euch alle Tage bis zur Vollendung des Zeitalters.

- **Apg 1,8** Aber ihr werdet Kraft empfangen, wenn der Heilige Geist auf euch gekommen ist; und ihr werdet meine Zeugen sein, sowohl in Jerusalem als auch in ganz Judäa und Samaria und bis an das Ende der Erde.

- **Apg 2,2-4** Und plötzlich geschah aus dem Himmel ein Brausen, als führe ein gewaltiger Wind daher, und erfüllte das ganze Haus, wo sie saßen. Und es erschienen ihnen zerteilte Zungen wie von Feuer, und sie setzten sich auf jeden einzelnen von ihnen. Und sie wurden alle mit Heiligem Geist erfüllt und fingen an, in anderen Sprachen zu reden, wie der Geist ihnen gab auszusprechen.

Paulus und die anderen neutestamentlichen Schreiber spürten, dass der Heilige Geist in ihrem Leben und im Leben anderer Christen am Werk war. Sie reden fortwährend davon, dass der Heilige Geist eine **Kraft** *ist und Gläubige* **befähigt,** *indem er sie veranlasst, in ihrem Leben Großes für Gott zu vollbringen.*

- **Röm 5,5b** ... denn die Liebe Gottes ist ausgegossen in unsere Herzen durch den Heiligen Geist, der uns gegeben worden ist.

- **Röm 8,2.5-6.11.14-16** Denn das Gesetz des Geistes des Lebens in Christus Jesus hat dich freigemacht von dem Gesetz der Sünde und des Todes ... Denn die, die nach dem Fleisch sind, sinnen auf das, was des Fleisches ist; die aber, die nach dem Geist sind, auf das, was des Geistes ist. Denn die Gesinnung des Fleisches ist Tod, die Gesinnung des Geistes aber Leben und Frieden ... Wenn aber der Geist dessen, der Jesus aus den Toten auferweckt hat, in euch wohnt, so wird er, der Christus Jesus aus den Toten auferweckt hat, auch eure sterblichen Leiber lebendig machen wegen seines in euch wohnenden Geistes ...
  Denn so viele durch den Geist Gottes geleitet werden, die sind Söhne Gottes. Denn ihr habt nicht einen Geist der Knechtschaft empfangen, wieder zur Furcht, sondern einen Geist der Sohnschaft habt ihr empfangen, in dem wir rufen: Abba, Vater! Der Geist selbst bezeugt <zusammen> mit unserem Geist, dass wir Kinder Gottes sind.

- **1Kor 2,12.14-16** *Wir* aber haben nicht den Geist der Welt empfangen, sondern den Geist, der aus Gott ist, damit wir die <Dinge> kennen, die uns von Gott geschenkt sind ... Ein natürlicher Mensch aber nimmt nicht an, was des Geistes Gottes ist, denn es ist ihm eine Torheit, und er kann es nicht erkennen, weil es geistlich beurteilt wird. Der geistliche dagegen beurteilt zwar alles, er selbst jedoch wird von niemand beurteilt. Denn »wer hat den Sinn des Herrn erkannt, dass er ihn unterweisen könnte?« *Wir* aber haben Christi Sinn.

Im Mittelpunkt der alten jüdischen Religion stand die Anbetung Gottes im Tempel zu Jerusalem. Der Apostel Paulus sah die Realität des neuen Sachverhalts: Statt sich im Tempel aufzuhalten, offenbart sich Gott jetzt dadurch, dass sein Geist in den Glaubenden wohnt und unter ihnen wirkt.

- **1Kor 3,16-17** Wisst ihr nicht, dass ihr Gottes Tempel seid und der Geist Gottes in euch wohnt? Wenn jemand den Tempel Gottes verdirbt, den wird Gott verderben; denn der Tempel Gottes ist heilig, und der seid *ihr.*

- **1Kor 6,19-20** Oder wisst ihr nicht, dass euer Leib ein Tempel des Heiligen Geistes in euch ist, den ihr von Gott habt, und dass ihr nicht euch selbst gehört? Denn ihr seid um einen Preis erkauft worden. Verherrlicht nun Gott mit eurem Leib!

- **1Kor 12,3** Deshalb tue ich euch kund, dass niemand, der im Geist Gottes redet, sagt: Fluch über Jesus! und niemand sagen kann: Herr Jesus! außer im Heiligen Geist.

- **2Kor 3,3.6.17** Von euch ist offenbar geworden, dass ihr ein Brief Christi seid, ausgefertigt von uns im Dienst, geschrieben nicht mit Tinte, sondern mit dem Geist des lebendigen Gottes, nicht auf steinerne Tafeln, sondern auf Tafeln, die fleischerne Herzen sind ...
  ... der uns auch tüchtig gemacht hat zu Dienern des neuen Bundes, nicht des Buchstabens, sondern des Geistes. Denn der Buchstabe tötet, der Geist aber macht lebendig ...
  Der Herr aber ist der Geist; wo aber der Geist des Herrn ist, ist Freiheit.

- **2Kor 5,4-5** Denn wir freilich, die in dem Zelt sind, seufzen beschwert, weil wir nicht entkleidet, sondern überkleidet werden möchten, damit das Sterbliche verschlungen werde vom Leben. Der uns aber eben hierzu bereitet hat, ist Gott, der uns das Unterpfand des Geistes gegeben hat.

Paulus sprach von dem Geist als **Unterpfand,** *als einer Art himmlischen »Anzahlung«. Wenn Gläubige sehen, wie Gott durch den Geist in ihrem Leben und im Leben anderer wirkt, erkennen sie das Unterpfand dafür, dass ihr ewiges Leben mit Gott bereits begonnen hat.*

- **Gal 5,5.17-18.22-23.25** Wir nämlich erwarten durch <den> Geist aus Glauben die Hoffnung der Gerechtigkeit ...
  Denn das Fleisch begehrt gegen den Geist auf, der Geist aber gegen das Fleisch; denn diese sind einander entgegengesetzt, damit ihr nicht das tut, was ihr wollt. Wenn ihr aber durch den Geist geleitet werdet, seid ihr nicht unter Gesetz ... Die Frucht des Geistes aber ist: Liebe, Freude, Friede, Langmut, Freundlichkeit, Güte, Treue, Sanftmut, Enthaltsamkeit. Gegen diese ist das Gesetz nicht <gerichtet> ... Wenn wir durch den Geist leben, so lasst uns durch den Geist wandeln!

- **Eph 5,9.18** Denn die Frucht des Lichts <besteht> in lauter Güte und Gerechtigkeit und Wahrheit ...
  Und berauscht euch nicht mit Wein, worin Ausschweifung ist, sondern werdet voller Geist.

- **2Tim 1,14** Bewahre das schöne anvertraute Gut durch den Heiligen Geist, der in uns wohnt!

- **Tit 3,5-6** (Er) errettete ... uns, nicht aus Werken, die, in Gerechtigkeit <vollbracht>, wir getan hätten, sondern nach seiner Barmherzigkeit durch die Waschung der Wiedergeburt und Erneuerung des Heiligen Geistes. Den hat er durch Jesus Christus, unseren Heiland, reichlich über uns ausgegossen.

- **1Jo 3,24** Und wer seine Gebote hält, bleibt in ihm, und er in ihm; und hieran erkennen wir, dass er in uns bleibt: durch den Geist, den er uns gegeben hat.

Ein anderer vergessener Aspekt des Werkes des Heiligen Geistes ist die Verfasserschaft der Bibel. Sie entstand nicht allein aufgrund der Niederschrift menschlicher Autoren, sondern vor allem deshalb, weil die Kraft des Geistes am Werk war:

- **2Petr 1,20-21** Ihr (wisst) dies zuerst ..., dass keine Weissagung der Schrift aus eigener Deutung geschieht. Denn niemals wurde eine Weissagung durch den Willen eines Menschen hervorgebracht, sondern von Gott her redeten Menschen, getrieben vom Heiligen Geist.

HEUCHELEI

Siehe auch »Gemeinschaft mit anderen Gläubigen«,
»Richten anderer«, »Selbstgerechtigkeit«

*I*n dem alten Witz über Heuchler geht es um jemanden, der
sagte: »Ich gehe nicht zur Kirche. Kirchen sind voller Heuchler!« Die Pointe lautet: »Kommen Sie nur herein, es ist immer
genügend Platz für einen weiteren!«
   In Wirklichkeit haben Heuchler keinen Platz in Kirchen und
Gemeinden. Gottes Verheißungen gelten Christen und nicht
denen, die ein entsprechendes Leben nur vortäuschen. Einige
der drastischsten Warnungen in der Bibel sind den großen frommen Heuchlern vorbehalten - solchen, die ein Leben des Glaubens zwar vorspielen, es innerlich aber verleugnen.

• **Spr 26,23-26** Silberglasur, auf Tongeschirr gebracht,
  <so sind> feurige Lippen und ein böses Herz. Mit seinen
  Lippen verstellt sich der Gehässige, aber in seinem Innern
  hegt er Betrug. Wenn er seine Stimme lieblich macht,
  traue ihm nicht! Denn sieben Gräuel sind in seinem Herzen. Mag sich der Hass verbergen in Täuschung, seine
  Bosheit wird <doch> in der Versammlung enthüllt werden.

• **Ps 101,7-8** Im Innern meines Hauses soll nicht wohnen, wer Trug übt. Wer Lügen redet, soll nicht bestehen
  vor meinen Augen. Jeden Morgen will ich alle Gottlosen
  des Landes stumm machen, um aus der Stadt des
  HERRN alle Übeltäter auszurotten.

• **Hes 14,7** Denn jedermann vom Haus Israel und von
  den Fremden, die sich in Israel aufhalten, der sich von mir
  trennt und seine Götzen in seinem Herzen aufkommen
  lässt und den Anstoß zu seiner Schuld vor seinem

Gesicht aufrichtet und <dann> zum Propheten kommt, um mich für sich zu befragen - ich, der HERR, ich selbst, lasse mich für ihn zu einer Antwort bewegen.

Kein biblischer Verfasser war in seinen Worten gegenüber Heuchlern so scharf wie der Prophet Amos. Wenn er sich umsah, erkannte er eine Religion, in der äußerlich alles stimmte, nach innen hin jedoch geheuchelt und geschauspielert wurde. Seine Verheißungen gelten frommen Heuchlern aller Zeiten.

- **Am 5,21-24** Ich [Gott] hasse, ich verwerfe eure Feste, und eure Festversammlungen kann ich nicht <mehr> riechen: Denn wenn ihr mir Brandopfer opfert, <missfallen sie mir>, und an euren Speisopfern habe ich kein Gefallen, und das Heilsopfer von eurem Mastvieh will ich nicht ansehen. Halte den Lärm deiner Lieder von mir fern! Und das Spiel deiner Harfen will ich nicht hören. Aber Recht ergieße sich wie Wasser und Gerechtigkeit wie ein immerfließender Bach!

- **Am 8,4-8a** Hört dies, die ihr den Armen tretet und <darauf aus seid>, die Elenden im Land zu vernichten, und sagt: Wann ist der Neumond vorüber, dass wir Getreide verkaufen, und der Sabbat, dass wir Korn anbieten; um das Efa zu verkleinern und den Schekel zu vergrößern und die Waage <zum> Betrug zu fälschen, um die Geringen für Geld und den Armen für ein Paar Schuhe zu kaufen, und damit wir den Abfall des Korns verkaufen? Geschworen hat der HERR beim Stolz Jakobs: Wenn ich alle ihre Taten jemals vergessen werde! Sollte darüber nicht die Erde erbeben und jeder trauern, der auf ihr wohnt?

Was der Herr Jesus Heuchlern sagte, ist genauso ernst wie die Worte des Amos. Für den Herrn Jesus besteht das Wichtigste darin, Gott zu gefallen. Das Verlangen, als »Frommer« bewundert zu werden, zählt bei ihm nicht.

- **Mt 6,1-3.5.16** Habt acht auf eure Gerechtigkeit, dass ihr <sie> nicht vor den Menschen übt, um von ihnen gesehen zu werden! Sonst habt ihr keinen Lohn bei eurem Vater, der in den Himmeln ist. Wenn du nun Almosen gibst, sollst du nicht vor dir her posaunen lassen, wie die Heuchler tun in den Synagogen und auf den Gassen, damit sie von den Menschen geehrt werden. Wahrlich, ich sage euch, sie haben ihren Lohn dahin. Wenn *du* aber Almosen gibst, so soll deine Linke nicht wissen, was deine Rechte tut ...

  Und wenn ihr betet, sollt ihr nicht sein wie die Heuchler; denn sie lieben es, in den Synagogen und an den Ecken der Straßen stehend zu beten, damit sie von den Menschen gesehen werden. Wahrlich, ich sage euch, sie haben ihren Lohn dahin ...

  Wenn ihr aber fastet, so seht nicht düster aus wie die Heuchler! Denn sie verstellen ihre Gesichter, damit sie den Menschen als Fastende erscheinen. Wahrlich, ich sage euch, sie haben ihren Lohn dahin.

- **Mt 7,3-5** Was aber siehst du den Splitter, der in deines Bruders Auge ist, den Balken aber in deinem Auge nimmst du nicht wahr? Oder wie wirst du zu deinem Bruder sagen: Erlaube, ich will den Splitter aus deinem Auge ziehen; und siehe, der Balken ist in deinem Auge? Heuchler, zieh zuerst den Balken aus deinem Auge! Und dann wirst du klar sehen, um den Splitter aus deines Bruders Auge zu ziehen.

Einige der Worte des Herrn Jesus waren gegen Pharisäer gerichtet - Menschen, die bewundert wurden, weil sie genau auf die jüdischen Gesetze achteten. Der Herr Jesus kritisierte sie - nicht, weil sie das Gesetz einhielten, sondern weil sie die wirklich wichtigen geistlichen Dinge außer acht ließen.

- **Mt 23,23.27-30** Wehe euch, Schriftgelehrte und Pharisäer, Heuchler! Denn ihr verzehntet die Minze und den Anis und den Kümmel und habt die wichtigeren Dinge des Gesetzes beiseite gelassen: das Recht und die Barmherzigkeit und den Glauben; diese hättet ihr tun und jene nicht lassen sollen ...

Wehe euch, Schriftgelehrte und Pharisäer, Heuchler! Denn ihr gleicht übertünchten Gräbern, die von außen zwar schön scheinen, inwendig aber voll von Totengebeinen und aller Unreinigkeit sind. So scheint auch ihr von außen zwar gerecht vor den Menschen, von innen aber seid ihr voller Heuchelei und Gesetzlosigkeit.

Wehe euch, Schriftgelehrte und Pharisäer, Heuchler! Denn ihr baut die Gräber der Propheten und schmückt die Grabmäler der Gerechten und sagt: Wären wir in den Tagen unserer Väter gewesen, so würden wir uns nicht an dem Blut der Propheten schuldig gemacht haben.

Kurz gesagt, den Heuchlern wird folgendes verheißen: Obwohl ihr viele täuscht und als sehr fromm angesehen werdet, kennt Gott den wahren Zustand eurer Herzen.

- **Lk 12,2-3** Es ist aber nichts verdeckt, was nicht aufgedeckt, und <nichts> verborgen, was nicht erkannt werden wird; deswegen wird alles, was ihr in der Finsternis gesprochen haben werdet, im Licht gehört werden, und was ihr ins Ohr gesprochen haben werdet in den Kammern, wird auf den Dächern ausgerufen werden.

- **Lk 6,46** Was nennt ihr mich aber: Herr, Herr! und tut nicht, was ich sage?

- **1Jo 3,6b.10** Jeder, der sündigt, hat ihn nicht gesehen noch ihn erkannt ...
  Hieran sind offenbar die Kinder Gottes und die Kinder des Teufels: Jeder, der nicht Gerechtigkeit tut, ist nicht aus Gott, und wer nicht seinen Bruder liebt.

- **1Jo 2,4** Wer sagt: Ich habe ihn erkannt, und hält seine Gebote nicht, ist ein Lügner, und in dem ist nicht die Wahrheit.

- **2Tim 3,5** ... die eine Form der Gottseligkeit haben, deren Kraft aber verleugnen. Und von diesen wende dich weg!

Die Bibel enthält keine Verheißungen bezüglich einer Belohnung für aktive Gemeindeglieder. Wir sind uns alle dessen bewusst, dass die Kirchen und Gemeinden voller Pastoren, Lehrer und anderer Führerpersönlichkeiten sind, die »mit der Zunge flinker sind als mit den Füßen«. Es steht uns nicht zu, diese Menschen zu richten, doch das Neue Testament verdeutlicht, dass Gott sie richten wird:

- **Röm 2,21-24** ... der du nun einen anderen lehrst, du lehrst dich selbst nicht? Der du predigst, man solle nicht stehlen, du stiehlst? Der du sagst, man solle nicht ehebrechen, du begehst Ehebruch? Der du die Götzenbilder für Gräuel hältst, du begehst Tempelraub? Der du dich des Gesetzes rühmst, du verunehrst Gott durch die Übertretung des Gesetzes? Denn »der Name Gottes wird euretwegen unter den Nationen gelästert«, wie geschrieben steht.

Auch der treue Besuch der Gemeindezusammenkünfte garantiert keine Belohnung. Wie viele machtvolle Predigten haben Ohren - und Herz - dessen, der sich jeden Sonntag in seine Bank setzt, nicht erreicht! Der Apostel Jakobus warnte mit ernsten Worten solche, die zwar hören, aber dabei Aufmerksamkeit vermissen lassen:

- **Jak 1,22-27** Seid aber Täter des Wortes und nicht allein Hörer, die sich selbst betrügen! Denn wenn jemand ein Hörer des Wortes ist und nicht ein Täter, der gleicht einem Mann, der sein natürliches Gesicht in einem Spiegel betrachtet. Denn er hat sich selbst betrachtet und ist weggegangen, und er hat sogleich vergessen, wie er beschaffen war. Wer aber in das vollkommene Gesetz der Freiheit hineingeschaut hat und dabei geblieben ist, indem er nicht ein vergesslicher Hörer, sondern ein Täter des Werkes ist, der wird in seinem Tun glückselig sein. Wenn jemand meint, er diene Gott, und zügelt nicht

seine Zunge, sondern betrügt sein Herz, dessen Gottesdienst ist vergeblich. Ein reiner und unbefleckter Gottesdienst vor Gott und dem Vater ist dieser: Waisen und
Witwen in ihrer Bedrängnis zu besuchen, sich selbst von
der Welt unbefleckt zu erhalten.

HIMMEL

Siehe auch »Ewiges Leben«, »Hölle«,
»Wiederkunft des Herrn Jesus«

*D*ie Zeiten ändern sich und mit ihnen menschliche Haltun-
gen gegenüber einem Leben nach dem Tod. Ob Reinkarnation, Astralprojektion, Erfahrungen im Grenzbereich des
Todes usw. - Nichtchristen sind von Formen des Weiterlebens
nach dem leiblichen Tod fasziniert. Dennoch scheinen Christen
und sogar Verkündiger sehr wenig über den Himmel zu reden.
Christen der Vergangenheit verhielten sich anders. Trotz des
vorherrschenden Klischees, dass Christen fortwährend über das
Feuer der Hölle predigen, konzentrierten sich damals viele Verkündiger auf den Himmel - auf Gottes Ruhe und Freude sowie
darauf, dass wir nach all den Bedrängnissen dieses irdischen
Lebens volle Genüge haben werden. Dies wird im Neuen Testament immer wieder erwähnt - und zwar nicht als nachträglich
eingefügter Gedanke, sondern als Schlüsselelement des christlichen Glaubens. C.S. Lewis stellte fest, dass der Glaube an den
Himmel »keine Form von Wirklichkeitsflucht oder Wunschden-
ken ist, sondern zu den Dingen gehört, die einen Christen auszeichnen sollten.«

Stehen wir als Angehörige der ewigen Welt in diesem Leben
untätig herum? Wohl kaum! Lewis bemerkte ebenso, dass
Christen, die aufrichtig an die Freuden des Himmels glauben,
dem Anschein nach die glücklichsten Menschen hier auf Erden
sind - und auch als erste zupacken, um das Leben auf dieser
Erde erträglicher zu gestalten.

• **Hi 19,25-27** Doch *ich* weiß: Mein Erlöser lebt; und als
der letzte wird er über dem Staub stehen. Und nachdem
man meine Haut so zerschunden hat, werde ich doch aus
meinem Fleisch Gott schauen. Ja, *ich* werde ihn für mich
sehen, und meine Augen werden <ihn> sehen, aber

nicht als Fremden. Meine Nieren verschmachten in meinem Innern.

- **Ps 16,10-11** Du wirst mir kundtun den Weg des Lebens; Fülle von Freuden ist vor deinem Angesicht, Lieblichkeiten in deiner Rechten immerdar.

- **Ps 23,6** Nur Güte und Gnade werden mir folgen alle Tage meines Lebens; und ich kehre zurück ins Haus des HERRN lebenslang.

Als Paulus den Korinthern schrieb, versicherte er ihnen, dass der Himmel nicht nur ein »Zusatz« zur Botschaft des Evangeliums ist. Er ist vielmehr ein wesentlicher Bestandteil dieser Botschaft. Ein Evangelium ohne die Verheißung des Himmels ist überhaupt keine frohe Botschaft.

- **1Kor 15,19-20** Wenn wir allein in diesem Leben auf Christus gehofft haben, so sind wir die elendesten von allen Menschen.
  Nun aber ist Christus aus <den> Toten auferweckt, der Erstling der Entschlafenen.

- **Joh 10,28-29** ... und ich gebe ihnen ewiges Leben, und sie gehen nicht verloren in Ewigkeit, und niemand wird sie aus meiner Hand rauben. Mein Vater, der <sie> mir gegeben hat, ist größer als alle, und niemand kann <sie> aus der Hand <meines> Vaters rauben.

- **Joh 14,2-3** Im Hause meines Vaters sind viele Wohnungen. Wenn es nicht so wäre, würde ich euch gesagt haben: Ich gehe hin, euch eine Stätte zu bereiten? Und wenn ich hingehe und euch eine Stätte bereite, so komme ich wieder und werde euch zu mir nehmen, damit auch ihr seid, wo ich bin.

Sind Sie im Blick auf Ihr Aussehen unzufrieden? Dies gilt für so viele Menschen, sogar für solche, die äußerst attraktiv sind. Interessanterweise vermittelt uns die Bibel diesbezüglich eine erfreuliche Information: Im Himmel werden wir einen neuen

Körper haben. Was immer uns hinsichtlich des Lebens in unse-
rem irdischen Leib missfallen hat - unser neuer Körper wird ein
Herrlichkeitsleib sein.

- **2Kor 5,1-3** Denn wir wissen, dass, wenn unser irdisches Zelthaus zerstört wird, wir einen Bau von Gott
haben, ein nicht mit Händen gemachtes, ewiges Haus in
den Himmeln. Denn in diesem freilich seufzen wir und
sehnen uns danach, mit unserer Behausung aus dem
Himmel überkleidet zu werden, insofern wir ja bekleidet,
nicht nackt befunden werden.

- **Phil 3,20-21** Denn *unser* Bürgerrecht ist in <den>
Himmeln, von woher wir auch <den> Herrn Jesus
Christus als Retter erwarten, der unseren Leib der Nied-
rigkeit umgestalten wird zur Gleichgestalt mit seinem
Leib der Herrlichkeit, nach der wirksamen Kraft, mit der
er vermag, auch alle Dinge sich zu unterwerfen.

- **2Tim 4,18** Der Herr wird mich retten von jedem
bösen Werk und mich in sein himmlisches Reich hineinretten. Ihm sei die Herrlichkeit von Ewigkeit zu Ewigkeit! Amen.

- **Hebr 11,13-16** Diese alle sind im Glauben gestorben
und haben die Verheißungen nicht erlangt, sondern sahen
sie von fern und begrüßten sie und bekannten, dass sie
Fremde und ohne Bürgerrecht auf der Erde seien. Denn
die, die solches sagen, zeigen deutlich, dass sie ein Vaterland suchen. Und wenn sie an jenes gedacht hätten, von
dem sie ausgezogen waren, so hätten sie Zeit gehabt,
zurückzukehren. Jetzt aber trachten sie nach einem besseren, das ist nach einem himmlischen. Darum schämt
sich Gott ihrer nicht, ihr Gott genannt zu werden, denn
er hat ihnen eine Stadt bereitet.

- **Hebr 12,22-23** ... sondern ihr seid gekommen zum
Berg Zion und zur Stadt des lebendigen Gottes, dem
himmlischen Jerusalem; und zu Myriaden von Engeln,
einer Festversammlung; und zu der Gemeinde der Erstge-

borenen, die in den Himmeln angeschrieben sind; und zu Gott, dem Richter aller; und zu den Geistern der vollendeten Gerechten.

• **Hebr 13,14** Denn wir haben hier keine bleibende Stadt, sondern die zukünftige suchen wir.

• **Jak 1,17** Jede gute Gabe und jedes vollkommene Geschenk kommt von oben herab, von dem Vater der Lichter, bei dem keine Veränderung ist noch eines Wechsels Schatten.

• **1Petr 1,3-4** Gepriesen sei der Gott und Vater unseres Herrn Jesus Christus, der nach seiner großen Barmherzigkeit uns wiedergeboren hat zu einer lebendigen Hoffnung durch die Auferstehung Jesu Christi aus den Toten zu einem unvergänglichen und unbefleckten und unverwelklichen Erbteil, das in den Himmeln aufbewahrt ist für euch.

• **Offb 2,7** Wer ein Ohr hat, höre, was der Geist den Gemeinden sagt! Wer überwindet, dem werde ich zu essen geben von dem Baum des Lebens, welcher in dem Paradies Gottes ist.

• **Offb 3,12** Wer überwindet, den werde ich im Tempel meines Gottes zu einer Säule machen, und er wird nie mehr hinausgehen; und ich werde auf ihn schreiben den Namen meines Gottes und den Namen der Stadt meines Gottes, des neuen Jerusalem, das aus dem Himmel herabkommt von meinem Gott, und meinen neuen Namen.

Wenn wir an diese wunderbare Heimat als unsere letztendliche Bestimmung glauben, inwieweit beeinflusst dies unsere heutigen Prioritäten? Natürlich in einer sehr umfassenden Weise. Nichts rückt unsere alltäglichen Angelegenheiten mehr in den richtigen Blickwinkel wie Gedanken über das, was uns im Himmel erwartet und was wir dort sein werden.

- **Mt 6,19-21** Sammelt euch nicht Schätze auf der Erde, wo Motte und Fraß zerstören und wo Diebe durchgraben und stehlen; sammelt euch aber Schätze im Himmel, wo weder Motte noch Fraß zerstören und wo Diebe nicht durchgraben noch stehlen! Denn wo dein Schatz ist, da wird auch dein Herz sein.

- **Kol 3,1-4** Wenn ihr nun mit dem Christus auferweckt worden seid, so sucht, was droben ist, wo der Christus ist, sitzend zur Rechten Gottes! Sinnt auf das, was droben ist, nicht auf das, was auf der Erde ist! Denn ihr seid gestorben, und euer Leben ist verborgen mit dem Christus in Gott. Wenn der Christus, euer Leben, geoffenbart werden wird, dann werdet auch ihr mit ihm geoffenbart werden in Herrlichkeit.

- **2Petr 3,10-13** Es wird aber der Tag des Herrn kommen wie ein Dieb; an ihm werden die Himmel mit gewaltigem Geräusch vergehen, die Elemente aber werden im Brand aufgelöst und die Erde und die Werke auf ihr <im Gericht> erfunden werden.
  Da dies alles so aufgelöst wird, was für <Leute> müsst ihr <dann> sein in heiligem Wandel und Gottseligkeit, indem ihr die Ankunft des Tages Gottes erwartet und beschleunigt, um dessentwillen die Himmel in Feuer geraten und aufgelöst und die Elemente im Brand zerschmelzen werden! Wir erwarten aber nach seiner Verheißung neue Himmel und eine neue Erde, in denen Gerechtigkeit wohnt.

Die Offenbarung könnte man als »Buch des Himmels« bezeichnen. Dementsprechend endet das Buch auch - mit einem Blick in den Himmel, das neue Jerusalem. Oft vermeidet man, die Offenbarung zu lesen, weil einige ihrer Visionen und Sinnbilder schwierig zu verstehen sind. Doch die letzten beiden Kapitel bereiten keine Schwierigkeiten. Sie beinhalten eine anschauliche Verheißung der Glückseligkeit für das Volk Gottes.

• **Offb 21,1-10.22-27** Und ich sah einen neuen Himmel und eine neue Erde; denn der erste Himmel und die erste Erde waren vergangen, und das Meer ist nicht mehr.

Und ich sah die heilige Stadt, das neue Jerusalem, aus dem Himmel von Gott herabkommen, bereitet wie eine für ihren Mann geschmückte Braut. Und ich hörte eine laute Stimme vom Thron her sagen: Siehe, das Zelt Gottes bei den Menschen! Und er wird bei ihnen wohnen, und sie werden sein Volk sein, und Gott selbst wird bei ihnen sein, ihr Gott. Und er wird jede Träne von ihren Augen abwischen, und der Tod wird nicht mehr sein, noch Trauer, noch Geschrei, noch Schmerz wird mehr sein: denn das Erste ist vergangen. Und der, welcher auf dem Thron saß, sprach: Siehe, ich mache alles neu. Und er spricht: Schreibe! Denn diese Worte sind gewiss und wahrhaftig. Und er sprach zu mir: Es ist geschehen. Ich bin das Alpha und das Omega, der Anfang und das Ende. Ich will dem Dürstenden aus der Quelle des Wassers des Lebens geben umsonst. Wer überwindet, wird dies erben, und ich werde ihm Gott sein, und er wird mir Sohn sein. Aber den Feigen und Ungläubigen und mit Gräueln Befleckten und Mördern und Unzüchtigen und Zauberern und Götzendienern und allen Lügnern ist ihr Teil in dem See, der mit Feuer und Schwefel brennt, das ist der zweite Tod.

Und es kam einer von den sieben Engeln ... und ... führte mich im Geist hinweg auf einen großen und hohen Berg und zeigte mir die heilige Stadt Jerusalem, wie sie aus dem Himmel von Gott herabkam.

Und ich sah keinen Tempel in ihr, denn der Herr, Gott, der Allmächtige, ist ihr Tempel, und das Lamm. Und die Stadt bedarf nicht der Sonne noch des Mondes, damit sie ihr scheinen; denn die Herrlichkeit Gottes hat sie erleuchtet, und ihre Lampe ist das Lamm. Und die Nationen werden in ihrem Licht wandeln, und die Könige der Erde bringen ihre Herrlichkeit zu ihr.

Und ihre Tore werden bei Tag nicht geschlossen werden, denn Nacht wird dort nicht sein. Und man wird die Herrlichkeit und die Ehre der Nationen zu ihr bringen. Und alles Unreine wird *nicht* in sie hineinkommen, noch

<derjenige>, der Gräuel und Lüge tut, sondern nur die, welche geschrieben sind im Buch des Lebens des Lammes.

- **Offb 22,3-5** Und keinerlei Fluch wird mehr sein; und der Thron Gottes und des Lammes wird in ihr sein; und seine Knechte werden ihm dienen, und sie werden sein Angesicht sehen; und sein Name wird an ihren Stirnen sein. Und Nacht wird nicht mehr sein, und sie bedürfen nicht des Lichtes einer Lampe und des Lichtes der Sonne, denn der Herr, Gott, wird über ihnen leuchten, und sie werden herrschen von Ewigkeit zu Ewigkeit.

HOFFNUNG

Siehe auch »Ehrgeiz«, »Ewiges Leben«, »Glaube«,
»Himmel«, »Vertrauen auf Gott«

»Hochgesteckte Erwartungen« könnte ein Untertitel der Bibel, insbesondere des Neuen Testaments, sein. Die biblischen Verfasser erkannten, dass man nicht das Dasein an sich lebenswert findet, sondern etwas haben muss, wofür man leben kann. Da Geschäftsleute und Politiker dies ebenfalls erkennen, machen sie Versprechungen, die sie meist nicht einhalten können. Salomo verstand diesen Aspekt der menschlichen Natur, als er Folgendes schrieb:

- **Spr 13,12** Hingezogene Hoffnung macht das Herz krank, aber ein eingetroffener Wunsch ist ein Baum des Lebens.

Hoffnung beinhaltet keineswegs einen nachträglich eingefügten biblischen Gedanken. Sie ist vielmehr ein wesentlicher Bestandteil des Glaubenslebens. Was die Verfasser der Bibel anging, war Hoffnung so lebensnotwendig wie Sauerstoff.

- **Ps 71,5-6** Denn meine Hoffnung bist du, Herr; HERR, meine Zuversicht von meiner Jugend an. Auf dich habe ich mich gestützt von Mutterschoße an, vom Mutterleib hast du mich entbunden; dir gilt stets mein Lobgesang.

- **Jer 17,7** Gesegnet ist der Mann, der auf den HERRN vertraut und dessen Vertrauen der HERR ist!

- **1Kor 13,13a** Nun aber bleibt Glaube, Hoffnung, Liebe, diese drei.

- **Gal 5,5** Wir nämlich erwarten durch <den> Geist aus Glauben die Hoffnung der Gerechtigkeit.

- **Hebr 11,1** Der Glaube aber ist eine Verwirklichung dessen, was man hofft, ein Überführtsein von Dingen, die man nicht sieht.

Die Welt macht viele Versprechungen und bietet zahlreiche Hoffnungen im Blick auf körperliche Schönheit, Reichtum, Ruhm und langes Leben. Obwohl es nicht verkehrt ist, auf diese Dinge zu hoffen, bietet die Bibel eine viel weitreichendere Hoffnung: Ausharren in schlechten Lebenstagen und ein Leben über das Erdendasein hinaus. Die Bibel bietet uns eine Hoffnung, die Bestand hat, wenn wir von dieser Welt und ihren gebrochenen Versprechungen völlig enttäuscht sind.

- **Ps 42,12** Was bist du so aufgelöst, meine Seele, und was stöhnst du in mir? Harre auf Gott! - denn ich werde ihn noch preisen, das Heil meines Angesichts und meinen Gott.

- **Spr 10,28** Das Warten der Gerechten <führt zur> Freude, aber die Hoffnung der Gottlosen wird zunichte.

- **Ps 9,19** Denn nicht für immer wird der Arme vergessen, <noch> geht der Elenden Hoffnung für ewig verloren.

- **Röm 15,4** Denn alles, was früher geschrieben ist, ist zu unserer Belehrung geschrieben, damit wir durch das Ausharren und durch die Ermunterung der Schriften die Hoffnung haben.

- **2Kor 4,8-10** In allem sind wir bedrängt, aber nicht erdrückt; keinen Ausweg sehend, aber nicht ohne Ausweg; verfolgt, aber nicht verlassen; niedergeworfen, aber nicht vernichtet; allezeit das Sterben Jesu am Leib umhertragend, damit auch das Leben Jesu an unserem Leibe offenbar werde.

Mit Enttäuschungen muss man im menschlichen Leben fort-
während rechnen. Wir erfüllen weder unsere eigenen noch Gott-
es Erwartungen. Dies könnte uns zur Verzweiflung treiben,
doch aus der Sicht der Bibel setzt die Hoffnung des Christen
auf die Zukunft bei der heutigen Enttäuschung an.

- **Ps 130,7-8** Harre, Israel, auf den HERRN! Denn bei
dem HERRN ist die Gnade, und viel Erlösung bei ihm. Ja,
er wird Israel erlösen von allen seinen Sünden.

- **Eph 2,12-13** (Ihr wart) zu jener Zeit ohne Christus ...,
ausgeschlossen vom Bürgerrecht Israels und Fremdlinge
hinsichtlich der Bündnisse der Verheißung; und ihr hattet
keine Hoffnung und wart ohne Gott in der Welt. Jetzt
aber, in Christus Jesus, seid ihr, die ihr einst fern wart,
durch das Blut des Christus nahe geworden.

- **Tit 3,7** ... damit wir, gerechtfertigt durch seine Gnade,
Erben nach der Hoffnung des ewigen Lebens wurden.

Obwohl die Hoffnung dazu dient, uns heute aufrechtzuhalten,
ist sie ganz auf die Zukunft hin ausgerichtet. So wunderbar
das Erdenleben auch sein kann - für uns, die ein Leben des
Glaubens führen, konzentriert sich die Hoffnung auf einen
Aspekt außerhalb dieses irdischen Lebens. Nichtchristen sehen
vielleicht nur ein Ende ohne Hoffnung, doch der Christ freut
sich über eine Hoffnung ohne Ende.

- **1Kor 15,19** Wenn wir allein in diesem Leben auf Christus gehofft haben, so sind wir die elendesten von allen
Menschen.

- **Eph 4,4** *Ein* Leib und *ein* Geist, wie ihr auch berufen
worden seid in *einer* Hoffnung eurer Berufung!

- **Kol 1,4-6** ... da wir von eurem Glauben in Christus
Jesus gehört haben und von der Liebe, die ihr zu allen
Heiligen habt, wegen der Hoffnung, die für euch in den
Himmeln aufbewahrt ist. Von ihr habt ihr vorher
<schon> gehört im Wort der Wahrheit des Evangeliums,

das zu euch gekommen ist, wie es auch in der ganzen Welt ist und Frucht bringt und wächst, wie auch unter euch von dem Tag an, da ihr es gehört und die Gnade Gottes in Wahrheit erkannt habt.

- **Kol 1,27** Ihnen wollte Gott zu erkennen geben, was der Reichtum der Herrlichkeit dieses Geheimnisses unter den Nationen sei, und das ist: Christus in euch, die Hoffnung der Herrlichkeit.

- **1Thes 4,13-14** Wir wollen euch aber, Brüder, nicht in Unkenntnis lassen über die Entschlafenen, damit ihr nicht betrübt seid wie die übrigen, die keine Hoffnung haben. Denn wenn wir glauben, dass Jesus gestorben und auferstanden ist, wird auch Gott ebenso die Entschlafenen durch Jesus mit ihm bringen.

- **Tit 1,1-2** Paulus, Knecht Gottes, aber Apostel Jesu Christi nach dem Glauben der Auserwählten Gottes und nach der Erkenntnis der Wahrheit, die der Gottseligkeit gemäß ist, in der Hoffnung des ewigen Lebens - das Gott, der nicht lügt, vor ewigen Zeiten verheißen hat ...

- **1Petr 1,3-6** Gepriesen sei der Gott und Vater unseres Herrn Jesus Christus, der nach seiner großen Barmherzigkeit uns wiedergeboren hat zu einer lebendigen Hoffnung durch die Auferstehung Jesu Christi aus den Toten zu einem unvergänglichen und unbefleckten und unverwelklichen Erbteil, das in den Himmeln aufbewahrt ist für euch, die ihr in der Kraft Gottes durch Glauben bewahrt werdet zur Rettung, <die> bereit <steht>, in der letzten Zeit geoffenbart zu werden. Darin jubelt ihr, die ihr jetzt eine kleine Zeit, wenn es nötig ist, in mancherlei Versuchungen betrübt worden seid.

Der große Liederdichter Oscar Hammerstein jun. behauptete, dass er »nie etwas schreiben könnte, das keinerlei Hoffnung beinhaltet.« Es verwundert daher nicht, dass seine fröhlichen, heiteren Lieder noch immer populär sind. Die Bibel bietet jedoch ein viel bedeutenderes Gut als ein fröhliches, amüsantes

Lied. Sie zeichnet das Bild eines ewigen, freudigen Lebens mit Gott in der Überzeugung, dass das Glück eines Tages völlig über die Traurigkeit triumphieren wird.

- **Tit 2,12-13** (Sie [d.h. die Gnade Gottes]) unterweist uns, damit wir die Gottlosigkeit und die weltlichen Begierden verleugnen und besonnen und gerecht und gottesfürchtig leben in dem jetzigen Zeitlauf, indem wir die glückselige Hoffnung und Erscheinung der Herrlichkeit unseres großen Gottes und Heilandes Jesus Christus erwarten.

- **1Petr 1,13.21** Deshalb umgürtet die Lenden eurer Gesinnung, seid nüchtern und hofft völlig auf die Gnade, die euch gebracht wird in der Offenbarung Jesu Christi! ... die ihr durch ihn an Gott glaubt, der ihn aus den Toten auferweckt und ihm Herrlichkeit gegeben hat, so dass euer Glaube und eure Hoffnung auf Gott <gerichtet> ist.

- **Ps 33,18** Siehe, das Auge des HERRN <ruht> auf denen, die ihn fürchten, die auf seine Gnade harren.

- **Jer 29,11-13a** Denn ich kenne ja die Gedanken, die ich über euch denke, spricht der HERR, Gedanken des Friedens und nicht zum Unheil, um euch Zukunft und Hoffnung zu gewähren. Ruft ihr mich an, geht ihr hin und betet zu mir, dann werde ich auf euch hören. Und sucht ihr mich, so werdet ihr <mich> finden.

- **Kla 3,22-26** Ja, die Gnadenerweise des HERRN sind nicht zu Ende, ja, sein Erbarmen hört nicht auf, es ist jeden Morgen neu. Groß ist deine Treue. Mein Anteil ist der HERR, sagt meine Seele, darum will ich auf ihn hoffen.
Gut ist der HERR zu denen, die auf ihn harren, zu der Seele, die nach ihm fragt. Es ist gut, dass man schweigend hofft auf die Rettung des HERRN.

Eigentlich können wir nicht hoffen, wenn das Vertrauen fehlt, oder? In einer Welt voller egoistischer Menschen fragen wir uns manchmal: Gibt es noch jemanden, dem wir vertrauen können? Wie können wir Pläne schmieden, wenn die Menschen, auf die wir uns verlassen, so unbeständig und unzuverlässig sind? Können wir eigentlich uns selbst vertrauen? Glücklicherweise stellt uns die Bibel jemand vor, auf den wir uns absolut verlassen können - Gott! Die Grundlage unserer Hoffnung bildet das völlige Vertrauen auf Gott, der wirklich zuverlässig ist.

• **Ps 31,24-25**   Liebet den HERRN, alle seine Frommen! Die Treuen behütet der HERR, doch er vergilt reichlich dem, der anmaßend handelt. Seid stark, und euer Herz fasse Mut, alle, die ihr auf den HERRN harrt!

• **Hebr 6,18-19**   ... damit wir durch zwei unveränderliche Dinge, bei denen Gott <doch> unmöglich lügen kann, einen starken Trost hätten, die wir unsere Zuflucht dazu genommen haben, die vorhandene Hoffnung zu ergreifen. Diese haben wir als einen sicheren und festen Anker der Seele, der in das Innere des Vorhangs hineinreicht.

• **Hebr 10,23**   Lasst uns das Bekenntnis der Hoffnung unwandelbar festhalten, denn treu ist er, der die Verheißung gegeben hat.

HÖLLE

Siehe auch »Ewiges Leben«, »Himmel«,
»Wiederkunft des Herrn Jesus«

Nun folgt ein unbeliebtes Thema, das selbst tiefgläubige Menschen gewöhnlich lieber meiden. In unserer Zeit, in der nichts Bestand zu haben scheint, erschreckt der Gedanke daran, ständig von Gott getrennt zu sein, den Menschen in seiner - **Endgültigkeit.** Wir fragen uns: **Sollte es nicht vielleicht eine zweite Chance geben?** Es verwundert daher nicht, dass der Glaube an die Reinkarnation so weitverbreitet ist. Er tröstet die Menschen mit der Annahme, dass sie, wenn sie das jetzige Leben ruiniert haben, eine zweite, dritte oder noch mehr Chancen bekommen werden.

Dies entspricht nicht dem, was die Bibel sagt. Sie zeigt uns vielmehr, dass jeder Mensch ein Leben hat - **ein Leben,** das im Dienst für Gott und in seiner Anbetung genutzt oder ohne Gott geführt werden kann. Gott schuf uns als freie Wesen, die imstande sind, moralisch und geistig zu wählen. Daher kann man ihn auch nicht beschuldigen, er würde »Menschen in die Hölle schicken«, als fände er irgendeinen Gefallen daran, uns zu bestrafen. Ganz im Gegenteil! Doch da wir freie Wesen sind, können wir Gott ein letztes und ewig gültiges »Nein« sagen.

Billy Graham fasste dies sehr treffend zusammen: »Hölle bedeutet vom Wesen und Grundsatz her, aus der Gegenwart Gottes verbannt zu sein, weil man den Herrn Jesus Christus als Herrn und Heiland bewusst abgelehnt hat.«

Die Lehre von der Hölle dient übrigens nicht dazu, Menschen **glücklich** zu machen. Glück entspringt vielmehr dem Wissen, dass wir nicht nur der Hölle entronnen sind, sondern vor allem ewig in der Gegenwart eines Gottes der Liebe leben.

- **Hes 33,11** Sage zu ihnen: So wahr ich lebe, spricht der Herr, HERR: Wenn ich Gefallen habe am Tod des Gottlosen! Wenn nicht vielmehr daran, dass der Gottlose von seinem Weg umkehrt und lebt! Kehrt um, kehrt um von euren bösen Wegen! Ja, warum wollt ihr sterben, Haus Israel?

- **Röm 1,18-22** Denn es wird geoffenbart Gottes Zorn vom Himmel her über alle Gottlosigkeit und Ungerechtigkeit der Menschen, welche die Wahrheit durch Ungerechtigkeit niederhalten, weil das von Gott Erkennbare unter ihnen offenbar ist, denn Gott hat es ihnen offenbart. Denn sein unsichtbares <Wesen>, sowohl seine ewige Kraft als auch seine Göttlichkeit, wird seit Erschaffung der Welt in dem Gemachten wahrgenommen und geschaut, damit sie ohne Entschuldigung seien; weil sie Gott kannten, ihn aber weder als Gott verherrlichten noch ihm Dank darbrachten, sondern in ihren Überlegungen in Torheit verfielen und ihr unverständiges Herz verfinstert wurde. Indem sie sich für Weise ausgaben, sind sie zu Narren geworden.

- **Mt 7,13-14** Geht hinein durch die enge Pforte! Denn weit ist die Pforte und breit der Weg, der zum Verderben führt, und viele sind, die auf ihm hineingehen. Denn eng ist die Pforte und schmal der Weg, der zum Leben führt, und wenige sind, die ihn finden.

- **Mt 13,41-43** Der Sohn des Menschen wird seine Engel aussenden, und sie werden aus seinem Reich alle Ärgernisse zusammenlesen und die, die Gesetzloses tun; und sie werden sie in den Feuerofen werfen: da wird das Weinen und das Zähneknirschen sein. Dann werden die Gerechten leuchten wie die Sonne in dem Reich ihres Vaters. Wer Ohren hat, der höre!

- **Mt 13,47-50** Wiederum gleicht das Reich der Himmel einem Netz, das ins Meer geworfen wurde und <Fische> von jeder Art zusammenbrachte, das sie dann, als es voll war, ans Ufer heraufzogen; und sie setzten sich nieder und lasen die guten in Gefäße zusammen, aber die faulen warfen sie hinaus. So wird es in der Vollendung des Zeitalters sein: die Engel werden hinausgehen und die Bösen aus der Mitte der Gerechten aussondern und sie in den Feuerofen werfen: da wird das Weinen und das Zähneknirschen sein.

- **2Thes 1,7b-10** ... bei der Offenbarung des Herrn Jesus vom Himmel her mit den Engeln seiner Macht, in flammendem Feuer. Dabei übt er Vergeltung an denen, die Gott nicht kennen, und an denen, die dem Evangelium unseres Herrn Jesus nicht gehorchen; sie werden Strafe leiden, ewiges Verderben vom Angesicht des Herrn und von der Herrlichkeit seiner Stärke, wenn er kommt, um an jenem Tag in seinen Heiligen verherrlicht und in allen denen bewundert zu werden, die geglaubt haben; denn unser Zeugnis an euch ist geglaubt worden.

- **2Petr 2,4** Denn wenn Gott Engel, die gesündigt hatten, nicht verschonte, sondern sie in finsteren Höhlen des Abgrundes gehalten und zur Aufbewahrung für das Gericht überliefert hat ...

- **Offb 20,10.14-15** Und der Teufel, der sie verführte, wurde in den Feuer- und Schwefelsee geworfen, wo sowohl das Tier als auch der falsche Prophet sind; und sie werden Tag und Nacht gepeinigt werden von Ewigkeit zu Ewigkeit ...
  Und der Tod und der Hades wurden in den Feuersee geworfen. Dies ist der zweite Tod, der Feuersee. Und wenn jemand nicht geschrieben gefunden wurde in dem Buch des Lebens, so wurde er in den Feuersee geworfen.

- **Offb 21,8** Aber den Feigen und Ungläubigen und mit Gräueln Befleckten und Mördern und Unzüchtigen und Zauberern und Götzendienern und allen Lügnern ist ihr Teil in dem See, der mit Feuer und Schwefel brennt, das ist der zweite Tod.

IRDISCHE FREUDEN
UND VERGNÜGUNGEN

Siehe auch »Freude«

S*ind fromme Menschen Spielverderber? Einige vielleicht. Nichtchristen wollen uns oft so darstellen. Wahrscheinlich hat die Welt die Bedeutung von* **Spaß im guten, sauberen Sinne** *vergessen und die Schlussfolgerung gezogen, dass man kein Christ sein und gleichzeitig das Leben in dieser Welt genießen kann.*

Dem ist nicht so. Gläubige sind keine trübsinnigen Seelen, die sich jegliche unverfängliche Freuden versagen. Sie sind vielmehr Menschen, die sich auf die künftige sowie auf diese Welt konzentrieren. Und die Bibel verdeutlicht eines: Einige der Freuden dieser Welt sind für uns eben nicht gut - besonders dann, wenn sie uns davon abhalten, Gott und andere Menschen zu lieben.

Die Bibel stellt ebenso deutlich heraus, dass irdisches Vergnügen im eigentlichen Sinne eben keine **Befriedigung** *schenkt.*

• **Pred 2,3-5.7b-10a.11** Ich beschloss in meinem Herzen, meinen Leib durch Wein zu laben, während mein Herz sich mit Weisheit beschäftigte, und die Torheit zu ergreifen, bis ich sähe, was den Menschenkindern zu tun gut wäre unter dem Himmel, die Zahl ihrer Lebenstage. Ich unternahm große Werke: Ich baute mir Häuser, ich pflanzte mir Weinberge. Ich machte mir Gärten und Parks und pflanzte darin die unterschiedlichsten Fruchtbäume ... Auch hatte ich größeren Besitz an Rindern und Schafen als alle, die vor mir in Jerusalem waren. Ich sammelte mir auch Silber und Gold und Schätze von Königen und Ländern. Ich beschaffte mir Sänger und Sängerinnen und die Vergnügungen der Menschenkinder: Frau und

Frauen. Und ich wurde größer und reicher als alle, die vor mir in Jerusalem waren. Dazu verblieb mir meine Weisheit. Und alles, was meine Augen begehrten, entzog ich ihnen nicht. Ich versagte meinem Herzen keine Freude ... Und ich wandte mich hin zu all meinen Werken, die meine Hände gemacht, und zu der Mühe, mit der ich mich abgemüht hatte. Und siehe, das alles war Nichtigkeit und ein Haschen nach Wind. Also gibt es keinen Gewinn unter der Sonne.

- **Pred 5,12-16** Es gibt ein schlimmes Übel, das ich unter der Sonne gesehen habe: Reichtum, der von seinem Besitzer zu seinem Unglück aufbewahrt wird. Und geht solcher Reichtum durch ein unglückliches Ereignis verloren und hat er einen Sohn gezeugt, so ist gar nichts in dessen Hand. Wie er aus dem Leib seiner Mutter hervorgekommen ist, nackt wird er wieder hingehen, wie er gekommen ist, und für seine Mühe wird er nicht das Geringste davontragen, das er in seiner Hand mitnehmen könnte. Und auch dies ist ein schlimmes Übel: Ganz wie er gekommen ist, wird er hingehen. Und was für einen Gewinn hat er davon, dass er für den Wind sich müht? Auch isst er all seine Tage in Finsternis und hat viel Verdruss und Krankheit und Zorn.

Daraus ist ersichtlich, dass das Buch Prediger das zweischneidige Problem irdischen Vergnügens anschneidet. Man sehnt sich nach dem, was man nicht hat, und wenn man es hat, bleibt die Befriedigung aus.

- **Pred 6,9** Besser das Sehen mit den Augen als das Umherschweifen der Begierde! Auch das ist Nichtigkeit und ein Haschen nach Wind.

Ungeachtet dessen, wie wenig Erfüllung in solchen Vergnügungen zu finden ist, jagt man ihnen nach. Sowohl das Alte als auch das Neue Testament warnen mit scharfen Worten davor, Vergnügungen zu einem Götzen zu machen.

- **Spr 15,21** Narrheit ist dem Unverständigen Freude, aber ein verständiger Mann geht den geraden Weg.

- **Jes 5,11-12** Wehe denen, die sich früh am Morgen aufmachen, um Rauschtrank nachzujagen, die bis spät am Abend bleiben, <dass> der Wein sie erhitze! Zither und Harfe, Tamburin und Flöte und Wein gehören zu ihrem Gelage. Aber auf das Tun des HERRN schauen sie nicht, und das Werk seiner Hände sehen sie nicht.

- **Jes 47,8a.10-11** Und nun höre dies, du Wollüstige, die in Sicherheit wohnt, die in ihrem Herzen sagt: Ich, und sonst gar nichts! ... Aber du vertrautest auf deine Bosheit. Du sagtest: Niemand sieht mich. Deine Weisheit und dein Wissen, das hat dich irregeführt. Und du sagtest in deinem Herzen: Ich, und sonst gar nichts! So kommt Unheil über dich, gegen das du keinen Zauber kennst. Und ein Verderben wird über dich herfallen, das du nicht abwenden kannst. Und plötzlich wird ein Sturm über dich kommen, den du nicht ahnst.

- **Joh 12,25a** Wer sein Leben liebt, verliert es.

- **2Petr 2,13** Sie (werden) um den Lohn der Ungerechtigkeit gebracht ... Sie halten <sogar> die Schwelgerei bei Tage für ein Vergnügen, Schmutz- und Schandflecke, die in ihren Betrügereien schwelgen und zusammen mit euch Festessen halten.

Die Alternative - die einzig wahre Alternative - dazu, dem Vergnügen nachzujagen und ganz darin aufzugehen, ist in Christus zu finden.

- **Röm 13,13-14** Lasst uns anständig wandeln wie am Tag; nicht in Schwelgereien und Trinkgelagen, nicht in Unzucht und Ausschweifungen, nicht in Streit und Eifersucht; sondern zieht den Herrn Jesus Christus an, und treibt nicht Vorsorge für das Fleisch, dass Begierden wach werden!

- **Eph 4,18-22** <Sie sind> verfinstert am Verstand, fremd dem Leben Gottes wegen der Unwissenheit, die in ihnen ist, wegen der Verstockung ihres Herzens; sie, die abgestumpft sind, haben sich selbst der Ausschweifung hingegeben, zum Ausüben jeder Unreinheit mit Gier.
Ihr aber habt den Christus nicht so kennengelernt. Ihr habt ihn doch gehört und seid in ihm gelehrt worden, wie es Wahrheit in Jesus ist: dass ihr, was den früheren Lebenswandel angeht, den alten Menschen abgelegt habt, der sich durch die betrügerischen Begierden zugrunde richtet.

- **Tit 3,3-5a** Denn einst waren auch wir unverständig, ungehorsam, gingen in die Irre, dienten mancherlei Begierden und Lüsten, führten unser Leben in Bosheit und Neid, verhasst, einander hassend. Als aber die Güte und die Menschenliebe unseres Heiland-Gottes erschien, errettete er uns.

Bedeutet dies, dass Gottes Kinder ein schales, tristes und langweiliges Leben in dieser Welt führen müssen? Überhaupt nicht!

- **Mt 6,32b-33** Denn euer himmlischer Vater weiß, dass ihr dies alles benötigt. Trachtet aber zuerst nach dem Reich Gottes und nach seiner Gerechtigkeit! Und dies alles wird euch hinzugefügt werden.

Und wenn Sie noch immer Zweifel hinsichtlich der Freude haben, Ihr Leben für Gott führen zu können, sollten Sie im Themenbereich »Freude« nachsehen.

IRDISCHE SORGEN

Siehe auch »Ewiges Leben«, »Hoffnung«,
»Kummer und Sorgen«, »Zufriedenheit«

Sind »geistlichen« Menschen irdische Sorgen völlig unbe-
kannt? Wohl kaum! Haben Sie je einen frommen Menschen
gekannt, der freiwillig den Hungertod starb oder bei einem
Gewitter keinen Unterstand aufsuchte? Nein, sogar geistliche
Menschen treffen Vorsorge für die eigenen Belange. Der christliche Glaube ist »nicht von dieser Welt«, weil wir unsere Aufmerksamkeit auf den Himmel richten. Doch gleichzeitig ist er
auch »von dieser Welt«, denn Gott sorgt für unsere körperlichen
Bedürfnisse und möchte, dass wir zufrieden sind und es uns gut
geht.

Ja, die in diesem Themenbereich vorkommenden Verheißungen gehören zu den tröstlichsten in der Bibel. Gott verheißt,
dass für unsere grundlegenden Bedürfnisse gesorgt werden
wird, so dass wir es nicht nötig haben, diesen Sorgen die Vor-
herrschaft über unsere Gedanken einzuräumen.

- **Ps 127,2** Vergebens ist es für euch, dass ihr früh auf-
steht, euch spät niedersetzt, das Brot der Mühsal esst.
Soviel gibt er seinem Geliebten im Schlaf.

- **Mt 6,25-34** Deshalb sage ich euch: Seid nicht besorgt
für euer Leben, was ihr essen und was ihr trinken sollt,
noch für euren Leib, was ihr anziehen sollt! Ist nicht das
Leben mehr als die Speise und der Leib mehr als die Kleidung? Seht hin auf die Vögel des Himmels, dass sie weder
säen noch ernten, noch in Scheunen sammeln, und euer
himmlischer Vater ernährt sie <doch>. Seid *ihr* nicht viel
wertvoller als sie? Wer aber unter euch kann mit Sorgen
seiner Lebenslänge *eine* Elle zusetzen? Und warum seid
ihr um Kleidung besorgt? Betrachtet die Lilien des Feldes,

wie sie wachsen: sie mühen sich nicht, auch spinnen sie nicht. Ich sage euch aber, dass selbst nicht Salomo in all seiner Herrlichkeit bekleidet war wie eine von diesen. Wenn aber Gott das Gras des Feldes, das heute steht und morgen in den Ofen geworfen wird, so kleidet, <wird er das> nicht viel mehr euch <tun>, ihr Kleingläubigen? So seid nun nicht besorgt, indem ihr sagt: Was sollen wir essen? Oder: Was sollen wir trinken? Oder: Was sollen wir anziehen? Denn nach diesem allen trachten die Nationen; denn euer himmlischer Vater weiß, dass ihr dies alles benötigt. Trachtet aber zuerst nach dem Reich Gottes und nach seiner Gerechtigkeit! Und dies alles wird euch hinzugefügt werden. So seid nun nicht besorgt um den morgigen Tag! Denn der morgige Tag wird für sich selbst sorgen. Jeder Tag hat an seinem Übel genug.

- **Lk 21,34-36** Hütet euch aber, dass eure Herzen nicht etwa beschwert werden durch Völlerei und Trunkenheit und Lebenssorgen und jener Tag plötzlich über euch hereinbricht wie ein Fallstrick! Denn er wird über alle kommen, die auf dem ganzen Erdboden ansässig sind. Wacht nun und betet zu aller Zeit, dass ihr imstande seid, diesem allem, was geschehen soll, zu entfliehen und vor dem Sohn des Menschen zu stehen!

- **Mt 11,28-30** Kommt her zu mir, alle ihr Mühseligen und Beladenen! Und ich werde euch Ruhe geben. Nehmt auf euch mein Joch, und lernt von mir! Denn ich bin sanftmütig und von Herzen demütig, und »ihr werdet Ruhe finden für eure Seelen«; denn mein Joch ist sanft, und meine Last ist leicht.

Haben Sie schon bemerkt, dass eines der heute am meisten verkauften Medikamente der Säureblocker bei Magenbeschwerden ist? Glaubt jemand im Ernst daran, dass diese Medikamente für Ernährungsprobleme gedacht sind? Ist nicht das wirkliche Problem gewöhnlich darin zu suchen, dass wir häufig gestresst und besorgt sind? Und ist es nicht Ironie, dass unsere Wohlstandsgesellschaft - davon überzeugt, dass unser materieller Komfort uns ein angenehmes Leben sichert - so sehr auf

Säureblocker und Medikamente gegen Depressionen ange-
wiesen ist? Nach der Bibel ist die beste Medizin gegen irdische
Sorgen das Bewusstsein, dass Gott für uns sorgt.

- **Phil 4,6-7** Seid um nichts besorgt, sondern in allem
sollen durch Gebet und Flehen mit Danksagung eure
Anliegen vor Gott kundwerden; und der Friede Gottes,
der allen Verstand übersteigt, wird eure Herzen und eure
Gedanken bewahren in Christus Jesus.

- **2Tim 2,4** Niemand, der Kriegsdienste leistet, ver-
wickelt sich in die Beschäftigungen des Lebens, damit er
dem gefalle, der ihn angeworben hat.

- **Hebr 13,5** Der Wandel sei ohne Geldliebe; begnügt
euch mit dem, was vorhanden ist! Denn *er* hat gesagt:
»Ich will dich *nicht* aufgeben und dich *nicht* verlassen.«

- **Lk 12,29-32** Und ihr, trachtet nicht <danach>, was
ihr essen oder was ihr trinken sollt, und seid nicht in
Unruhe! Denn nach diesem allen trachten die Nationen
der Welt; euer Vater aber weiß, dass ihr dies benötigt.
Trachtet jedoch nach seinem Reich! Und dies wird euch
hinzugefügt werden. Fürchte dich nicht, du kleine Herde!
Denn es hat eurem Vater wohlgefallen, euch das Reich zu
geben.

- **1Tim 6,6-8** Die Gottseligkeit mit Genügsamkeit aber
ist ein großer Gewinn; denn wir haben nichts in die Welt
hereingebracht, so dass wir auch nichts hinausbringen
können. Wenn wir aber Nahrung und Kleidung haben, so
wollen wir uns daran genügen lassen.

- **Phil 4,19** Mein Gott aber wird alles, wessen ihr
bedürft, erfüllen nach seinem Reichtum in Herrlichkeit
in Christus Jesus.

Kinder

Siehe auch »Ehe«, »Eltern«

*I*n jeder Familie - ob intakt, zerrüttet oder funktionell gestört - gibt es gute und schlechte Zeiten. *Außer den Schwierigkeiten zwischen den Ehepartnern bestehen naturgemäß Probleme zwischen Eltern und Kindern. Dies ist nichts Neues. Die Menschen der biblischen Zeit mussten zwar noch nicht mit tagesfüllender Fernseh-, Rundfunk- und Videounterhaltung fertigwerden, kannten aber bereits einige allgemein gültige familiäre Probleme, wie z.B. widerspenstige Kinder, Eltern, deren Schwäche bzw. abgöttische Kindesliebe Züchtigung verhinderte, oder Eltern, die zu streng waren. Einige Dinge ändern sich eben nie.*

Sie werden in der Bibel viele Verheißungen im Blick auf Kinder finden. Sie sind ein Segen, insbesondere dann, wenn sie mit Zucht und Güte erzogen werden. Der Liederdichter John Bowring erklärte nachdrücklich, dass »eine glückliche Familie ein Vorgeschmack des Himmels ist«.

Einige Verheißungen gehen in eine weniger hoffnungsvolle Richtung: Kinder, die in die Irre gehen, bürden Eltern eine furchtbare Last auf. Ob sich die Familie letztendlich als Ort des Segens oder des Fluchs erweist, liegt teilweise in der Verantwortung der Eltern.

- **Ps 127,3-5** Siehe, ein Erbe vom HERRN sind Söhne, eine Belohnung die Leibesfrucht. Wie Pfeile in der Hand eines Helden, so sind die Söhne der Jugend. Glücklich der Mann, der seinen Köcher mit ihnen gefüllt hat! Sie werden nicht beschämt werden, wenn sie mit Feinden reden im Tor.

- **Spr 17,6** Die Krone der Alten sind Kindeskinder, und der Kinder Schmuck sind ihre Väter.

*Was geschieht mit Eltern, die nicht imstande - oder nicht gewillt
- sind, in ihrer Familie Züchtigung durchzusetzen? Die Bibel
gibt darauf eine überaus realistische Antwort:*

- **Spr 13,24** Wer seine Rute schont, hasst seinen Sohn;
aber wer ihn liebhat, züchtigt ihn beizeiten.

- **Spr 19,18** Züchtige deinen Sohn, solange <noch>
Hoffnung da ist; aber lass dich nicht dazu hinreißen, ihn
zu töten!

- **Spr 22,15** Haftet Narrheit am Herzen des Knaben, die
Rute der Zucht entfernt sie davon.

- **Spr 29,15** Rute und Ermahnung geben Weisheit; aber
ein sich selbst überlassener Junge macht seiner Mutter
Schande.

- **Spr 22,6** Erziehe den Knaben seinem Weg gemäß; er
wird nicht davon weichen, auch wenn er älter wird.

- **Spr 23,13-14** Entziehe dem Knaben die Züchtigung
nicht! Wenn du ihn mit der Rute schlägst, wird er nicht
sterben. Du schlägst ihn mit der Rute, aber errettest sein
Leben vom Scheol.

*Erziehung umfasst jedoch viel mehr als die bloße Ausübung von
Züchtigung. Gottesfürchtige Eltern sind ebenso verpflichtet,
den eigenen Glauben an ihre Kinder weiterzugeben:*

- **5Mo 6,6-9** Und diese Worte, die ich dir heute gebiete,
sollen in deinem Herzen sein. Und du sollst sie deinen
Kindern einschärfen, und du sollst davon reden, wenn du
in deinem Hause sitzt und wenn du auf dem Weg gehst,
wenn du dich hinlegst und wenn du aufstehst. Und du
sollst sie als Zeichen auf deine Hand binden, und sie sollen als Merkzeichen zwischen deinen Augen sein, und du
sollst sie auf die Pfosten deines Hauses und an deine Tore
schreiben.

Nicht alle diesbezüglichen Verheißungen gelten allein den Eltern. In einigen Stellen werden auch Kinder vom Herrn angeredet. So wie die Bibel denen, die Gott gegenüber dankbar sind, Gutes verheißt, sagt sie denjenigen Segen zu, die ihren Eltern gegenüber dankbar sind.

- **Eph 6,1-3** Ihr Kinder, gehorcht euren Eltern im Herrn! Denn das ist recht. »Ehre deinen Vater und deine Mutter« - das ist das erste Gebot mit Verheißung - »damit es dir wohlgehe und du lange lebst auf der Erde.«

- **Spr 6,20-23** Bewahre, mein Sohn, das Gebot deines Vaters, verwirf nicht die Weisung deiner Mutter! Binde sie stets auf dein Herz, winde sie um deinen Hals! Bei deinem Gehen leite sie dich, bei deinem Liegen behüte sie dich, und wachst du auf, so rede sie dich an! Denn eine Leuchte ist das Gebot und die Weisung ein Licht, und ein Weg zum Leben sind Ermahnungen der Zucht.

- **Spr 23,22** Gehorche deinem Vater, der dich gezeugt hat, und verachte deine Mutter nicht, wenn sie alt geworden ist!

- **Spr 13,1** Ein weiser Sohn lässt sich vom Vater zurechtweisen, aber ein Spötter hört nicht auf Zurechtweisung.

- **Spr 10,1b** Ein weiser Sohn erfreut den Vater, aber ein törichter Sohn ist der Kummer seiner Mutter.

- **Spr 15,5** Ein Narr verschmäht die Zucht seines Vaters; wer aber die Zurechtweisung beachtet, ist klug.

- **Spr 20,11** Schon in seinen Taten gibt sich ein Junge zu erkennen, ob sein Handeln lauter und ob es redlich ist.

- **Spr 23,24-26** Freudig frohlockt der Vater eines Gerechten, <und> wer einen Weisen gezeugt hat, der kann sich über ihn freuen. Es freue sich dein Vater und deine Mutter, und es frohlocke, die dich geboren hat! Gib mir, mein Sohn, dein Herz, und deine Augen lass an meinen Wegen Gefallen haben!

• **Spr 28,7** Wer das Gesetz befolgt, ist ein verständiger Sohn; wer sich aber mit Schlemmern einlässt, macht seinem Vater Schande.

Eine der schönsten Szenen in den Evangelien finden wir im Bericht über die Kindersegnung des Herrn Jesus. Darin wird nicht nur gezeigt, wie er Kinder liebte, sondern vielmehr auch verdeutlicht, dass er ihre Arglosigkeit und ihr Vertrauen rühmte - zwei Wesenszüge, die fast jeder im Blick auf Kinder bewundert. Er empfahl diese Eigenschaften den Erwachsenen. Ja, diese Eigenschaften sind unerlässlich für jeden, der ein Kind Gottes sein will.

• **Mk 10,13-15** Und sie brachten Kinder zu ihm, damit er sie anrührte. Die Jünger aber fuhren sie an. Als aber Jesus es sah, wurde er unwillig und sprach zu ihnen: Lasst die Kinder zu mir kommen! Wehrt ihnen nicht! Denn solchen gehört das Reich Gottes. Wahrlich, ich sage euch: Wer das Reich Gottes nicht aufnimmt wie ein Kind, wird dort *nicht* hineinkommen.

KRANKHEIT

*Siehe auch »Leib bzw. Körper«,
»Trost in Zeiten der Bedrängnis«, »Ewiges Leben«,
»Gottes Liebe zu uns«, »Geduld und Langmut«*

Gott kümmert sich um unser geistliches Leben **und** um unser körperliches Leben. Er hat den menschlichen Leib erschaffen und beabsichtigte, dass wir gesund und bei Kräften sein sollten. Doch durch die Sünde ist unser Körper Krankheit, Schmerz und Verfall unterworfen. Manchmal missbrauchen wir unseren eigenen Körper, doch oft sind unsere Gebrechen einfach da - und wir wissen nicht immer den Grund dafür, noch verheißt uns Gott, dass wir ihn verstehen werden.

Die Evangelien enthalten eine Fülle von Berichten darüber, wie der Herr Jesus jede Art körperlicher Leiden heilte. So auch die Apostel, denen er verheißen hatte, dass sie die gleichen Werke tun würden, die er getan hatte. Es lag jedoch nicht in der Absicht Gottes, zu Zeiten Jesu und der Apostel (und auch noch heute nicht) diese Welt ganz und gar von Krankheit und Leid zu befreien. Die Heilungen und Wunder waren vielmehr Zeichen, welche die göttliche Autorität Jesu und der Apostel unter Beweis stellten und ihre Botschaft untermauerten.

Heilungen gibt es aber auch heute noch, wobei viele Christen Heilungen bezeugen, die nach Meinung ärztlicher Fachleute nie hätten geschehen können. Gottes Barmherzigkeit äußert sich immer noch darin, Menschen wider alle medizinische Erkenntnis zu heilen. Es ist nie verkehrt, um Heilung zu beten - ob nun für uns oder für andere. Die Bibel fordert uns auf, für all unsere Bedürfnisse zu beten, worin auch eingeschlossen ist, dass wir, wenn Gott es will, von Krankheiten und Schmerzen befreit werden.

Doch Heilung geschieht nicht immer - nicht einmal bei denjenigen, die Gott besonders lieben und ihm treu nachfolgen. Warum nicht? Wir wissen es nicht. Doch die Bibel verheißt uns, *dass selbst dann, wenn wir in diesem Leben nicht geheilt werden, im künftigen Leben etwas Größeres auf uns wartet.*

• **Jer 17,14** Heile mich, HERR, so werde ich geheilt! Rette mich, so werde ich gerettet! Den du bist mein Ruhm.

• **Jer 30,17a** Denn ich will dir Genesung bringen und dich von deinen Wunden heilen, spricht der HERR.

• **Ps 119,49-50** Gedenke des Wortes an deinen Knecht, worauf du mich hast warten lassen! Dies ist mein Trost in meinem Elend, dass deine Zusage mich belebt hat.

• **Mt 10,1** Und als er seine zwölf Jünger herangerufen hatte, gab er ihnen Vollmacht über unreine Geister, sie auszutreiben und jede Krankheit und jedes Gebrechen zu heilen.

Der erste Brief des Paulus an die Korinther spricht von geistlichen Gaben, wozu Heilungen gehören. Es ist offensichtlich, dass die Gabe der Heilung mit dem Herrn Jesus und seinen Jüngern nicht aufgehört hat.

• **1Kor 12,6-11.27-28** Es gibt Verschiedenheiten von Wirkungen, aber <es ist> derselbe Gott, der alles in allen wirkt. Jedem aber wird die Offenbarung des Geistes zum Nutzen gegeben. Denn dem einen wird durch den Geist das Wort der Weisheit gegeben, einem anderen aber das Wort der Erkenntnis nach demselben Geist; einem anderen aber Glauben in demselben Geist, einem anderen aber Gnadengaben der Heilungen in dem einen Geist, einem anderen aber Wunderwirkungen, einem anderen aber Weissagung, einem anderen aber Unterscheidungen der Geister; einem anderen <verschiedene> Arten von Sprachen, einem anderen aber Auslegung der Sprachen. Dies alles aber wirkt ein und derselbe Geist und teilt jedem besonders aus, wie er will ... Ihr aber seid Christi Leib und, einzeln genommen, Glieder. Und die einen hat Gott in der Gemeinde eingesetzt erstens als Apostel, zweitens

<andere> als Propheten, drittens als Lehrer, sodann
<Wunder-> Kräfte, sodann Gnadengaben der Heilungen,
Hilfeleistungen, Leitungen, Arten von Sprachen.

- **Jak 5,13-15** Leidet jemand unter euch? Er bete. Ist
jemand guten Mutes? Er singe Psalmen. Ist jemand krank
unter euch? Er rufe die Ältesten der Gemeinde zu sich,
und sie mögen über ihm beten und ihn mit Öl salben im
Namen des Herrn. Und das Gebet des Glaubens wird den
Kranken retten, und der Herr wird ihn aufrichten, und
wenn er Sünden begangen hat, wird ihm vergeben werden.

In einem seiner Briefe redet Paulus von einem »Dorn für das
Fleisch«, womit er möglicherweise ein körperliches Gebrechen
meinte. Paulus war mit Sicherheit ein Mann des Glaubens,
wurde aber dennoch nicht davon geheilt. Warum? Kein Mensch
weiß es. Paulus tat in dieser Situation das Naheliegendste. Er
nahm sie an:

- **2Kor 12,8-10** Um dessentwillen habe ich dreimal den
Herrn angerufen, dass er von mir ablassen möge. Und er
hat zu mir gesagt: Meine Gnade genügt dir, denn
<meine> Kraft kommt in Schwachheit zur Vollendung.
Sehr gerne will ich mich nun vielmehr meiner Schwachheiten rühmen, damit die Kraft Christi bei mir wohne.
Deshalb habe ich Wohlgefallen an Schwachheiten, an
Misshandlungen, an Nöten, an Verfolgungen, an Ängsten
um Christi willen; denn wenn ich schwach bin, dann bin
ich stark.

Der Dienst an Kranken gehört zum Werk der Christen. Die
Haltung, die wir den Kranken gegenüber einnehmen, ist wich-
tig. Der Herr Jesus erzählte ein Gleichnis vom letzten Gericht,
worin er denjenigen, die mit den Kranken und anderen leiden-
den Menschen Erbarmen gehabt haben, ewigen Gewinn ver-
heißt.

- **Mt 25,31-46** Wenn aber der Sohn des Menschen kommen wird in seiner Herrlichkeit und alle Engel mit ihm,

dann wird er auf seinem Thron der Herrlichkeit sitzen; und vor ihm werden versammelt werden alle Nationen, und er wird sie voneinander scheiden, wie der Hirte die Schafe von den Böcken scheidet. Und er wird die Schafe zu seiner Rechten stellen, die Böcke aber zur Linken. Dann wird der König zu denen zu seiner Rechten sagen: Kommt her, Gesegnete meines Vaters, erbt das Reich, das euch bereitet ist von Grundlegung der Welt an! Denn mich hungerte, und ihr gabt mir zu essen; mich dürstete, und ihr gabt mir zu trinken; ich war Fremdling, und ihr nahmt mich auf; nackt, und ihr bekleidetet mich; ich war krank, und ihr besuchtet mich; ich war im Gefängnis, und ihr kamt zu mir. Dann werden die Gerechten ihm antworten und sagen: Herr, wann sahen wir dich hungrig und speisten dich? Oder durstig und gaben dir zu trinken? Wann aber sahen wir dich als Fremdling und nahmen dich auf? Oder nackt und bekleideten dich? Wann aber sahen wir dich krank oder im Gefängnis und kamen zu dir? Und der König wird antworten und zu ihnen sagen: Wahrlich, ich sage euch, was ihr einem dieser meiner geringsten Brüder getan habt, habt ihr mir getan.

Dann wird er auch zu denen zur Linken sagen: Geht von mir, Verfluchte, in das ewige Feuer, das bereitet ist dem Teufel und seinen Engeln! Denn mich hungerte, und ihr gabt mir nicht zu essen; mich dürstete, und ihr gabt mir nicht zu trinken; ich war Fremdling, und ihr nahmt mich nicht auf; nackt, und ihr bekleidetet mich nicht; krank und im Gefängnis, und ihr besuchtet mich nicht. Dann werden auch sie antworten und sagen: Herr, wann sahen wir dich hungrig oder durstig oder als Fremdling oder nackt oder krank oder im Gefängnis und haben dir nicht gedient? Dann wird er ihnen antworten und sagen: Wahrlich, ich sage euch, was ihr einem dieser Geringsten nicht getan habt, habt ihr auch mir nicht getan. Und diese werden hingehen zur ewigen Strafe, die Gerechten aber in das ewige Leben.

Jeder Mensch, der einmal geheilt worden ist, musste später ster-
ben. Selbst Lazarus, der Freund des Herrn Jesus, den er aus
den Toten auferweckt hatte, starb. Die Bibel verheißt nicht,

dass unser jetziger Körper - ungeachtet seines Zustandes - gesund bleiben oder ewig Bestand haben wird. Ja, die Bibel verheißt etwas viel Herrlicheres: einen neuen Leib, der unserem gegenwärtigen Körper ähnlich und doch wiederum anders ist - ein für die Ewigkeit bereiteter Leib.

- **2Kor 5,1-4** Denn wir wissen, dass, wenn unser irdisches Zelthaus zerstört wird, wir einen Bau von Gott haben, ein nicht mit Händen gemachtes, ewiges Haus in den Himmeln. Denn in diesem freilich seufzen wir und sehnen uns danach, mit unserer Behausung aus dem Himmel überkleidet zu werden, insofern wir ja bekleidet, nicht nackt befunden werden. Denn wir freilich, die in dem Zelt sind, seufzen beschwert, weil wir nicht entkleidet, sondern überkleidet werden möchten, damit das Sterbliche verschlungen werde vom Leben.

- **2Kor 4,16b** Wenn auch unser äußerer Mensch aufgerieben wird, so wird doch der innere Tag für Tag erneuert.

KUMMER UND SORGEN

Siehe auch »Zufriedenheit«, »Freude«, »Friede«,
»Vertrauen auf Gott«, »Irdische Sorgen«

*D*er christliche Autor William R. Inge definierte Sorge als »Tribut, den man einer Bedrängnis entrichtet, bevor sie Wirklichkeit wird.« Die Sorge beschwert weithin das Leben - sowohl von Christen als auch von Nichtchristen. Sie überschreitet alle Grenzen hinsichtlich der Bildung, wirtschaftlichen Stellung und Volkszugehörigkeit. Es gehört zu unserem Menschsein, dass wir uns sorgen, dass wir bangen und die Zukunft sowie das Unbekannte fürchten.

Sich zu sorgen, kann ein Normalzustand, aber auch Ausdruck von Sünde sein. »Sünde?«, fragen Sie. Ja, gewiss. Die Bibel ist überaus reich an Verheißungen für Gottes Volk. Daher brauchen wir uns nicht zu sorgen, weil Gott im Gegensatz zu uns der Beherrscher des Universums ist.

- **Ps 112,1.4-8** Halleluja! Glücklich der Mann, der den HERRN fürchtet, der große Freude an seinen Geboten hat! ... Den Aufrichtigen strahlt Licht auf in der Finsternis. Er ist gnädig und barmherzig und gerecht. Gut <steht es um den> Mann, der gütig ist und leiht! Er wird seine Sachen durchführen nach dem Recht. Denn in Ewigkeit wird er nicht wanken, zum ewigen Andenken wird der Gerechte sein. Er wird sich nicht fürchten vor böser Nachricht. Fest ist sein Herz, es vertraut auf den HERRN. Beständig ist sein Herz, er fürchtet sich nicht, bis er heruntersieht auf seine Bedränger.

- **Ps 94,18-19** Wenn ich sagte: Mein Fuß wankt!, so unterstützte mich deine Gnade, HERR. Als viele unruhige Gedanken in mir <waren>, beglückten deine Tröstungen meine Seele.

- **Ps 55,23** Wirf auf den HERRN deine Last, und er wird dich erhalten; er wird nimmermehr zulassen, dass der Gerechte wankt.

- **Ps 119,143** Angst und Bedrängnis haben mich erreicht. Deine Gebote sind meine Lust.

- **Ps 18,7** In meiner Bedrängnis rief ich zum HERRN, und ich schrie zu meinem Gott. Er hörte aus seinem Tempel meine Stimme, und mein Schrei vor ihm drang an seine Ohren.

- **Ps 142,5-7a** Schau zur Rechten und sieh: ich habe ja niemanden, der etwas von mir wissen will. Verlorengegangen ist mir jede Zuflucht, niemand fragt nach meiner Seele. Zu dir habe ich um Hilfe geschrieen, HERR! Ich habe gesagt: Du bist meine Zuflucht, mein Teil im Land der Lebendigen. Horche auf mein Schreien, denn ich bin sehr schwach.

- **Spr 12,25** Kummer im Herzen des Mannes drückt es nieder, aber ein gutes Wort erfreut es.

- **Pred 2,22-23** Denn was bleibt dem Menschen von all seinem Mühen und vom Streben seines Herzens, womit er sich abmüht unter der Sonne? Denn all seine Tage sind Leiden, und Verdruss ist sein Geschäft; selbst nachts findet sein Herz keine Ruhe. Auch das ist Nichtigkeit.

Der Herr Jesus selbst, der Sohn Gottes, redete vielmals über das Thema des Sorgens. Als der, der sich in die völlige Abhängigkeit von seinem Vater stellte, verhieß er seinen Nachfolgern, dass auch sie ihr Leben einer segenreicheren Sache als der Sorge widmen können - und sollen.

- **Mt 6,25-34** Deshalb sage ich euch: Seid nicht besorgt für euer Leben, was ihr essen und was ihr trinken sollt, noch für euren Leib, was ihr anziehen sollt! Ist nicht das Leben mehr als die Speise und der Leib mehr als die Kleidung? Seht hin auf die Vögel des Himmels, dass sie weder säen noch ernten, noch in Scheunen sammeln, und euer himmlischer Vater ernährt sie <doch>. Seid *ihr* nicht viel wertvoller als sie? Wer aber unter euch kann mit Sorgen seiner Lebenslänge *eine* Elle zusetzen? Und warum seid ihr um Kleidung besorgt? Betrachtet die Lilien des Feldes, wie sie wachsen: sie mühen sich nicht, auch spinnen sie nicht. Ich sage euch aber, dass selbst nicht Salomo in all seiner Herrlichkeit bekleidet war wie eine von diesen. Wenn aber Gott das Gras des Feldes, das heute steht und morgen in den Ofen geworfen wird, so kleidet, <wird er das> nicht viel mehr euch <tun>, ihr Kleingläubigen? So seid nun nicht besorgt, indem ihr sagt: Was sollen wir essen? Oder: Was sollen wir trinken? Oder: Was sollen wir anziehen? Denn nach diesem allen trachten die Nationen; denn euer himmlischer Vater weiß, dass ihr dies alles benötigt. Trachtet aber zuerst nach dem Reich Gottes und nach seiner Gerechtigkeit! Und dies alles wird euch hinzugefügt werden. So seid nun nicht besorgt um den morgigen Tag! Denn der morgige Tag wird für sich selbst sorgen. Jeder Tag hat an seinem Übel genug.

• **Mt 10,16-20**   Siehe, ich sende euch wie Schafe mitten unter Wölfe; so seid nun klug wie die Schlangen und einfältig wie die Tauben. Hütet euch aber vor den Menschen! Denn sie werden euch an Gerichte überliefern und in ihren Synagogen euch geißeln; und auch vor Statthalter und Könige werdet ihr geführt werden um meinetwillen, ihnen und den Nationen zum Zeugnis. Wenn sie euch aber überliefern, so seid nicht besorgt, wie oder was ihr reden sollt; denn es wird euch in jener Stunde gegeben werden, was ihr reden sollt. Denn nicht *ihr* seid die Redenden, sondern der Geist eures Vaters, der in euch redet.

• **1Petr 5,7**   (Werft) alle eure Sorge auf ihn ...! Denn er ist besorgt für euch.

In der folgenden Stelle gab der Apostel Paulus den Christen die Zusage, dass sie Sorgen vertreiben können, indem sie sich auf das Gute und nicht auf ihre Sorgen konzentrieren. Sie ist eine der klassischen Bibelstellen zum Thema »Sorgen« - ein Abschnitt, den man sich tief einprägen sollte.

- **Phil 4,6-8** Seid um nichts besorgt, sondern in allem sollen durch Gebet und Flehen mit Danksagung eure Anliegen vor Gott kundwerden; und der Friede Gottes, der allen Verstand übersteigt, wird eure Herzen und eure Gedanken bewahren in Christus Jesus. Übrigens, Brüder, alles, was wahr, alles, was ehrbar, alles, was gerecht, alles, was rein, alles, was liebenswert, alles, was wohllautend ist, wenn es irgendeine Tugend und wenn es irgendein Lob <gibt>, das erwägt!

- **Röm 8,31b-32** Wenn Gott für uns ist, wer gegen uns? Er, der doch seinen eigenen Sohn nicht verschont, sondern ihn für uns alle hingegeben hat: wie wird er uns mit ihm nicht auch alles schenken?

LEIB BZW. KÖRPER

*Siehe auch »Alkoholismus und andere materielle Süchte«,
»Essen«, »Stolz, Hochmut und Einbildung«, »Selbstachtung
und Selbstwertgefühl«, »Sexualität«, »Versuchung«*

Wenn Sie je einige der alten griechischen Statuen gesehen
haben, kommen Sie nicht umhin, von ihrer Schönheit
beeindruckt zu sein. Künstler aller Jahrhunderte erinnern uns
daran, dass der menschliche Körper etwas Schönes ist. Einige
der herausragenden Künstler sind imstande gewesen, durchschnittlich oder gar hässlich aussehenden Menschen ein attrak-
tives Äußeres zu geben.

Doch was die Videokamera wirklich zeigt, sieht anders aus.
Die in Werbung und Filmen zu sehenden Körper sind durch
Maskenbildner und die Kamera selbst »angepasst« worden.
Die Welt ist voller durchschnittlich und hässlich aussehender
Menschen, die sich zu oft mit diesen makellosen, von der Kame-
ra erfassten Körpern vergleichen. Kein Wunder, dass das
Geschäft mit Heilbädern und Zentren für Schlankheitskuren
floriert. Wir möchten jenen wohlgeformten Menschen in den
Werbespots gleich sein. Angesichts der Zeit, des Geldes und der
Anstrengungen, die wir aufbringen, scheint es, als ob wir einen
Kult um den Körper - oder zumindest um sein Idealbild - trei-
ben würden.

Die Bibel ist **nicht** körperfeindlich eingestellt (dies kann
man dadurch beweisen, dass man das biblische Hohelied liest).
Die Bibel ist auf Gott hin ausgerichtet. Dies bedeutet, dass ihm
alleinige Anbetung gebührt.

- **1Sam 16,7b** ... Denn <der HERR sieht> nicht auf
  das, worauf der Mensch sieht. Denn der Mensch sieht auf
  das, was vor Augen ist, aber der HERR sieht auf das Herz.

- **Röm 12,1-2** Ich ermahne euch nun, Brüder, durch die Erbarmungen Gottes, eure Leiber darzustellen als ein lebendiges, heiliges, Gott wohlgefälliges Opfer, was euer vernünftiger Gottesdienst ist. Und seid nicht gleichförmig dieser Welt, sondern werdet verwandelt durch die Erneuerung des Sinnes, dass ihr prüfen mögt, was der Wille Gottes ist: das Gute und Wohlgefällige und Vollkommene.

- **1Kor 6,19-20** Oder wisst ihr nicht, dass euer Leib ein Tempel des Heiligen Geistes in euch ist, den ihr von Gott habt, und dass ihr nicht euch selbst gehört? Denn ihr seid um einen Preis erkauft worden. Verherrlicht nun Gott mit eurem Leib!

- **1Petr 3,3-4** Euer Schmuck sei nicht der äußerliche durch Flechten der Haare und Umhängen von Gold oder Anziehen von Kleidern, sondern der verborgene Mensch des Herzens im unvergänglichen <Schmuck> des sanften und stillen Geistes, der vor Gott sehr köstlich ist.

- **Kol 3,14** Zu diesem allen aber <zieht> die Liebe <an>, die das Band der Vollkommenheit ist!

- **2Kor 7,1** Da wir nun diese Verheißungen haben, Geliebte, so wollen wir uns reinigen von jeder Befleckung des Fleisches und des Geistes und die Heiligkeit vollenden in der Furcht Gottes.

Hat Gott etwas dagegen, dass wir uns um uns selbst kümmern, indem wir versuchen, fit und gesund zu bleiben? Überhaupt nicht! Die Bibel sagt Christen, dass ihr Leib ein »Tempel des Heiligen Geistes« ist, der gepflegt und nicht missbraucht werden soll. Doch indem wir den Körper zum Götzen machen, tritt ein Kult neben unsere Anbetung Gottes. Dies hat im Leben als Christ genausowenig einen Platz wie die Tatsache, dass wir den eigenen - oder einen fremden - Körper für sexuelle Zwecke missbrauchen. Das gilt auch für die Vernachlässigung unseres geistlichen Lebens.

- **Lk 12,22-26** Er sprach aber zu seinen Jüngern: Deshalb sage ich euch: Seid nicht besorgt für das Leben, was ihr essen, noch für den Leib, was ihr anziehen sollt! Das Leben ist mehr als die Nahrung und der Leib mehr als die Kleidung. Betrachtet die Raben, die nicht säen noch ernten, die weder Vorratskammer noch Scheune haben, und Gott ernährt sie. Wieviel seid ihr mehr als die Vögel! Wer aber unter euch kann mit Sorgen seiner Lebenslänge *eine* Elle zusetzen? Wenn ihr nun auch das geringste nicht könnt, warum seid ihr um das übrige besorgt?

Manche Menschen haben die Vorstellung, dass der christliche Glaube eine körperfeindliche Religion sei. Dies ist nicht der Fall. Doch die Bibel nimmt eine überaus realistische Haltung gegenüber dem Schaden ein, der angerichtet werden kann, wenn man den Körper auf eine göttlich nicht beabsichtigte Weise einsetzt. Die Welt der Bibel unterschied sich hinsichtlich des durch Unzucht angerichteten Schadens kaum von der heutigen Welt. Weit davon entfernt, sexfeindlich zu sein, achtet die Bibel das Körperliche, stellt aber heraus, dass die Sexualität nicht zum Götzen gemacht und nicht angebetet werden darf.

- **Mt 26,41** Wacht und betet, damit ihr nicht in Versuchung kommt! Der Geist zwar ist willig, das Fleisch aber schwach.

- **Mt 5,29** Wenn aber dein rechtes Auge dir Anlass zur Sünde gibt, so reiß es aus und wirf es von dir! Denn es ist dir besser, dass eins deiner Glieder umkommt und nicht dein ganzer Leib in die Hölle geworfen wird.

- **1Jo 2,16-17** denn alles, was in der Welt ist, die Begierde des Fleisches und die Begierde der Augen und der Hochmut des Lebens, ist nicht vom Vater, sondern ist von der Welt. Und die Welt vergeht und ihre Begierde; wer aber den Willen Gottes tut, bleibt in Ewigkeit.

- **Röm 6,12-14** So herrsche nun nicht die Sünde in eurem sterblichen Leib, dass er seinen Begierden gehorche; stellt auch nicht eure Glieder der Sünde zur Verfügung als Werkzeuge der Ungerechtigkeit, sondern stellt euch selbst Gott zur Verfügung als Lebende aus den Toten und eure Glieder Gott zu Werkzeugen der Gerechtigkeit! Denn die Sünde wird nicht über euch herrschen, denn ihr seid nicht unter Gesetz, sondern unter Gnade.

- **1Kor 6,9-14** Oder wisst ihr nicht, dass Ungerechte das Reich Gottes nicht erben werden? Irrt euch nicht! Weder Unzüchtige noch Götzendiener, noch Ehebrecher, noch Lustknaben, noch Knabenschänder, noch Diebe, noch Habsüchtige, noch Trunkenbolde, noch Lästerer, noch Räuber werden das Reich Gottes erben. Und das sind manche von euch gewesen; aber ihr seid abgewaschen, aber ihr seid geheiligt, aber ihr seid gerechtfertigt worden durch den Namen des Herrn Jesus Christus und durch den Geist unseres Gottes. Alles ist mir erlaubt, aber nicht alles ist nützlich. Alles ist mir erlaubt, aber ich will mich von nichts beherrschen lassen. Die Speisen <sind> für den Bauch und der Bauch für die Speisen; Gott aber wird sowohl diesen als auch jene zunichte machen. Der Leib aber <ist> nicht für die Hurerei, sondern für den Herrn und der Herr für den Leib. Gott aber hat den Herrn auferweckt und wird auch uns auferwecken durch seine Macht.

- **Gal 5,24** Die aber dem Christus Jesus angehören, haben das Fleisch samt den Leidenschaften und Begierden gekreuzigt.

- **Gal 5,16-18** Ich sage aber: Wandelt im Geist, und ihr werdet die Begierde des Fleisches nicht erfüllen. Denn das Fleisch begehrt gegen den Geist auf, der Geist aber gegen das Fleisch; denn diese sind einander entgegengesetzt, damit ihr nicht das tut, was ihr wollt. Wenn ihr aber durch den Geist geleitet werdet, seid ihr nicht unter Gesetz.

- **1Thes 4,3-7** Denn dies ist Gottes Wille: eure Heiligung, dass ihr euch von der Unzucht fernhaltet, dass jeder von euch sich sein eigenes Gefäß in Heiligkeit und

Ehrbarkeit zu gewinnen wisse, nicht in Leidenschaft der Begierde wie die Nationen, die Gott nicht kennen; dass er sich keine Übergriffe erlaube noch seinen Bruder in der Sache übervorteile, weil der Herr Rächer ist über dies alles, wie wir euch auch vorher <schon> gesagt und eindringlich bezeugt haben. Denn Gott hat uns nicht zur Unreinheit berufen, sondern in Heiligung.

- **2Tim 2,21-22** Wenn nun jemand sich von diesen reinigt, wird er ein Gefäß zur Ehre sein, geheiligt, nützlich dem Hausherrn, zu jedem guten Werk bereitet. Die jugendlichen Begierden aber fliehe, strebe aber nach Gerechtigkeit, Glauben, Liebe, Frieden mit denen, die den Herrn aus reinem Herzen anrufen!

- **Tit 2,11-13** Denn die Gnade Gottes ist erschienen, heilbringend allen Menschen, und unterweist uns, damit wir die Gottlosigkeit und die weltlichen Begierden verleugnen und besonnen und gerecht und gottesfürchtig leben in dem jetzigen Zeitlauf, indem wir die glückselige Hoffnung und Erscheinung der Herrlichkeit unseres großen Gottes und Heilandes Jesus Christus erwarten.

- **Jak 1,14-15** Ein jeder aber wird versucht, wenn er von seiner eigenen Begierde fortgezogen und gelockt wird. Danach, wenn die Begierde empfangen hat, bringt sie Sünde hervor; die Sünde aber, wenn sie vollendet ist, gebiert den Tod.

- **1Kor 6,18** Flieht die Unzucht! Jede Sünde, die ein Mensch begehen mag, ist außerhalb des Leibes; wer aber Unzucht treibt, sündigt gegen den eigenen Leib.

Der Apostel Paulus schrieb an die Christen in Korinth, einer wegen ihrer sexuellen Freizügigkeit berüchtigten Stadt. Die dortigen Christen schienen fortwährend Gefahr zu laufen, in Unzucht abzugleiten. Paulus wies sie darauf hin, dass der jetzige Zustand ihres Leibes, der zum Zwecke der Unzucht missbraucht werden kann, nicht der endgültigen Leiblichkeit entspricht. Im Reich der Himmel werden wir einen neuen Leib haben, der sich von unserem gegenwärtigen Körper unterscheidet und diesem überlegen ist.

- **2Kor 5,1-4** Denn wir wissen, dass, wenn unser irdisches Zelthaus zerstört wird, wir einen Bau von Gott haben, ein nicht mit Händen gemachtes, ewiges Haus in den Himmeln. Denn in diesem freilich seufzen wir und sehnen uns danach, mit unserer Behausung aus dem Himmel überkleidet zu werden, insofern wir ja bekleidet, nicht nackt befunden werden. Denn wir freilich, die in dem Zelt sind, seufzen beschwert, weil wir nicht entkleidet, sondern überkleidet werden möchten, damit das Sterbliche verschlungen werde vom Leben.

- **2Kor 4,16b** Wenn auch unser äußerer Mensch aufgerieben wird, so wird doch der innere Tag für Tag erneuert.

LIEBE ZU ANDEREN

Siehe auch »Anderen vergeben«,
»Gnade und Barmherzigkeit«

*A*ndere Menschen zu lieben, bedeutet nicht, in jeden »verliebt« zu sein. Derartige Liebe, bei der es gefühlsbetont zugeht, kann man leicht praktizieren, d.h. solange, bis die Emotionen verschwinden. Doch die menschliche Liebe, worüber die Bibel redet, umfasst nicht nur einen vorübergehenden emotionalen Zustand. Sie beruht vielmehr auf einem **Willensentschluss.** Wir **wollen** uns um das Wohl eines anderen Menschen kümmern, selbst wenn der Betreffende uns verletzt, beschimpft und ignoriert hat. Eltern verstehen, worum es bei dieser Liebe geht, denn sie lieben ihre Kinder auch dann noch, wenn die Kinder durch ihr Verhalten ihre Liebe nicht zu erwidern scheinen. Sie ähnelt der Liebe Gottes zu uns, ist aber nicht so unerschütterlich wie diese. Gott liebt uns, obwohl wir überhaupt nicht liebenswert sind, und gibt uns folgende Anweisung: »Liebt andere Menschen so, wie ich euch liebe. Sucht als **Gebende** und nicht als **Empfangende** die Erfüllung eurer Liebe.« Ist dies schwierig? Natürlich, doch nur deshalb, weil wir dies nicht zur Gewohnheit werden ließen.

- **Spr 10,12** Hass erregt Zänkereien, aber Liebe deckt alle Vergehen zu.

- **Spr 17,9** Wer Vergehen zudeckt, strebt nach Liebe; wer aber eine Sache <immer wieder> aufrührt, entzweit Vertraute.

- **Spr 17,17** Ein Freund liebt zu jeder Zeit, und als Bruder für die Not wird er geboren.

• **Lk 6,31-36** Und wie ihr wollt, dass euch die Menschen tun sollen, tut ihnen ebenso! Und wenn ihr liebt, die euch lieben, was für einen Dank habt ihr? Denn auch die Sünder lieben, die sie lieben. Und wenn ihr denen Gutes tut, die euch Gutes tun, was für einen Dank habt ihr? Auch die Sünder tun dasselbe. Und wenn ihr denen leiht, von denen ihr <wieder> zu empfangen hofft, was für einen Dank habt ihr? Auch Sünder leihen Sündern, damit sie das gleiche wieder empfangen. Doch liebt eure Feinde, und tut Gutes, und leiht, ohne etwas wieder zu erhoffen! Und euer Lohn wird groß sein, und ihr werdet Söhne des Höchsten sein; denn er ist gütig gegen die Undankbaren und Bösen.

Seid nun barmherzig, wie auch euer Vater barmherzig ist!

• **Mt 10,41-42** Wer einen Propheten aufnimmt in eines Propheten Namen, wird eines Propheten Lohn empfangen; und wer einen Gerechten aufnimmt in eines Gerechten Namen, wird eines Gerechten Lohn empfangen. Und wenn jemand einem dieser Geringen nur einen Becher kalten Wassers zu trinken gibt in eines Jüngers Namen, wahrlich, ich sage euch, er wird seinen Lohn gewiss nicht verlieren.

• **Lk 10,25-28** Und siehe, ein Gesetzesgelehrter stand auf und versuchte ihn und sprach: Lehrer, was muss ich getan haben, um ewiges Leben zu erben? Er aber sprach zu ihm: Was steht in dem Gesetz geschrieben? Wie liest du? Er aber antwortete und sprach: »Du sollst den Herrn, deinen Gott, lieben aus deinem ganzen Herzen und mit deiner ganzen Seele und mit deiner ganzen Kraft und mit deinem ganzen Verstand und deinen Nächsten wie dich selbst.« Er sprach aber zu ihm: Du hast recht geantwortet; tu dies, und du wirst leben.

• **Joh 13,34-35** Ein neues Gebot gebe ich euch, dass ihr einander liebt, damit, wie ich euch geliebt habe, auch *ihr* einander liebt. Daran werden alle erkennen, dass ihr meine Jünger seid, wenn ihr Liebe untereinander habt.

- **Röm 12,6-10** Da wir aber verschiedene Gnadengaben haben nach der uns gegebenen Gnade, <so lasst sie uns gebrauchen>: es sei Weissagung, in der Entsprechung zum Glauben; es sei Dienst, im Dienen; es sei, der lehrt, in der Lehre: es sei, der ermahnt, in der Ermahnung; der mitteilt, in Einfalt; der vorsteht, mit Fleiß; der Barmherzigkeit übt, mit Freudigkeit.

  Die Liebe sei ungeheuchelt! Verabscheut das Böse, haltet fest am Guten! In der Bruderliebe seid herzlich zueinander, in Ehrerbietung einer dem anderen vorangehend.

- **Röm 13,8-10** Seid niemand irgend etwas schuldig, als nur einander zu lieben! Denn wer den anderen liebt, hat das Gesetz erfüllt. Denn das: »Du sollst nicht ehebrechen, du sollst nicht töten, du sollst nicht stehlen, du sollst nicht begehren«, und wenn es ein anderes Gebot <gibt>, ist in diesem Wort zusammengefasst: »Du sollst deinen Nächsten lieben wie dich selbst.« Die Liebe tut dem Nächsten nichts Böses. So ist nun die Liebe die Erfüllung des Gesetzes.

Im ersten Korintherbrief des Paulus wird Kapitel 13 als das große biblische »Kapitel der Liebe« angesehen. Paulus hatte an eine Gruppe streitsüchtiger Christen über ihre geistlichen Gaben und deren Gebrauch zum Nutzen aller geschrieben. Die Weisheit des Paulus zeigte sich in seiner Erkenntnis, dass in jedem Kreis von Menschen Liebe die größte Gabe ist, die sie miteinander teilen können - nicht nur emotional bestimmte Liebe, sondern die erstaunliche Liebe, die hier beschrieben wird:

- **1Kor 13** Wenn ich in den Sprachen der Menschen und der Engel rede, aber keine Liebe habe, so bin ich ein tönendes Erz geworden oder eine schallende Zimbel. Und wenn ich Weissagung habe und alle Geheimnisse und alle Erkenntnis weiß und wenn ich allen Glauben habe, so dass ich Berge versetze, aber keine Liebe habe, so bin ich nichts. Und wenn ich alle meine Habe zur Speisung <der Armen> austeile und wenn ich meinen Leib hingebe, damit ich Ruhm gewinne, aber keine Liebe habe, so nützt es mir nichts. Die Liebe ist langmütig, die Liebe ist gütig;

sie neidet nicht; die Liebe tut nicht groß, sie bläht sich nicht auf, sie benimmt sich nicht unanständig, sie sucht nicht das Ihre, sie lässt sich nicht erbittern, sie rechnet Böses nicht zu, sie freut sich nicht über die Ungerechtigkeit, sondern sie freut sich mit der Wahrheit, sie erträgt alles, sie glaubt alles, sie hofft alles, sie erduldet alles. Die Liebe vergeht niemals; seien es aber Weissagungen, sie werden weggetan werden; seien es Sprachen, sie werden aufhören; sei es Erkenntnis, sie wird weggetan werden. Denn wir erkennen stückweise, und wir weissagen stückweise; wenn aber das Vollkommene kommt, wird das, was stückweise ist, weggetan werden. Als ich ein Kind war, redete ich wie ein Kind, dachte wie ein Kind, urteilte wie ein Kind; als ich ein Mann wurde, tat ich weg, was kindlich war. Denn wir sehen jetzt mittels eines Spiegels, undeutlich, dann aber von Angesicht zu Angesicht. Jetzt erkenne ich stückweise, dann aber werde ich erkennen, wie auch ich erkannt worden bin. Nun aber bleibt Glaube, Hoffnung, Liebe, diese drei; die größte aber von diesen ist die Liebe.

Hiermit war für Paulus und die anderen neutestamentlichen Verfasser dieses Thema keineswegs erledigt. Sie beschreiben vielmehr die Liebe als die größte aller Aufgaben - nicht als lästige, unangenehme Aufgabe, sondern als Aufgabe, die uns sogar Freude bereiten kann, weil wir wissen, dass wir die uns geltende göttliche Liebe an andere Menschen weitergeben.

- **Gal 5,6.13-14.22-23** Denn in Christus Jesus hat weder Beschneidung noch Unbeschnittensein irgendeine Kraft, sondern <der> durch Liebe wirksame Glaube ...

  Denn *ihr* seid zur Freiheit berufen worden, Brüder. Nur <gebraucht> nicht die Freiheit als Anlass für das Fleisch, sondern dient einander durch die Liebe! Denn das ganze Gesetz ist in *einem* Wort erfüllt, in dem: »Du sollst deinen Nächsten lieben wie dich selbst.« ...

  Die Frucht des Geistes aber ist: Liebe, Freude, Friede, Langmut, Freundlichkeit, Güte, Treue, Sanftmut, Enthaltsamkeit. Gegen diese ist das Gesetz nicht <gerichtet>.

- **Eph 4,2-4** ... mit aller Demut und Sanftmut, mit Langmut, einander in Liebe ertragend! Befleißigt euch, die Einheit des Geistes zu bewahren durch das Band des Friedens: *Ein* Leib und *ein* Geist, wie ihr auch berufen worden seid in *einer* Hoffnung eurer Berufung!

- **Phil 2,3-5** (Tut) nichts aus Eigennutz oder eitler Ruhmsucht ..., sondern (achtet) ... in der Demut einer den anderen höher ... als sich selbst; ein jeder sehe nicht auf das Seine, sondern ein jeder auch auf das der anderen! Habt diese Gesinnung in euch, die auch in Christus Jesus <war>.

- **1Thes 4,9** Was aber die Bruderliebe betrifft, so habt ihr nicht nötig, dass man euch schreibt, denn ihr seid selbst von Gott gelehrt, einander zu lieben.

- **Hebr 13,1-3** Die Bruderliebe bleibe! Die Gastfreundschaft vergesst nicht! Denn dadurch haben einige, ohne es zu wissen, Engel beherbergt. Gedenkt der Gefangenen als Mitgefangene; derer, die geplagt werden, als <solche>, die auch selbst im Leib sind!

- **Jak 2,8** Wenn ihr wirklich das königliche Gesetz »Du sollst deinen Nächsten lieben wie dich selbst« nach der Schrift erfüllt, so tut ihr recht.

Der Herr Jesus sagte seinen Nachfolgern, dass sie ihre Feinde lieben müssten. Dies ist oft schwer. Merkwürdigerweise ist es manchmal ebenfalls schwer, andere Christen zu lieben. In jeder christlichen Denomination, die je existierte, hat es Zänkereien und Feindseligkeiten gegeben. Woran liegt das, da wir doch Brüder und Schwestern in der Familie Gottes sind? Vielleicht daran, dass es unter uns wie in einer menschlichen Familie gelegentlich Streit gibt. Doch das Neue Testament stellt uns ein Ideal vor Augen: Wenn wir wahrhaftig Gott lieben, werden wir auch einander lieben.

- **Hebr 6,10-11** Denn Gott ist nicht ungerecht, euer Werk zu vergessen und die Liebe, die ihr zu seinem

Namen bewiesen habt, indem ihr den Heiligen gedient habt und dient. Wir wünschen aber sehr, dass jeder von euch denselben Eifer um die volle Gewissheit der Hoffnung bis ans Ende beweise.

- **1Jo 2,10** Wer seinen Bruder liebt, bleibt im Licht, und nichts Anstößiges ist in ihm.

- **1Jo 3,10b-11.14-19** Jeder, der nicht Gerechtigkeit tut, ist nicht aus Gott, und wer nicht seinen Bruder liebt.
  Denn dies ist die Botschaft, die ihr von Anfang an gehört habt, dass wir einander lieben sollen ...
  Wir wissen, dass wir aus dem Tod in das Leben hinübergegangen sind, weil wir die Brüder lieben; wer nicht liebt, bleibt im Tod. Jeder, der seinen Bruder hasst, ist ein Menschenmörder, und ihr wisst, dass kein Menschenmörder ewiges Leben bleibend in sich hat.
  Hieran haben wir die Liebe erkannt, dass er für uns sein Leben hingegeben hat; auch wir sind schuldig, für die Brüder das Leben hinzugeben. Wer aber irdischen Besitz hat und sieht seinen Bruder Mangel leiden und verschließt sein Herz vor ihm, wie bleibt die Liebe Gottes in ihm?
  Kinder, lasst uns nicht lieben mit Worten noch mit der Zunge, sondern in Tat und Wahrheit! Hieran werden wir erkennen, dass wir aus der Wahrheit sind, und wir werden vor ihm unser Herz zur Ruhe bringen.

- **1Jo 5,1-2** Jeder, der glaubt, dass Jesus der Christus ist, ist aus Gott geboren; und jeder, der den liebt, der geboren hat, liebt den, der aus ihm geboren ist. Hieran erkennen wir, dass wir die Kinder Gottes lieben, wenn wir Gott lieben und seine Gebote befolgen.

- **1Petr 1,22** Da ihr eure Seelen durch den Gehorsam gegen die Wahrheit zur ungeheuchelten Bruderliebe gereinigt habt, so liebt einander anhaltend, aus reinem Herzen!

LIEBE ZU GOTT

*Siehe auch »Gemeinschaft mit Gott«,
»Gehorsam gegenüber Gott«*

C S. Lewis sagte, dass »die geistliche Gesundheit eines Menschen genau seiner Liebe zu Gott entspricht.« Es stimmt, dass es Gott um unsere Moral und unser Verhalten geht, doch am meisten ist er um unser Herz besorgt. Leben wir als ihm Hingegebene? Obwohl unsere Liebe vielen anderen gilt - unseren Angehörigen, unserem Partner, unseren Freunden -, sind wir gefragt: Lieben wir Gott noch **stärker?** Wenn nicht, dann können wir - wie Lewis feststellte - geistlich nicht gesund sein.

Möglicherweise liegt der Schlüssel zu alledem in der Erkenntnis: Wir **brauchen** Gott. Wir wissen, dass wir Gott mehr als irgend etwas brauchen. Wenn wir dies vergessen, schwindet unsere Liebe. Sobald wir dies spüren - wie etwa in Zeiten des Leids - eilen wir zu Gott zurück als solche, die sich ihrer Not bewusst sind. Es ist überaus tröstlich zu wissen, dass Gott dies versteht.

- **Ps 37,4** ... und habe deine Lust am HERRN, so wird er dir geben, was dein Herz begehrt.

- **Spr 8,17** Ich liebe, die mich lieben; und die mich suchen, finden mich.

- **Ps 91,14-16** »Weil er an mir hängt, will ich ihn erretten. Ich will ihn schützen, weil er meinen Namen kennt. Er ruft mich an, und ich antworte ihm. *Ich* bin bei ihm in der Not. Ich befreie ihn und bringe ihn zu Ehren. Ich sättige ihn mit langem Leben und lasse ihn mein Heil schauen.«

- **Ps 145,18-20** Nahe ist der HERR allen, die ihn anrufen, allen, die ihn in Wahrheit anrufen. Er erfüllt das Verlangen derer, die ihn fürchten. Ihr Schreien hört er, und er hilft ihnen. Der HERR bewahrt alle, die ihn lieben, aber alle Gottlosen vertilgt er.

Von dem Herrn Jesus selbst stammen zahlreiche Aussagen über die Liebe zu Gott. Was er über unsere Liebe zum Vater sagte, übertrifft alles, was in Schlagern und in der Poesie je über Liebe gesagt worden ist.

- **Mk 12,29-31** Jesus antwortete ihm: Das erste ist: »Höre, Israel: Der Herr, unser Gott, ist *ein* Herr; und du sollst den Herrn, deinen Gott, lieben aus deinem ganzen Herzen und aus deiner ganzen Seele und aus deinem ganzen Verstand und aus deiner ganzen Kraft!« Das zweite ist dies: »Du sollst deinen Nächsten lieben wie dich selbst!« Größer als diese ist kein anderes Gebot.

Es ist viel leichter, über Liebe zu reden, als sie zu praktizieren. Wie oft sagen wir anderen Menschen freudestrahlend, dass wir sie lieben, nur um dann durch unsere Taten das Gegenteil zu beweisen? Genauso verfahren wir mit Gott. Weil der Herr Jesus dies erkannte, warnte er seine Nachfolger davor, »mit der Zunge flinker zu sein als mit den Füßen«.

- **Joh 14,15-16.21.23-24** Wenn ihr mich liebt, so werdet ihr meine Gebote halten; und ich werde den Vater bitten, und er wird euch einen anderen Beistand geben, dass er bei euch sei in Ewigkeit ... Wer meine Gebote hat und sie hält, der ist es, der mich liebt; wer aber mich liebt, wird von meinem Vater geliebt werden; und ich werde ihn lieben und mich selbst ihm offenbaren ... Jesus antwortete und sprach zu ihm: Wenn jemand mich liebt, so wird er mein Wort halten, und mein Vater wird ihn lieben, und wir werden zu ihm kommen und Wohnung bei ihm machen. Wer mich nicht liebt, hält meine Worte nicht; und das Wort, das ihr hört, ist nicht mein, sondern des Vaters, der mich gesandt hat.

- **Lk 14,25-26** Es ging aber eine große Volksmenge mit ihm; und er wandte sich um und sprach zu ihnen: Wenn jemand zu mir kommt und hasst nicht seinen Vater und die Mutter und die Frau und die Kinder und die Brüder und die Schwestern, dazu aber auch sein eigenes Leben, so kann er nicht mein Jünger sein.

- **1Kor 2,9b** »Was kein Auge gesehen und kein Ohr gehört hat und in keines Menschen Herz gekommen ist, was Gott denen bereitet hat, die ihn lieben.«

In der Bibel werden zwei Arten der Liebe nie voneinander getrennt - die Liebe zu Gott und die Liebe zu anderen Menschen. Die eine ohne die andere ist unvollständig.

- **Lk 10,25-28** Und siehe, ein Gesetzesgelehrter stand auf und versuchte ihn und sprach: Lehrer, was muss ich getan haben, um ewiges Leben zu erben? Er aber sprach zu ihm: Was steht in dem Gesetz geschrieben? Wie liest du? Er aber antwortete und sprach: »Du sollst den Herrn, deinen Gott, lieben aus deinem ganzen Herzen und mit deiner ganzen Seele und mit deiner ganzen Kraft und mit deinem ganzen Verstand und deinen Nächsten wie dich selbst.« Er sprach aber zu ihm: Du hast recht geantwortet; tu dies, und du wirst leben.

- **1Jo 4,20-21** Wenn jemand sagt: Ich liebe Gott, und hasst seinen Bruder, ist er ein Lügner. Denn wer seinen Bruder nicht liebt, den er gesehen hat, kann nicht Gott lieben, den er nicht gesehen hat. Und dieses Gebot haben wir von ihm, dass, wer Gott liebt, auch seinen Bruder lieben soll.

- **Hebr 6,10** Denn Gott ist nicht ungerecht, euer Werk zu vergessen und die Liebe, die ihr zu seinem Namen bewiesen habt, indem ihr den Heiligen gedient habt und dient.

- **1Kor 8,1b-3** Die Erkenntnis bläht auf, die Liebe aber erbaut. Wenn jemand meint, er habe etwas erkannt, so hat er noch nicht erkannt, wie man erkennen soll; wenn aber jemand Gott liebt, der ist von ihm erkannt.

LÜGEN

Siehe auch »Zunge«

*E*in Bühnenkomiker sagte seinen Zuhörern: »Ich wollte in die Politik gehen, doch ich habe die schlechte Angewohnheit, die Wahrheit zu sagen.« Die Unehrlichkeit hat sich in der Politik, dem Geschäftsleben und in der Welt allgemein so weit verbreitet, dass sie als geradezu normal erscheint. Doch man **weiß** instinktiv, dass man die Wahrheit sagen sollte. Wir erwarten dies gewiss von anderen, weil wir wissen, dass menschliches Zusammenleben nicht funktionieren kann, wenn keiner vertrauenswürdig ist.

Die Bibel nimmt das Lügen so ernst, dass eines der Zehn Gebote davor warnt:

- **2Mo 20,16** Du sollst gegen deinen Nächsten nicht als falscher Zeuge aussagen.

Dieses Gebot warnt speziell davor, vor Gericht eine Falschaussage zu machen. Doch kurz gesagt, fasst es die gesamte biblische Lehre hinsichtlich der Ehrlichkeit zusammen. Das Lügen hat keinen Platz im Glaubensleben. In der Bibel finden sich einige eindringliche Warnungen vor Betrügern.

- **Spr 11,1** Trügerische Waagschalen sind dem HERRN ein Gräuel, aber volles Gewicht hat sein Wohlgefallen.

- **Spr 12,19** Die wahrhaftige Lippe besteht für immer, aber nur einen Augenblick lang die lügnerische Zunge.

- **Spr 20,14.23** Schlecht, schlecht! sagt der Käufer; und wenn er weggeht, dann rühmt er sich ... Ein Gräuel sind für den HERRN zweierlei Gewichtsteine, und trügerische Waagschalen sind nicht gut.

- **Spr 25,18** Hammer und Schwert und geschärfter Pfeil, <so ist> ein Mann, der als falscher Zeuge gegen seinen Nächsten aussagt.

- **Spr 19,5** Ein falscher Zeuge bleibt nicht ungestraft; und wer Lügen vorbringt, wird nicht entkommen.

- **Spr 14,5** Ein treuer Zeuge lügt nicht, aber ein falscher Zeuge bringt Lügen vor.

- **Röm 3,4b** Gott <ist> wahrhaftig, jeder Mensch aber Lügner.

- **Spr 24,28-29** Werde nicht ohne Grund Zeuge gegen deinen Nächsten! Willst du etwa täuschen mit deinen Lippen? Sage nicht: Wie er mir getan hat, so will ich ihm tun, will jedem vergelten nach seinem Tun!

- **Ps 5,7** Du lässt die Lügenredner verlorengehen; den Mann des Blutes und des Truges verabscheut der HERR.

- **Ps 12,3-6** Sie reden Lüge, ein jeder mit seinem Nächsten; mit glatter Lippe, mit doppeltem Herzen reden sie. Der HERR möge ausrotten alle glatten Lippen, die Zunge, die große Dinge redet, die da sagen: »Dank unserer Zunge sind wir überlegen, unsere Lippen sind mit uns; wer ist unser Herr?« Wegen der gewalttätigen Behandlung der Elenden, wegen des Seufzens der Armen will ich nun aufstehen, spricht der HERR; ich will in Sicherheit stellen den, gegen den man schnaubt.

- **Spr 10,9.31** Wer in Lauterkeit lebt, lebt sicher, wer aber krumme Wege wählt, muss schwitzen ... Der Mund des Gerechten lässt Weisheit sprießen, aber die Zunge der Verkehrtheit wird abgeschnitten.

*Das Neue Testament bringt einen anderen Aspekt ein: Es legt Wert darauf, dass wir Mitchristen gegenüber die Wahrheit sagen. Natürlich sollen wir nicht **nur** Christen gegenüber ehr-*

*lich sein, sondern uns vielmehr ihnen gegenüber zur Wahrheit verpflichtet wissen, da wir **einem** Leib, der Gemeinde, angehören.*

- **Eph 4,25** Deshalb legt die Lüge ab und redet Wahrheit, ein jeder mit seinem Nächsten! Denn wir sind untereinander Glieder.

- **Kol 3,9** Belügt einander nicht, da ihr den alten Menschen mit seinen Handlungen ausgezogen (habt).

*Das Lügen ist in Gottes Augen eine solch ernstes Vergehen, dass das letzte biblische Buch, die Offenbarung, eine erschütternde Schlussfolgerung enthält: Lügner kommen zusammen mit Mördern und Götzendienern nicht in den Himmel. Sie haben keinen Platz im neuen Jerusalem, der himmlischen Stadt. Dies bedeutet nicht, dass jedem, der je einmal gelogen hat, der Zugang zum Himmel verwehrt bleibt. Gott ist gewillt und bereit, Menschen aufzunehmen, die angesichts ihrer Sünden - Unehrlichkeit eingeschlossen - Buße tun. Doch die Stelle in der Offenbarung teilt mit, dass Unehrlichkeit, die man meist als relativ **unbedeutende** Sünde ansieht, ganz und gar nicht unbedeutend ist.*

- **Offb 21,7-8** Wer überwindet, wird dies erben, und ich werde ihm Gott sein, und er wird mir Sohn sein. Aber den Feigen und Ungläubigen und mit Gräueln Befleckten und Mördern und Unzüchtigen und Zauberern und Götzendienern und allen Lügnern ist ihr Teil in dem See, der mit Feuer und Schwefel brennt, das ist der zweite Tod.

- **Offb 22,15** Draußen sind die Hunde und die Zauberer und die Unzüchtigen und die Mörder und die Götzendiener und jeder, der die Lüge liebt und tut.

NEID UND EIFERSUCHT

Siehe auch »Zufriedenheit«, »Hass«

Neid gehört zu den »unsichtbaren« Sünden. Im Gegensatz zu Ehebruch, Trunksucht oder Habgier kann keiner wissen, ob ein anderer neidisch ist. Wir mögen uns durch das, was wir sagen, verraten, doch Neid ist mühelos zu verbergen. Da er leicht verheimlicht werden kann, wird er auch selten zugegeben.

Was ist daran so schlecht? Ist es nicht menschlich und normal, dass wir Aussehen, Kleidung, Auto, Haus und soziale Stellung eines anderen bewundern? Natürlich ist das normal. Was die Bibel verurteilt, ist nicht die Bewunderung, sondern die **Begehrlichkeit,** die aus dem, was wir nicht besitzen, einen Götzen werden lässt. Bei Neidischen spielt das Gefühl, es gehe ungerecht zu, eine Schlüsselrolle. **Dorothea kann man dieses schöne Haus in Wirklichkeit nicht gönnen. Mir würde es eher zustehen als ihr! Heinz verdient es nicht, diese gut bezahlte Arbeitsstelle zu haben - ich wohl!**

Wie leicht vergessen wir: Diese »unsichtbare Sünde« wird so ernstgenommen, dass wir in den Zehn Geboten davor gewarnt werden!

- **2Mo 20,17** Du sollst nicht das Haus deines Nächsten begehren. Du sollst nicht begehren die Frau deines Nächsten, noch seinen Knecht, noch seine Magd, weder sein Rind noch seinen Esel, noch irgend etwas, was deinem Nächsten <gehört>.

Einer der traurigsten Sachverhalte hinsichtlich des Neids besteht darin, dass wir gewöhnlich böse Menschen beneiden - gute dagegen nicht. (Wie oft haben Sie jemanden beneidet, der für wohltätige Zwecke gespendet hat?) Wie oft ist unsere Tatkraft blockiert, weil wir darüber nachsinnen, was irgendein habgieriger, materialistisch eingestellter Mensch besitzt!

- **Ps 37,7-9** Sei still dem HERRN und harre auf ihn! Entrüste dich nicht über den, dessen Weg gelingt, über den Mann, der böse Pläne ausführt! Lass ab vom Zorn und lass den Grimm! Entrüste dich nicht! <Es führt> nur zum Bösen. Denn die Übeltäter werden ausgerottet; aber die auf den HERRN hoffen, die werden das Land besitzen.

- **Spr 3,31-32** Beneide nicht den Mann der Gewalttat und wähle keinen seiner Wege! - Denn ein Gräuel für den HERRN ist, wer sich auf Abwege begibt; doch mit den Aufrichtigen hält er seinen Rat.

- **Spr 23,17-18** Dein Herz eifere nicht gegen die Sünder, sondern um die Furcht des HERRN jeden Tag! Denn wahrlich, es gibt <noch> ein Ende, und dann wird deine Hoffnung nicht zuschanden.

- **Spr 24,1-2** Sei nicht neidisch auf böse Menschen und nicht begierig, bei ihnen zu sein! Denn ihr Herz plant Gewalttat, und Unheil reden ihre Lippen.

- **Pred 4,4** Und ich sah all das Mühen und alle Tüchtigkeit <bei> der Arbeit, dass es Eifersucht des einen gegen den anderen ist. Auch das ist Nichtigkeit und ein Haschen nach Wind.

- **Spr 27,4** Grausam ist der Grimm und überflutend der Zorn. Wer aber kann bestehen vor der Eifersucht?

*Ordnen wir Eifersucht gedanklich als **destruktiv** ein? Wenn sie uns dazu veranlasst, wertvolle geistliche Energie zu verschwenden, dann ist sie tatsächlich überaus destruktiv. Gottes Wort fordert uns auf, zufrieden zu sein. Was kann Unzufriedenheit bewirken außer der Tatsache, dass wir Opfer des vielgefürchteten **Stresses** werden?*

- **Spr 14,30** Ein gelassenes Herz ist des Leibes Leben, aber Wurmfraß in den Knochen ist die Leidenschaft.

Christen vergessen häufig, wie oft Neid in Gottes Wort verur-
teilt wird. Vielleicht deshalb, weil er eine unsichtbare Sünde
darstellt, nehmen wir ihn weniger ernst als andere Sünden.
Doch die neutestamentlichen Schreiber verdeutlichen, dass
Neid in seiner ganzen zerstörerischen Wirkung die Beziehung
des Christen zu Gott und zu anderen Menschen trübt.

- **Röm 13,13-14** Lasst uns anständig wandeln wie am
Tag; nicht in Schwelgereien und Trinkgelagen, nicht in
Unzucht und Ausschweifungen, nicht in Streit und Eifersucht; sondern zieht den Herrn Jesus Christus an, und
treibt nicht Vorsorge für das Fleisch, dass Begierden wach
werden!

- **1Kor 3,3** Denn ihr seid noch fleischlich. Denn wo
Eifersucht und Streit unter euch ist, seid ihr da nicht
fleischlich und wandelt nach Menschenweise?

- **Jak 3,15** Dies ist nicht die Weisheit, die von oben herabkommt, sondern eine irdische, sinnliche, teuflische.

- **1Petr 2,1** Legt nun ab alle Bosheit und allen Trug und
Heuchelei und Neid und alles üble Nachreden.

- **Gal 5,19a.21-26** Offenbar aber sind die Werke des
Fleisches ... Neidereien, Trinkgelage, Völlereien und dergleichen. Von diesen sage ich euch im voraus, so wie ich
vorher sagte, dass die, die so etwas tun, das Reich Gottes
nicht erben werden. Die Frucht des Geistes aber ist: Liebe,
Freude, Friede, Langmut, Freundlichkeit, Güte, Treue,
Sanftmut, Enthaltsamkeit. Gegen diese ist das Gesetz
nicht <gerichtet>. Die aber dem Christus Jesus
angehören, haben das Fleisch samt den Leidenschaften
und Begierden gekreuzigt. Wenn wir durch den Geist
leben, so lasst uns durch den Geist wandeln! Lasst uns
nicht nach eitler Ehre trachten, indem wir einander he-
rausfordern, einander beneiden!

*Wenn wir über **Bekehrung** und **Wiedergeburt** reden, konzentrieren wir uns oft darauf, dass wir schlechte Gewohnheiten wie Fluchen, Trunksucht und Ehebruch - ausnahmslos sichtbare Sünden - aufgeben sollen. Doch das Neue Testament weist darauf hin, dass Neid im sündigen Leben eine Schlüsselrolle spielt - und daher von dem Bekehrten abgelegt werden sollte.*

• **Tit 3,3-5** Denn einst waren auch wir unverständig, ungehorsam, gingen in die Irre, dienten mancherlei Begierden und Lüsten, führten unser Leben in Bosheit und Neid, verhasst, einander hassend. Als aber die Güte und die Menschenliebe unseres Heiland-Gottes erschien, errettete er uns, nicht aus Werken, die, in Gerechtigkeit <vollbracht>, wir getan hätten, sondern nach seiner Barmherzigkeit durch die Waschung der Wiedergeburt und Erneuerung des Heiligen Geistes.

Wenn wir unser Leben dem Herrn anvertraut haben und nun ein neues Leben im Geist führen, besitzen wir die eine Voraussetzung dafür, dass unser Leben von Eifersucht und jeder anderen Sünde frei werden kann: die Liebe.

• **1Kor 13,4-5** Die Liebe ist langmütig, die Liebe ist gütig; sie neidet nicht; die Liebe tut nicht groß, sie bläht sich nicht auf, sie benimmt sich nicht unanständig, sie sucht nicht das Ihre, sie lässt sich nicht erbittern, sie rechnet Böses nicht zu.

PERSÖNLICHES WACHSTUM

Siehe auch »Ehrgeiz«, »Buße«,
»Selbstachtung und Selbstwertgefühl«, »Erfolg«

*D*ie Wendung **persönliches Wachstum** wird man in der Bibel nicht finden. Trotzdem beinhaltet die Bibel viele Aussagen zu diesem Thema. Eines der wichtigsten darin enthaltenen Dinge ist, dass wir nicht wachsen können, wenn wir nicht zuvor eingepflanzt worden sind. Wir selbst haben in uns keinen Wurzelboden. Wir müssen in Christus verwurzelt sein, wobei uns nichts in der Welt außer ihm rechtfertigen kann.

Man kann die Bibel lesen und viel daraus lernen. Sie ist voller guter Ratschläge, besonders im Buch der Sprüche. Doch **eigene Bemühungen, besser zu werden,** entsprechen nicht ihrem wirklichen Ziel. Sie will uns vielmehr dadurch, dass wir mit Christus vereint sind, zu Menschen machen, die ein neues Leben angefangen und eine völlig neue Richtung eingeschlagen haben. Nur angesichts dieses Neubeginns, dieser »Einpflanzung«, kann Wachstum erfolgen.

Mit anderen Worten: Die Bibel verheißt ausschließlich dem Christen Wachstum - und zwar reales Wachstum. Wir wachsen in der Gnade und lernen, Gott und unseren Nächsten immer besser zu lieben. Alle Gewächse haben gelegentlich eine Ruhephase. Doch das Leben ist da - denn Christus lebt in ihnen.

- **Joh 15,5-9** *Ich* bin der Weinstock, *ihr* seid die Reben. Wer in mir bleibt und ich in ihm, der bringt viel Frucht, denn getrennt von mir könnt ihr nichts tun. Wenn jemand nicht in mir bleibt, so wird er hinausgeworfen wie die Rebe und verdorrt; und man sammelt sie und wirft sie ins Feuer, und sie verbrennen. Wenn ihr in mir bleibt und meine Worte in euch bleiben, so werdet ihr bitten, was ihr wollt, und es wird euch geschehen. Hierin wird mein Vater verherrlicht, dass ihr viel Frucht bringt und meine Jünger werdet.

Wie der Vater mich geliebt hat, habe auch ich euch geliebt. Bleibt in meiner Liebe!

- **Eph 4,14-16** <Denn> wir sollen nicht mehr Unmündige sein, hin- und hergeworfen und umhergetrieben von jedem Wind der Lehre durch die Betrügerei der Menschen, durch <ihre> Verschlagenheit zu listig ersonnenem Irrtum. Lasst uns aber die Wahrheit reden in Liebe und in allem hinwachsen zu ihm, der das Haupt ist, Christus. Aus ihm wird der ganze Leib zusammengefügt und verbunden durch jedes der Unterstützung <dienende> Gelenk, entsprechend der Wirksamkeit nach dem Maß jedes einzelnen Teils; und <so> wirkt er das Wachstum des Leibes zu seiner Selbstauferbauung in Liebe.

- **2Petr 1,3-7.9-11** Da seine göttliche Kraft uns alles zum Leben und zur Gottseligkeit geschenkt hat durch die Erkenntnis dessen, der uns berufen hat durch <seine> eigene Herrlichkeit und Tugend, durch die er uns die kostbaren und größten Verheißungen geschenkt hat, damit ihr durch sie Teilhaber der göttlichen Natur werdet, die ihr dem Verderben, das durch die Begierde in der Welt ist, entflohen seid: eben deshalb wendet aber auch allen Fleiß auf und reicht in eurem Glauben die Tugend dar, in der Tugend aber die Erkenntnis, in der Erkenntnis aber die Enthaltsamkeit, in der Enthaltsamkeit aber das Ausharren, in dem Ausharren aber die Gottseligkeit, in der Gottseligkeit aber die Bruderliebe, in der Bruderliebe aber die Liebe! ... Denn bei wem diese <Dinge> nicht vorhanden sind, der ist blind, kurzsichtig und hat die Reinigung von seinen früheren Sünden vergessen. Darum, Brüder, befleißigt euch um so mehr, eure Berufung und Erwählung fest zu machen! Denn wenn ihr diese <Dinge> tut, werdet ihr niemals straucheln. Denn so wird euch reichlich gewährt werden der Eingang in das ewige Reich unseres Herrn und Heilandes Jesus Christus.

Können wir ohne Schwierigkeiten wachsen? Kinder können es gewiss. Doch wir alle wissen, dass persönliches Wachstum (inneres Wachstum, das sicher mehr beinhaltet, als kräftige Knochen und gute Zähne zu bekommen) nur erfolgen kann, wenn wir es fördern. Um mit dem Apostel Petrus zu sprechen: Wir sollten danach verlangen.

- **1Petr 2,2-3** ... und seid wie neugeborene Kinder begierig nach der vernünftigen, unverfälschten Milch - damit ihr durch sie wachset zur Rettung - wenn ihr <wirklich> geschmeckt habt, dass der Herr gütig ist!

Nachdem Sie all die Bücher über Selbsthilfe und persönliches Vorwärtskommen gelesen haben, nehmen Sie vielleicht an, dass Moral nicht allzu wichtig ist. Was zählt (so die Meinung der Welt), ist unsere körperliche Gesundheit und die Tatsache, dass wir die Ziele unserer Karriere erreichen. Doch die wachsende Inanspruchnahme psychotherapeutischer Angebote (ganz zu schweigen von Tabletten gegen Schlaflosigkeit und Depressionen) zeigt, dass man keinen wirklichen persönlichen Frieden findet, wenn man nach Gesundheit und beruflichem Aufstieg strebt. Vielleicht müssen wir uns eine Weisheit der Bibel ins Gedächtnis rufen: Wir können nicht Gottes Absichten für unser Leben entsprechen, bevor wir uns wirklich um unsere moralische Gesundheit kümmern. Aus biblischer Sicht ist unsere Moral wichtiger als unser Cholesterinspiegel.

- **Eph 4,17-24** Dies nun sage und bezeuge ich im Herrn, dass ihr nicht mehr wandeln sollt, wie auch die Nationen wandeln, in Nichtigkeit ihres Sinnes; <sie sind> verfinstert am Verstand, fremd dem Leben Gottes wegen der Unwissenheit, die in ihnen ist, wegen der Verstockung ihres Herzens; sie, die abgestumpft sind, haben sich selbst der Ausschweifung hingegeben, zum Ausüben jeder Unreinheit mit Gier.

  Ihr aber habt den Christus nicht so kennengelernt. Ihr habt ihn doch gehört und seid in ihm gelehrt worden, wie es Wahrheit in Jesus ist: dass ihr, was den früheren Lebenswandel angeht, den alten Menschen abgelegt habt, der sich durch die betrügerischen Begierden zugrunde richtet, dagegen erneuert werdet in dem Geist eurer Gesinnung und den neuen Menschen angezogen habt, der nach Gott geschaffen ist in wahrhaftiger Gerechtigkeit und Heiligkeit.

- **1Thes 4,1-8** Übrigens nun, Brüder, bitten und ermahnen wir euch in dem Herrn Jesus, da ihr ja von uns <Weisung> empfangen habt, wie ihr wandeln und Gott gefallen sollt - wie ihr auch wandelt - dass ihr <darin noch> reichlicher zunehmt. Denn ihr wisst, welche Weisungen wir euch gegeben haben durch den Herrn Jesus. Denn dies ist Gottes Wille: eure Heiligung, dass ihr euch von der Unzucht fernhaltet, dass jeder von euch sich sein eigenes Gefäß in Heiligkeit und Ehrbarkeit zu gewinnen wisse, nicht in Leidenschaft der Begierde wie die Nationen, die Gott nicht kennen; dass er sich keine Übergriffe erlaube noch seinen Bruder in der Sache übervorteile, weil der Herr Rächer ist über dies alles, wie wir euch auch vorher <schon> gesagt und eindringlich bezeugt haben. Denn Gott hat uns nicht zur Unreinheit berufen, sondern in Heiligung. Deshalb nun, wer <dies> verwirft, verwirft nicht einen Menschen, sondern Gott, der auch seinen Heiligen Geist in euch gibt.

- **Röm 12,1-3** Ich ermahne euch nun, Brüder, durch die Erbarmungen Gottes, eure Leiber darzustellen als ein lebendiges, heiliges, Gott wohlgefälliges Opfer, was euer vernünftiger Gottesdienst ist. Und seid nicht gleichförmig dieser Welt, sondern werdet verwandelt durch die Erneuerung des Sinnes, dass ihr prüfen mögt, was der Wille Gottes ist: das Gute und Wohlgefällige und Vollkommene. Denn ich sage durch die Gnade, die mir gegeben wurde, jedem, der unter euch ist, nicht höher <von sich> zu denken, als zu denken sich gebührt, sondern darauf bedacht zu sein, dass er besonnen sei, wie Gott einem jeden das Maß des Glaubens zugeteilt hat.

Möglicherweise haben Sie schon den Aufkleber mit den Worten »Haben Sie bitte Geduld, Gott ist mit mir noch nicht fertig« gesehen. Dies umfasst einen fundierten biblischen Gedanken.

Solange wir atmen, sind wir »Werkstücke, die noch in Arbeit sind«, indem wir vielleicht nicht äußerlich, aber gewiss innerlich wachsen.

Wir werden manchmal versagen - indem wir uns, Gott und andere enttäuschen. Doch Heilungsprozesse gehören zu den Wesensmerkmalen eines Lebewesens. Wenn wir »in Christus lebendig« sind, müssen unsere inneren Wunden und Verletzungen kein Dauerzustand sein.

- **Phil 1,6.9-11** Ich bin ebenso in guter Zuversicht, dass der, der ein gutes Werk in euch angefangen hat, es vollenden wird bis auf den Tag Christi Jesu ...
  Und um dieses bete ich, dass eure Liebe noch mehr und mehr überreich werde in Erkenntnis und aller Einsicht, damit ihr prüft, worauf es ankommt, damit ihr lauter und unanstößig seid auf den Tag Christi, erfüllt mit der Frucht der Gerechtigkeit, die durch Jesus Christus <gewirkt wird>, zur Herrlichkeit und zum Lobpreis Gottes.

- **Phil 3,13-16** Brüder, ich denke von mir selbst nicht, <es> ergriffen zu haben; *eines* aber <tue ich>: Ich vergesse, was dahinten, strecke mich aber aus nach dem, was vorn ist, und jage auf das Ziel zu, hin zu dem Kampfpreis der Berufung Gottes nach oben in Christus Jesus. So viele nun vollkommen sind, lasst uns darauf bedacht sein! Und wenn ihr in irgend etwas anders denkt, so wird euch Gott auch dies offenbaren. Doch wozu wir gelangt sind, zu dem <lasst uns auch> halten!

- **Kol 1,5-6** ... wegen der Hoffnung, die für euch in den Himmeln aufbewahrt ist. Von ihr habt ihr vorher <schon> gehört im Wort der Wahrheit des Evangeliums, das zu euch gekommen ist, wie es auch in der ganzen Welt ist und Frucht bringt und wächst, wie auch unter euch von dem Tag an, da ihr es gehört und die Gnade Gottes in Wahrheit erkannt habt.

- **2Thes 1,3** Wir müssen Gott allezeit für euch danken, Brüder, wie es angemessen ist, weil euer Glaube reichlich wächst und die Liebe zueinander bei jedem einzelnen von euch allen zunimmt.

PFLICHTEN GEGENÜBER DEN ARMEN

Siehe auch »Freigebigkeit«,
»Gottes Fürsorge für die Armen«, »Güte«, »Geld«

Vielfach wird unsere Aufmerksamkeit auf die Armen gelenkt, hauptsächlich durch Anträge auf mehr staatliche Unterstützung. »Wenn nur die Regierung mehr für ... bereitstellen würde« Doch die Botschaft der Bibel ist viel persönlicher und individueller: Jeder Gläubige sollte den Armen helfen. Während weiter heftig über Sozialhilfe und Abhängigkeit vom Staat debattiert wird, gibt es auf dieser Welt - teilweise in unserer unmittelbaren Nähe - noch immer Menschen, die wirklich arm sind.

Vergessen wir nicht, dass sich **Armut** nicht nur auf die finanzielle Stellung bezieht. In der Bibel ist der **Arme** wie der Herr Jesus selbst gleichzeitig der Demütige, der sich mehr auf Gott als auf seine eigenen Möglichkeiten verlässt. Der **Reiche** verkörpert nicht nur einen Menschen mit viel Geld, sondern auch denjenigen, der auf sich statt auf Gott vertraut. Aus biblischer Sicht kann ein Mensch mit wenig Besitz genauso eine materialistische, egoistische und Gott ignorierende Haltung einnehmen wie eine Person mit großem Reichtum. Andererseits kann sich ein wohlhabender Mensch durch Güte, Liebe und ein Leben auszeichnen, in dessen Mittelpunkt Gott steht. Obwohl solche Menschen selten anzutreffen sind, gibt es sie. Derjenige, der wirklich auf Gott hin ausgerichtet ist, wird sich um diejenigen kümmern, die weniger besitzen.

Die Bibel geht in ihren diesbezüglichen Verheißungen sehr weit: Wenn Sie gläubig sind, sollten Sie den Armen geben und somit Gottes Wohlgefallen finden. Wenn Sie nichts tun, um die Armen zu unterstützen, führen Sie kein Leben des Glaubens, so dass Sie nicht mit Gottes Segen rechnen können.

• **Ps 41,2-4** Glücklich, wer acht hat auf den Geringen; am Tage des Übels wird der HERR ihn erretten. Der

HERR wird ihn bewahren und ihn am Leben erhalten; er wird glücklich gepriesen im Lande. Gib ihn nicht der Gier seiner Feinde preis! Der HERR wird ihn stützen auf dem Siechbett, sein ganzes Lager wandelst du um in seiner Krankheit.

- **Ps 112,4-6.9**   Den Aufrichtigen strahlt Licht auf in der Finsternis. Er ist gnädig und barmherzig und gerecht. Gut <steht es um den> Mann, der gütig ist und leiht! Er wird seine Sachen durchführen nach dem Recht. Denn in Ewigkeit wird er nicht wanken, zum ewigen Andenken wird der Gerechte sein ... Er streut aus, gibt den Armen. Seine Gerechtigkeit besteht ewig. Sein Horn ragt auf in Ehre.

- **Spr 28,27**   Wer dem Armen gibt, wird keinen Mangel haben; wer aber seine Augen verhüllt, wird reich an Flüchen.

- **Spr 29,7**   Der Gerechte ist bedacht auf den Rechtsanspruch der Geringen; der Gottlose versteht sich nicht auf Erkenntnis.

- **Lk 14,12-14**   Er [d.h. Jesus] sprach aber auch zu dem, der ihn eingeladen hatte: Wenn du ein Mittag- oder ein Abendessen machst, so lade nicht deine Freunde ein, noch deine Brüder, noch deine Verwandten, noch reiche Nachbarn, damit nicht etwa auch *sie* dich wieder einladen und dir Vergeltung zuteil werde. Sondern wenn du ein Mahl machst, so lade Arme, Krüppel, Lahme, Blinde ein! Und glückselig wirst du sein, weil sie nichts haben, um dir zu vergelten; denn es wird dir vergolten werden bei der Auferstehung der Gerechten.

*Bei mehr als einer Gelegenheit begegnete der Herr Jesus einem Reichen, der geistlich bedürftig war. Seine Worte bei solchen Begegnungen waren deutlich: Wenn du **gibst,** empfängst du ewiges Leben! Indem wir so geben, können wir uns nicht Gottes Gunst erkaufen. Einfach gesagt, sie kann überhaupt nicht erkauft werden. Wer großzügig und von Herzen gibt, reagiert* *damit angemessen auf das Werk eines freigebigen Gottes. Man kann ihm dadurch danken, dass man gegenüber denjenigen, die wenig besitzen, freigebig ist.*

Geiz lässt erkennen, dass wir zwar göttliche Gaben annehmen, aber nicht bereit sind, uns selbst einzubringen. Diese Haltung ist demjenigen fremd, der in Liebe und Glauben lebt. Der Herr Jesus warnte mehrfach vor Menschen, die zwar moralisch gut sind, aber keine Freigebigkeit unter Beweis stellen.

- **Lk 18,18-25** Und es fragte ihn ein Oberster und sprach: Guter Lehrer, was muss ich getan haben, um ewiges Leben zu erben? Jesus aber sprach zu ihm: Was nennst du mich gut? Niemand ist gut, als nur *einer*, Gott. Die Gebote weißt du: »Du sollst nicht ehebrechen; du sollst nicht töten; du sollst nicht stehlen; du sollst nicht falsches Zeugnis geben; ehre deinen Vater und die Mutter!« Er aber sprach: Dies alles habe ich befolgt von meiner Jugend an. Als aber Jesus dies hörte, sprach er zu ihm: *Eins* fehlt dir noch: verkaufe alles, was du hast, und verteile <den Erlös> an die Armen, und du wirst einen Schatz in den Himmeln haben, und komm, folge mir nach! Als er aber dies hörte, wurde er sehr betrübt, denn er war sehr reich. Als aber Jesus sah, dass er sehr betrübt wurde, sprach er: Wie schwer werden die, welche Güter haben, in das Reich Gottes hineinkommen! Denn es ist leichter, dass ein Kamel durch ein Nadelöhr geht, als dass ein Reicher in das Reich Gottes hineinkommt.

- **2Kor 9,7-8** Jeder <gebe>, wie er sich in seinem Herzen vorgenommen hat: nicht mit Verdruss oder aus Zwang, denn einen fröhlichen Geber liebt Gott. Gott aber vermag euch jede Gnade überreichlich zu geben, damit ihr in allem allezeit alle Genüge habt und überreich seid zu jedem guten Werk.

- **Jak 1,27** Ein reiner und unbefleckter Gottesdienst vor Gott und dem Vater ist dieser: Waisen und Witwen in ihrer Bedrängnis zu besuchen, sich selbst von der Welt unbefleckt zu erhalten.

- **Lk 12,33-34** Verkauft eure Habe und gebt Almosen; macht euch Beutel, die nicht veralten, einen unvergänglichen Schatz in den Himmeln, wo kein Dieb sich naht und keine Motte zerstört! Denn wo euer Schatz ist, da wird auch euer Herz sein.

*Das Neue Testament spricht von einem Problem, das es unter Christen zu häufig gab - und gibt: das Vernachlässigen anderer Christen. Obwohl uns die Bibel auffordert, uns um **alle** armen Menschen zu kümmern, wird von uns erwartet, dass wir uns besonders um unsere Glaubensgeschwister kümmern.*

- **1Jo 3,17-20** Wer aber irdischen Besitz hat und sieht seinen Bruder Mangel leiden und verschließt sein Herz vor ihm, wie bleibt die Liebe Gottes in ihm? Kinder, lasst uns nicht lieben mit Worten noch mit der Zunge, sondern in Tat und Wahrheit! Hieran werden wir erkennen, dass wir aus der Wahrheit sind, und wir werden vor ihm unser Herz zur Ruhe bringen, dass, wenn das Herz uns verurteilt, Gott größer ist als unser Herz und alles kennt.

- **Jak 2,1-5** Meine Brüder, habt den Glauben Jesu Christi, unseres Herrn der Herrlichkeit, ohne Ansehen der Person! Denn wenn in eure Synagoge ein Mann kommt mit goldenem Ring, in prächtigem Kleid, es kommt aber auch ein Armer in unsauberem Kleid herein, ihr seht aber auf den, der das prächtige Kleid trägt, und sprecht: Setze du dich bequem hierher! und sprecht zu dem Armen: Stehe du dort, oder setze dich unten an meinen Fußschemel! - habt ihr nicht unter euch selbst einen Unterschied gemacht und seid Richter mit bösen Gedanken geworden? Hört, meine geliebten Brüder: Hat nicht Gott die vor der Welt Armen auserwählt, reich im Glauben und Erben des Reiches <zu sein>, das er denen verheißen hat, die ihn lieben?

Paulus lehrte, dass es nötig sei, sich um die Armen zu kümmern. Dennoch ist es bemerkenswert, dass er unserer Freigebigkeit jeglichen Wert absprach, wenn unsere Motive nicht in Ordnung sind.

- **1Kor 13,3** Und wenn ich alle meine Habe zur Speisung <der Armen> austeile und wenn ich meinen Leib hingebe, damit ich Ruhm gewinne, aber keine Liebe habe, so nützt es mir nichts.

POLITIK UND OBRIGKEIT

Siehe auch »Staatsbürgerliches Verhalten«

Was hat das Glaubensleben mit Politik zu tun? Überaus viel! Vielleicht liegt es daran, dass wir in zwei Welten leben: hier und im Reich Gottes. Während bei uns der Himmel Vorrang hat, sind wir noch Bürger dieser Welt. Christen diskutieren darüber, inwieweit wir uns am politischen Leben beteiligen sollten. Einige sagen, dass die Welt sowieso untergehe und wir uns daher nicht daran beteiligen sollten. Andere meinen, dass dies Gottes Welt sei, er sich um sie kümmere und wir daher nicht abseits stehen sollten. Was stimmt nun? Vielleicht beides?

Ja, Gott liebt die Welt und sogar die Menschen, die ihn ignorieren. Und auch dies stimmt: An erster Stelle soll unsere Treue gegenüber dem Reich der Himmel stehen. Beides ist richtig, doch die vielleicht wichtigste Tatsache ist, dass die Welt und ihre Institutionen der Vergänglichkeit unterworfen sind. Gott nicht! Es überrascht daher nicht, dass die Bibel von der Welt der Politik - oder von Politikern - keine hohe Meinung hat. Die Verfasser der Bibel wussten ganz genau - besonders im Falle von Verfolgungen -, dass Vertreter der Obrigkeit oft schuldig wurden, indem sie vorgaben, Götter zu sein.

- **Ps 2,1-4** Warum toben die Nationen und sinnen Eitles die Völkerschaften? Es treten auf Könige der Erde, und Fürsten tun sich zusammen gegen den HERRN und seinen Gesalbten: »Lasst uns zerreißen ihre Bande und von uns werfen ihre Stricke!« Der im Himmel thront, lacht, der Herr spottet über sie.

- **Ps 9,16.20-21** Versunken sind die Nationen in die Grube, die sie gemacht; in dem Netz, das sie versteckt haben, hat sich ihr eigener Fuß gefangen ... Steh auf,

HERR, dass nicht der Mensch Gewalt habe! Mögen gerichtet werden die Nationen vor deinem Angesicht! Lege Furcht auf sie, HERR! Mögen die Nationen erkennen, dass sie Menschen sind!

- **Ps 33,10-11.13-16** Der HERR macht zunichte den Ratschluss der Nationen, er vereitelt die Gedanken der Völker. Der Ratschluss des HERRN hat ewig Bestand, die Gedanken seines Herzens von Geschlecht zu Geschlecht ... Der HERR blickt vom Himmel herab, er sieht alle Menschenkinder. Von der Stätte seines Thrones schaut er auf alle Bewohner der Erde; er, der ihnen allesamt das Herz gebildet hat, achtet auf alle ihre Werke. Der König siegt nicht durch die Größe des Heeres; ein Held befreit sich nicht durch die Größe der Kraft.

- **Ps 46,11-12** Lasst ab und erkennt, dass ich Gott bin; ich werde erhöht sein unter den Nationen, erhöht auf der Erde. Der HERR der Heerscharen ist mit uns, eine Festung ist uns der Gott Jakobs.

- **Ps 96,5-7** Denn alle Götter der Völker sind Götzen, der HERR aber hat den Himmel gemacht. Majestät und Pracht sind vor seinem Angesicht, Stärke und Herrlichkeit in seinem Heiligtum. Gebt dem HERRN, ihr Völkerstämme, gebt dem HERRN Ehre und Macht!

- **Spr 29,25** Menschenfurcht stellt eine Falle; wer aber auf den HERRN vertraut, ist in Sicherheit.

- **Jes 2,4** Und er wird richten zwischen den Nationen und für viele Völker Recht sprechen. Dann werden sie ihre Schwerter zu Pflugscharen umschmieden und ihre Speere zu Winzermessern. Nicht <mehr> wird Nation gegen Nation das Schwert erheben, und sie werden den Krieg nicht mehr lernen.

- **Jes 40,15.17.22-23** Siehe, Nationen gelten wie ein Tropfen am Eimer und wie Staub auf der Waagschale. Siehe, Inseln hebt er hoch wie ein Stäubchen ... Alle

Nationen sind wie nichts vor ihm und gelten ihm als nichtig und leer. - ...

<Er ist es,> der da thront über dem Kreis der Erde, dass ihre Bewohner wie Heuschrecken <erscheinen>, der die Himmel ausspannt wie einen Schleier und ihn ausbreitet wie ein Zelt zum Wohnen, der die Fürsten dem Nichts anheimgibt, die Richter der Erde der Nichtigkeit gleichmacht.

Während der Versuchung Jesu bot der Teufel ihm etwas an, wofür viele Menschen zum Mörder werden würden: große politische Macht. Der Herr Jesus lehnte dies ab, wobei seine Antwort gegenüber dem Teufel klarstellt, dass Inanspruchnahme politischer Macht oft nur eine andere Form des Götzendienstes ist. Seine Antwort deutet noch auf etwas anderes hin: Viele von denen, die es in die Politik zieht, sind Menschen, die sich leicht durch Macht verführen lassen.

- **Lk 4,1-2a.5-8** Jesus aber, voll Heiligen Geistes, kehrte vom Jordan zurück und wurde durch den Geist in der Wüste vierzig Tage umhergeführt und von dem Teufel versucht ...
  Und er führte ihn auf einen hohen Berg und zeigte ihm in einem Augenblick alle Reiche des Erdkreises. Und der Teufel sprach zu ihm: Dir will ich alle diese Macht und ihre Herrlichkeit geben; denn mir ist sie übergeben, und wem immer ich will, gebe ich sie. Wenn du nun vor mir anbeten willst, soll das alles dein sein. Und Jesus antwortete ihm und sprach: Es steht geschrieben: »Du sollst den Herrn, deinen Gott, anbeten und ihm allein dienen.«

Misstrauen Sie Menschen, die Autorität besitzen? Diese Haltung ist weitverbreitet, und zwar mit Recht: Menschen, die Autorität haben, missbrauchen sie oft. Selbst in einer Gesellschaft, worin öffentliche Amtsträger abgewählt werden können, werden wir zynisch, indem wir (zu Recht) glauben, dass wir nach der Abwahl eines gestrauchelten Menschen nur einen Menschen wählen können, der ebenso straucheln wird.

Trotz all des Zynismus hinsichtlich der Politiker werden viele Menschen noch immer zu begeisterten Anhängern (oder leiden-

schaftlichen Gegnern) eines bestimmten Kandidaten oder einer bestimmten Haltung. Es ist nach wie vor möglich, Menschen bezüglich der Politik in Rage zu bringen. Doch die Bibel warnt mit einer ernüchternden Wahrheit davor: Nicht Politikern - auch nicht den in Ehren gehaltenen - verdanken wir das Glaubensleben. Es kommt von Gott.

- **Mt 20,25-28** Jesus aber rief sie heran und sprach: Ihr wisst, dass die Regenten der Nationen sie beherrschen und die Großen Gewalt gegen sie üben. Unter euch wird es nicht so sein; sondern wenn jemand unter euch groß werden will, wird er euer Diener sein, und wenn jemand unter euch der Erste sein will, wird er euer Sklave sein; gleichwie der Sohn des Menschen nicht gekommen ist, um bedient zu werden, sondern um zu dienen und sein Leben zu geben als Lösegeld für viele.

- **Ps 146,3-8** Vertraut nicht auf Edle, auf einen Menschensohn, bei dem keine Hilfe ist! Sein Geist geht aus, er kehrt wieder zu seiner Erde: am selben Tag gehen seine Pläne verloren. Glücklich der, dessen Hilfe der Gott Jakobs ist, dessen Hoffnung auf dem HERRN, seinem Gott, steht, der Himmel und Erde gemacht hat, das Meer und alles, was in ihnen ist; der Treue hält auf ewig. Er schafft Recht den Bedrückten, er gibt den Hungrigen Brot. Der HERR macht die Gefangenen frei. Der HERR öffnet die Augen der Blinden. Der HERR richtet die Gebeugten auf. Der HERR liebt die Gerechten.

- **Ps 118,8-9** Es ist besser, sich bei dem HERRN zu bergen, als sich auf Menschen zu verlassen. Es ist besser, sich bei dem HERRN zu bergen, als sich auf Edle zu verlassen.

- **Ps 40,5** Glücklich der Mann, der den HERRN zu seiner Zuversicht macht und sich nicht wendet zu den Drängern und den in Lüge Festgefahrenen!

- **Jer 17,5-7** So spricht der HERR: Verflucht ist der Mann, der auf Menschen vertraut und Fleisch zu seinem Arm macht und dessen Herz vom HERRN weicht! Er wird sein wie ein kahler <Strauch> in der Steppe und nicht sehen, dass Gutes kommt. Und an dürren Stätten in der Wüste wird er wohnen, in einem salzigen Land, <wo sonst> niemand wohnt. Gesegnet ist der Mann, der auf den HERRN vertraut und dessen Vertrauen der HERR ist!

Am abstoßendsten - und vielleicht am realistischsten - stellt sich menschliche Obrigkeit im Buch der Offenbarung dar. In den letzten Kapiteln wird der endgültige Untergang einer von Unmoral geprägten Obrigkeit beschrieben, die dafür bekannt ist, dass sie die Gerechten verfolgt. Einige Bibelausleger meinen, dass das in der Offenbarung dargestellte Babylon das Römische Reich verkörpere, das die Christen verfolgte. Andere glauben, dass diese Kapitel prophetisch von noch zukünftigen Dingen reden. Wieder andere sagen, dass damit sogar beides gemeint sein könnte. Wie dem auch sei - diese Worte scheinen für jede Gesellschaft voller Unmoral und Grausamkeit zu gelten. Bei alledem wird deutlich: Keine menschliche Obrigkeit - ungeachtet ihrer Macht - hat für immer Bestand. Nur Gott und die Seinen bleiben in Ewigkeit.

- **Offb 18,1-20** Nach diesem sah ich einen anderen Engel aus dem Himmel herabkommen, der große Macht hatte; und die Erde wurde von seiner Herrlichkeit erleuchtet. Und er rief mit starker Stimme und sprach: Gefallen, gefallen ist Babylon, die Große, und ist eine Behausung von Dämonen geworden und ein Gefängnis jedes unreinen Geistes und ein Gefängnis jedes unreinen und gehassten Vogels. Denn von dem Wein der Wut ihrer Unzucht haben alle Nationen getrunken, und die Könige der Erde haben Unzucht mit ihr getrieben, und die Kaufleute der Erde sind durch die Kraft ihrer Üppigkeit reich geworden.

Und ich hörte eine andere Stimme aus dem Himmel sagen: Geht aus ihr hinaus, mein Volk, damit ihr nicht an ihren Sünden teilhabt und damit ihr nicht von ihren Plagen empfangt! Denn ihre Sünden sind aufgehäuft bis zum Himmel, und Gott hat ihrer Ungerechtigkeiten gedacht ... Darum werden ihre Plagen an *einem* Tag kommen: Tod und Trauer und Hunger, und mit Feuer wird sie verbrannt werden; denn stark ist der Herr, Gott, der sie gerichtet hat. Und es werden um sie weinen und wehklagen die Könige der Erde, die mit ihr Unzucht getrieben haben und üppig gewesen sind, wenn sie den Rauch ihres Brandes sehen; und sie werden aus Furcht vor ihrer Qual weitab stehen und sagen: Wehe, wehe! Die große Stadt, Babylon, die starke Stadt! Denn in *einer* Stunde ist dein Gericht gekommen. Und die Kaufleute der Erde weinen und trauern um sie, weil niemand mehr ihre Ware kauft ... und (sie) riefen, als sie den Rauch ihres Brandes sahen, und sprachen: Wer war der großen Stadt gleich? Und sie warfen Staub auf ihre Häupter und riefen weinend und trauernd und sprachen: Wehe, Wehe! Die große Stadt, in der alle, die Schiffe auf dem Meere hatten, reich wurden von ihrer Kostbarkeit! Denn in *einer* Stunde ist sie verwüstet worden.

Sei fröhlich über sie, du Himmel, und ihr Heiligen und Apostel und Propheten! Denn Gott hat für euch das Urteil an ihr vollzogen.

RACHE

Siehe auch »Anderen vergeben«, »Feinde«,
»Neid und Eifersucht«,»Hass«, »Zorn«

»*R*ache ist süß« - aus der Sicht der Welt. Es ist scheinbar menschlich - **zutiefst** menschlich -, dass wir zurückschlagen, wenn uns jemand kränkt. Manchmal bereitet Menschen die bloße Absicht, Rache zu üben, Vergnügen, selbst wenn sie diese nie ausführen.

Dies stellt nicht nur Verschwendung von Zeit und geistigen Potenzen dar, sondern erweist sich - was noch wichtiger ist - als geradezu falsch.

- **3Mo 19,18** Du sollst dich nicht rächen und den Kindern deines Volkes nichts nachtragen und sollst deinen Nächsten lieben wie dich selbst. Ich bin der HERR.

- **Spr 26,27** Wer eine Grube gräbt, fällt selbst hinein; und wer einen Stein wälzt, auf den rollt er zurück.

Die klassische Aussage hinsichtlich der Rache befindet sich in den bekannten Worten des Herrn Jesus in der Bergpredigt:

- **Mt 5,38-45** Ihr habt gehört, dass gesagt ist: Auge um Auge und Zahn um Zahn. Ich aber sage euch: Widersteht nicht dem Bösen, sondern wenn jemand dich auf deine rechte Backe schlagen wird, dem biete auch die andere dar; und dem, der mit dir vor Gericht gehen und dein Untergewand nehmen will, dem lass auch den Mantel! Und wenn jemand dich zwingen wird, *eine* Meile zu gehen, mit dem geh zwei! Gib dem, der dich bittet, und weise den nicht ab, der von dir borgen will!

  Ihr habt gehört, dass gesagt ist: Du sollst deinen Nächsten lieben und deinen Feind hassen. Ich aber sage euch:

Liebt eure Feinde, und betet für die, die euch verfolgen, damit ihr Söhne eures Vaters seid, der in den Himmeln ist! Denn er lässt seine Sonne aufgehen über Böse und Gute und lässt regnen über Gerechte und Ungerechte.

Bei einer Gelegenheit musste der Herr Jesus sogar seine Jünger zügeln, die unbedingt Rache nehmen wollten:

• **Lk 9,52-56** Und er sandte Boten vor seinem Angesicht her; und sie gingen hin und kamen in ein Dorf der Samariter, um für ihn <Unterkunft> zu bereiten. Und sie nahmen ihn nicht auf, weil sein Angesicht nach Jerusalem hin gerichtet war. Als aber seine Jünger Jakobus und Johannes das sahen, sprachen sie: Herr, willst du, dass wir sagen, dass Feuer vom Himmel herabfallen und sie verzehren soll? Er wandte sich aber um und schalt sie. Und sie gingen nach einem anderen Dorf.

Die Christen sind seit der neutestamentlichen Zeit bis heute verfolgt worden. Es ist schwer, die Verfolger nicht zu hassen. Doch Paulus, der selbst Verfolgung erlitten hatte, forderte die Christen auf, sie geduldig zu ertragen, ohne Racheabsichten zu hegen.

• **2Thes 1,5-8** <Sie (d.h. die Verfolgungen und Bedrängnisse) sind> ein Anzeichen des gerechten Gerichts Gottes, dass ihr des Reiches Gottes gewürdigt werdet, um dessentwillen ihr auch leidet, so gewiss es bei Gott gerecht ist, denen, die euch bedrängen, mit Bedrängnis zu vergelten, und euch, den Bedrängten, mit Ruhe, zusammen mit uns bei der Offenbarung des Herrn Jesus vom Himmel her mit den Engeln seiner Macht, in flammendem Feuer. Dabei übt er Vergeltung an denen, die Gott nicht kennen, und an denen, die dem Evangelium unseres Herrn Jesus nicht gehorchen.

Manchmal bringt uns unser verletztes Gerechtigkeitsgefühl dazu, Rache zu nehmen. Wir fragen: »Sollte nicht wenigstens jemand einschreiten und diesen ungerechten Zustand beseiti-

*gen¿« Die Bibel antwortet: »Ja, gewiss!« Doch dabei geht es
nicht um uns, sondern um Gott.*

- **Spr 20,22**   Sage nicht: Ich will Böses vergelten! Harre
auf den HERRN, so wird er dich retten!

- **Röm 12,17-19**   Vergeltet niemand Böses mit Bösem;
seid bedacht auf das, was ehrbar ist vor allen Menschen!
Wenn möglich, soviel an euch ist, lebt mit allen Menschen in Frieden! Rächt euch nicht selbst, Geliebte, sondern gebt Raum dem Zorn! Denn es steht geschrieben:
»Mein ist die Rache; ich will vergelten, spricht der Herr.«

RECHTFERTIGUNG

*Siehe auch »Schuld«, »Wiedergeburt, neues Leben«,
»Buße«, »Heil und Rettung«, »Sünde und Erlösung«*

*S*childer mit der Aufschrift »Komm mit Gott ins Reine« waren einst überall an US-amerikanischen Straßenrändern zu sehen. In dem Maße, wie die Schilder allmählich fast verschwunden sind, ging auch das Gespür dafür, dass wir mit Gott ins Reine kommen sollten, verloren.

Genau das bedeutet **Rechtfertigung** *- »mit Gott im Reinen« zu sein. Gott hat sich nicht geändert - genauso wenig wie die menschliche Natur. Wir müssen noch immer gerechtfertigt werden, wobei all unsere moralischen Bemühungen und Selbstachtungsappelle nichts nützen werden. Doch das Neue Testament verheißt uns, dass wir uns nicht auf die eigenen Anstrengungen verlassen müssen. Ein anderer hat es uns ermöglicht, »mit Gott ins Reine zu kommen« und von ihm angenommen zu werden.*

- **Röm 3,22-24** ... Gottes Gerechtigkeit aber durch Glauben an Jesus Christus für alle, die glauben. Denn es ist kein Unterschied, denn alle haben gesündigt und erlangen nicht die Herrlichkeit Gottes und werden umsonst gerechtfertigt durch seine Gnade, durch die Erlösung, die in Christus Jesus ist.

- **Apg 13,38-39** So sei es euch nun kund, ihr Brüder, dass durch diesen euch Vergebung der Sünden verkündigt wird; und von allem, wovon ihr durch das Gesetz Moses nicht gerechtfertigt werden konntet, wird durch diesen jeder Glaubende gerechtfertigt.

- **Joh 5,24** Wahrlich, wahrlich, ich sage euch: Wer mein Wort hört und glaubt dem, der mich gesandt hat, <der>

hat ewiges Leben und kommt nicht ins Gericht, sondern er ist aus dem Tod in das Leben übergegangen.

• **Röm 5,1.9.11.16** Da wir nun gerechtfertigt worden sind aus Glauben, so haben wir Frieden mit Gott durch unseren Herrn Jesus Christus ... Vielmehr nun, da wir jetzt durch sein Blut gerechtfertigt sind, werden wir durch ihn vom Zorn gerettet werden ... Nicht allein aber das, sondern wir rühmen uns auch Gottes durch unseren Herrn Jesus Christus, durch den wir jetzt die Versöhnung empfangen haben ...

Und mit der Gabe ist es nicht so, wie <es> durch den einen <kam>, der sündigte. Denn das Urteil <führte> von einem zur Verdammnis, die Gnadengabe aber von vielen Übertretungen zur Gerechtigkeit.

• **Röm 8,1.30-35** Also <gibt es> jetzt keine Verdammnis für die, die in Christus Jesus sind ...

Die er aber vorherbestimmt hat, diese hat er auch berufen; und die er berufen hat, diese hat er auch gerechtfertigt; die er aber gerechtfertigt hat, diese hat er auch verherrlicht.

Was sollen wir nun hierzu sagen? Wenn Gott für uns ist, wer gegen uns? Er, der doch seinen eigenen Sohn nicht verschont, sondern ihn für uns alle hingegeben hat: wie wird er uns mit ihm nicht auch alles schenken? Wer wird gegen Gottes Auserwählte Anklage erheben? Gott ist es, der rechtfertigt. Wer ist, der verdamme? Christus Jesus ist es, der gestorben, ja noch mehr, der auferweckt, der auch zur Rechten Gottes ist, der sich auch für uns verwendet. Wer wird uns scheiden von der Liebe Christi? Bedrängnis oder Angst oder Verfolgung oder Hungersnot oder Blöße oder Gefahr oder Schwert?

• **2Kor 5,19-21** ... <nämlich> dass Gott in Christus war und die Welt mit sich selbst versöhnte, ihnen ihre Übertretungen nicht zurechnete und in uns das Wort von der Versöhnung gelegt hat. So sind wir nun Gesandte an Christi Statt, indem Gott gleichsam durch uns ermahnt; wir bitten für Christus: Lasst euch versöhnen mit Gott!

Den, der Sünde nicht kannte, hat er für uns zur Sünde gemacht, damit wir Gottes Gerechtigkeit würden in ihm.

- **Tit 3,7** ... damit wir, gerechtfertigt durch seine Gnade, Erben nach der Hoffnung des ewigen Lebens wurden.

- **Röm 10,10** Denn mit dem Herzen wird geglaubt zur Gerechtigkeit, und mit dem Mund wird bekannt zum Heil.

Paulus, der die Botschaft von der Rechtfertigung verkündigte, bietet eine wunderbare Verheißung: Ungeachtet dessen, inwieweit ein Mensch sein Leben vergeudet hat - Änderung ist möglich! Der Betreffende darf in die rechte Stellung vor Gott kommen und ein neues Leben beginnen.

- **1Kor 6,9-11** Oder wisst ihr nicht, dass Ungerechte das Reich Gottes nicht erben werden? Irrt euch nicht! Weder Unzüchtige noch Götzendiener, noch Ehebrecher, noch Lustknaben, noch Knabenschänder, noch Diebe, noch Habsüchtige, noch Trunkenbolde, noch Lästerer, noch Räuber werden das Reich Gottes erben. Und das sind manche von euch gewesen; aber ihr seid abgewaschen, aber ihr seid geheiligt, aber ihr seid gerechtfertigt worden durch den Namen des Herrn Jesus Christus und durch den Geist unseres Gottes.

RICHTEN ANDERER

*Siehe auch »Heuchelei«, »Neid und Eifersucht«,
»Gottes gerechtes Handeln«, »Selbstgerechtigkeit«,
»Hass«, »Zorn«, »Zunge«*

Was könnte lustiger sein, als über die Fehler eines anderen zu diskutieren? Dieses Verhalten ist freilich beklagenswert, besonders unter Christen. Dennoch handeln die meisten Menschen - Christen eingeschlossen - so, als wäre dies ein annehmbare Form der Unterhaltung. Überrascht es da, dass es in den meisten Komödien des Fernsehens im Kern darum geht, wie Menschen übereinander herziehen - entweder hinter dem Rücken der Betreffenden oder direkt vor ihnen? Dies mag im Fernsehen äußerst lustig sein, doch im wirklichen Leben ist dies überhaupt nicht der Fall, besonders dann, wenn man selbst diskreditiert wird.

In der Bibel finden sich viele Verse über den Richtgeist. Der Herr Jesus und die Apostel erkannten klar die menschliche Neigung, andere zu demütigen. Unter Christen geht dies manchmal soweit, dass man in Frage stellt, ob der andere noch geistlich ist. Die Bibel verheißt ein böses Erwachen für Menschen, deren Hobby es ist, andere zu richten. Solche Verheißungen kommen von dem Einzigen, der menschliches Verhalten unparteiisch richtet - von Gott selbst.

- **1Sam 16,7b** ... Denn <der HERR sieht> nicht auf das, worauf der Mensch sieht. Denn der Mensch sieht auf das, was vor Augen ist, aber der HERR sieht auf das Herz.

- **Mt 7,1-5** Richtet nicht, damit ihr nicht gerichtet werdet! Denn mit welchem Gericht ihr richtet, werdet ihr gerichtet werden, und mit welchem Maß ihr messt, wird euch zugemessen werden. Was aber siehst du den Splitter, der in deines Bruders Auge ist, den Balken aber in deinem Auge nimmst du nicht wahr? Oder wie wirst du zu deinem Bruder sagen: Erlaube, ich will den Splitter aus deinem Auge ziehen; und siehe, der Balken ist in deinem Auge? Heuchler, zieh zuerst den Balken aus deinem Auge! Und dann wirst du klar sehen, um den Splitter aus deines Bruders Auge zu ziehen.

- **2Kor 5,16-17** Daher kennen wir von nun an niemand nach dem Fleisch; wenn wir Christus auch nach dem Fleisch gekannt haben, so kennen wir <ihn> doch jetzt nicht mehr <so>. Daher, wenn jemand in Christus ist, so ist er eine neue Schöpfung; das Alte ist vergangen, siehe, Neues ist geworden.

- **Jak 5,9** Seufzt nicht gegeneinander, Brüder, damit ihr nicht gerichtet werdet! Siehe, der Richter steht vor der Tür.

- **Jak 4,11-12** Redet nicht schlecht übereinander, Brüder! Wer über einen Bruder schlecht redet oder seinen Bruder richtet, redet schlecht über das Gesetz und richtet das Gesetz. Wenn du aber das Gesetz richtest, so bist du nicht ein Täter des Gesetzes, sondern ein Richter. *Einer* ist Gesetzgeber und Richter, der zu erretten und zu verderben vermag. Du aber, wer bist du, der du den Nächsten richtest?

- **Jak 2,12-13** Redet so und handelt so wie <solche>, die durch das Gesetz der Freiheit gerichtet werden sollen! Denn das Gericht <wird> ohne Barmherzigkeit <sein> gegen den, der nicht Barmherzigkeit geübt hat. Die Barmherzigkeit triumphiert über das Gericht.

In seinem Brief an die Römer beschreibt Paulus zu Beginn die Sittenlosigkeit von Menschen, die Gott nicht kennen. Doch indem er seine Argumentation fortführt, warnt er Christen davor, sich irgendwie überlegen zu fühlen.

- **Röm 2,1-6** Deshalb bist du nicht zu entschuldigen, o Mensch, jeder, der da richtet; denn worin du den anderen richtest, verdammst du dich selbst; denn du, der du richtest, tust dasselbe. Wir wissen aber, dass das Gericht Gottes der Wahrheit entsprechend über die ergeht, die so etwas tun. Denkst du aber dies, o Mensch, der du die richtest, die so etwas tun, und dasselbe verübst, dass du dem Gericht Gottes entfliehen wirst? Oder verachtest du den Reichtum seiner Gütigkeit und Geduld und Langmut und weißt nicht, dass die Güte Gottes dich zur Buße leitet? Nach deiner Störrigkeit und deinem unbußfertigen Herzen aber häufst du dir selbst Zorn auf für den Tag des Zorns und der Offenbarung des gerechten Gerichtes Gottes, der einem jeden vergelten wird nach seinen Werken.

Es stimmt, dass die Bibel mit den Menschen scharf ins Gericht geht, die andere richten. Gleichzeitig wird jedoch von Gläubigen erwartet, dass sie gottgemäße moralische Maßstäbe wahren. So wenig man Selbstgerechtigkeit in der Gemeinschaft der Gläubigen finden soll, so sehr soll darin auf offenkundige Sünde als solche hingewiesen werden. Paulus bemerkte dazu, dass Christen ohne moralische Maßstäbe überhaupt keine Christen sind.

- **1Kor 5,12-13** Denn was habe ich zu richten, die draußen sind? Richtet ihr nicht, die drinnen sind? Die aber draußen sind, richtet Gott. Tut den Bösen von euch selbst hinaus!

Der Apostel Paulus warf eine interessante Frage auf: Können wir denn überhaupt uns selbst gerecht richten? Er schlussfolgerte, dass Gott allein einen Menschen gerecht richten kann.

- **1Kor 4,3-5** Mir aber ist es das Geringste, dass ich von euch oder von einem menschlichen <Gerichts->Tag beurteilt werde; ich beurteile mich aber auch selbst nicht. Denn ich bin mir selbst nichts bewusst, aber dadurch bin ich nicht gerechtfertigt. Der mich aber beurteilt, ist der Herr. So verurteilt nichts vor der Zeit, bis der Herr kommt, der auch das Verborgene der Finsternis ans Licht bringen und die Absichten der Herzen offenbaren wird! Und dann wird jedem sein Lob werden von Gott.

Eine der größten Versuchungen, denen sich ein Christ gegenübersieht, besteht darin, dass er sein geistliches Leben mit dem eines anderen Christen vergleicht. Es ist so leicht und so verlockend, auf einen anderen Menschen herabzuschauen, der einen schwachen Glauben zu haben scheint. Doch auch zu dieser Gewohnheit finden sich Aussagen in der Bibel.

* **Röm 14,1-7** Den Schwachen im Glauben aber nehmt auf, <doch> nicht zur Entscheidung zweifelhafter Fragen! Einer glaubt, er dürfe alles essen; der Schwache aber isst Gemüse. Wer isst, verachte den nicht, der nicht isst; und wer nicht isst, richte den nicht, der isst! Denn Gott hat ihn aufgenommen. Wer bist du, der du den Hausknecht eines anderen richtest? Er steht oder fällt dem eigenen Herrn. Er wird aber aufrecht gehalten werden, denn der Herr vermag ihn aufrecht zu halten. Der eine hält einen Tag vor dem anderen, der andere aber hält jeden Tag <gleich>. Jeder aber sei in seinem eigenen Sinn völlig überzeugt! Wer den Tag beachtet, beachtet ihn dem Herrn. Und wer isst, isst dem Herrn, denn er sagt Gott Dank; und wer nicht isst, isst dem Herrn nicht und sagt Gott Dank. Denn keiner von uns lebt sich selbst, und keiner stirbt sich selbst.

RUHETAG

Siehe auch »Arbeit«

Sicher haben auch Sie die Debatte um die Änderung der Ladenschlusszeiten und der Sonntagsarbeit mitverfolgt. Vielleicht müssen wir schon bald erleben, dass rund um die Uhr und auch sonntags gearbeitet wird. Es mag seltsam erscheinen - doch früher betrachtete man den Sonntag noch als Tag, den man zum Gottesdienstbesuch und zur Erholung, aber nicht für Geschäftsabwicklungen nutzte. Die Bibel dagegen verdeutlicht, dass der siebte Tag der Woche ein besonderer Tag ist - ein Tag, an dem wir daran denken sollten, dass wir Gott mit unserer Anbetung und unserer Entspannung so ehren, wie wir es während der Woche mit unserer Arbeit tun. Er erinnert uns daran, dass wir Gottes Volk sind. Dieser Überzeugung wird in der Bibel so viel Bedeutung beigemessen, dass sie eines der Zehn Gebote umfasst.

Anmerkung: Es geht hier nicht um eine Einhaltung des alttestamentlichen Sabbatgebotes, sondern um eine Verdeutlichung des auch für Christen gültigen Prinzips, sich Zeit für Ruhe und für die Anbetung Gottes zu nehmen.

- **2Mo 20,8-11** Denke an den Sabbattag, um ihn heilig zu halten. Sechs Tage sollst du arbeiten und all deine Arbeit tun, aber der siebte Tag ist Sabbat für den HERRN, deinen Gott. Du sollst <an ihm> keinerlei Arbeit tun, du und dein Sohn und deine Tochter, dein Knecht und deine Magd und dein Vieh und der Fremde bei dir, der innerhalb deiner Tore <wohnt>. Denn in sechs Tagen hat der HERR den Himmel und die Erde gemacht, das Meer und alles, was in ihnen ist, und er ruhte am siebten Tag; darum segnete der HERR den Sabbattag und heiligte ihn.

• **2Mo 31,13-17a** Du aber, rede zu den Söhnen Israel und sage <ihnen>: Haltet nur ja meine Sabbate! Denn sie sind ein Zeichen zwischen mir und euch für <all> eure Generationen, damit man erkenne, dass ich, der HERR, es bin, der euch heiligt. Haltet also den Sabbat, denn heilig ist er euch. Wer ihn entweiht, muss getötet werden, ja, jeder, der an ihm eine Arbeit verrichtet, eine solche Seele soll aus der Mitte seiner Völker ausgerottet werden. Sechs Tage soll man <seine> Arbeit verrichten, aber am siebten Tag ist Sabbat, <ein Tag> völliger Ruhe, heilig dem HERRN. Jeder, der am Tag des Sabbats eine Arbeit verrichtet, muss getötet werden. So sollen denn die Söhne Israel den Sabbat halten, um den Sabbat in <all> ihren Generationen zu feiern, als ewigen Bund. Er ist ein Zeichen zwischen mir und den Söhnen Israel für ewig.

• **Jes 56,2** Glücklich der Mensch, der dies tut, und das Menschenkind, das daran festhält: der den Sabbat bewahrt, ihn nicht zu entweihen, und seine Hand davor bewahrt, irgend etwas Böses zu tun!

• **Hes 20,20** Und heiligt meine Sabbate, damit sie zum <Bundes->Zeichen seien zwischen mir und euch, damit ihr erkennt, dass ich der HERR, euer Gott bin.

Der Herr Jesus nahm die Ruhetagsgebote ernst, fügte aber eine menschliche Komponente hinzu, die vergessen worden war:

• **Mk 2,27-28** Und er sprach zu ihnen: Der Sabbat ist um des Menschen willen geschaffen worden und nicht der Mensch um des Sabbats willen; somit ist der Sohn des Menschen Herr auch des Sabbats.

Sanftmut, Demut, Milde

Siehe auch »Stolz, Hochmut und Einbildung«,
»Selbstachtung und Selbstwertgefühl«, »Selbstsucht«

*S*anftmut hat nichts mit Schwäche zu tun und bedeutet auch nicht, als Fußabtreter benutzt zu werden oder ein »Waschlappen« zu sein. Sie bezieht sich vielmehr auf unsere Haltung gegenüber Beleidigungen und Kränkungen. Statt vom Leder zu ziehen und es heimzuzahlen, sagt der Sanftmütige: »Dies geht vorüber!« Ein Sanftmütiger kann eine gesunde Selbstachtung haben, um einen modernen Begriff zu gebrauchen, und muss dennoch kein arroganter, vom Überheblichkeitskomplex geplagter Mensch sein, der stets darum besorgt ist, nicht gekränkt zu werden.

Haben wir hinsichtlich der Sanftmut irgendwelche Vorbilder? Die Medien präsentieren uns Entertainer, Sportstars und Politiker, die vor den Kameras und Mikrofonen ihr Ego zur Schau stellen. Sanftmütige suchen normalerweise nicht das Rampenlicht, sind aber in der Welt zugegen, indem sie mehr Gutes tun als all die Egoisten zusammengenommen.

Wenn wir Vorbilder suchen, bietet uns die Bibel eine Vielzahl davon. Sie ist ebenso voller Verheißungen für alle, die diesen Vorbildern folgen.

- **Mt 5,5** Glückselig die Sanftmütigen, denn *sie* werden das Land erben.

- **Ps 25,9** Er leitet die Sanftmütigen im Recht und lehrt die Sanftmütigen seinen Weg.

- **Ps 37,11** Aber die Sanftmütigen werden das Land besitzen und werden ihre Lust haben an Fülle von Heil.

- **Ps 149,4** Denn der HERR hat Wohlgefallen an seinem Volk. Er schmückt die Demütigen mit Heil!

- **Spr 15,1** Eine sanfte Antwort wendet Grimm ab, aber ein kränkendes Wort erregt Zorn.

- **Spr 29,8** Spötter versetzen eine Stadt in Aufruhr, Weise aber wenden den Zorn ab.

- **Pred 7,8b** Besser langmütig als hochmütig.

- **Jes 29,19** Und die Demütigen werden mehr Freude im HERRN haben, und die Armen unter den Menschen werden jubeln über den Heiligen Israels.

- **Zeph 2,3** Sucht den HERRN, alle ihr Demütigen des Landes, die ihr sein Recht getan habt, sucht Gerechtigkeit, sucht Demut! Vielleicht werdet ihr geborgen am Zornestag des HERRN.

- **2Kor 13,11** Im übrigen, Brüder, freut euch, lasst euch zurechtbringen, lasst euch ermuntern, seid *eines* Sinnes, haltet Frieden! Und der Gott der Liebe und des Friedens wird mit euch sein.

Religiöse Menschen stehen in dem schlechten Ruf, selbstgerecht zu sein. Teilweise stimmt das. Doch nach der Bibel nimmt man dann die rechte Haltung gegenüber den Sünden anderer ein, wenn man den Betreffenden in Milde zurechtbringt. Statt mit dem moralischen Zeigefinger Lektionen zu erteilen, werden wir aufgefordert, in die Tiefen geschwisterlicher Verfehlungen hinunterzusteigen, indem wir Güte und Demut einsetzen, um sie auf den rechten Weg zurückzubringen.

- **Gal 6,1-3** Brüder, wenn auch ein Mensch von einem Fehltritt übereilt wird, so bringt ihr, die Geistlichen, einen solchen im Geist der Sanftmut wieder zurecht. Und dabei gib auf dich selbst acht, dass nicht auch du versucht wirst! Einer trage des anderen Lasten, und so werdet ihr das Gesetz des Christus erfüllen. Denn wenn jemand meint, etwas zu sein, während er doch nichts ist, so betrügt er sich selbst.

- **Eph 4,2** ... mit aller Demut und Sanftmut, mit Langmut, einander in Liebe ertragend!

- **Kol 3,12-14** Zieht nun an als Auserwählte Gottes, als Heilige und Geliebte: herzliches Erbarmen, Güte, Demut, Milde, Langmut! Ertragt einander und vergebt euch gegenseitig, wenn einer Klage gegen den anderen hat; wie auch der Herr euch vergeben hat, so auch ihr! Zu diesem allen aber <zieht> die Liebe <an>, die das Band der Vollkommenheit ist!

Wir sind so oft auf das Äußere bedacht, dass wir vergessen, wie wenig sich Gott um unser äußeres Ich kümmert. Die biblischen Verfasser forderten die Christen auf, ihren Stolz abzulegen und nicht mehr hinsichtlich körperlicher Schönheit eingebildet zu sein. Stattdessen sollten sie sich mehr im Verborgenen in der Sanftmut üben.

- **1Petr 3,3-4** Euer Schmuck sei nicht der äußerliche durch Flechten der Haare und Umhängen von Gold oder Anziehen von Kleidern, sondern der verborgene Mensch des Herzens im unvergänglichen <Schmuck> des sanften und stillen Geistes, der vor Gott sehr köstlich ist.

*Unser großes Vorbild - der Herr Jesus, der Sohn Gottes, war kein arroganter Egoist. Ganz im Gegenteil! Er bezeichnete sich als **sanftmütig** und **demütig** und verhieß Ruhe für Menschen in dieser Welt, worin man sich einander befehdet. Und er ließ seine Sanftmut und Demut auf bemerkenswerte Weise erkennen.*

- **Mt 11,28-30** Kommt her zu mir, alle ihr Mühseligen und Beladenen! Und ich werde euch Ruhe geben. Nehmt auf euch mein Joch, und lernt von mir! Denn ich bin sanftmütig und von Herzen demütig, und »ihr werdet Ruhe finden für eure Seelen«; denn mein Joch ist sanft, und meine Last ist leicht.

• **Joh 13,3-8.12-17** <Jesus> (steht) - im Bewusstsein, dass der Vater ihm alles in die Hände gegeben und dass er von Gott ausgegangen war und zu Gott hingehe - von dem Abendessen auf und legt die Oberkleider ab; und er nahm ein leinenes Tuch und umgürtete sich. Dann gießt er Wasser in das Waschbecken und fing an, die Füße der Jünger zu waschen und mit dem leinenen Tuch abzutrocknen, mit dem er umgürtet war. Er kommt nun zu Simon Petrus; der spricht zu ihm: Herr, du wäschst meine Füße? Jesus antwortete und sprach zu ihm: Was ich tue, weißt du jetzt nicht, du wirst es aber nachher verstehen. Petrus spricht zu ihm: Du sollst nie und nimmer meine Füße waschen! Jesus antwortete ihm: Wenn ich dich nicht wasche, so hast du kein Teil mit mir ...

Als er nun ihre Füße gewaschen und seine Oberkleider genommen hatte, legte er sich wieder zu Tisch und sprach zu ihnen: Wisst ihr, was ich euch getan habe? *Ihr* nennt mich Lehrer und Herr, und ihr sagt recht, denn ich bin es. Wenn nun *ich*, der Herr und der Lehrer, eure Füße gewaschen habe, so seid auch *ihr* schuldig, einander die Füße zu waschen. Denn ich habe euch ein Beispiel gegeben, dass auch ihr tut, wie ich euch getan habe. Wahrlich, wahrlich, ich sage euch: Ein Sklave ist nicht größer als sein Herr, auch ein Gesandter nicht größer als der, der ihn gesandt hat. Wenn ihr dies wisst, glückselig seid ihr, wenn ihr es tut!

SCHLECHTER UMGANG
BZW. SCHLECHTE GESELLSCHAFT

Siehe auch »Gemeinschaft mit anderen Gläubigen«,
»Freunde«, »Versuchung«, »Zeugnisgeben«

*D*er berühmte Satz »Es ist besser, allein zu sein als in schlechter Gesellschaft« wurde - ob Sie's glauben oder nicht - zuerst von George Washington geäußert. Doch der entsprechende Gedanke geht viel weiter zurück als in die Zeit des ersten US-Präsidenten. Immer wieder taucht er in der Bibel auf. Aber nach der Bibel sind wir nie völlig allein. Selbst wenn wir uns in schlechter Gesellschaft befinden, **können** wir mit Gott Zwiesprache halten.

- **Röm 12,2** Und seid nicht gleichförmig dieser Welt, sondern werdet verwandelt durch die Erneuerung des Sinnes, dass ihr prüfen mögt, was der Wille Gottes ist: das Gute und Wohlgefällige und Vollkommene.

- **2Mo 23,2** Du sollst der Menge nicht folgen zum Bösen. Und du sollst bei einem Rechtsstreit nicht antworten, indem du dich nach der Mehrheit richtest und so <das Recht> beugst.

- **Ps 1** Glücklich der Mann, der nicht folgt dem Rat der Gottlosen, den Weg der Sünder nicht betritt und nicht im Kreis der Spötter sitzt, sondern seine Lust hat am Gesetz des HERRN und über sein Gesetz sinnt Tag und Nacht! Er ist wie ein Baum, gepflanzt an Wasserbächen, der seine Frucht bringt zu seiner Zeit, und dessen Laub nicht verwelkt; alles was er tut, gelingt ihm. Nicht so die Gottlosen; sondern sie sind wie Spreu, die der Wind verweht. Darum bestehen Gottlose nicht im Gericht, noch Sünder in der Gemeinde der Gerechten. Denn der HERR kennt den Weg der Gerechten; aber der Gottlosen Weg vergeht.

- **Spr 2,11-12** Besonnenheit wacht über dir, Verständnis wird dich behüten: um dich zu retten vom bösen Weg, vom Mann, der Verkehrtes <nur> redet.

- **Spr 12,26** Der Gerechte erspäht seine Weide, aber der Weg der Gottlosen führt sie in die Irre.

- **Spr 13,20** Wer mit Weisen umgeht, wird weise; aber wer sich mit Toren einlässt, dem wird es schlechtgehen.

- **Spr 16,29** Ein Mann der Gewalttat verlockt seinen Nächsten und führt ihn auf einen Weg, der nicht gut ist.

- **Spr 28,7** Wer das Gesetz befolgt, ist ein verständiger Sohn; wer sich aber mit Schlemmern einlässt, macht seinem Vater Schande.

- **1Kor 15,33** Irrt euch nicht: Schlechter Umgang verdirbt gute Sitten.

Die Menschen in neutestamentlichen Zeiten sahen sich einem Problem gegenüber, das auch vielen heutigen Christen geläufig ist: Sie waren diejenigen, die sich von ihrem sittenlosen Leben abgewandt und ein Leben des Glaubens begonnen hatten, aber noch immer unter ungläubigen Freunden und Nachbarn lebten. Wie leicht war (und ist) es da, in alte Lebensweisen zurückzufallen! Doch die Apostel erinnerten sie daran, dass sie in einem neuen Treueverhältnis zu Gott standen. Sie konnten nicht zu ihrem alten Leben zurückkehren, selbst wenn dies bedeutete, dass sie sich mit Kränkungen und Beleidigungen seitens ihrer früheren Freunde abfinden mussten.

- **1Petr 4,1-5** Da nun Christus im Fleisch gelitten hat, so wappnet auch ihr euch mit derselben Gesinnung - denn wer im Fleisch gelitten hat, hat mit der Sünde abgeschlossen - um die im Fleisch <noch> übrige Zeit nicht mehr den Begierden der Menschen, sondern dem Willen

Gottes zu leben. Denn die vergangene Zeit ist <uns> genug, den Willen der Nationen vollbracht zu haben, als ihr wandeltet in Ausschweifungen, Begierden, Trunkenheit, Festgelagen, Trinkgelagen und frevelhaften Götzendiensten. Hierbei befremdet es sie, dass ihr nicht <mehr> mitlauft in demselben Strom der Heillosigkeit, und sie lästern, die dem Rechenschaft geben werden, der bereit ist, Lebende und Tote zu richten.

• **Eph 5,6-9**   Niemand verführe euch mit leeren Worten! Denn dieser Dinge wegen kommt der Zorn Gottes über die Söhne des Ungehorsams. Seid also nicht ihre Mitteilhaber! Denn einst wart ihr Finsternis, jetzt aber <seid ihr> Licht im Herrn. Wandelt als Kinder des Lichts - denn die Frucht des Lichts <besteht> in lauter Güte und Gerechtigkeit und Wahrheit.

SCHULD

*Siehe auch »Sündenbekenntnis«,
»Gottes Gnade und Barmherzigkeit«, »Buße«,
»Sünde und Erlösung«*

*S*äkulare Psychologen reden gern über Schuldgefühle von Patienten und möchten sie genauso gern loswerden. Oft nimmt man an, dass das Problem im **Gefühl** zu finden ist. Wenn man es loswerden kann, ist das Problem gelöst - so sagen sie zumindest. Sie übersehen die Tatsache, dass sich Menschen häufig real als Schuldige erkennen, wenn sie einem anderen - einem Mitmenschen oder Gott selbst - unrecht getan haben. Das Problem besteht demnach nicht darin, das **Gefühl** loszuwerden, oder? Das Problem ist vielmehr, dass eine wertvolle Beziehung zerbrochen ist. Diese Beziehung muss wieder in Ordnung gebracht werden.

Glücklicherweise verheißt uns die Bibel diesbezüglich mehr als Fachleute in Sachen geistiges Wohlbefinden. Sie erklärt ausdrücklich, dass ein Großteil unserer Schuld nicht nur ein Gefühl umfasst, sondern uns real als der Schaden bewusst ist, den wir jemand anders zugefügt haben. Sie versichert uns ebenso, dass Gott gewillt und bereit ist, uns zu vergeben, uns von aller Schuld zu reinigen und uns neue Lebensfreude zu geben, wenn wir ihm demütig nahen.

• **Ps 69,6** Du, o Gott, hast meine Torheit erkannt, und meine Verschuldungen sind dir nicht verborgen.

• **Ps 103,10-14** Er hat uns nicht getan nach unseren Vergehen, nach unseren Sünden uns nicht vergolten. Denn so hoch die Himmel über der Erde sind, so übermächtig ist seine Gnade über denen, die ihn fürchten. So fern der Osten ist vom Westen, hat er von uns entfernt unsere Vergehen. Wie sich ein Vater über Kinder erbarmt, so erbarmt sich der HERR über die, die ihn fürchten. Denn *er* kennt unser Gebilde, gedenkt, dass wir Staub sind.

• **Ps 32,1-7** *Von David. Ein Maskil.* Glücklich der, dem Übertretung vergeben, dem Sünde zugedeckt ist! Glücklich der Mensch, dem der HERR die Schuld nicht zurechnet und in dessen Geist kein Trug ist! Als ich schwieg, zerfielen meine Gebeine durch mein Gestöhn den ganzen Tag. Denn Tag und Nacht lastete auf mir deine Hand; verwandelt wurde mein Saft in Sommergluten. // So tat ich dir kund meine Sünde und deckte meine Schuld nicht zu. Ich sagte: Ich will dem HERRN meine Übertretungen bekennen; und du, du hast vergeben die Schuld meiner Sünde. // Deshalb soll jeder Fromme zu dir beten, zur Zeit, da du zu finden bist; gewiss, bei großer Wasserflut - ihn werden sie nicht erreichen. Du bist ein Bergungsort für mich; vor Bedrängnis behütest du mich; du umgibst mich mit Rettungsjubel.

• **Jes 55,7** Der Gottlose verlasse seinen Weg und der Mann der Bosheit seine Gedanken! Und er kehre um zu dem HERRN, so wird er sich über ihn erbarmen, und zu unserem Gott, denn er ist reich an Vergebung!

• **Hes 18,21-22** Wenn aber der Gottlose umkehrt von all seinen Sünden, die er getan hat, und alle meine Ordnungen bewahrt und Recht und Gerechtigkeit übt: leben soll er <und> nicht sterben. All seine Vergehen, die er begangen hat, sollen ihm nicht angerechnet werden; um seiner Gerechtigkeit willen, die er geübt hat, soll er leben.

• **Röm 3,23-24** Denn alle haben gesündigt und erlangen nicht die Herrlichkeit Gottes und werden umsonst gerechtfertigt durch seine Gnade, durch die Erlösung, die in Christus Jesus ist.

• **2Kor 5,17-19a** Daher, wenn jemand in Christus ist, so ist er eine neue Schöpfung; das Alte ist vergangen, siehe, Neues ist geworden. Alles aber von Gott, der uns mit sich selbst versöhnt hat durch Christus und uns den Dienst der Versöhnung gegeben hat, <nämlich> dass Gott in Christus war und die Welt mit sich selbst versöhnte, ihnen ihre Übertretungen nicht zurechnete.

- **Hebr 10,19a.21-22** Da wir nun, Brüder, ... einen großen Priester über das Haus Gottes (haben), so lasst uns hinzutreten mit wahrhaftigem Herzen in voller Gewissheit des Glaubens, die Herzen besprengt <und damit gereinigt> vom bösen Gewissen und den Leib gewaschen mit reinem Wasser.

- **1Jo 3,19-21** Hieran werden wir erkennen, dass wir aus der Wahrheit sind, und wir werden vor ihm unser Herz zur Ruhe bringen, dass, wenn das Herz uns verurteilt, Gott größer ist als unser Herz und alles kennt. Geliebte, wenn das Herz <uns> nicht verurteilt, haben wir Freimütigkeit zu Gott.

- **1Jo 1,7** Wenn wir aber im Licht wandeln, wie *er* im Licht ist, haben wir Gemeinschaft miteinander, und das Blut Jesu, seines Sohnes, reinigt uns von jeder Sünde.

SELBSTACHTUNG
UND SELBSTWERTGEFÜHL

Siehe auch »Ehrgeiz«, »Leib bzw. Körper«, »Zufriedenheit«,
»Irdische Sorgen«, »Kummer und Sorgen«

*W*enn man den Fernseher oder das Radio einschaltet, findet man tausend Möglichkeiten, sein Selbstwertgefühl zu steigern - indem man schlanker wird, trainiert, eine Schönheitsoperation vornehmen lässt, einen akademischen Grad erhält, meditiert oder sonst etwas tut. Wenn all dies erfolgreich wäre, würden wir das gesündeste Selbstwertgefühl aller Menschen auf der Erde haben. Irgendwie trifft das jedoch nicht zu. Und warum sollte es? Man kann, wenn man 20 kg abgenommen hat, in den Spiegel schauen und sagen: »Mann, bin ich dünn geworden!« Doch kann man auch sagen: »Ja, ich bin als Mensch wirklich so, wie ich sein sollte«? Oder ist die Antwort auf das Problem des Selbstwertgefühls etwas, das man nicht durch Training, Bildung oder durch irgendwelche anderen weitverbreiteten Methoden erlangen kann? Salomo schlug sich mit dieser Frage herum:

- **Pred 2,11** Und ich wandte mich hin zu all meinen Werken, die meine Hände gemacht, und zu der Mühe, mit der ich mich abgemüht hatte. Und siehe, das alles war Nichtigkeit und ein Haschen nach Wind. Also gibt es keinen Gewinn unter der Sonne.

- **Pred 4,4** Und ich sah all das Mühen und alle Tüchtigkeit <bei> der Arbeit, dass es Eifersucht des einen gegen den anderen ist. Auch das ist Nichtigkeit und ein Haschen nach Wind.

- **Pred 5,12-16** Es gibt ein schlimmes Übel, das ich unter der Sonne gesehen habe: Reichtum, der von seinem

Besitzer zu seinem Unglück aufbewahrt wird. Und geht solcher Reichtum durch ein unglückliches Ereignis verloren und hat er einen Sohn gezeugt, so ist gar nichts in dessen Hand. Wie er aus dem Leib seiner Mutter hervorgekommen ist, nackt wird er wieder hingehen, wie er gekommen ist, und für seine Mühe wird er nicht das Geringste davontragen, das er in seiner Hand mitnehmen könnte. Und auch dies ist ein schlimmes Übel: Ganz wie er gekommen ist, wird er hingehen. Und was für einen Gewinn hat er davon, dass er für den Wind sich müht? Auch isst er all seine Tage in Finsternis und hat viel Verdruss und Krankheit und Zorn.

- **Pred 6,9** Besser das Sehen mit den Augen als das Umherschweifen der Begierde! Auch das ist Nichtigkeit und ein Haschen nach Wind.

*Die Bibel gebraucht den Begriff **Selbstwertgefühl** nicht, kennt aber den entsprechenden Grundgedanken. Die Bibel verheißt kein gesteigertes Selbstwertgefühl, sondern etwas viel Besseres - das Bewusstsein, in der rechten Stellung vor Gott, vor anderen Menschen und vor uns selbst zu sein. Es gibt kein besseres Mittel, um das Selbstwertgefühl zu erhöhen. Und seltsamerweise machen sich solche, die wissen, dass sie in der rechten Stellung vor Gott sind, wahrscheinlich überhaupt nicht so viele Gedanken über ihr Selbstwertgefühl. Wie im Falle des Glücks erlangen es nicht die, die ihm atemlos nachjagen.*

- **Ps 40,5** Glücklich der Mann, der den HERRN zu seiner Zuversicht macht und sich nicht wendet zu den Drängern und den in Lüge Festgefahrenen!

- **Ps 56,5** Auf Gott - sein Wort rühme ich - auf Gott vertraue ich, ich werde mich nicht fürchten; was sollte Fleisch mir tun?

- **Spr 3,5-8** Vertraue auf den HERRN mit deinem ganzen Herzen und stütze dich nicht auf deinen Verstand! Auf all deinen Wegen erkenne nur ihn, dann ebnet er selbst deine Pfade! Sei nicht weise in deinen Augen, fürchte den HERRN und weiche vom Bösen! Das ist Heilung für deinen Leib, Labsal für deine Gebeine.

- **Jes 26,3** Bewährten Sinn bewahrst du in Frieden, in Frieden, weil er auf dich vertraut.

- **Jes 40,29-31** Er gibt dem Müden Kraft und dem Ohnmächtigen mehrt er die Stärke. Jünglinge ermüden und ermatten, und junge Männer straucheln <und> stürzen. Aber die auf den HERRN hoffen, gewinnen neue Kraft: sie heben die Schwingen empor wie die Adler, sie laufen und ermatten nicht, sie gehen und ermüden nicht.

- **Jer 29,11** Denn ich kenne ja die Gedanken, die ich über euch denke, spricht der HERR, Gedanken des Friedens und nicht zum Unheil, um euch Zukunft und Hoffnung zu gewähren.

Der Herr Jesus versicherte seinen Nachfolgern, dass wir wichtig sind - nicht aufgrund dessen, was wir selbst tun, sondern weil wir dem neuen Reich Gottes angehören. Als Botschafter dieses Reiches besitzen wir eine vornehme Stellung.

- **Mt 10,29-31.39** Werden nicht zwei Sperlinge für ein paar Pfennige verkauft? Und nicht *einer* von ihnen wird auf die Erde fallen ohne euren Vater. Bei euch aber sind selbst die Haare des Hauptes alle gezählt. Fürchtet euch nun nicht! *Ihr* seid wertvoller als viele Sperlinge ... Wer sein Leben findet, wird es verlieren, und wer sein Leben verliert um meinetwillen, wird es finden.

Der biblische Ausdruck »Salz der Erde« ist in die Alltagssprache eingegangen. Er beinhaltet eines der vielen Bilder, die der Herr Jesus gebrauchte, um die Menschen darauf hinzuweisen, dass sie in dieser Welt eine wichtige Rolle spielen sollen. Dies sollte unserem Leben mehr Bedeutung und Sinn geben als all die weltlichen Bücher und Videos über das Selbstwertgefühl zusammen.

• **Mt 5,13-16** *Ihr* seid das Salz der Erde; wenn aber das Salz fade geworden ist, womit soll es gesalzen werden? Es taugt zu nichts mehr, als hinausgeworfen und von den Menschen zertreten zu werden.

Ihr seid das Licht der Welt; eine Stadt, die oben auf einem Berg liegt, kann nicht verborgen sein. Man zündet auch nicht eine Lampe an und setzt sie unter den Scheffel, sondern auf das Lampengestell, und sie leuchtet allen, die im Hause sind. So soll euer Licht leuchten vor den Menschen, damit sie eure guten Werke sehen und euren Vater, der in den Himmeln ist, verherrlichen.

• **Mt 6,33-34** Trachtet aber zuerst nach dem Reich Gottes und nach seiner Gerechtigkeit! Und dies alles wird euch hinzugefügt werden. So seid nun nicht besorgt um den morgigen Tag! Denn der morgige Tag wird für sich selbst sorgen. Jeder Tag hat an seinem Übel genug.

Haben Sie je daran gedacht, welch eine unglaubliche **Last** *es ist, stets um das Selbstwertgefühl und das persönliche Vorwärtskommen besorgt zu sein? Manche Menschen werden deshalb neben ihrer Arbeit ganztags auf Trab gehalten, um ihr Selbstwertgefühl ein um das andere Mal zu stärken. Der Herr Jesus gibt denen eine tröstliche Verheißung, die meinen, dass ihrem Leben etwas fehlt.*

• **Mt 11,28-30** Kommt her zu mir, alle ihr Mühseligen und Beladenen! Und ich werde euch Ruhe geben. Nehmt auf euch mein Joch, und lernt von mir! Denn ich bin sanftmütig und von Herzen demütig, und »ihr werdet Ruhe finden für eure Seelen«; denn mein Joch ist sanft, und meine Last ist leicht.

• **Mt 16,24-26** Dann sprach Jesus zu seinen Jüngern: Wenn jemand mir nachkommen will, der verleugne sich selbst und nehme sein Kreuz auf und folge mir nach! Denn wenn jemand sein Leben erretten will, wird er es verlieren; wenn aber jemand sein Leben verliert um meinetwillen, wird er es finden. Denn was wird es einem Menschen nützen, wenn er die ganze Welt gewönne, aber sein Leben einbüßte? Oder was wird ein Mensch als Lösegeld geben für sein Leben?

- **Joh 12,25** Wer sein Leben liebt, verliert es; und wer sein Leben in dieser Welt hasst, wird es zum ewigen Leben bewahren.

Die Bibel könnte man als das Buch der realistischen Einstellung uns selbst gegenüber bezeichnen. Sie weist uns immer wieder auf etwas hin, das jeder von uns instinktiv weiß: Was auch immer wir erreichen - es bringt uns nicht das volle Glück. Echtes Glück kann nur erlangt werden, wenn wir lernen, uns auf Gott und nicht auf unsere eigenen Leistungen zu verlassen - wie groß auch immer sie scheinen mögen. Die größte Errungenschaft in einem menschlichen Leben besteht darin, dass sich der Betreffende der göttlichen Führung bewusst ist.

- **Röm 8,31b** Wenn Gott für uns ist, wer gegen uns?

- **Röm 12,3-6a** Denn ich sage durch die Gnade, die mir gegeben wurde, jedem, der unter euch ist, nicht höher <von sich> zu denken, als zu denken sich gebührt, sondern darauf bedacht zu sein, dass er besonnen sei, wie Gott einem jeden das Maß des Glaubens zugeteilt hat. Denn wie wir in *einem* Leib viele Glieder haben, aber die Glieder nicht alle dieselbe Tätigkeit haben, so sind wir, die vielen, *ein* Leib in Christus, einzeln aber Glieder voneinander. Da wir aber verschiedene Gnadengaben haben nach der uns gegebenen Gnade, <so lasst sie uns gebrau­chen>.

- **2Kor 10,17-18** »Wer sich aber rühmt, rühme sich des Herrn!« Denn nicht, wer sich selbst empfiehlt, der ist bewährt, sondern der, den der Herr empfiehlt.

- **1Kor 4,3-4** Mir aber ist es das Geringste, dass ich von euch oder von einem menschlichen <Gerichts->Tag beurteilt werde; ich beurteile mich aber auch selbst nicht. Denn ich bin mir selbst nichts bewusst, aber dadurch bin ich nicht gerechtfertigt. Der mich aber beurteilt, ist der Herr.

• **2Kor 12,7b-10** Darum, damit ich mich nicht überhebe, wurde mir ein Dorn für das Fleisch gegeben, ein Engel Satans, dass er mich mit Fäusten schlage, damit ich mich nicht überhebe. Um dessentwillen habe ich dreimal den Herrn angerufen, dass er von mir ablassen möge. Und er hat zu mir gesagt: Meine Gnade genügt dir, denn <meine> Kraft kommt in Schwachheit zur Vollendung. Sehr gerne will ich mich nun vielmehr meiner Schwachheiten rühmen, damit die Kraft Christi bei mir wohne. Deshalb habe ich Wohlgefallen an Schwachheiten, an Misshandlungen, an Nöten, an Verfolgungen, an Ängsten um Christi willen; denn wenn ich schwach bin, dann bin ich stark.

• **Phil 3,7-9** Aber was auch immer mir Gewinn war, das habe ich um Christi willen für Verlust gehalten; ja wirklich, ich halte auch alles für Verlust um der unübertrefflichen Größe der Erkenntnis Christi Jesu, meines Herrn, willen, um dessentwillen ich alles eingebüßt habe und es für Dreck halte, damit ich Christus gewinne und in ihm gefunden werde - indem ich nicht meine Gerechtigkeit habe, die aus dem Gesetz ist, sondern die durch den Glauben an Christus, die Gerechtigkeit aus Gott aufgrund des Glaubens.

• **1Petr 2,9-10** Ihr aber seid ein auserwähltes Geschlecht, ein königliches Priestertum, eine heilige Nation, ein Volk zum Besitztum, damit ihr die Tugenden dessen verkündigt, der euch aus der Finsternis zu seinem wunderbaren Licht berufen hat; die ihr einst »nicht ein Volk« wart, jetzt aber ein Volk Gottes seid; die ihr »nicht Barmherzigkeit empfangen hattet«, jetzt aber Barmherzigkeit empfangen habt.

In der recht populären Musikkomödie »The Fantasticks« sagt die halbwüchsige Heldin immer wieder vor sich hin: »Ich bin etwas Besonderes, ich bin etwas Besonderes.« Die Zuschauer sollen darüber lachen, und sie tun es mit Recht. Worte können nichts an der Realität ändern. Wenn wir daher in unserem Innersten nicht wirklich wissen, dass wir etwas Besonderes sind, sind die Worte inhaltlos. Die Bibel hebt immer wieder hervor, dass es um das Tun und nicht nur um das Reden geht. Wenn wir wirklich Christen sind, werden unsere Taten dies zeigen.

- **1Jo 3,19-20** Hieran werden wir erkennen, dass wir aus der Wahrheit sind, und wir werden vor ihm unser Herz zur Ruhe bringen, dass, wenn das Herz uns verurteilt, Gott größer ist als unser Herz und alles kennt.

- **Gal 6,3-5** Denn wenn jemand meint, etwas zu sein, während er doch nichts ist, so betrügt er sich selbst. Ein jeder aber prüfe sein eigenes Werk, und dann wird er nur im Blick auf sich selbst Ruhm haben und nicht im Blick auf den anderen; denn jeder wird seine eigene Bürde tragen.

Psalm 139 könnte man als »Psalm des Selbstwertgefühls« bezeichnen. Er baut aber nicht im üblichen Sinne das Ego auf. Vielmehr ist er ein Loblied für Gott, der über unser Leben wacht und der uns bereits liebte und für uns sorgte, als wir noch nicht geboren waren. Der Psalm greift eine Verheißung auf, die in der Bibel immer wieder vorkommt: Unser Wert beruht nicht auf unseren eigenen Leistungen - wie eindrucksvoll sie auch sind -, sondern auf der Tatsache, dass Gott für uns sorgt.

- **Ps 139,1-18.23-24** *Dem Chorleiter. Von David. Ein Psalm.* HERR, du hast mich erforscht und erkannt. Du kennst mein Sitzen und mein Aufstehen, du verstehst mein Trachten von fern. Mein Wandeln und mein Liegen - du prüfst es. Mit allen meinen Wegen bist du vertraut. Denn das Wort ist <noch> nicht auf meiner Zunge - siehe, HERR, du weißt es genau. Von hinten und von vorn hast du mich umschlossen, du hast deine Hand auf mich gelegt. Zu wunderbar ist die Erkenntnis für mich, zu hoch: Ich vermag sie nicht zu erfassen. Wohin sollte ich gehen vor deinem Geist, wohin fliehen vor deinem

Angesicht? Stiege ich zum Himmel hinauf, so bist du da. Bettete ich mich in dem Scheol, siehe, du bist da. Erhöbe ich die Flügel der Morgenröte, ließe ich mich nieder am äußersten Ende des Meeres, auch dort würde deine Hand mich leiten und deine Rechte mich fassen. Und spräche ich: Nur Finsternis möge mich verbergen und Nacht sei das Licht um mich her: Auch Finsternis würde vor dir nicht verfinstern, und die Nacht würde leuchten wie der Tag, die Finsternis wäre wie das Licht. Denn du bildetest meine Nieren. Du wobst mich in meiner Mutter Leib. Ich preise dich darüber, dass ich auf eine erstaunliche, ausgezeichnete Weise gemacht bin. Wunderbar sind deine Werke, und meine Seele erkennt es sehr wohl. Nicht verborgen war mein Gebein vor dir, als ich gemacht wurde im Verborgenen, gewoben in den Tiefen der Erde. Meine Urform sahen deine Augen. Und in dein Buch waren sie alle eingeschrieben, die Tage, die gebildet wurden, als noch keiner von ihnen <da war>. Für mich aber - wie schwer sind deine Gedanken, o Gott! Wie gewaltig sind ihre Summen! Wollte ich sie zählen, so sind sie zahlreicher als der Sand. Ich erwache und bin noch bei dir ... Erforsche mich, Gott, und erkenne mein Herz. Prüfe mich und erkenne meine Gedanken! Und sieh, ob ein Weg der Mühsal bei mir ist, und leite mich auf dem ewigen Weg!

SELBSTBEHERRSCHUNG, ENTHALTSAMKEIT UND SELBSTVERLEUGNUNG

Siehe auch »Zorn«, »Hass«, »Gehorsam gegenüber Gott«, »Rache«, »Selbstsucht«, »Versuchung«

*N*ach den 60er Jahren schien es, als sei Selbstbeherrschung so unzeitgemäß wie Pferde und Kutschen. Dann kam sie jedenfalls wieder in Mode - in Form von körperlicher Fitness und Schlankheitskuren. Bürgersteige und Parks im ganzen Land sind mit Menschen vollgestopft, die aus lauter Selbstverleugnung ihrem Körper alles abverlangen. Und aus welchem Grund?

Ist dies die Art von Selbstbeherrschung, die Gott von uns haben will? Vielleicht. Immerhin enthält die Bibel einige Stellen über Völlerei und Trinkgelage. Doch die von der Bibel gutgeheißene Selbstbeherrschung ist etwas anderes. Bei ihr geht es darum, zu Gott Ja zu sagen und alle egoistischen Triebe, die uns von Gott abbringen und unsere Liebe zu anderen Menschen beeinträchtigen, aufzugeben. Aus der Sicht der Bibel ist dies wesentlich wichtiger, als Kalorien zu zählen oder auf einem Hometrainer zu schwitzen.

- **Spr 25,28** Eine aufgebrochene Stadt ohne Mauer, <so ist> ein Mann ohne Selbstbeherrschung.

- **Spr 5,22-23** Seine eigenen Sünden fangen ihn, den Gottlosen, und in den Stricken seiner Sünde wird er festgehalten. Ein solcher wird sterben aus Mangel an Zucht, und in der Größe seiner Narrheit taumelt er dahin.

- **Mt 16,24-27** Dann sprach Jesus zu seinen Jüngern: Wenn jemand mir nachkommen will, der verleugne sich selbst und nehme sein Kreuz auf und folge mir nach!

Denn wenn jemand sein Leben erretten will, wird er es verlieren; wenn aber jemand sein Leben verliert um meinetwillen, wird er es finden. Denn was wird es einem Menschen nützen, wenn er die ganze Welt gewönne, aber sein Leben einbüßte? Oder was wird ein Mensch als Lösegeld geben für sein Leben? Denn der Sohn des Menschen wird kommen in der Herrlichkeit seines Vaters mit seinen Engeln, und dann wird er einem jeden vergelten nach seinem Tun.

- **Lk 18,29-30** Er aber sprach zu ihnen: Wahrlich, ich sage euch: Es ist niemand, der Haus oder Frau oder Brüder oder Eltern oder Kinder verlassen hat um des Reiches Gottes willen, der nicht Vielfältiges empfangen wird in dieser Zeit und in dem kommenden Zeitalter ewiges Leben.

- **Röm 2,8** ... denen jedoch, die von Selbstsucht <bestimmt> und der Wahrheit ungehorsam sind, der Ungerechtigkeit aber gehorsam, Zorn und Grimm.

- **Röm 6,6** ... da wir dies erkennen, dass unser alter Mensch mitgekreuzigt worden ist, damit der Leib der Sünde abgetan sei, dass wir der Sünde nicht mehr dienen.

- **Röm 8,12-13** So sind wir nun, Brüder, nicht dem Fleisch Schuldner, um nach dem Fleisch zu leben; denn wenn ihr nach dem Fleisch lebt, so werdet ihr sterben, wenn ihr aber durch den Geist die Handlungen des Leibes tötet, so werdet ihr leben.

- **Gal 5,22-25** Die Frucht des Geistes aber ist: Liebe, Freude, Friede, Langmut, Freundlichkeit, Güte, Treue, Sanftmut, Enthaltsamkeit. Gegen diese ist das Gesetz nicht <gerichtet>. Die aber dem Christus Jesus angehören, haben das Fleisch samt den Leidenschaften und Begierden gekreuzigt. Wenn wir durch den Geist leben, so lasst uns durch den Geist wandeln!

Selbstbeherrschung bedeutet mehr, als sich bestimmter sündiger Verhaltensweisen zu enthalten. Damit ist auch gemeint, unserem natürlichen Drang nach Vergeltung zu widerstehen, wie der Herr Jesus verdeutlichte:

- **Mt 5,39b-42** Widersteht nicht dem Bösen, sondern wenn jemand dich auf deine rechte Backe schlagen wird, dem biete auch die andere dar; und dem, der mit dir vor Gericht gehen und dein Untergewand nehmen will, dem lass auch den Mantel! Und wenn jemand dich zwingen wird, *eine* Meile zu gehen, mit dem geh zwei! Gib dem, der dich bittet, und weise den nicht ab, der von dir borgen will!

Seltsamerweise sind die gegenwärtigen Verbote hinsichtlich des Verzehrs bestimmter Speisen nicht Neues. In der neutestamentlichen Zeit begegneten die Gläubigen Menschen - darunter einigen die behaupteten, Christen zu sein -, die einschränkende Regeln bezüglich des Verzehrs oder der Berührung bestimmter Dinge aufstellten. Damals gab man sich gern den Anschein, »smart« oder diszipliniert zu sein, wollte man »Selbst-Beherrschung« vortäuschen. Dies ist bis heute so. Der Apostel Paulus erkannte, dass diese Einschränkungen in einem gottgeweihten Leben keinen Platz haben.

- **Kol 2,20-23** Wenn ihr mit Christus den Elementen der Welt gestorben seid, was unterwerft ihr euch Satzungen, als lebtet ihr noch in der Welt: Berühre nicht, koste nicht, betaste nicht! - was <doch> alles zur Vernichtung durch den Gebrauch bestimmt ist - nach den Geboten und Lehren der Menschen? Das <alles> hat zwar einen Anschein von Weisheit, in eigenwilligem Gottesdienst und in Demut und im Nichtverschonen des Leibes - <also> nicht in einer gewissen Wertschätzung - <dient aber> zur Befriedigung des Fleisches.

»Sag einfach Nein« ist leichter gesagt als getan. Ja, die Welt stellt uns stets eine naheliegende Frage: »Warum immer so enthaltsam sein?« Wir brauchen nur die Abendnachrichten einzuschalten, um zu sehen, wohin uns diese Haltung geführt hat.

Nach der Bibel ist mit Gottes Hilfe ein Leben in dieser Welt des »Ich zuerst« durchaus möglich. Selbstbeherrschung ist ein Gut, das uns Gott mit Freuden schenken will, wenn wir ihn nur darum bitten.

- **2Tim 1,7** Denn Gott hat uns nicht einen Geist der Furchtsamkeit gegeben, sondern der Kraft und der Liebe und der Zucht.

- **2Petr 1,6** ... in der Erkenntnis aber die Enthaltsamkeit, in der Enthaltsamkeit aber das Ausharren, in dem Ausharren aber die Gottseligkeit.

- **Tit 2,12-13** (Sie [d.h. die Gnade Gottes]) unterweist uns, damit wir die Gottlosigkeit und die weltlichen Begierden verleugnen und besonnen und gerecht und gottesfürchtig leben in dem jetzigen Zeitlauf, indem wir die glückselige Hoffnung und Erscheinung der Herrlichkeit unseres großen Gottes und Heilandes Jesus Christus erwarten.

SELBSTGERECHTIGKEIT

Siehe auch »Heuchelei«, »Richten anderer«, »Gerechtigkeit«,
»Selbstachtung und Selbstwertgefühl«

*R*eligiöse Menschen haben den - teilweise berechtigten - Ruf,
selbstgerecht zu sein. Natürlich gibt es auf der Welt eine
Vielzahl von selbstgerechten Menschen, die überhaupt nicht
religiös sind. Wie oft ist Ihnen jemand begegnet, der sich mit
seiner neuesten Schlankheitskur, seinem Fitnessplan, der Ver-
stärkung seines Selbstwertgefühls, seiner »geistlichen Methode«
und dergleichen brüstete? Menschen, die Christen wegen ihrer
Selbstgerechtigkeit kritisieren, begehen oft die gleiche Sünde.
Und die Sache ist die, dass unser als »Selbstgerechtigkeit«
bezeichnetes Verhalten möglicherweise lediglich unserem
Bemühen um rechtes sittliches Verhalten entspricht - einem
Anliegen, das nie populär gewesen ist.
   Dennoch ist Selbstgerechtigkeit verkehrt, wie die Bibel verdeutlicht. Nichts ist vor Gott verborgen. Uns wird erst dann
wahre Gerechtigkeit verheißen, wenn wir nach ihr streben. Uns
wird etwas anderes verheißen, wenn wir selbstgerecht unseren
moralischen Zeigefinger erheben.

• **Spr 14,12**   Da ist ein Weg, der einem Menschen gerade
erscheint, aber zuletzt sind es Wege des Todes.

• **Spr 12,15**   Der Weg des Narren erscheint in seinen
<eigenen> Augen recht, der Weise aber hört auf Rat.

• **Spr 16,2**   Alle Wege eines Mannes sind lauter in seinen
Augen, aber der die Geister prüft, ist der HERR.

• **Spr 21,2**   Jeder Weg eines Mannes ist gerade in seinen
Augen, aber der die Herzen prüft, ist der HERR.

- **Spr 26,12** Siehst du einen Mann, der in seinen Augen weise ist, - für einen Toren gibt es mehr Hoffnung als für ihn.

- **Spr 28,26** Wer auf seinen Verstand vertraut, der ist ein Tor; wer aber in Weisheit lebt, der wird entkommen.

- **Spr 30,11-13** Eine Generation, die dem Vater flucht und die Mutter nicht segnet; eine Generation, die in ihren Augen rein ist und doch nicht gewaschen von ihrem Unflat; eine Generation - wie hochmütig ihre Augen und überheblich ihre Wimpern - ...

- **Jes 5,20-21** Wehe denen, die das Böse gut nennen und das Gute böse; die Finsternis zu Licht machen und Licht zu Finsternis; die Bitteres zu Süßem machen und Süßes zu Bitterem! Wehe denen, die in ihren eigenen Augen weise sind und sich selbst für verständig halten!

*Die Bibel stellt deutlich heraus, dass alle Menschen - selbst die moralisch hochstehendsten - Sünder sind. Dies ist ein Grund dafür, dass Selbstgerechtigkeit nie richtig ist. Selbstgerecht zu sein, bedeutet, dass wir unser eigenes fortgesetztes moralisches Versagen aus den Augen verloren haben. Der Prophet Jesaja weist uns darauf hin, dass in Gottes Augen **niemand** völlig rein ist:*

- **Jes 64,5** Wir alle sind wie ein Unreiner geworden und all unsere Gerechtigkeiten wie ein beflecktes Kleid. Wir alle <sind verwelkt> wie das Laub welkt, und unsere Sünden trugen uns davon wie der Wind.

Oft kritisierte der Herr Jesus Selbstgerechtigkeit. Er kannte die menschliche Neigung, sich auf die Fehltritte anderer zu konzentrieren und dabei die eigenen zu ignorieren, ganz genau.

- **Mt 7,1-5** Richtet nicht, damit ihr nicht gerichtet werdet! Denn mit welchem Gericht ihr richtet, werdet ihr gerichtet werden, und mit welchem Maß ihr messt, wird euch zugemessen werden. Was aber siehst du den

Splitter, der in deines Bruders Auge ist, den Balken aber in deinem Auge nimmst du nicht wahr? Oder wie wirst du zu deinem Bruder sagen: Erlaube, ich will den Splitter aus deinem Auge ziehen; und siehe, der Balken ist in deinem Auge? Heuchler, zieh zuerst den Balken aus deinem Auge! Und dann wirst du klar sehen, um den Splitter aus deines Bruders Auge zu ziehen.

• **Mt 9,9-13** Und als Jesus von dort weiterging, sah er einen Menschen mit Namen Matthäus am Zollhaus sitzen, und er spricht zu ihm: Folge mir nach! Und er stand auf und folgte ihm nach. Und es geschah, als er in dem Haus zu Tisch lag, und siehe, da kamen viele Zöllner und Sünder und lagen zu Tisch mit Jesus und seinen Jüngern. Und als die Pharisäer es sahen, sprachen sie zu seinen Jüngern: Warum isst euer Lehrer mit den Zöllnern und Sündern? Als aber er es hörte, sprach er: Nicht die Starken brauchen einen Arzt, sondern die Kranken. Geht aber hin und lernt, was das ist: »Ich will Barmherzigkeit und nicht Schlachtopfer.« Denn ich bin nicht gekommen, Gerechte zu rufen, sondern Sünder.

Eine der treffendsten Geschichten, die es je über Selbstgerechtigkeit gegeben hat, ist Jesu Gleichnis vom Zöllner und Pharisäer. Die Geschichte beinhaltet sowohl eine Gnadenverheißung für Menschen, die demütig sind, als auch eine ernste Warnung für solche, die auf ihr eigenes sittliches Verhalten stolz sind.

• **Lk 18,9-14** Er sprach aber auch zu einigen, die auf sich selbst vertrauten, dass sie gerecht seien, und die übrigen verachteten, dieses Gleichnis: Zwei Menschen gingen hinauf in den Tempel, um zu beten, der eine ein Pharisäer und der andere ein Zöllner. Der Pharisäer stand und betete bei sich selbst so: Gott, ich danke dir, dass ich nicht bin wie die übrigen der Menschen: Räuber, Ungerechte, Ehebrecher oder auch wie dieser Zöllner. Ich faste zweimal in der Woche, ich verzehnte alles, was ich erwerbe. Der Zöllner aber stand weitab und wollte sogar die Augen nicht aufheben zum Himmel, sondern schlug an seine Brust und sprach: Gott, sei mir, dem Sünder, gnädig! Ich sage euch: Dieser ging gerechtfertigt hinab in sein Haus im Gegensatz zu jenem; denn jeder, der sich selbst erhöht, wird erniedrigt werden; wer aber sich selbst erniedrigt, wird erhöht werden.

- **Lk 16,15** Und er sprach zu ihnen [d.h. den Pharisäern]: *Ihr seid es, die sich selbst rechtfertigen vor den Menschen, Gott aber kennt eure Herzen; denn was unter den Menschen hoch ist, ist ein Gräuel vor Gott.*

- **Joh 9,39-41** Und Jesus sprach: Zum Gericht bin ich in diese Welt gekommen, damit die Nichtsehenden sehen und die Sehenden blind werden. Einige von den Pharisäern, die bei ihm waren, hörten dies und sprachen zu ihm: Sind denn auch *wir* blind? Jesus sprach zu ihnen: Wenn ihr blind wäret, so hättet ihr keine Sünde. Nun aber sagt ihr: Wir sehen. <Daher> bleibt eure Sünde.

Der Apostel Paulus war als einer, der über das Thema der Selbstgerechtigkeit redet, genau der Richtige. Er war in seinem bisherigen Leben ein moralisch hochstehender und religiöser Jude gewesen, der sich bemühte, das jüdische Gesetz einzuhalten. Doch als er sich Christus zuwandte, erkannte er, dass sein moralisch vorbildliches Leben ihm keinen Grund bot, sich zu rühmen oder sich hochmütig zu geben. Nichts außer der Tatsache zählt, dass wir unser Vertrauen auf Christus und die Gnade Gottes setzen. Der Weg zum Himmel wird nicht aufgrund unserer eigenen moralischen Anstrengungen, sondern aufgrund der Gerechtigkeit des Sohnes Gottes geebnet.

- **Röm 3,27** Wo bleibt nun der Ruhm? Er ist ausgeschlossen. Durch was für ein Gesetz? Der Werke? Nein, sondern durch das Gesetz des Glaubens.

- **2Kor 10,17-18** »Wer sich aber rühmt, rühme sich des Herrn!« Denn nicht, wer sich selbst empfiehlt, der ist bewährt, sondern der, den der Herr empfiehlt.

- **Gal 6,3** Denn wenn jemand meint, etwas zu sein, während er doch nichts ist, so betrügt er sich selbst.

SELBSTSUCHT

Siehe auch »Ehrgeiz«, »Selbstbeherrschung, Enthaltsamkeit und Selbstverleugnung«, »Selbstachtung und Selbstwertgefühl«

*S*elbstsucht ist als »der einzig wahre Atheismus« bezeichnet worden. Dies ergibt einen Sinn: Wenn wir uns selbst zum Kultobjekt erheben, können wir nicht gleichzeitig Gott anbeten. Wenn wir handeln, als wären wir selbst die Mitte unserer Welt, bedeutet das zwangsläufig, dass Gott nicht im Mittelpunkt steht. Die meisten von uns sind natürlich nicht **völlig** selbstsüchtig. Wir sind manchmal sehr ichbezogen, zu anderen Zeiten dagegen weniger. Je mehr wir uns auf uns selbst konzentrieren, desto weniger konzentrieren wir uns auf Gott und andere Menschen. Das Buch der Sprüche bietet ein anschauliches Bild des Selbstsüchtigen.

• **Spr 18,1** Wer sich absondert, sucht <sein> Begehren, gegen alle Umsicht platzt er los.

*Normalerweise denken wir bei einem Abgesonderten an jemanden, der allein lebt. Doch man könnte den obigen Vers auf jeden anwenden, der **für sich lebt,** was auf viele Menschen zutrifft. Die Bibel warnt uns vor den Gefahren eines solchen Lebensstils. Dies gehört nicht zu den Dingen, die Gott leicht nimmt.*

• **Röm 2,8-9a** ... denen jedoch, die von Selbstsucht <bestimmt> und der Wahrheit ungehorsam sind, der Ungerechtigkeit aber gehorsam, Zorn und Grimm. Bedrängnis und Angst über die Seele jedes Menschen, der das Böse vollbringt.

• **Gal 5,19-21** Offenbar aber sind die Werke des Fleisches; es sind: Unzucht, Unreinheit, Ausschweifung, Götzendienst, Zauberei, Feindschaften, Hader, Eifersucht, Zornausbrüche, Selbstsüchteleien, Zwistigkeiten, Parteiungen, Neidereien, Trinkgelage, Völlereien und dergleichen. Von diesen sage ich euch im voraus, so wie ich vorher sagte, dass die, die so etwas tun, das Reich Gottes nicht erben werden.

- **Jak 3,16** Denn wo Eifersucht und Eigennutz ist, da ist Zerrüttung und jede schlechte Tat.

In neutestamentlicher Zeit praktizierten viele Menschen ähnlich wie heute gewisse Formen der Selbstverleugnung (indem sie gewöhnlich bestimmte Speisen mieden - kommt uns dies nicht bekannt vor?). Der Apostel Paulus erkannte, dass diese Praktiken hinsichtlich der menschlichen Selbstsucht überhaupt nichts ändern.

- **Kol 2,20-23** Wenn ihr mit Christus den Elementen der Welt gestorben seid, was unterwerft ihr euch Satzungen, als lebtet ihr noch in der Welt: Berühre nicht, koste nicht, betaste nicht! - was <doch> alles zur Vernichtung durch den Gebrauch bestimmt ist - nach den Geboten und Lehren der Menschen? Das <alles> hat zwar einen Anschein von Weisheit, in eigenwilligem Gottesdienst und in Demut und im Nichtverschonen des Leibes - <also> nicht in einer gewissen Wertschätzung - <dient aber> zur Befriedigung des Fleisches.

»Ich zuerst« könnte durchaus der Wahlspruch der heutigen Gesellschaft - oder vielleicht für jede beliebige Zeit - sein, weil die Geschichte zeigt, dass Selbstsucht nichts Neues ist. Doch der Mensch, der für Gott lebt, soll den Blick über die Geschichte hinaus auf die Wiederkunft Christi und das ewige Leben im Himmel richten. Unser Leben in dieser Welt stellt eine Art Übungsfeld für das letzte Ziel dar. Wir bereiten uns täglich darauf vor, indem wir anderen in kleinen Taten Güte erweisen und auf sie Rücksicht nehmen.

- **Tit 2,12-13** (Sie [d.h. die Gnade Gottes]) unterweist uns, damit wir die Gottlosigkeit und die weltlichen Begierden verleugnen und besonnen und gerecht und gottesfürchtig leben in dem jetzigen Zeitlauf, indem wir die glückselige Hoffnung und Erscheinung der Herrlichkeit unseres großen Gottes und Heilandes Jesus Christus erwarten.

Der Herr Jesus selbst beschrieb das beste Gegenmittel gegen Selbstsucht treffend: Liebe Gott und liebe andere Menschen!

• **Mk 12,28b-31** Welches Gebot ist das erste von allen? Jesus antwortete ihm: Das erste ist: »Höre, Israel: Der Herr, unser Gott, ist *ein* Herr; und du sollst den Herrn, deinen Gott, lieben aus deinem ganzen Herzen und aus deiner ganzen Seele und aus deinem ganzen Verstand und aus deiner ganzen Kraft!« Das zweite ist dies: »Du sollst deinen Nächsten lieben wie dich selbst!« Größer als diese ist kein anderes Gebot.

SEXUALITÄT

*Siehe auch »Ehebruch«, »Leib bzw. Körper«, »Selbstbeherrschung,
Enthaltsamkeit und Selbstverleugnung«, »Versuchung«*

*D*ie Haltung der Menschen unterscheidet sich in der Frage
der Sexualität oft von der Sicht der Bibel. Einerseits ist
diese Frage in der Welt **wichtig,** weil sie davon besessen zu sein
scheint. - Über Sexualität wird in auffallenden Details in Fernsehsendungen, Filmen, Liedern und Büchern geklatscht und
getratscht. Ehebruch und freie Liebe sind weitverbreitet. Die
Welt beschäftigt sich scheinbar kaum noch mit etwas anderem.

Andererseits ist der Welt diese Frage **weniger wichtig,** weil
sie oft nicht die Verbindung zwischen Sex und hingegebener
Liebe herstellt. Wir gewinnen den Eindruck, dass die Welt voller
Menschen ist, die sich mit ihren sexuellen Erfahrungen wichtig
nehmen und sich gleichzeitig den Kopf darüber zerbrechen,
warum sie darin keine echte Befriedigung finden. Könnte es
daran liegen, dass sie vergessen haben, Sex als Teil - und nicht
als das Ausschließliche - einer lebenslangen Hingabe zwischen
einem Mann und einer Frau zu betrachten? Könnte es sein, dass
sie ebenso vergessen haben, Sex nicht als die einzige - vielleicht
nicht einmal als die beste - Möglichkeit für einen Mann und
eine Frau anzusehen, sich aneinander freuen zu können?

Die Welt scheint sich sicher zu sein: Das Christentum ist
eine sexfeindliche Religion von Spielverderbern. Doch dies ist
eine Lüge! Nirgendwo in der Bibel wird gesagt, dass Sex verkehrt ist. Aus der Sicht der Bibel ist Sex etwas so Geheimnis-
volles und Elementares, dass dafür bestimmte Grenzen - wie
die der Ehe - gelten sollten.

- **1Thes 4,3-8** Denn dies ist Gottes Wille: eure Heiligung, dass ihr euch von der Unzucht fernhaltet, dass
jeder von euch sich sein eigenes Gefäß in Heiligkeit und
Ehrbarkeit zu gewinnen wisse, nicht in Leidenschaft der

Begierde wie die Nationen, die Gott nicht kennen; dass er sich keine Übergriffe erlaube noch seinen Bruder in der Sache übervorteile, weil der Herr Rächer ist über dies alles, wie wir euch auch vorher <schon> gesagt und eindringlich bezeugt haben. Denn Gott hat uns nicht zur Unreinheit berufen, sondern in Heiligung. Deshalb nun, wer <dies> verwirft, verwirft nicht einen Menschen, sondern Gott, der auch seinen Heiligen Geist in euch gibt.

Viele Menschen haben sich und anderen durch sexuelle Verantwortungslosigkeit Schaden zugefügt. Für diese Menschen bietet die Bibel einige wunderbare Verheißungen: Gott nimmt alle bußfertigen Sünder an - auch den, der auf sexuellem Gebiet gesündigt hat.

* **Kol 3,5-10** Tötet nun eure Glieder, die auf der Erde sind: Unzucht, Unreinheit, Leidenschaft, böse Begierde und Habsucht, die Götzendienst ist! Um dieser Dinge willen kommt der Zorn Gottes über die Söhne des Ungehorsams. Unter denen seid auch ihr einst gewandelt, als ihr in diesen Dingen lebtet. Jetzt aber legt auch ihr das alles ab: Zorn, Wut, Bosheit, Lästerung, schändliches Reden aus eurem Mund. Belügt einander nicht, da ihr den alten Menschen mit seinen Handlungen ausgezogen und den neuen angezogen habt, der erneuert wird zur Erkenntnis nach dem Bild dessen, der ihn erschaffen hat!

Haben Sie in der vorhergehenden Stelle die Worte »Unter denen seid auch ihr einst gewandelt ...« bemerkt? Es gibt die Verheißung der Vergebung für Menschen, die einst mit Unzucht zu tun hatten, jetzt aber in der rechten Stellung vor Gott sind. Beachten wir in den folgenden Bibelstellen den Satz, der mit »Und das sind manche von euch gewesen ...« beginnt.

* **1Kor 6,9-11.15-18** Oder wisst ihr nicht, dass Ungerechte das Reich Gottes nicht erben werden? Irrt euch nicht! Weder Unzüchtige noch Götzendiener, noch Ehebrecher, noch Lustknaben, noch Knabenschänder, noch Diebe, noch Habsüchtige, noch Trunkenbolde, noch Lästerer, noch Räuber werden das Reich Gottes erben.

Und das sind manche von euch gewesen; aber ihr seid abgewaschen, aber ihr seid geheiligt, aber ihr seid gerechtfertigt worden durch den Namen des Herrn Jesus Christus und durch den Geist unseres Gottes ...

Wisst ihr nicht, dass eure Leiber Glieder Christi sind? Soll ich denn die Glieder Christi nehmen und zu Gliedern einer Hure machen? Das sei ferne! Oder wisst ihr nicht, dass, wer der Hure anhängt, *ein* Leib <mit ihr> ist? »Denn es werden«, heißt es, »die zwei *ein* Fleisch sein«. Wer aber dem Herrn anhängt, ist *ein* Geist <mit ihm>. Flieht die Unzucht! Jede Sünde, die ein Mensch begehen mag, ist außerhalb des Leibes; wer aber Unzucht treibt, sündigt gegen den eigenen Leib.

Selbst der, der sich am meisten beherrschen kann, muss von Zeit zu Zeit mit sexuellen Versuchungen rechnen. Wie könnten wir dies auch vermeiden, da Sex ein ständiges Thema in Fernsehsendungen, Filmen und Schlagern ist? Anders als die Medien, die den ichbezogenen Sex ständig glorifizieren, zeigt die Bibel jedoch auch die Kehrseite: Sex außerhalb der Ehe fügt uns selbst und anderen Schaden zu.

* **Hebr 13,4** Die Ehe sei ehrbar in allem, und das Ehebett unbefleckt! Denn Unzüchtige und Ehebrecher wird Gott richten.

* **Spr 6,26** Denn der Preis für eine Hure <geht> bis zu einem Brot, doch die Frau eines Mannes macht Jagd auf <dein> kostbares Leben.

* **Spr 23,27-28** Denn eine tiefe Grube ist die Hure, und ein enger Brunnen die fremde <Frau>; ja, sie lauert wie ein Räuber, und sie vermehrt die Treulosen unter den Menschen.

* **Spr 29,3** Ein Mann, der Weisheit liebt, erfreut seinen Vater; wer sich aber mit Huren einlässt, richtet den Besitz zugrunde.

- **Gal 5,19-21** Offenbar aber sind die Werke des Fleisches; es sind: Unzucht, Unreinheit, Ausschweifung, Götzendienst, Zauberei, Feindschaften, Hader, Eifersucht, Zornausbrüche, Selbstsüchteleien, Zwistigkeiten, Parteiungen, Neidereien, Trinkgelage, Völlereien und dergleichen. Von diesen sage ich euch im voraus, so wie ich vorher sagte, dass die, die so etwas tun, das Reich Gottes nicht erben werden.

- **Eph 5,3-8.11-14** Unzucht aber und alle Unreinheit oder Habsucht sollen nicht einmal unter euch genannt werden, wie es Heiligen geziemt; auch Unanständigkeit und albernes Geschwätz und Witzelei, die sich nicht geziemen, statt dessen aber Danksagung. Denn dies sollt ihr wissen und erkennen, dass kein Unzüchtiger oder Unreiner oder Habsüchtiger - er ist ein Götzendiener - ein Erbteil hat in dem Reich Christi und Gottes. Niemand verführe euch mit leeren Worten! Denn dieser Dinge wegen kommt der Zorn Gottes über die Söhne des Ungehorsams. Seid also nicht ihre Mitteilhaber! Denn einst wart ihr Finsternis, jetzt aber <seid ihr> Licht im Herrn. Wandelt als Kinder des Lichts ... Und habt nichts gemein mit den unfruchtbaren Werken der Finsternis, sondern stellt sie vielmehr bloß! Denn was heimlich von ihnen geschieht, ist selbst zu sagen schändlich. Alles aber, was bloßgestellt wird, das wird durchs Licht offenbar; denn alles, was offenbar wird, ist Licht. Deshalb heißt es: »Wache auf, der du schläfst, und stehe auf von den Toten! und der Christus wird dir aufleuchten!«

- **Jud 7** ... wie <auch> Sodom und Gomorra und die umliegenden Städte, die in gleicher Weise wie sie Unzucht trieben und hinter fremdem Fleisch herliefen, als ein Beispiel vorliegen, indem sie die Strafe des ewigen Feuers erleiden.

- **Röm 8,5-9.13** Denn die, die nach dem Fleisch sind, sinnen auf das, was des Fleisches ist; die aber, die nach dem Geist sind, auf das, was des Geistes ist. Denn die Gesinnung des Fleisches ist Tod, die Gesinnung des

Geistes aber Leben und Frieden, weil die Gesinnung des Fleisches Feindschaft gegen Gott ist, denn sie ist dem Gesetz Gottes nicht untertan, denn sie kann das auch nicht. Die aber, die im Fleisch sind, können Gott nicht gefallen. *Ihr* aber seid nicht im Fleisch, sondern im Geist, wenn wirklich Gottes Geist in euch wohnt. Wenn aber jemand Christi Geist nicht hat, der ist nicht sein ...

Denn wenn ihr nach dem Fleisch lebt, so werdet ihr sterben, wenn ihr aber durch den Geist die Handlungen des Leibes tötet, so werdet ihr leben.

- **1Kor 7,2**   Aber um der Unzucht willen habe jeder seine eigene Frau, und jede habe ihren eigenen Mann.

- **Gal 5,16.24**   Ich sage aber: Wandelt im Geist, und ihr werdet die Begierde des Fleisches nicht erfüllen ... Die aber dem Christus Jesus angehören, haben das Fleisch samt den Leidenschaften und Begierden gekreuzigt.

- **Gal 6,8**   Denn wer auf sein Fleisch sät, wird vom Fleisch Verderben ernten; wer aber auf den Geist sät, wird vom Geist ewiges Leben ernten.

Der Brief an die Hebräer gibt eine tröstliche Verheißung für jeden, der sexuelle Versuchungen ertragen hat. Der Herr Jesus selbst, unser Heiland, war Mensch wie wir. Anstatt eines körperlosen Geistes haben wir einen Herrn, der die gesamte Bandbreite menschlichen Lebens kennt und uns daher versteht.

- **Hebr 2,18**   Denn worin er selbst gelitten hat, als er versucht worden ist, kann er denen helfen, die versucht werden.

- **Hebr 4,15**   Denn wir haben nicht einen Hohenpriester, der nicht Mitleid haben könnte mit unseren Schwachheiten, sondern der in allem in gleicher Weise <wie wir> versucht worden ist, <doch> ohne Sünde.

Die ersten Christen lebten in einer Kultur, die genauso vom Sex bestimmt war wie die heutige. Dennoch sahen die Apostel darin keinen Grund, ihre moralischen Maßstäbe herabzusetzen. Als Paulus den Christen in Korinth (einer für ihre Sittenlosigkeit berüchtigten Stadt) schrieb, ließ er deutlich werden: Nicht die Unmoral der Nichtchristen, sondern die Sittenlosigkeit derer, die behaupteten, Christen zu sein, sollte ihr größtes Anliegen sein.

• **1Kor 5,9-11** Ich habe euch in dem Brief geschrieben, nicht mit Unzüchtigen Umgang zu haben; nicht überhaupt mit den Unzüchtigen dieser Welt oder den Habsüchtigen und Räubern oder Götzendienern, sonst müsstet ihr ja aus der Welt hinausgehen. Nun aber habe ich euch geschrieben, keinen Umgang zu haben, wenn jemand, der Bruder genannt wird, ein Unzüchtiger ist oder ein Habsüchtiger oder ein Götzendiener oder ein Lästerer oder ein Trunkenbold oder ein Räuber, mit einem solchen nicht einmal zu essen.

STAATSBÜRGERLICHES VERHALTEN

Siehe auch »Politik und Obrigkeit«

*I*n der Bibel findet sich kein Grund dafür, dass Gläubige nicht auch gute Staatsbürger sein können. Ja, sie ermuntert sie, beides zugleich zu sein. Doch der Herr Jesus sagte voraus, dass er und seine Nachfolger Leiden durchleben sollten, hinter denen teilweise Vertreter der Obrigkeit stehen würden. Das Neue Testament heißt nirgendwo das Verhalten eines Christen gut, der diesen Personen gegenüber unehrerbietig ist oder Gewalt anwendet. Dennoch gibt es im Leben als Christ eine Spannung: An erster Stelle steht unsere Treue zu Gott, nicht die Loyalität gegenüber dem Staat. Gott verheißt uns inneren Frieden und nicht unbedingt friedliche Koexistenz mit der Obrigkeit.

- **Apg 5,26-29** Da ging der Hauptmann mit den Dienern hin und führte sie herbei, nicht mit Gewalt, denn sie fürchteten das Volk, sie könnten gesteinigt werden. Sie führten sie aber herbei und stellten sie vor den Hohen Rat; und der Hohepriester befragte sie und sprach: Wir haben euch streng geboten, in diesem Namen nicht zu lehren, und siehe, ihr habt Jerusalem mit eurer Lehre erfüllt und wollt das Blut dieses Menschen auf uns bringen. Petrus und die Apostel aber antworteten und sprachen: Man muss Gott mehr gehorchen als Menschen.

- **Mt 22,15-21** Dann gingen die Pharisäer hin und hielten Rat, wie sie ihn bei einem Ausspruch fangen könnten. Und sie senden ihre Jünger mit den Herodianern zu ihm und sagen: Lehrer, wir wissen, dass du wahrhaftig bist und den Weg Gottes in Wahrheit lehrst und dich um niemand kümmerst, denn du siehst nicht auf die Person der Menschen. Sage uns nun, was denkst du: Ist es erlaubt, dem Kaiser Steuer zu geben, oder nicht? Da aber Jesus ihre Bosheit erkannte, sprach er: Was versucht ihr mich, Heuchler? Zeigt mir die Steuermünze! Sie aber überreichten ihm einen Denar. Und er spricht zu ihnen: Wessen Bild und Aufschrift ist das? Sie sagen zu ihm: Des Kaisers. Da spricht er zu ihnen: Gebt denn dem Kaiser, was des Kaisers ist, und Gott, was Gottes ist.

Nachdem der Herr Jesus verhaftet worden war, stand er Pilatus, dem römischen Gouverneur, gegenüber. Pilatus nahm an, dass er einen politischen Aufrührer vor sich hatte, doch der Herr Jesus gab ihm die Zusicherung, dass die von ihm ausgelöste Revolution in menschlichen Herzen und nicht im Bereich der Politik stattfindet:

- **Joh 18,33-37** Pilatus ging nun wieder hinein in das Prätorium und rief Jesus und sprach zu ihm: Bist *du* der König der Juden? Jesus antwortete: Sagst du dies von dir selbst aus, oder haben dir andere von mir gesagt? Pilatus antwortete: Bin ich etwa ein Jude? Deine Nation und die Hohenpriester haben dich mir überliefert. Was hast du getan? Jesus antwortete: Mein Reich ist nicht von dieser Welt; wenn mein Reich von dieser Welt wäre, so hätten meine Diener gekämpft, damit ich den Juden nicht überliefert würde, jetzt aber ist mein Reich nicht von hier. Da sprach Pilatus zu ihm: Also bist *du* doch ein König? Jesus antwortete: Du sagst es, dass ich ein König bin. Ich bin dazu geboren und dazu in die Welt gekommen, dass ich für die Wahrheit Zeugnis gebe. Jeder, der aus der Wahrheit ist, hört meine Stimme.

In der neutestamentlichen Zeit war die Obrigkeit dem Volk Gottes oft feindlich gesinnt. Wiederholt sich die Geschichte? Die antichristliche Ausrichtung in unserer Kultur wird immer offensichtlicher und manchmal meinen Gläubige, dass die Obrigkeit ihnen ausgesprochen feindlich gegenübersteht. Sollte dies uns veranlassen, der Obrigkeit gegenüber zum Zyniker oder zum offenen Gegner zu werden? Nicht, wenn wir Jesu Nachfolger sind.

- **Röm 13,1-7** Jede Seele unterwerfe sich den übergeordneten <staatlichen> Mächten! Denn es ist keine <staatliche> Macht außer von Gott, und die bestehenden sind von Gott verordnet. Wer sich daher der <staatlichen> Macht widersetzt, widersteht der Anordnung Gottes; die aber widerstehen, werden ein Urteil empfangen. Denn die Regenten sind nicht ein Schrecken für das gute Werk, sondern für das böse. Willst du dich aber vor der <staatlichen> Macht nicht fürchten, so tue das Gute, und du wirst Lob von ihr haben; denn sie ist Gottes Dienerin, dir zum Guten. Wenn du aber das Böse tust, so fürchte dich! Denn sie trägt das Schwert nicht umsonst, denn sie ist Gottes Dienerin, eine Rächerin zur Strafe für den, der Böses tut. Darum ist es notwendig, untertan zu sein, nicht allein der Strafe wegen, sondern auch des Gewissens wegen. Denn deshalb entrichtet ihr auch Steuern; denn es sind Gottes Diener, die eben hierzu fortwährend beschäftigt sind. Gebt allen, was ihnen gebührt: die Steuer, dem die Steuer, den Zoll, dem der Zoll, die Furcht, dem die Furcht, die Ehre, dem die Ehre <gebührt>!

- **1Tim 2,1-4** Ich ermahne nun vor allen Dingen, dass Flehen, Gebete, Fürbitten, Danksagungen getan werden für alle Menschen, für Könige und alle, die in Hoheit sind, damit wir ein ruhiges und stilles Leben führen mögen in aller Gottseligkeit und Ehrbarkeit. Dies ist gut und angenehm vor unserem Heiland-Gott, welcher will, dass alle Menschen errettet werden und zur Erkenntnis der Wahrheit kommen.

- **Tit 3,1** Erinnere sie, <staatlichen> Gewalten <und> Mächten untertan zu sein, Gehorsam zu leisten, zu jedem guten Werk bereit zu sein.

- **1Petr 2,13-15.17** Ordnet euch aller menschlichen Einrichtung unter um des Herrn willen: sei es dem König als Oberherrn oder den Statthaltern als denen, die von ihm gesandt werden zur Bestrafung der Übeltäter, aber zum Lob derer, die Gutes tun! Denn so ist es der Wille Gottes, dass ihr durch Gutestun die Unwissenheit der unverständigen Menschen zum Schweigen bringt ... Erweist allen Ehre; liebt die Bruderschaft; fürchtet Gott; ehrt den König!

Das Neue Testament verliert den Himmel nie aus dem Blick. Immerhin haben Christen die Welt dadurch umgestaltet, dass durch sie menschliche Herzen umgestaltet wurden. Doch sie haben nie versucht, die jeweilige politische Ordnung zu prägen, und sie wollten es auch nicht. Gemäß den Verheißungen der folgenden Stellen gibt es etwas Besseres und Dauerhafteres als unser gegenwärtiges Zuhause.

• **Hebr 11,13-16** Diese alle sind im Glauben gestorben und haben die Verheißungen nicht erlangt, sondern sahen sie von fern und begrüßten sie und bekannten, dass sie Fremde und ohne Bürgerrecht auf der Erde seien. Denn die, die solches sagen, zeigen deutlich, dass sie ein Vaterland suchen. Und wenn sie an jenes gedacht hätten, von dem sie ausgezogen waren, so hätten sie Zeit gehabt, zurückzukehren. Jetzt aber trachten sie nach einem besseren, das ist nach einem himmlischen. Darum schämt sich Gott ihrer nicht, ihr Gott genannt zu werden, denn er hat ihnen eine Stadt bereitet.

• **Hebr 13,14** Denn wir haben hier keine bleibende Stadt, sondern die zukünftige suchen wir.

• **Eph 2,19-20** So seid ihr nun nicht mehr Fremde und Nichtbürger, sondern ihr seid Mitbürger der Heiligen und Gottes Hausgenossen. <Ihr seid> aufgebaut auf der Grundlage der Apostel und Propheten, wobei Christus Jesus selbst Eckstein ist.

• **Phil 3,20-21** Denn *unser* Bürgerrecht ist in <den> Himmeln, von woher wir auch <den> Herrn Jesus Christus als Retter erwarten, der unseren Leib der Niedrigkeit umgestalten wird zur Gleichgestalt mit seinem Leib der Herrlichkeit, nach der wirksamen Kraft, mit der er vermag, auch alle Dinge sich zu unterwerfen.

STOLZ, HOCHMUT UND EINBILDUNG

Siehe auch »Heuchelei«, »Sanftmut, Demut, Milde« »Geld«,
»Selbstachtung und Selbstwertgefühl«, »Selbstgerechtigkeit«

*M*an kann praktisch auf alles stolz sein - auf sein Aussehen, seinen Besitz, seine Intelligenz, seinen Arbeitsplatz,
seine Familie - und sogar auf seine Frömmigkeit.

Versagt uns Gott die Freude darüber, attraktiv zu sein, ein
Haus oder ein Auto zu besitzen, eine gute Ausbildung durch-
laufen oder etwas im Leben erreicht zu haben? Natürlich nicht!
Keines dieser Dinge ist an sich verkehrt. Wenn die Bibel über
Stolz und Arroganz redet, spricht sie über Menschen, die aus
diesen Dingen einen Götzen machen bzw. sie vergöttern. Nach
ihren Worten können wir von uns so viel halten, dass Gott in
unserem Leben keinen Platz hat. Wir sollen keinen Kult um
unsere Leistungen treiben. Wir sollen auch nicht uns selbst zum
Kultobjekt erheben. Entgegen den Weisheiten der Welt sind wir
nicht göttlich.

Dieser Themenbereich behandelt Hochmut, hat aber auch
mit der Kehrseite, der Demut, zu tun, die Gott gerne sieht.
Demut bedeutet nicht, eine negative Selbsteinschätzung zu
haben, indem wir uns hassen. Sie bedeutet vielmehr, uns so zu
sehen, wie wir sind, nach dem Bild Gottes geschaffen und von
ihm abhängig - sowohl in diesem als auch im ewigen Leben.

- **1Sam 2,3** Häuft nicht Worte des Stolzes, noch gehe
  Freches aus eurem Mund hervor! Denn der HERR ist ein
  Gott des Wissens, und von ihm werden die Taten gewo-
  gen.

- **2Sam 22,28** Und das demütige Volk rettest du; aber
  deine Augen sind gegen die Hochmütigen, du erniedrigst
  <sie>.

- **Ps 12,4** Der HERR möge ausrotten alle glatten Lippen, die Zunge, die große Dinge redet.

- **Ps 18,28** Ja, du rettest das arme Volk und erniedrigst hochmütige Augen.

- **Ps 119,21** Gescholten hast du die Übermütigen, die Verfluchten, die abirren von deinen Geboten.

- **Ps 138,6** Ja, der HERR ist erhaben, doch er sieht den Niedrigen, und den Hochmütigen erkennt er von fern.

- **Spr 3,34** Ja, mit den Spöttern treibt *er* <seinen> Spott, den Demütigen aber gibt er Gnade.

- **Spr 11,2** Kommt Übermut, kommt auch Schande, doch bei den Bescheidenen ist Weisheit.

- **Spr 13,10** Durch Übermut gibt es nur Zank; bei denen aber, die sich raten lassen, Weisheit.

- **Spr 15,25** Das Haus der Hochmütigen reißt der HERR nieder, aber er legt fest die Grenze der Witwe.

- **Spr 16,5.18-19** Ein Gräuel für den HERRN ist jeder Hochmütige. Die Hand darauf! Er bleibt nicht ungestraft ... Vor dem Verderben <kommt> Stolz, und Hochmut vor dem Fall. Besser, bescheiden sein mit Demütigen, als Beute teilen mit Hochmütigen.

- **Spr 21,4** Stolz der Augen und Hochmut des Herzens - die Leuchte der Gottlosen ist Sünde.

- **Spr 26,12** Siehst du einen Mann, der in seinen Augen weise ist, - für einen Toren gibt es mehr Hoffnung als für ihn.

- **Spr 27,2** Es rühme dich ein anderer und nicht dein <eigener> Mund, ein Fremder und nicht deine Lippen!

- **Spr 29,23** Der Hochmut eines Menschen erniedrigt ihn; der Demütige aber erlangt Ehre.

- **Jes 2,11-12** Die stolzen Augen des Menschen werden erniedrigt, und der Hochmut des Mannes wird gebeugt werden. Aber der HERR wird hoch erhaben sein, er allein, an jenem Tag. Denn der HERR der Heerscharen hat <sich> einen Tag <vorbehalten> über alles Hoffärtige und Hohe und über alles Erhabene, dass es erniedrigt werde.

- **Jes 5,15.20-21** Da wird der Mensch gebeugt und der Mann erniedrigt, und die Augen der Hochmütigen werden erniedrigt ...
  Wehe denen, die das Böse gut nennen und das Gute böse; die Finsternis zu Licht machen und Licht zu Finsternis; die Bitteres zu Süßem machen und Süßes zu Bitterem! Wehe denen, die in ihren eigenen Augen weise sind und sich selbst für verständig halten!

- **Jes 13,11** Und ich werde am Erdkreis die Bosheit heimsuchen und an den Gottlosen ihre Schuld. Ich werde der Anmaßung der Stolzen ein Ende machen und den Hochmut der Gewalttätigen erniedrigen.

- **Hab 2,4** Siehe, die <verdiente> Strafe für den, der nicht aufrichtig ist! Der Gerechte aber wird durch seinen Glauben leben.

- **Mt 11,25** Zu jener Zeit begann Jesus und sprach: Ich preise dich, Vater, Herr des Himmels und der Erde, dass du dies vor Weisen und Verständigen verborgen und es Unmündigen geoffenbart hast.

- **1Jo 2,16** Denn alles, was in der Welt ist, die Begierde des Fleisches und die Begierde der Augen und der Hochmut des Lebens, ist nicht vom Vater, sondern ist von der Welt.

• **Jak 4,13-15** Nun also, die ihr sagt: Heute oder morgen wollen wir in die und die Stadt gehen und dort ein Jahr zubringen und Handel treiben und Gewinn machen - die ihr nicht wisst, wie es morgen um euer Leben stehen wird; denn ihr seid ein Dampf, der eine kleine Zeit sichtbar ist und dann verschwindet - statt dass ihr sagt: Wenn der Herr will, werden wir sowohl leben als auch dieses oder jenes tun.

Die vielleicht schlimmste Art des Hochmuts ist geistlicher Hochmut. Der Herr Jesus erkannte dies, indem er wusste, dass Menschen, die scheinbar fromm sind, unglaublich eingebildet sein können. Eines seiner klassischen Gleichnisse geht dieses Problem an, indem es nicht den geistlichen Hochmütigen, sondern denen Segen verheißt, die sich vor Gott demütigen.

• **Lk 18,9-14** Er sprach aber auch zu einigen, die auf sich selbst vertrauten, dass sie gerecht seien, und die übrigen verachteten, dieses Gleichnis: Zwei Menschen gingen hinauf in den Tempel, um zu beten, der eine ein Pharisäer und der andere ein Zöllner. Der Pharisäer stand und betete bei sich selbst so: Gott, ich danke dir, dass ich nicht bin wie die übrigen der Menschen: Räuber, Ungerechte, Ehebrecher oder auch wie dieser Zöllner. Ich faste zweimal in der Woche, ich verzehnte alles, was ich erwerbe. Der Zöllner aber stand weitab und wollte sogar die Augen nicht aufheben zum Himmel, sondern schlug an seine Brust und sprach: Gott, sei mir, dem Sünder, gnädig! Ich sage euch: Dieser ging gerechtfertigt hinab in sein Haus im Gegensatz zu jenem; denn jeder, der sich selbst erhöht, wird erniedrigt werden; wer aber sich selbst erniedrigt, wird erhöht werden.

Nimmt Gott wirklich alle Menschen so an, wie sie sind? Ja, in gewisser Weise. Wir alle sind Sünder, und Gott nimmt uns sogar in unserer Sünde an. Die Bibel lässt jedoch erkennen, dass es auch ein »Nein« gibt. Gott nimmt uns nicht an, wenn wir an unserem Hochmut festhalten. Wir müssen demütig zu ihm kommen. Gott schickt niemanden fort - außer die, die von sich eingenommen sind.

- **Lk 16,15** Und er sprach zu ihnen [d.h. den Pharisäern]: *Ihr* seid es, die sich selbst rechtfertigen vor den Menschen, Gott aber kennt eure Herzen; denn was unter den Menschen hoch ist, ist ein Gräuel vor Gott.

- **2Kor 10,17-18** »Wer sich aber rühmt, rühme sich des Herrn!« Denn nicht, wer sich selbst empfiehlt, der ist bewährt, sondern der, den der Herr empfiehlt.

Ein Hochmütiger sieht immer auf seinen Mitmenschen herab. So lange wie wir herabsehen, sind wir nicht imstande, einen über uns Stehenden - wie z.B. Gott - zu sehen. Dieser Gedanke wird in der Bibel immer wieder aufgegriffen. Und unsere eigene Erfahrung bestätigt, dass es stimmt: Dadurch, dass wir jemandem - vor allem Gott - Hochachtung und Liebe entgegenbringen, werden wir persönlich mehr beschenkt als dadurch, dass wir auf andere herabsehen.

- **Ps 31,24** Liebet den HERRN, alle seine Frommen! Die Treuen behütet der HERR, doch er vergilt reichlich dem, der anmaßend handelt.

- **Spr 3,7-8** Sei nicht weise in deinen Augen, fürchte den HERRN und weiche vom Bösen! Das ist Heilung für deinen Leib, Labsal für deine Gebeine.

- **Mal 3,19-20** Denn siehe, der Tag kommt, der wie ein Ofen brennt. Da werden alle Frechen und alle, die gottlos handeln, Strohstoppeln sein. Und der kommende Tag wird sie verbrennen, spricht der HERR der Heerscharen, so dass er ihnen weder Wurzel noch Zweig übriglässt. Aber euch, die ihr meinen Namen fürchtet, wird die Sonne der Gerechtigkeit aufgehen, und Heilung ist unter ihren Flügeln. Und ihr werdet hinausgehen und umherspringen wie Mastkälber.

- **Mt 5,3.5** Glückselig die Armen im Geist, denn *ihrer* ist das Reich der Himmel ... Glückselig die Sanftmütigen, denn *sie* werden das Land erben.

- **Mk 9,35b** Wenn jemand der Erste sein will, soll er der Letzte von allen und aller Diener sein.

- **1Kor 13,4-5** Die Liebe ist langmütig, die Liebe ist gütig; sie neidet nicht; die Liebe tut nicht groß, sie bläht sich nicht auf, sie benimmt sich nicht unanständig, sie sucht nicht das Ihre, sie lässt sich nicht erbittern, sie rechnet Böses nicht zu.

- **Gal 6,3** Denn wenn jemand meint, etwas zu sein, während er doch nichts ist, so betrügt er sich selbst.

- **1Kor 8,2-3** Wenn jemand meint, er habe etwas erkannt, so hat er noch nicht erkannt, wie man erkennen soll; wenn aber jemand Gott liebt, der ist von ihm erkannt.

STREIT

Siehe auch »Gemeinschaft mit anderen Gläubigen«,
»Hass«, »Friede«

*Z*um Menschsein gehört, dass man sich streitet. Wo immer
mindestens zwei Menschen zusammen sind, ist Streit
praktisch unvermeidbar. Einige der erbittertsten Auseinandersetzungen werden unter Menschen ausgetragen, die sich am
nächsten stehen - zwischen Ehepartnern, Eltern und Kindern,
unter Geschwistern, langjährigen Freunden und sogar unter
Glaubensgeschwistern.

Die Bibel enthält viele Aussagen hinsichtlich des Ursprungs
von Konflikten und verdeutlicht Möglichkeiten zu deren Über-
windung.

- **Spr 10,12** Hass erregt Zänkereien, aber Liebe deckt
alle Vergehen zu.

- **Spr 13,10** Durch Übermut gibt es nur Zank; bei denen
aber, die sich raten lassen, Weisheit.

- **Spr 15,18** Ein hitziger Mann erregt Zank, aber ein
Langmütiger beschwichtigt den Rechtsstreit.

- **Spr 15,1** Eine sanfte Antwort wendet Grimm ab, aber
ein kränkendes Wort erregt Zorn.

- **Spr 16,28** Ein Mann der Falschheit entfesselt Zank,
und ein Ohrenbläser entzweit Vertraute.

- **Spr 17,19** Wer Zank liebt, liebt Vergehen; wer seine
Tür hoch macht, sucht Bruch.

- **Spr 20,3** Ehre ist es dem Mann, vom Streit abzulassen, jeder Narr aber fängt <Streit> an.

- **Spr 22,10** Treibe den Spötter fort, so zieht der Zank mit hinaus, und Streiten und Schimpfen hören auf.

- **Spr 28,25** Der Habgierige erregt Streit; wer aber auf den HERRN vertraut, wird reichlich gesättigt.

- **Spr 29,22** Ein zorniger Mann erregt Streit, und ein Hitziger ist reich an Vergehen.

- **1Kor 3,3** Denn ihr seid noch fleischlich. Denn wo Eifersucht und Streit unter euch ist, seid ihr da nicht fleischlich und wandelt nach Menschenweise?

- **Jak 4,1-6a** Woher <kommen> Kriege und woher Streitigkeiten unter euch? Nicht daher: Aus euren Lüsten, die in euren Gliedern streiten? Ihr begehrt und habt nichts; ihr tötet und neidet und könnt nichts erlangen; ihr streitet und führt Krieg. Ihr habt nichts, weil ihr nicht bittet; ihr bittet und empfangt nichts, weil ihr übel bittet, um es in euren Lüsten zu vergeuden. Ihr Ehebrecherinnen, wisst ihr nicht, dass die Freundschaft der Welt Feindschaft gegen Gott ist? Wer nun ein Freund der Welt sein will, erweist sich als Feind Gottes. Oder meint ihr, dass die Schrift umsonst rede: »Eifersüchtig sehnt er sich nach dem Geist, den er in uns wohnen ließ«? Er gibt aber <desto> größere Gnade.

Die Briefe des Paulus an Timotheus und Titus werden »Hirtenbriefe« genannt, da sie zahlreiche Ratschläge im Blick darauf enthalten, wie gute Hirten in der Gemeinde sein sollen. Paulus erinnerte Timotheus an einen Sachverhalt, den jedes Glied der Gemeinde kennt: Obwohl sich Christen mitunter streiten - oft über äußerst belanglose Dinge -, haben solche kleinlichen Streitereien unter Gotteskindern keinen Platz.

- **2Tim 2,14.16** Dies bringe in Erinnerung, indem du eindringlich vor Gott bezeugst, man solle nicht Wortstreit führen, was zu nichts nütze, <sondern> zum Verderben der Zuhörer ist ... Die unheiligen, leeren Geschwätze aber vermeide! Denn sie werden zu weiterer Gottlosigkeit fortschreiten.

- **2Tim 2,23-25** Aber die törichten und ungereimten Streitfragen weise ab, da du weißt, dass sie Streitigkeiten erzeugen! Ein Knecht des Herrn aber soll nicht streiten, sondern gegen alle milde sein, lehrfähig, duldsam, und die Widersacher in Sanftmut zurechtweisen <und hoffen>, ob ihnen Gott nicht etwa Buße gebe zur Erkenntnis der Wahrheit.

Paulus war in seinem Brief an die Christen in der Stadt Korinth bestürzt darüber, in welcher Unmoral und Streitsucht sie lebten. Er war besonders entsetzt darüber, dass Christen - Menschen, die zur Familie Gottes gehören - einander verklagten. Paulus versicherte ihnen, dass sie diese »geschwisterlichen Streitigkeiten« beilegen konnten, ohne sich an ein Gericht zu wenden:

- **1Kor 6,1-5** Bringt es jemand von euch, der einen Rechtsstreit mit dem anderen hat, über sich, vor den Ungerechten zu streiten, und nicht vor den Heiligen? Oder wisst ihr nicht, dass die Heiligen die Welt richten werden? Und wenn durch euch die Welt gerichtet wird, seid ihr dann nicht würdig, über die geringsten Dinge zu richten? Wisst ihr nicht, dass wir Engel richten werden, wieviel mehr <über> Alltägliches? Wenn ihr nun über alltägliche Dinge Rechtshändel habt, so setzt ihr die <zu Richtern> ein, die in der Gemeinde nichts gelten? Zur Beschämung sage ich es euch. Also gar kein Weiser ist unter euch, der zwischen Bruder und Bruder entscheiden kann?

SÜNDE UND ERLÖSUNG

Siehe auch »Sündenbekenntnis«, »Rechtfertigung«, »Buße«,
»Gerechtigkeit«, »Heil und Rettung«, »Selbstgerechtigkeit«

Gibt es heutzutage überhaupt noch Sünder? Menschen werden als funktionell gestört, geistesabwesend, negativ eingestellt, schlecht drauf oder unreif - doch niemals als **sündig** bezeichnet. Merkwürdigerweise haben wir das Wort **Sünde** verworfen, obwohl es all die anderen und viele weitere Kategorien einschließt. Darüber hinaus erfasst es uns alle - nicht nur den Grausamsten und Kriminellsten, sondern sogar Menschen, die scheinbar gut angepasst leben. Die Bibel versichert uns, dass wir alle sündigen. Unsere Sünde - unser Versuch, als Egoisten und nicht gottgemäß zu leben, so dass wir uns zur Mitte unserer Welt machen - trennt uns von Gott. Sie trübt unsere Beziehungen zu anderen. Nichts davon ändert sich - selbst dann nicht, wenn wir das Wort **Sünde** hinter uns gelassen haben, weil es zu altmodisch erscheint.

Wir müssen wieder darauf zurückkommen. Wir müssen die Menschen darauf hinweisen, dass sich **Sünde** nicht nur auf offensichtlich kriminelles Verhalten bezieht. Sie meint vielmehr einen allumfassenden Zustand - die Tatsache, dass wir uns nicht auf Gott und andere Menschen, sondern auf uns konzentrieren. Dieser Zustand wird nach der Bibel nicht dadurch behoben, dass man Bücher über Bemühungen zur eigenen Verhaltensverbesserung liest, positiv denkt oder versucht, es besser zu machen. Er umfasst eine solch ernste Angelegenheit, dass wir ein Mittel - oder eine Person - brauchen, um mit Gott versöhnt werden zu können. Die Bibel berichtet von dieser Person.

- **Jer 17,9-10** Trügerisch ist das Herz, mehr als alles, und unheilbar ist es. Wer kennt sich mit ihm aus? Ich, der HERR, <bin es>, der das Herz erforscht und die Nieren prüft, und zwar um einem jeden zu geben nach seinen Wegen, nach der Frucht seiner Taten.

• **Ps 14,2-3** Der HERR hat vom Himmel herniedergeschaut auf die Menschenkinder, um zu sehen, ob ein Verständiger da ist, einer, der Gott sucht! Alle sind abgewichen, sie sind alle verdorben; da ist keiner, der Gutes tut, auch nicht *einer*.

• **Jer 13,23** Kann ein Schwarzer seine Haut ändern, ein Leopard seine Flecken? <Dann> könntet auch ihr Gutes tun, die ihr an Bösestun gewöhnt seid.

• **Pred 7,20** Denn kein Mensch auf Erden ist <so> gerecht, dass er <nur> Gutes täte und niemals sündigte.

• **Röm 1,18-25** Denn es wird geoffenbart Gottes Zorn vom Himmel her über alle Gottlosigkeit und Ungerechtigkeit der Menschen, welche die Wahrheit durch Ungerechtigkeit niederhalten, weil das von Gott Erkennbare unter ihnen offenbar ist, denn Gott hat es ihnen offenbart. Denn sein unsichtbares <Wesen>, sowohl seine ewige Kraft als auch seine Göttlichkeit, wird seit Erschaffung der Welt in dem Gemachten wahrgenommen und geschaut, damit sie ohne Entschuldigung seien; weil sie Gott kannten, ihn aber weder als Gott verherrlichten noch ihm Dank darbrachten, sondern in ihren Überlegungen in Torheit verfielen und ihr unverständiges Herz verfinstert wurde. Indem sie sich für Weise ausgaben, sind sie zu Narren geworden und haben die Herrlichkeit des unvergänglichen Gottes verwandelt in das Gleichnis eines Bildes vom vergänglichen Menschen und von Vögeln und von vierfüßigen und kriechenden Tieren. Darum hat Gott sie dahingegeben in den Begierden ihrer Herzen in <die> Unreinheit, ihre Leiber untereinander zu schänden, sie, welche die Wahrheit Gottes in die Lüge verwandelt und dem Geschöpf Verehrung und Dienst dargebracht haben statt dem Schöpfer, der gepriesen ist in Ewigkeit. Amen.

Das Neue Testament stellt den Herrn Jesus als den vor, der das Problem der Sünde löst. Dafür wird das Bild des Opfers verwendet, was auf dem alttestamentlichen Gedanken beruht, ein unschuldiges Tier als »Sündopfer« darzubringen, um Frieden mit Gott zu erwirken. Im Neuen Testament ist der Herr Jesus das endgültige »Opfer« - der eine völlig unschuldige Mensch, der sich darbringen - opfern - ließ, um Sünder ein für allemal zu retten. Sowohl im Alten als auch im Neuen Testament besteht der Hauptgedanke darin, dass unsere zahlreichen Sünden Strafe nach sich ziehen. Doch Gott ließ es zu, dass ein unschuldiges Opfer die Strafe, die wir verdient hatten, auf sich nahm. Unsere Antwort auf den Tod des Unschuldigen sollte in folgenden Worten bestehen: »Diese Strafe hätte ich erdulden sollen. Danke, Gott, dass du mir gezeigt hast, wie schwerwiegend meine Vergehen sind. Und danke dafür, dass der Unschuldige nach deinem Willen meine Stelle eingenommen hat. Aus Dankbarkeit dir gegenüber wende ich mich von meinen Sünden ab und übergebe dir mein Leben.«

Wer so denkt, erregt bei manchen Menschen Anstoß, und doch ist dies vollkommen verständlich: Unsere Sünden und unser Egoismus trennen uns von Gott, so dass etwas Ernsthaftes getan werden muss, um die zerbrochene Beziehung wiederherzustellen. Sünde ist ein ernstzunehmendes Problem. Ein vollkommen unschuldiger Mensch, der an einem Kreuz stirbt, ist dagegen ein ernstzunehmender Ausweg. Das Neue Testament stellt die Kreuzigung des Herrn Jesus als das endgültige Opfer dar. Unsere Sünde ist vergeben, weil ein Sündloser die Strafe, die wir verdient hatten, auf sich nahm. Das ist es, was die Bibel als unsere Erlösung bezeichnet. Wir sind von unseren Sünden **erlöst** *- befreit.*

- **Joh 1,29** Am folgenden Tag sieht er Jesus zu sich kommen und spricht: Siehe, das Lamm Gottes, das die Sünde der Welt wegnimmt!

- **2Kor 5,18-19.21** Alles aber von Gott, der uns mit sich selbst versöhnt hat durch Christus und uns den Dienst der Versöhnung gegeben hat, <nämlich> dass Gott in Christus war und die Welt mit sich selbst versöhnte, ihnen ihre Übertretungen nicht zurechnete und in uns das Wort von der Versöhnung gelegt hat ... Den, der Sünde nicht kannte, hat er für uns zur Sünde gemacht, damit wir Gottes Gerechtigkeit würden in ihm.

* **1Tim 1,15-16** Das Wort ist gewiss und aller Annahme wert, dass Christus Jesus in die Welt gekommen ist, Sünder zu erretten, von welchen ich der erste bin. Aber darum ist mir Barmherzigkeit zuteil geworden, damit Jesus Christus an mir als dem ersten die ganze Langmut beweise, zum Vorbild für die, welche an ihn glauben werden zum ewigen Leben.

* **Röm 3,22-25** ... Gottes Gerechtigkeit aber durch Glauben an Jesus Christus für alle, die glauben. Denn es ist kein Unterschied, denn alle haben gesündigt und erlangen nicht die Herrlichkeit Gottes und werden umsonst gerechtfertigt durch seine Gnade, durch die Erlösung, die in Christus Jesus ist. Ihn hat Gott hingestellt als einen Sühneort durch den Glauben an sein Blut zum Erweis seiner Gerechtigkeit wegen des Hingehenlassens der vorher geschehenen Sünden.

* **Röm 4,25** (Er ist) unserer Übertretungen wegen dahingegeben und unserer Rechtfertigung wegen auferweckt worden.

* **Röm 6,6.14.18** ... da wir dies erkennen, dass unser alter Mensch mitgekreuzigt worden ist, damit der Leib der Sünde abgetan sei, dass wir der Sünde nicht mehr dienen ...
   Denn die Sünde wird nicht über euch herrschen, denn ihr seid nicht unter Gesetz, sondern unter Gnade ...
   Frei gemacht aber von der Sünde, seid ihr Sklaven der Gerechtigkeit geworden.

* **Röm 5,6-8** Denn Christus ist, als wir noch kraftlos waren, zur bestimmten Zeit für Gottlose gestorben. Denn kaum wird jemand für einen Gerechten sterben; denn für den Gütigen möchte vielleicht jemand auch zu sterben wagen. Gott aber erweist *seine* Liebe zu uns darin,

dass Christus, als wir noch Sünder waren, für uns gestorben ist.

- **Röm 5,12.14-15.18** Darum, wie durch *einen* Menschen die Sünde in die Welt gekommen ist und durch die Sünde der Tod und so der Tod zu allen Menschen durchgedrungen ist, weil sie alle gesündigt haben ... Aber der Tod herrschte von Adam bis auf Mose selbst über die, welche nicht gesündigt hatten in der Gleichheit der Übertretung Adams, der ein Bild des Zukünftigen ist. Mit der Übertretung ist es aber nicht so wie mit der Gnadengabe. Denn wenn durch des einen Übertretung die vielen gestorben sind, so ist viel mehr die Gnade Gottes und die Gabe in der Gnade des *einen* Menschen Jesus Christus gegen die vielen überreich geworden ... Wie es nun durch *eine* Übertretung für alle Menschen zur Verdammnis <kam>, so auch durch *eine* Gerechtigkeit für alle Menschen zur Rechtfertigung des Lebens.

- **Röm 6,20-23** Denn als ihr Sklaven der Sünde wart, da wart ihr Freie gegenüber der Gerechtigkeit. Welche Frucht hattet ihr denn damals? Dinge, deren ihr euch jetzt schämt, denn das Ende davon ist der Tod. Jetzt aber, von der Sünde frei gemacht und Gottes Sklaven geworden, habt ihr eure Frucht zur Heiligkeit, als das Ende aber ewiges Leben. Denn der Lohn der Sünde ist der Tod, die Gnadengabe Gottes aber ewiges Leben in Christus Jesus, unserem Herrn.

Der Herr Jesus stellte deutlich heraus, dass sein Auftrag nicht darin bestand, einen weltweiten Verein sündloser Menschen zu bilden. Er kam vielmehr, um seine Güte denen zu erweisen, die sich ihrer eigenen Schwächen genau bewusst geworden waren.

- **Mk 2,17** Und Jesus hörte es und spricht zu ihnen: Nicht die Starken brauchen einen Arzt, sondern die Kranken. Ich bin nicht gekommen, Gerechte zu rufen, sondern Sünder.

- **Lk 18,9-14** Er sprach aber auch zu einigen, die auf sich selbst vertrauten, dass sie gerecht seien, und die übrigen verachteten, dieses Gleichnis: Zwei Menschen gingen hinauf in den Tempel, um zu beten, der eine ein Pharisäer und der andere ein Zöllner. Der Pharisäer stand und betete bei sich selbst so: Gott, ich danke dir, dass ich nicht bin wie die übrigen der Menschen: Räuber, Ungerechte, Ehebrecher oder auch wie dieser Zöllner. Ich faste zweimal in der Woche, ich verzehnte alles, was ich erwerbe. Der Zöllner aber stand weitab und wollte sogar die Augen nicht aufheben zum Himmel, sondern schlug an seine Brust und sprach: Gott, sei mir, dem Sünder, gnädig! Ich sage euch: Dieser ging gerechtfertigt hinab in sein Haus im Gegensatz zu jenem; denn jeder, der sich selbst erhöht, wird erniedrigt werden; wer aber sich selbst erniedrigt, wird erhöht werden.

Sind Christen sündlos? Keineswegs! Wir sind schließlich noch immer Menschen. Die Bibel verheißt, dass wir aufgrund unserer andauernden Beziehung zu Gott Fortschritte machen, aber in dieser Welt nie völlig sündlos sein werden. Doch die Bibel verheißt auch, dass wir wegen der Sünde nicht bedrückt sein müssen. Da wir bemüht sind, in der rechten Beziehung zu Gott zu sein, siegt seine Vergebung.

- **1Jo 1,7-10** Wenn wir aber im Licht wandeln, wie *er* im Licht ist, haben wir Gemeinschaft miteinander, und das Blut Jesu, seines Sohnes, reinigt uns von jeder Sünde.

  Wenn wir sagen, dass wir keine Sünde haben, betrügen wir uns selbst, und die Wahrheit ist nicht in uns.

  Wenn wir unsere Sünden bekennen, ist er treu und gerecht, dass er uns die Sünden vergibt und uns reinigt von jeder Ungerechtigkeit.

  Wenn wir sagen, dass wir nicht gesündigt haben, machen wir ihn zum Lügner, und sein Wort ist nicht in uns.

- **Jak 5,16.20** Bekennt nun einander die Sünden und betet füreinander, damit ihr geheilt werdet! Viel vermag eines Gerechten Gebet in seiner Wirkung ...

Wisst, dass der, welcher einen Sünder von der Verirrung seines Weges zurückführt, dessen Seele vom Tode erretten und eine Menge von Sünden bedecken wird.

SÜNDENBEKENNTNIS

Siehe auch »Schuld«, »Buße«, »Sünde und Erlösung«

*»B*ekennen ist heilsam für die Seele«, lautet eine alte Redens-*art. Und das Gute daran ist, dass sie wie viele Redens-arten wahr ist.*

Für den Christen ist das »Bekennen« keine nur gelegentliche »Pflicht«. Da wir sündigen, ist Bekennen für unser Leben mit Gott unerlässlich. Anders geht es nicht. Augustin, der große christliche Gelehrte, bemerkte dazu: »Das Bekenntnis böser Werke bildet den ersten Anfang guter Werke.«

- **Spr 28,13** Wer seine Verbrechen zudeckt, wird keinen Erfolg haben; wer sie aber bekennt und lässt, wird Erbarmen finden.

- **Ps 32,1-6** *Von David. Ein Maskil.* Glücklich der, dem Übertretung vergeben, dem Sünde zugedeckt ist! Glücklich der Mensch, dem der HERR die Schuld nicht zurechnet und in dessen Geist kein Trug ist! Als ich schwieg, zerfielen meine Gebeine durch mein Gestöhn den ganzen Tag. Denn Tag und Nacht lastete auf mir deine Hand; verwandelt wurde mein Saft in Sommergluten. // So tat ich dir kund meine Sünde und deckte meine Schuld nicht zu. Ich sagte: Ich will dem HERRN meine Übertretungen bekennen; und du, du hast vergeben die Schuld meiner Sünde. // Deshalb soll jeder Fromme zu dir beten, zur Zeit, da du zu finden bist; gewiss, bei großer Wasserflut - ihn werden sie nicht erreichen.

Man nimmt an, dass das große biblische »Bußlied«, Psalm 51, von König David zu jener Zeit geschrieben wurde, da er sich angesichts seines Ehebruchs als Schuldiger erkannte. Das Schönste in diesem Psalm ist Davids völlige Zuversicht im Blick

*darauf, dass Gott ihn als Bußfertigen annimmt und seine geist-
liche Gesundheit wiederherstellt.*

• **Ps 51,3-12** Sei mir gnädig, o Gott, nach deiner Gnade;
tilge meine Vergehen nach der Größe deiner Barmherzigkeit! Wasche mich völlig von meiner Schuld, und reinige
mich von meiner Sünde! Denn ich erkenne meine Vergehen, und meine Sünde ist stets vor mir. Gegen dich, gegen
dich allein habe ich gesündigt und getan, was böse ist in
deinen Augen; damit du im Recht bist mit deinem Reden,
rein erfunden in deinem Richten. Siehe, in Schuld bin ich
geboren, und in Sünde hat mich meine Mutter empfangen. Siehe, du hast Lust an der Wahrheit im Innern, und
im Verborgenen wirst du mir Weisheit kundtun. Entsündige mich mit Ysop, und ich werde rein sein; wasche
mich, und ich werde weißer sein als Schnee. Lass mich
Fröhlichkeit und Freude hören, so werden die Gebeine
frohlocken, die du zerschlagen hast. Verbirg dein Angesicht vor meinen Sünden, und tilge alle meine Schuld!
Erschaffe mir, Gott, ein reines Herz, und erneuere in mir
einen festen Geist!

• **Hes 36,25-27.28b** Und ich werde reines Wasser auf
euch sprengen, und ihr werdet rein sein; von all euren
Unreinheiten und von all euren Götzen werde ich euch
reinigen. Und ich werde euch ein neues Herz geben und
einen neuen Geist in euer Inneres geben; und ich werde
das steinerne Herz aus eurem Fleisch wegnehmen und
euch ein fleischernes Herz geben. Und ich werde meinen
Geist in euer Inneres geben; und ich werde machen, dass
ihr in meinen Ordnungen lebt und meine Rechtsbestimmungen bewahrt und tut ... und ihr werdet mir zum
Volk, und ich, *ich*, werde euch zum Gott sein.

• **Röm 14,11-12** Denn es steht geschrieben: »<So
wahr> ich lebe, spricht der Herr, mir wird sich jedes Knie
beugen, und jede Zunge wird Gott bekennen.« Also wird
nun jeder von uns für sich selbst Gott Rechenschaft
geben.

- **Kol 2,13-14** Und euch, die ihr tot wart in den Vergehungen und in der Unbeschnittenheit eures Fleisches, hat
er mit lebendig gemacht mit ihm, indem er uns alle Vergehungen vergeben hat. Er hat den Schuldschein gegen
uns gelöscht, <den> in Satzungen <bestehenden>, der
gegen uns war, und ihn auch aus <unserer> Mitte fort-
geschafft, indem er ihn ans Kreuz nagelte.

- **1Jo 1,9** Wenn wir unsere Sünden bekennen, ist er treu
und gerecht, dass er uns die Sünden vergibt und uns reinigt von jeder Ungerechtigkeit.

*Paulus führte einen neuen Gedanken in das Glaubensleben ein:
Neben das Bekenntnis vor Gott stellte er das Bekenntnis der
Gläubigen untereinander. Dies ist überaus sinnvoll, denn wir
sind nicht nur vor Gott, sondern auch voreinander als einverleibte Glieder des Leibes Christi verantwortlich. Bedauerlicher-
weise ist diese Praxis weithin außer Gebrauch gekommen,
während umgekehrt Christen manchmal das Bekenntnis eines
Mitchristen benutzt haben, um streng zu richten. Vielleicht
muss die moderne Haltung »Das geht dich nichts an!« dadurch
ersetzt werden, dass wir uns in ausgewogener Weise um das
moralische und geistliche Wohl des anderen kümmern.*

- **Jak 5,16** Bekennt nun einander die Sünden und betet
füreinander, damit ihr geheilt werdet! Viel vermag eines
Gerechten Gebet in seiner Wirkung.

TAUFE DES GEISTES UND GABEN DES GEISTES

Siehe auch »Heiliger Geist«

*D*ie Taufe wird im Wasser ausgeführt, doch wenn die Bibel über eine andere Taufe redet, die viel wichtiger als die im Wasser vollzogene Handlung ist, meint sie die Taufe des Geistes - eine Lehre, die viele Jahre lang vernachlässigt wurde, inzwischen aber in zahlreichen Gemeinden neu betont worden ist. Über dieses neu erwachte Interesse am Heiligen Geist dürfen wir uns freuen. Christen vergangener Zeiten wussten, dass ohne den Geist nur noch rein gewohnheitsmäßig religiöse Pflichten ausgeführt werden, während das Leben fehlt. Seit Jahrhunderten haben Christen mit den Worten »Ich glaube an den Heiligen Geist« einen Teil ihres Glaubensbekenntnisses zum Ausdruck gebracht und dabei oft nicht einmal gewusst, wer der Geist ist! Diese Situation hat sich glücklicherweise geändert.

Die alttestamentlichen Propheten sahen der Ausgießung des Geistes entgegen. Im Neuen Testament wurde die diesbezügliche Weissagung erfüllt. Dies umfasste aber nicht nur ein einmaliges historisches Ereignis, denn für Vergangenheit, Gegenwart und Zukunft gilt: Der Heilige Geist wird allen Kindern Gottes gegeben.

- **Jes 44,3** Denn ich werde Wasser gießen auf das durstige und Bäche auf das trockene Land. Ich werde meinen Geist ausgießen auf deine Nachkommen und meinen Segen auf deine Sprösslinge.

- **Joe 3,1-2** Und danach wird es geschehen, dass ich meinen Geist ausgießen werde über alles Fleisch. Und eure Söhne und eure Töchter werden weissagen, eure Greise werden Träume haben, eure jungen Männer werden

Gesichte sehen. Und selbst über die Knechte und über die Mägde werde ich in jenen Tagen meinen Geist ausgießen.

- **Mt 3,11** [Johannes der Täufer:] Ich zwar taufe euch mit Wasser zur Buße; der aber nach mir kommt, ist stärker als ich, dessen Sandalen zu tragen ich nicht würdig bin; er wird euch mit Heiligem Geist und Feuer taufen.

- **Joh 3,5** Jesus antwortete: Wahrlich, wahrlich, ich sage dir: Wenn jemand nicht aus Wasser und Geist geboren wird, kann er nicht in das Reich Gottes hineingehen.

- **1Kor 12,13** Denn in *einem* Geist sind wir alle zu *einem* Leib getauft worden, es seien Juden oder Griechen, es seien Sklaven oder Freie, und sind alle mit *einem* Geist getränkt worden.

- **Tit 3,5** (Er) errettete ... uns, nicht aus Werken, die, in Gerechtigkeit <vollbracht>, wir getan hätten, sondern nach seiner Barmherzigkeit durch die Waschung der Wiedergeburt und Erneuerung des Heiligen Geistes.

*Man kann nicht über den Heiligen Geist reden, ohne von geistlichen Gaben zu sprechen. Obwohl der Geist selbst **die** Gabe für alle Christen ist, verheißt die Bibel ebenso, dass jedem von uns durch den Geist eine spezielle Gabe ausgeteilt wird. Indem wir gemeinsam und als einzelne diese Gaben gebrauchen, ist unter uns Gemeinde zu sehen - nicht ihre Räumlichkeiten, sondern eine lebendige Gemeinschaft.*

- **Hebr 2,4** ... wobei Gott zugleich Zeugnis gab durch Zeichen und Wunder und mancherlei Machttaten und Austeilungen des Heiligen Geistes nach seinem Willen.

- **1Kor 1,4-7** Ich danke meinem Gott allezeit euretwegen für die Gnade Gottes, die euch gegeben ist in Christus Jesus: In ihm seid ihr in allem reich gemacht worden, in allem Wort und aller Erkenntnis, wie denn das Zeugnis des Christus unter euch gefestigt worden ist. Daher habt ihr an keiner Gnadengabe Mangel, während ihr das Offenbarwerden unseres Herrn Jesus Christus erwartet.

Die biblische Schlüsselstelle über Gaben des Geistes befindet sich in Kap. 12 des ersten Briefes, den Paulus an die Korinther geschrieben hat. Paulus wusste, wie sehr die korinthischen Christen dazu neigten, aneinanderzugeraten und darüber zu diskutieren, wer die größte Stellung in der Gemeinde innehatte. Doch Paulus gab ihnen (und uns) die Verheißung, dass jeder einen Platz in der Gemeinde hat. Jeder von uns besitzt eine Gabe. Daher täuschen wir uns selbst, wenn wir denken, wir kämen ohne die anderen zurecht. Diese bedeutende Stelle verheißt nicht nur jedem von uns eine Gabe, sondern gibt uns auch einen notwendigen Anstoß, immer demütiger zu werden. Sie weist uns darauf hin, dass »meine Gabe« genauso wichtig ist wie »unsere Gaben«. Glücklicherweise ist der Geist freigebig.

• **1Kor 12,4-31a** Es gibt aber Verschiedenheiten von Gnadengaben, aber <es ist> derselbe Geist; und es gibt Verschiedenheiten von Diensten, und <es ist> derselbe Herr; und es gibt Verschiedenheiten von Wirkungen, aber <es ist> derselbe Gott, der alles in allen wirkt. Jedem aber wird die Offenbarung des Geistes zum Nutzen gegeben. Denn dem einen wird durch den Geist das Wort der Weisheit gegeben, einem anderen aber das Wort der Erkenntnis nach demselben Geist; einem anderen aber Glauben in demselben Geist, einem anderen aber Gnadengaben der Heilungen in dem einen Geist, einem anderen aber Wunderwirkungen, einem anderen aber Weissagung, einem anderen aber Unterscheidungen der Geister; einem anderen <verschiedene> Arten von Sprachen, einem anderen aber Auslegung der Sprachen. Dies alles aber wirkt ein und derselbe Geist und teilt jedem besonders aus, wie er will. Denn wie der Leib *einer* ist und viele Glieder hat, alle Glieder des Leibes aber, obwohl viele, *ein* Leib sind: so auch der Christus. Denn in *einem* Geist sind wir alle zu *einem* Leib getauft worden, es seien Juden oder Griechen, es seien Sklaven oder Freie, und sind alle mit einem Geist getränkt worden. Denn auch der Leib ist nicht *ein* Glied, sondern viele. Wenn der Fuß spräche: Weil ich nicht Hand bin, gehöre ich nicht zum Leib: gehört er deswegen nicht zum Leib? Und wenn das Ohr spräche: Weil ich nicht Auge bin, gehöre ich nicht zum Leib: gehört es deswegen nicht zum Leib? Wenn der ganze Leib Auge wäre, wo wäre das Gehör? Wenn ganz Gehör, wo der Geruch? Nun aber hat Gott die Glieder bestimmt, jedes einzelne von ihnen am Leib, wie er wollte. Wenn aber alles *ein* Glied wäre, wo wäre der Leib? Nun aber sind zwar viele Glieder, aber *ein* Leib. Das Auge kann nicht zur Hand sagen: Ich brauche dich nicht; oder wieder das Haupt zu den Füßen: Ich brauche euch nicht; sondern gerade die Glieder des Leibes, die schwächer zu sein scheinen, sind notwendig; und die uns die weniger ehrbaren am Leib zu sein scheinen, die umgeben wir mit größerer Ehre; und unsere nichtanständigen haben größere Wohlanständigkeit; unsere wohlanständigen aber brauchen es nicht. Aber Gott hat den Leib zusammengefügt und dabei dem Mangelhaften größere Ehre gegeben, damit keine Spaltung im Leib sei, sondern die Glieder dieselbe Sorge füreinander hätten. Und wenn *ein* Glied leidet, so leiden alle Glieder mit; oder wenn *ein* Glied verherrlicht wird, so freuen sich alle Glieder mit. Ihr aber seid Christi Leib und, einzeln genommen, Glieder. Und die einen hat Gott in der Gemeinde eingesetzt erstens als Apostel, zweitens <andere> als Propheten, drittens als Lehrer, sodann <Wunder->Kräfte, sodann Gnadengaben der Heilungen, Hilfeleistungen, Leitungen, Arten von Sprachen. Sind etwa alle Apostel? Alle Propheten? Alle Lehrer? Haben alle <Wunder->Kräfte? Haben alle Gnadengaben der Heilungen? Reden alle in Sprachen? Legen alle aus? Eifert aber um die größeren Gnadengaben!

Teufel

*Siehe auch »Engel«, »Hölle«,
»Geistliche Kraft«, »Versuchung«*

*K*önnen moderne Menschen in unserer Zeit wirklich an die personale Existenz Satans, des **Teufels,** glauben? Warum eigentlich nicht? Während so viele Menschen an Reinkarnation (Wiederverkörperung), Astralprojektion[2] und andere unbiblische Vorstellungen glauben, fragt man sich: Warum nicht an die Existenz des Teufels? Denn während jene anderen Überzeugungen schriftwidrig sind, lehrt die Bibel eindeutig, dass es Satan gibt. Dies gehört seit 2000 Jahren auch zum christlichen Glaubensbekenntnis.

Möglicherweise haben wir die alten Bilder hinter uns gelassen, die den Teufel mit Hörnern, einer Mistgabel und einem spitz auslaufenden Schwanz zeigen. Das ist gut so. Der Bibel geht es nicht darum, wie der Teufel aussieht. Ihr geht es **vielmehr** darum, dass er ein Geistwesen ist, das als direkter Widersacher des Gottes der Liebe und Gnade auftritt.

Welche Auswirkung hat diese Tatsache auf unser Leben? Erstens, wenn es wirklich ein übernatürliches Wesen gibt, das uns lediglich Schaden zufügen will, dann sollten wir darüber Bescheid wissen. Zweitens müssen wir wissen, ob es eine Möglichkeit gibt, seinem Machtbereich zu entkommen. Diese gibt es tatsächlich. der Herr Jesus verdeutlichte in seinen Erdentagen, dass das Reich Gottes aktiv daran beteiligt ist, das Reich des Teufels zu zerstören.

---

(2) Okkulte und anthroposophische Lehre, deren Verfechter behaupten, einen so genannten »Astralleib« (als angebliches Bindeglied zwischen Seele und Körper) an einem beliebigen Punkt projizieren zu können. Dies versetzt sie nach ihren Worten in die Lage, an zwei Orten zugleich zu sein.

- **Mt 12,28** Wenn ich aber durch den Geist Gottes die Dämonen austreibe, so ist also das Reich Gottes zu euch gekommen.

- **Lk 10,17-20** Die Siebzig aber kehrten mit Freuden zurück und sprachen: Herr, auch die Dämonen sind uns untertan in deinem Namen. Er sprach aber zu ihnen: Ich schaute den Satan wie einen Blitz vom Himmel fallen. Siehe, ich habe euch die Macht gegeben, auf Schlangen und Skorpione zu treten, und über die ganze Kraft des Feindes, und *nichts* soll euch schaden. Doch darüber freut euch nicht, dass euch die Geister untertan sind; freut euch aber, dass eure Namen in den Himmeln angeschrieben sind!

- **Joh 12,31** Jetzt ist das Gericht dieser Welt; jetzt wird der Fürst dieser Welt hinausgeworfen werden.

- **Apg 10,37-38** Ihr (kennt) die Sache, die, angefangen von Galiläa, durch ganz Judäa hin geschehen ist, nach der Taufe, die Johannes predigte: Jesus von Nazareth, wie Gott ihn mit Heiligem Geist und mit Kraft gesalbt hat, der umherging und wohltat und alle heilte, die von dem Teufel überwältigt waren; denn Gott war mit ihm.

Als der Herr Jesus Paulus auf der Straße nach Damaskus erschien, erwähnte er speziell die Zerstörung der Werke des Teufels:

- **Apg 26,17-18** Ich werde dich herausnehmen aus dem Volk und den Nationen, zu denen ich dich sende, ihre Augen zu öffnen, dass sie sich bekehren von der Finsternis zum Licht und von der Macht des Satans zu Gott, damit sie Vergebung der Sünden empfangen und ein Erbe unter denen, die durch den Glauben an mich geheiligt sind.

Der Apostel Paulus hat wie der Herr Jesus die unvorstellbare Macht Satans begriffen. Doch noch mehr erkannte er, dass Gott viel stärker ist und am Ende triumphiert.

- **Röm 16,20a** Der Gott des Friedens aber wird in kurzem den Satan unter euren Füßen zertreten.

- **2Kor 11,14-15** Und kein Wunder, denn der Satan selbst nimmt die Gestalt eines Engels des Lichts an; es ist daher nichts Großes, wenn auch seine Diener die Gestalt von Dienern der Gerechtigkeit annehmen; und ihr Ende wird ihren Werken entsprechen.

- **Eph 4,26-27** Zürnet, und sündigt <dabei> nicht! Die Sonne gehe nicht unter über eurem Zorn, und gebt dem Teufel keinen Raum!

Wenn es um unsere Sicherheit vor Satan geht, wird immer wieder der Brief des Paulus an die Epheser angeführt. Er weist uns wie andere Bibelabschnitte darauf hin, dass wir - so hinfällig wir auch sind - eine göttliche »Rüstung« besitzen, die uns vor den Mächten der Finsternis schützt.

- **Eph 6,11-17** Zieht die ganze Waffenrüstung Gottes an, damit ihr gegen die Listen des Teufels bestehen könnt! Denn unser Kampf ist nicht gegen Fleisch und Blut, sondern gegen die Gewalten, gegen die Mächte, gegen die Weltbeherrscher dieser Finsternis, gegen die geistigen <Mächte> der Bosheit in der Himmelswelt. Deshalb ergreift die ganze Waffenrüstung Gottes, damit ihr an dem bösen Tag widerstehen und, wenn ihr alles ausgerichtet habt, stehen <bleiben> könnt!
  So steht nun, eure Lenden umgürtet mit Wahrheit, bekleidet mit dem Brustpanzer der Gerechtigkeit und beschuht an den Füßen mit der Bereitschaft <zur Verkündigung> des Evangeliums des Friedens! Bei alledem ergreift den Schild des Glaubens, mit dem ihr alle feurigen Pfeile des Bösen auslöschen könnt! Nehmt auch den Helm des Heils und das Schwert des Geistes, das ist Gottes Wort!

- **Hebr 2,14** Weil nun die Kinder Blutes und Fleisches teilhaftig sind, hat auch er in gleicher Weise daran Anteil gehabt, um durch den Tod den zunichte zu machen, der die Macht des Todes hat, das ist den Teufel.

• **Jak 3,15-16** Dies ist nicht die Weisheit, die von oben herabkommt, sondern eine irdische, sinnliche, teuflische. Denn wo Eifersucht und Eigennutz ist, da ist Zerrüttung und jede schlechte Tat.

• **Jak 4,7-8a** Unterwerft euch nun Gott! Widersteht aber dem Teufel! Und er wird von euch fliehen. Naht euch Gott! Und er wird sich euch nahen.

Die neutestamentlichen Briefe des Petrus und Johannes erwähnen einen Sachverhalt, den wir oft vergessen: Satan findet Gefallen daran, das Volk Gottes zu verfolgen. Doch der Gott, dem wir dienen, ist stärker als jeglicher Verfolger.

• **1Petr 5,8-9** Seid nüchtern, wacht! Euer Widersacher, der Teufel, geht umher wie ein brüllender Löwe und sucht, wen er verschlingen kann. Dem widersteht standhaft durch den Glauben, da ihr wisst, dass dieselben Leiden sich an eurer Bruderschaft in der Welt vollziehen!

• **1Jo 3,8-10** Wer die Sünde tut, ist aus dem Teufel, denn der Teufel sündigt von Anfang an. Hierzu ist der Sohn Gottes geoffenbart worden, damit er die Werke des Teufels vernichte. Jeder, der aus Gott geboren ist, tut nicht Sünde, denn sein Same bleibt in ihm; und er kann nicht sündigen, weil er aus Gott geboren ist. Hieran sind offenbar die Kinder Gottes und die Kinder des Teufels: Jeder, der nicht Gerechtigkeit tut, ist nicht aus Gott, und wer nicht seinen Bruder liebt.

In den letzten Jahren hat weithin die Akzeptanz dafür zugenommen, dass sich Menschen mit dem Okkulten beschäftigen, indem sie mitunter Dämonen und böse Geister verehren oder beschwören. Diese Entwicklung hat viele Christen überrascht und alarmiert. Sie wurde jedoch in der Bibel eindeutig vorausgesagt.

- **1Tim 4,1-2** Der Geist aber sagt ausdrücklich, dass in späteren Zeiten manche vom Glauben abfallen werden, indem sie auf betrügerische Geister und Lehren von Dämonen achten, durch die Heuchelei von Lügenrednern, die in ihrem eigenen Gewissen gebrandmarkt sind.

Das letzte biblische Buch, die Offenbarung, zeichnet ein anschauliches Bild vom Ende der gegenwärtigen Welt - von jener Zeit, da alles »zusammengerollt« (vgl. Hebr 1,12) wird. Zu diesem dramatischen Geschehen gehört der endgültige Triumph über den Teufel und seine Helfershelfer.

- **Offb 20,10** Und der Teufel, der sie verführte, wurde in den Feuer- und Schwefelsee geworfen, wo sowohl das Tier als auch der falsche Prophet sind; und sie werden Tag und Nacht gepeinigt werden von Ewigkeit zu Ewigkeit.

TOD

*A*uf dreierlei Art und Weise können wir mit dem Tod umgehen: ihn ignorieren, ihn fürchten oder ihn herbeisehnen. Die meisten Menschen wählen die erste Möglichkeit - sie ignorieren ihn. Doch sich so zu verhalten, fällt schwer, wenn ein Ihnen Nahestehender gestorben ist oder bald sterben kann. Und genauso schwer fällt es, wenn Sie selbst die Diagnose einer schlimmen Krankheit hören müssen. Wenn wir den Tod nicht ignorieren können, bliebe uns daher in diesen Situationen die Möglichkeit, ihn zu fürchten oder herbeizusehnen.

Den Tod herbeisehnen? Bedeutet das, mit Selbstmord zu liebäugeln? Nein, keineswegs! Es bedeutet vielmehr, dass zahlreiche Menschen - darunter der Apostel Paulus - darauf hingewiesen haben, dass sie nichts dagegen hätten, wenn sie abscheiden würden, um im künftigen Leben beim Herrn zu sein. Einige Menschen, besonders diejenigen mit anhaltenden und langwierigen Krankheiten, haben den Tod herbeigesehnt, weil sie wussten, dass ihr künftiges Leben wesentlich besser wäre.

Doch die meisten von uns haben Angst vor dem Tod, nicht wahr? Möglicherweise **sagen** wir, dass wir an das ewige Leben und an einen Himmel mit einem glückseligen Leben glauben - einem Leben, das viel besser als das irdische Dasein ist. Doch wir **handeln,** als würden wir Angst vor dem Tod haben, wobei unsere Taten mehr zählen als unsere Worte. Wir handeln nicht viel anders als Menschen, die behaupten, überhaupt nicht an Himmel und Hölle zu glauben. Wie lange ist es her, dass jemand im Gespräch mit Ihnen von einem Freund oder Verwandten als demjenigen redete, der »beim Herrn« ist? Unglücklicherweise ist diese Wendung nicht mehr so verbreitet, wie dies einst der Fall war. Manchmal scheint es, als wären Gläubige kaum überzeugt davon, dass das Leben über das Grab hinaus wirklich Bestand hat. Ist es nicht erstaunlich,

dass Christen vor Jahrhunderten die Beisetzung eines der Ihren
mitunter als seinen »Geburtstag«, als seinen Tag des Eingangs
in den Himmel, feierten? Sie feierten, weil sie wirklich an die
entsprechende Tatsache glaubten.

Wir müssen uns wieder neu der Bibel zuwenden. Sie erinnert
uns vielfach daran, dass nichts - nicht einmal der Tod - Gott die
Seinen entreißen kann. Sie weist uns darauf hin, dass unser
Leben auf dieser Welt - ganz gleich, ob es angenehm oder furcht-
bar war - enden wird. Uns steht ein Leben - wie lange auch
immer - als Vorbereitungszeit zur Verfügung. In diesem Leben
haben wir entweder Gott als Mitte unserer Welt gewählt oder
uns selbst dorthin gestellt. Diejenigen, die den Herrn Jesus
gewählt haben, werden bei ihm weiterleben.

- **Ps 23,4** Auch wenn ich wandere im Tal des Todesschattens, fürchte ich kein Unheil, denn du bist bei mir;
dein Stecken und dein Stab, *sie* trösten mich.

- **Ps 49,16** Gott aber wird meine Seele erlösen von der
Gewalt des Scheols; denn er wird mich entrücken.

- **Hes 18,23** Sollte ich wirklich Gefallen haben am Tod
des Gottlosen, spricht der Herr, HERR, nicht <viel-
mehr> daran, dass er von seinen Wegen umkehrt und
lebt?

- **Ps 73,26** Mag auch mein Leib und mein Herz vergehen
- meines Herzens Fels und mein Teil ist Gott auf ewig.

- **Jes 25,8a** Den Tod verschlingt er auf ewig, und der
Herr HERR wird die Tränen abwischen von jedem
Gesicht.

- **Mt 22,31-32** Was aber die Auferstehung der Toten
betrifft: Habt ihr nicht gelesen, was zu euch geredet ist
von Gott, der da spricht:»Ich bin der Gott Abrahams und
der Gott Isaaks und der Gott Jakobs«? Gott ist nicht ein
Gott der Toten, sondern der Lebenden.

Dies bedeutet keineswegs, dass wir nicht Schmerz und Trauer empfinden können, wenn wir jemanden verloren haben. Der Herr Jesus kannte diese Gefühle! Ebenso hat der Herr Jesus den Trauernden Trost verheißen.

- **Ps 116,15** Kostbar ist in den Augen des HERRN der Tod seiner Frommen.

- **Mt 5,4** Glückselig die Trauernden, denn *sie* werden getröstet werden.

Eine der bewegendsten biblischen Szenen umfasst jenen Augenblick, wo der Herr Jesus am Grab seines lieben Freundes Lazarus stand. Der Herr Jesus erweckte Lazarus aus den Toten, doch bevor es dazu kam, tat er etwas zutiefst Menschliches und ganz Normales: Er beweinte den Tod eines Freundes.

- **Joh 11,33-36** Als nun Jesus sie weinen sah und die Juden weinen, die mit ihr gekommen waren, ergrimmte er im Geist und wurde erschüttert und sprach: Wo habt ihr ihn hingelegt? Sie sagen zu ihm: Herr, komm und sieh! Jesus weinte. Da sprachen die Juden: Siehe, wie lieb hat er ihn gehabt!

*Das Weinen des Herrn Jesus spiegelt einen Grundgedanken in der Bibel wider: Der Tod wird **nicht einfach hingenommen.** Er gehörte nicht zu Gottes ursprünglichem Plan für die Menschen. Er wurde Teil des menschliches Daseins, weil der Mensch nach dem Bericht von 1. Mose 3 Gott ungehorsam war. Sünde und Tod sind miteinander verbunden. Im Neuen Testament geht es darum, wie der Herr Jesus als Retter die Sündenstrafe beseitigte. Obwohl wir noch sterben müssen, ist uns das ewige Leben dank diesem göttlichen Eingreifen sicher.*

- **Röm14,7** Denn keiner von uns lebt sich selbst, und keiner stirbt sich selbst.

- **Joh 3,6** Was aus dem Fleisch geboren ist, ist Fleisch, und was aus dem Geist geboren ist, ist Geist.

- **Joh 3,36** Wer an den Sohn glaubt, hat ewiges Leben; wer aber dem Sohn nicht gehorcht, wird das Leben nicht sehen, sondern der Zorn Gottes bleibt auf ihm.

- **Joh 5,24** Wahrlich, wahrlich, ich sage euch: Wer mein Wort hört und glaubt dem, der mich gesandt hat, <der> hat ewiges Leben und kommt nicht ins Gericht, sondern er ist aus dem Tod in das Leben übergegangen.

Eine der wichtigsten Glaubensüberzeugungen des Christentums stellt die Auferstehung des Herrn Jesus dar. Dabei geht es weder um einen Zusatz noch um eine nachträgliche Idee. Vielmehr bildet sie das Herzstück des Glaubens. Das Neue Testament wiederholt es immer wieder: der Herr Jesus, der Sohn Gottes und zugleich vollkommener Mensch, starb und erstand aus den Toten. So wie Gott ihn zu einem neuen Leben erweckt hat, wird er eines Tages alle Gläubigen zu neuem Leben auferstehen lassen.

- **Dan 12,2-3** Und viele von denen, die im Land des Staubes schlafen, werden aufwachen: die einen zu ewigem Leben und die anderen zur Schande, zu ewigem Abscheu. Und die Verständigen werden leuchten wie der Glanz der Himmelsfeste; und die, welche die vielen zur Gerechtigkeit gewiesen haben, <leuchten> wie die Sterne immer und ewig.

- **Joh 11,25** Jesus sprach zu ihr: Ich bin die Auferstehung und das Leben; wer an mich glaubt, wird leben, auch wenn er gestorben ist.

- **Röm 8,35.37-39** Wer wird uns scheiden von der Liebe Christi? Bedrängnis oder Angst oder Verfolgung oder Hungersnot oder Blöße oder Gefahr oder Schwert? ... Aber in diesem allen sind wir mehr als Überwinder durch den, der uns geliebt hat. Denn ich bin überzeugt, dass weder Tod noch Leben, weder Engel noch Gewalten, weder Gegenwärtiges noch Zukünftiges, noch Mächte, weder Höhe noch Tiefe, noch irgendein anderes Geschöpf uns wird scheiden können von der Liebe Gottes, die in Christus Jesus ist, unserem Herrn.

• **1Kor 15,51-55** Siehe, ich sage euch ein Geheimnis: Wir werden nicht alle entschlafen, wir werden aber alle verwandelt werden, in einem Nu, in einem Augenblick, bei der letzten Posaune; denn posaunen wird es, und die Toten werden auferweckt werden, unvergänglich <sein>, und wir werden verwandelt werden. Denn dieses Vergängliche muss Unvergänglichkeit anziehen und dieses Sterbliche Unsterblichkeit anziehen.

Wenn aber dieses Vergängliche Unvergänglichkeit anziehen und dieses Sterbliche Unsterblichkeit anziehen wird, dann wird das Wort erfüllt werden, das geschrieben steht: »Verschlungen ist der Tod in Sieg.« »Wo ist, o Tod, dein Sieg? Wo ist, o Tod, dein Stachel?«

• **2Kor 5,1.4.6** Denn wir wissen, dass, wenn unser irdisches Zelthaus zerstört wird, wir einen Bau von Gott haben, ein nicht mit Händen gemachtes, ewiges Haus in den Himmeln ... Denn wir freilich, die in dem Zelt sind, seufzen beschwert, weil wir nicht entkleidet, sondern überkleidet werden möchten, damit das Sterbliche verschlungen werde vom Leben ... So <sind wir> nun allezeit guten Mutes und wissen, dass wir, während einheimisch im Leib, wir vom Herrn >ausheimisch< sind.

• **Phil 1,21-24** Denn das Leben ist für mich Christus und das Sterben Gewinn. Wenn aber das Leben im Fleisch <mein Los ist, dann bedeutet> das für mich Frucht der Arbeit, und <dann> weiß ich nicht, was ich wählen soll. Ich werde aber von beidem bedrängt: Ich habe Lust, abzuscheiden und bei Christus zu sein, denn es ist weit besser; das Bleiben im Fleisch aber ist nötiger um euretwillen.

• **Hebr 2,14-15** Weil nun die Kinder Blutes und Fleisches teilhaftig sind, hat auch er in gleicher Weise daran Anteil gehabt, um durch den Tod den zunichte zu machen, der die Macht des Todes hat, das ist den Teufel, und um alle die zu befreien, die durch Todesfurcht das ganze Leben hindurch der Knechtschaft unterworfen waren.

• **Offb 14,13** Und ich hörte eine Stimme aus dem Himmel sagen: Schreibe: Glückselig die Toten, die von jetzt an im Herrn sterben! Ja, spricht der Geist, damit sie ruhen von ihren Mühen, denn ihre Werke folgen ihnen nach.

• **Offb 20,11a.12-15** Und ich sah einen großen weißen Thron und den, der darauf saß ... Und ich sah die Toten, die Großen und die Kleinen, vor dem Thron stehen, und Bücher wurden geöffnet; und ein anderes Buch wurde geöffnet, welches das des Lebens ist. Und die Toten wurden gerichtet nach dem, was in den Büchern geschrieben war, nach ihren Werken. Und das Meer gab die Toten, die in ihm waren, und der Tod und der Hades gaben die Toten, die in ihnen waren, und sie wurden gerichtet, ein jeder nach seinen Werken. Und der Tod und der Hades wurden in den Feuersee geworfen. Dies ist der zweite Tod, der Feuersee. Und wenn jemand nicht geschrieben gefunden wurde in dem Buch des Lebens, so wurde er in den Feuersee geworfen.

• **Offb 21,2-4** Und ich sah die heilige Stadt, das neue Jerusalem, aus dem Himmel von Gott herabkommen, bereitet wie eine für ihren Mann geschmückte Braut. Und ich hörte eine laute Stimme vom Thron her sagen: Siehe, das Zelt Gottes bei den Menschen! Und er wird bei ihnen wohnen, und sie werden sein Volk sein, und Gott selbst wird bei ihnen sein, ihr Gott. Und er wird jede Träne von ihren Augen abwischen, und der Tod wird nicht mehr sein, noch Trauer, noch Geschrei, noch Schmerz wird mehr sein: denn das Erste ist vergangen.

TROST IN ZEITEN
DER NÖTE UND SCHWIERIGKEITEN

Siehe auch »Geduld und Langmut«, »Friede«,
»Ausharren«, »Krankheit«, »Vertrauen auf Gott«,
»Irdische Sorgen«, »Kummer und Sorgen«

*K*einer leidet gern! Dies ist eine Tatsache, die wir alle akzeptieren können. Wenn der christliche Glaube Befreiung von
allen Nöten und Schwierigkeiten in diesem Leben verheißen
und verkünden würde, wäre jeder Christ. Und tatsächlich -
genau dies verheißt unser Glaube. Unsere endgültige Errettung erfolgt jedoch nicht **in diesem Leben.** Erst im Himmel
sind all unsere Probleme vorbei. Die meisten Menschen wollen
allerdings nicht so lange warten.

Was verheißt Gott seinem Volk in der Zwischenzeit? Befreiung von allen Nöten und Schwierigkeiten in der künftigen Welt
und Befreiung von **einigen** davon in diesem Leben. Gläubige
Menschen aller Jahrhunderte können bezeugen, wie sie auf
dramatische Weise aus Krankheitsnot, aus finanziellen Proble-
men und aus Bedrängnissen aller Art befreit wurden. Menschen von Fleisch und Blut waren - und sind noch immer - Zeugen von Wundern. Sie geschehen wirklich!

Aber nicht immer. Manchmal schenkt uns Gott keine Befreiung. Mitunter sollen wir nur **ausharren.** Dies ist nicht nur
negativ zu sehen. Wir sind Gott nie näher als dann, wenn wir
bedrängt werden. In den Zeiten, da wir getröstet und in Sicherheit sind, vergessen wir ihn. In den schlimmsten Zeiten erinnern wir uns plötzlich: Sollte ich Gott nicht um Hilfe bitten?
Manchmal entspricht die Antwort der Hilfe, die wir erbeten
haben. Mitunter lautet die Antwort: »Verlass dich auf mich,
dann kannst du bestehen und weitergehen.«

• **Ps 73,25-26.28** Wen habe ich im Himmel? Und außer
dir habe ich an nichts Gefallen auf der Erde. Mag auch

mein Leib und mein Herz vergehen - meines Herzens Fels und mein Teil ist Gott auf ewig ... Ich aber: Gott zu nahen ist mir gut. Ich habe meine Zuversicht auf den Herrn HERRN gesetzt, zu erzählen alle deine Taten.

- **Hi 8,20-21** Siehe, Gott wird den Rechtschaffenen nicht verwerfen und die Übeltäter nicht an die Hand nehmen. Während er deinen Mund mit Lachen füllen wird und deine Lippen mit Jubel.

- **Ps 119,49-50** Gedenke des Wortes an deinen Knecht, worauf du mich hast warten lassen! Dies ist mein Trost in meinem Elend, dass deine Zusage mich belebt hat.

- **Ps 9,10** Doch dem Unterdrückten ist der HERR eine hohe Feste, eine hohe Feste in Zeiten der Drangsal.

- **Ps 23,1-4** *Ein Psalm. Von David.* Der HERR ist mein Hirte, mir wird nichts mangeln. Er lagert mich auf grünen Auen, er führt mich zu stillen Wassern. Er erquickt meine Seele. Er leitet mich in Pfaden der Gerechtigkeit um seines Namens willen. Auch wenn ich wandere im Tal des Todesschattens, fürchte ich kein Unheil, denn du bist bei mir; dein Stecken und dein Stab, *sie* trösten mich.

- **Ps 18,3** Der HERR ist mein Fels und meine Burg und mein Erretter, mein Gott ist mein Hort, bei dem ich mich berge, mein Schild und das Horn meines Heils, meine hohe Feste.

- **Ps 30,6b** ... am Abend kehrt Weinen ein, und am Morgen ist Jubel da.

- **Ps 31,8** Ich will frohlocken und mich freuen über deine Gnade, dass du mein Elend angesehen, die Bedrängnisse meiner Seele erkannt hast.

- **Ps 34,5** Ich suchte den HERRN, und er antwortete mir; und aus allen meinen Ängsten rettete er mich.

- **Ps 46,2-3** Gott ist uns Zuflucht und Stärke, als Beistand in Nöten reichlich gefunden. Darum fürchten wir uns nicht, wenn auch die Erde erbebt und die Berge mitten ins Meer wanken.

- **Ps 50,15** ... und rufe mich an am Tag der Not; ich will dich erretten, und du wirst mich verherrlichen!

- **Ps 55,23** Wirf auf den HERRN deine Last, und er wird dich erhalten; er wird nimmermehr zulassen, dass der Gerechte wankt.

- **Ps 71,20** Der du uns viele und unheilvolle Nöte hast sehen lassen, du wirst uns wieder beleben und uns aus den Tiefen der Erde wieder heraufführen.

- **Ps 91,11** Denn er bietet seine Engel für dich auf, dich zu bewahren auf allen deinen Wegen.

- **Ps 103,13** Wie sich ein Vater über Kinder erbarmt, so erbarmt sich der HERR über die, die ihn fürchten.

- **Ps 126,5-6** Die mit Tränen säen, werden mit Jubel ernten. Er geht weinend hin und trägt den Samen zum Säen. Er kommt heim mit Jubel und trägt seine Garben.

- **Ps 147,3** Er heilt, die zerbrochenen Herzens sind, er verbindet ihre Wunden.

- **Spr 29,25** Menschenfurcht stellt eine Falle; wer aber auf den HERRN vertraut, ist in Sicherheit.

- **Jes 41,10** Fürchte dich nicht, denn ich bin mit dir! Habe keine Angst, denn ich bin dein Gott! Ich stärke dich, ja, ich helfe dir, ja, ich halte dich mit der Rechten meiner Gerechtigkeit.

- **Ps 37,39-40** Doch die Hilfe der Gerechten <kommt> vom HERRN, der ihre Fluchtburg ist zur Zeit der Not; und der HERR wird ihnen beistehen und sie retten; er wird sie erretten von den Gottlosen und ihnen helfen, denn sie haben sich bei ihm geborgen.

• **Jes 43,2-3a** Wenn du durchs Wasser gehst, ich bin bei dir, und durch Ströme, sie werden dich nicht überfluten. Wenn du durchs Feuer gehst, wirst du nicht versengt werden, und die Flamme wird dich nicht verbrennen. Denn ich bin der HERR, dein Gott, <ich>, der Heilige Israels, dein Retter.

• **Mt 5,4.10-12** Glückselig die Trauernden, denn *sie* werden getröstet werden ... Glückselig die um Gerechtigkeit willen Verfolgten, denn *ihrer* ist das Reich der Himmel. Glückselig seid ihr, wenn sie euch schmähen und verfolgen und alles Böse lügnerisch gegen euch reden werden um meinetwillen. Freut euch und jubelt, denn euer Lohn ist groß in den Himmeln; denn ebenso haben sie die Propheten verfolgt, die vor euch waren.

• **Jer 29,11-13a** Denn ich kenne ja die Gedanken, die ich über euch denke, spricht der HERR, Gedanken des Friedens und nicht zum Unheil, um euch Zukunft und Hoffnung zu gewähren. Ruft ihr mich an, geht ihr hin und betet zu mir, dann werde ich auf euch hören. Und sucht ihr mich, so werdet ihr <mich> finden.

• **Kla 3,31-33** Denn nicht für ewig verstößt der Herr, sondern wenn er betrübt hat, erbarmt er sich nach der Fülle seiner Gnadenerweise. Denn nicht von Herzen demütigt und betrübt er die Menschenkinder.

Der Herr Jesus bat in dem bekannten Gebet im Garten Gethsemane um Errettung. Wir wissen, was danach geschah:

• **Mk 14,33-36** Und er nimmt den Petrus und Jakobus und Johannes mit sich und fing an, sehr bestürzt und geängstigt zu werden. Und er spricht zu ihnen: Meine Seele ist sehr betrübt, bis zum Tod. Bleibt hier und wacht! Und er ging ein wenig weiter und fiel auf die Erde; und er betete, dass, wenn es möglich sei, die Stunde an ihm vorübergehe. Und er sprach: Abba, Vater, alles ist dir möglich. Nimm diesen Kelch von mir weg! Doch nicht, was ich will, sondern was du willst!

Der Herr Jesus stand ständig in der Beziehung zu Gott als seinem Vater. Vielleicht widerstrebt uns aufgrund unserer rebellischen Natur der Gedanke, dass ein allmächtiger Vater über jeden unserer Schritte wacht. Dennoch wies uns der Herr Jesus auf die positive Seite dieses Sachverhalts hin: Wenn Gott über uns wacht, will er uns nicht die Freude rauben, sondern uns vielmehr vor Schaden bewahren und uns trösten, wenn wir wirklich Schmerzliches erleben.

- **Mt 10,29-31** Werden nicht zwei Sperlinge für ein paar Pfennige verkauft? Und nicht *einer* von ihnen wird auf die Erde fallen ohne euren Vater. Bei euch aber sind selbst die Haare des Hauptes alle gezählt. Fürchtet euch nun nicht! *Ihr* seid wertvoller als viele Sperlinge.

- **Mt 11,28-30** Kommt her zu mir, alle ihr Mühseligen und Beladenen! Und ich werde euch Ruhe geben. Nehmt auf euch mein Joch, und lernt von mir! Denn ich bin sanftmütig und von Herzen demütig, und »ihr werdet Ruhe finden für eure Seelen«; denn mein Joch ist sanft, und meine Last ist leicht.

Verheißt die Bibel Christen ein Leben ohne Leid? Nein, keineswegs! Der Herr Jesus selbst erlitt Verfolgung. Dies gilt nun auch gelegentlich für seine Nachfolger. Dennoch wird uns innerer Friede und Kraft verheißen, damit wir jegliche Bedrängnis ertragen können.

- **Joh 14,27** Frieden lasse ich euch, *meinen* Frieden gebe ich euch; nicht wie die Welt gibt, gebe ich euch. Euer Herz werde nicht bestürzt, sei auch nicht furchtsam.

- **Joh 16,33** Dies habe ich zu euch geredet, damit ihr in mir Frieden habt. In der Welt habt ihr Bedrängnis; aber seid guten Mutes, ich habe die Welt überwunden.

- **Röm 8,28.35** Wir wissen aber, dass denen, die Gott lieben, alle Dinge zum Guten mitwirken, denen, die nach <seinem> Vorsatz berufen sind ... Wer wird uns scheiden von der Liebe Christi? Bedrängnis oder Angst oder Verfolgung oder Hungersnot oder Blöße oder Gefahr oder Schwert?

- **2Kor 1,3-7** Gepriesen sei der Gott und Vater unseres Herrn Jesus Christus, der Vater der Erbarmungen und Gott allen Trostes, der uns tröstet in all unserer Bedrängnis, damit wir die trösten können, die in allerlei Bedrängnis sind, durch den Trost, mit dem wir selbst von Gott getröstet werden. Denn wie die Leiden des Christus überreich auf uns kommen, so ist auch durch den Christus unser Trost überreich. Sei es aber, dass wir bedrängt werden, so ist es zu eurem Trost und Heil; sei es, dass wir getröstet werden, so ist es zu eurem Trost, der wirksam wird im <geduldigen> Ertragen derselben Leiden, die auch wir leiden. Und unsere Hoffnung für euch steht fest, da wir wissen, dass, wie ihr der Leiden teilhaftig seid, so auch des Trostes.

- **2Kor 4,8.16-17** In allem sind wir bedrängt, aber nicht erdrückt; keinen Ausweg sehend, aber nicht ohne Ausweg ... Deshalb ermatten wir nicht, sondern wenn auch unser äußerer Mensch aufgerieben wird, so wird doch der innere Tag für Tag erneuert. Denn das schnell vorübergehende Leichte unserer Bedrängnis bewirkt uns ein über die Maßen überreiches, ewiges Gewicht von Herrlichkeit.

- **2Kor 12,7b-10** Darum, damit ich mich nicht überhebe, wurde mir ein Dorn für das Fleisch gegeben, ein Engel Satans, dass er mich mit Fäusten schlage, damit ich mich nicht überhebe. Um dessentwillen habe ich dreimal den Herrn angerufen, dass er von mir ablassen möge. Und er hat zu mir gesagt: Meine Gnade genügt dir, denn <meine> Kraft kommt in Schwachheit zur Vollendung. Sehr gerne will ich mich nun vielmehr meiner Schwachheiten rühmen, damit die Kraft Christi bei mir wohne. Deshalb habe ich Wohlgefallen an Schwachheiten, an

Misshandlungen, an Nöten, an Verfolgungen, an Ängsten um Christi willen; denn wenn ich schwach bin, dann bin ich stark.

* **Hebr 2,14** Weil nun die Kinder Blutes und Fleisches teilhaftig sind, hat auch er in gleicher Weise daran Anteil gehabt, um durch den Tod den zunichte zu machen, der die Macht des Todes hat, das ist den Teufel.

* **Hebr 4,15** Denn wir haben nicht einen Hohenpriester, der nicht Mitleid haben könnte mit unseren Schwachheiten, sondern der in allem in gleicher Weise <wie wir> versucht worden ist, <doch> ohne Sünde.

* **Jak 1,12** Glückselig der Mann, der die Versuchung erduldet! Denn nachdem er bewährt ist, wird er den Siegeskranz des Lebens empfangen, den der Herr denen verheißen hat, die ihn lieben.

* **1Petr 4,12-14** Geliebte, lasst euch durch das Feuer <der Verfolgung> unter euch, das euch zur Prüfung geschieht, nicht befremden, als begegne euch etwas Fremdes; sondern freut euch, insoweit ihr der Leiden des Christus teilhaftig seid, damit ihr euch auch in der Offenbarung seiner Herrlichkeit jubelnd freut! Wenn ihr im Namen Christi geschmäht werdet, glückselig <seid ihr>! Denn der Geist der Herrlichkeit und Gottes ruht auf euch.

Die Bibel beginnt mit der Erschaffung der Welt. In ähnlicher Weise endet sie auch, nämlich mit der Erschaffung der neuen Welt. Während die alte Welt - unsere Welt - voller unzählbarer Nöte ist, wird dies in der künftigen Welt nicht mehr der Fall sein. Für jeden, der körperlich oder seelisch leidet, muss dies eine der tröstlichsten Verheißungen in der Bibel sein.

* **Offb 21,1-5a** Und ich sah einen neuen Himmel und eine neue Erde; denn der erste Himmel und die erste Erde waren vergangen, und das Meer ist nicht mehr.

Und ich sah die heilige Stadt, das neue Jerusalem, aus dem Himmel von Gott herabkommen, bereitet wie eine für ihren Mann geschmückte Braut. Und ich hörte eine laute Stimme vom Thron her sagen: Siehe, das Zelt Gottes bei den Menschen! Und er wird bei ihnen wohnen, und sie werden sein Volk sein, und Gott selbst wird bei ihnen sein, ihr Gott. Und er wird jede Träne von ihren Augen abwischen, und der Tod wird nicht mehr sein, noch Trauer, noch Geschrei, noch Schmerz wird mehr sein: denn das Erste ist vergangen. Und der, welcher auf dem Thron saß, sprach: Siehe, ich mache alles neu.

UNTERDRÜCKUNG

Siehe auch »Güte«, »Geld«

Wir hören heute so viel über Ausnutzung, Missbrauch und Unterdrückung, dass die Worte fast ihre Bedeutung verloren haben. Leider gibt es auf der Welt noch immer wirkliche Unterdrückung, wobei Unschuldige von rücksichtslosen Regierungen, Arbeitgebern und Institutionen ausgenutzt werden, die vergessen, dass sie es mit Menschen von Fleisch und Blut zu tun haben.

Die Menschen sind hinsichtlich der Regierungen - der eigenen eingeschlossen - zynisch geworden. Sie sehen Politiker und Arbeitgeber oft als Gegner an, statt ihnen gegenüber Loyalität und Unterordnung erkennen zu lassen. Das Gefühl, von den Amtsträgern, die man selbst gewählt hat, ungerecht behandelt zu werden, kann zur Verzweiflung führen. Ebenso können wir uns durch Arbeitgeber, Gläubiger oder sogar durch unsere eigenen Familienangehörigen unterdrückt fühlen. Die schmerzliche Wahrheit besteht darin, dass jeder, der Autorität besitzt, diese auch missbrauchen kann. Der menschliche Zustand sieht folgendermaßen aus: Wir **können nicht** leben, ohne bestimmten Menschen Verantwortung zu übertragen, doch einige dieser Menschen **können** und **werden** uns schaden. Diese Tatsache ist so alt wie die Zivilisation.

Doch die Bibel weist uns darauf hin, dass wir nicht hilflos dastehen - denn Gott herrscht nach wie vor. Wir mögen in diesem Leben nie völlige Gerechtigkeit finden, doch das steht fest: Es gibt einen Gott der Liebe, dessen Buchführung hinsichtlich seines ausgenutzten Volkes nichts entgeht.

• **Ps 9,10** Doch dem Unterdrückten ist der HERR eine hohe Feste, eine hohe Feste in Zeiten der Drangsal.

- **Ps 10,17-18** Den Wunsch der Sanftmütigen hast du gehört, HERR; du festigst ihr Herz, lässt aufmerken dein Ohr, um Recht zu schaffen der Waise und dem Unterdrückten, dass künftig kein Mensch von der Erde mehr zusammenschrecke.

- **2Mo 22,20-23a** Den Fremden sollst du weder unterdrücken noch bedrängen, denn Fremde seid ihr im Land Ägypten gewesen. Keine Witwe oder Waise dürft ihr bedrücken. Falls du sie in irgendeiner Weise bedrückst, dann werde ich, wenn sie wirklich zu mir schreien <muss>, ihr Geschrei gewiss erhören, und mein Zorn wird entbrennen.

- **5Mo 24,14-15** Du sollst den bedürftigen und armen Lohnarbeiter nicht unterdrücken, <sei er einer> von deinen Brüdern oder von deinen Fremden, die in deinem Land, in deinen Toren <wohnen>. Am selben Tag sollst du ihm seinen Lohn geben, und die Sonne soll nicht darüber untergehen - denn er ist bedürftig und verlangt sehnsüchtig danach -, damit er nicht über dich zum HERRN schreit und Sünde an dir ist.

- **Ps 12,6** Wegen der gewalttätigen Behandlung der Elenden, wegen des Seufzens der Armen will ich nun aufstehen, spricht der HERR; ich will in Sicherheit stellen den, gegen den man schnaubt.

- **Jes 33,15-16** Wer in Gerechtigkeit lebt und Wahrheit redet, wer den Gewinn der Erpressungen verwirft, wer seine Hände schüttelt, um keine Bestechung anzunehmen, wer sein Ohr verstopft, um nicht von Bluttaten zu hören, und seine Augen verschließt, um Böses nicht zu sehen: der wird auf Höhen wohnen, Felsenfesten sind seine Burg. Sein Brot wird ihm gegeben, sein Wasser versiegt nie.

- **Jer 21,12** Haus David, so spricht der HERR: Haltet jeden Morgen Gericht und befreit den Beraubten aus der Hand des Bedrückers, damit mein Grimm nicht ausbricht

wie ein Feuer und unauslöschlich brennt wegen der Bosheit eurer Taten!

- **Mi 2,1-3** Wehe denen, die Unheil ersinnen und böse
Taten auf ihren Lagern! Beim Morgenlicht führen sie es
aus, weil es in der Macht ihrer Hand steht. Begehren sie
Felder, sie rauben <sie>, und Häuser, sie nehmen <sie>
weg; und sie üben Gewalt am Mann und seinem Haus,
am Menschen und seinem Erbteil. Darum, so spricht der
HERR: Siehe, ich ersinne gegen diese Sippe Böses, aus
dem ihr eure Hälse nicht ziehen und <unter dem> ihr
nicht aufrecht gehen werdet; denn es ist eine böse Zeit.

Von den alttestamentlichen Propheten, namentlich von Amos,
stammen zahlreiche Aussagen im Blick auf Unterdrückung. Sie
waren besonders entrüstet darüber, dass manche sich als fromm
betrachteten und dennoch andere ausnutzten. Der Herr verhieß
für ein solches Verhalten ernste Konsequenzen.

- **Am 2,6-7.13** So spricht der HERR: Wegen drei Verbrechen von Israel und wegen vier werde ich es nicht rück-
gängig machen, weil sie den Gerechten für Geld und den
Armen für ein Paar Schuhe verkaufen. Sie treten nach
dem Kopf der Geringen <wie> auf den Staub der Erde,
und den <Rechts>weg der Elenden beugen sie. Und ein
Mann und sein Vater gehen zu <demselben> Mädchen,
um meinen heiligen Namen zu entweihen ...
  Siehe, ich mache es unter euch schwankend, wie der
Wagen schwankt, der voll Garben ist.

- **Am 5,10-15** Sie hassen den, der im Tor Recht spricht,
und den, der unsträflich redet, verabscheuen sie. Darum:
Weil ihr vom Geringen Pachtzinsen erhebt und Getreide-
abgaben von ihm nehmt, habt ihr Häuser aus Quadern
gebaut, doch werdet ihr nicht darin wohnen. Schöne
Weinberge habt ihr gepflanzt, doch werdet ihr deren
Wein nicht trinken.
  Ja, ich kenne eure vielen Verbrechen und eure zahlrei-
chen Sünden. - Sie bedrängen den Gerechten, nehmen
Bestechungsgeld und drängen im Tor den Armen zur

Seite. Darum schweigt der Einsichtige in dieser Zeit, denn eine böse Zeit ist es.

Sucht das Gute und nicht das Böse, damit ihr lebt! Und der HERR, der Gott der Heerscharen, wird so mit euch sein, wie ihr sagt. Hasst das Böse und liebt das Gute und richtet das Recht auf im Tor! Vielleicht wird der HERR, der Gott der Heerscharen, dem Überrest Josephs gnädig sein.

- **Zeph 3,17.19a** Der HERR, dein Gott, ist in deiner Mitte, ein Held, der rettet; er freut sich über dich in Fröhlichkeit, er schweigt in seiner Liebe, er jauchzt über dich mit Jubel ... Siehe, zu jener Zeit werde ich an denen handeln, die dich unterdrücken. Ich werde das Hinkende retten.

- **Sach 7,9-13** So spricht der HERR der Heerscharen: Fällt zuverlässigen Rechtsspruch und erweist Güte und Barmherzigkeit einer dem anderen! Und bedrückt nicht die Witwe und die Waise, den Fremden und den Elenden! Und ersinnt nicht gegeneinander Unglück in euren Herzen! Aber sie weigerten sich aufzumerken und zuckten widerspenstig die Schulter und machten ihre Ohren schwerhörig, um nicht zu hören. Und sie machten ihr Herz zu Diamant, um die Weisung nicht zu hören, noch die Worte, die der HERR der Heerscharen durch seinen Geist sandte durch die früheren Propheten; so kam ein großer Zorn auf beim HERRN der Heerscharen. Und es geschah: Wie er gerufen und sie nicht gehört hatten, so werden sie rufen, und ich werde nicht hören, spricht der HERR der Heerscharen.

- **Mal 3,5-7a** Und ich werde an euch herantreten zum Gericht und werde ein schneller Zeuge sein gegen die Zauberer und gegen die Ehebrecher und gegen die falsch Schwörenden und gegen solche, die den Lohn des Tagelöhners <drücken>, die Witwe und die Waise unterdrücken und den Fremden wegdrängen und die mich nicht fürchten, spricht der HERR der Heerscharen.

Nein, ich, der HERR, ich habe mich nicht geändert; aber ihr, Söhne Jakob, ihr habt nicht aufgehört. Seit den Tagen eurer Väter seid ihr von meinen Ordnungen abgewichen und habt <sie> nicht beachtet. Kehrt um zu mir! Und ich kehre um zu euch, spricht der HERR der Heerscharen.

Als sich der Herr Jesus bei einer Gelegenheit in der Synagoge seiner Heimatstadt aufhielt, las er eine Stelle aus dem Propheten Jesaja vor, die den Unterdrückten Freiheit verheißt. Was der Herr Jesus hinzufügte, nachdem er zu Ende gelesen hatte, war für viele unerhört: Weil er, der Sohn Gottes, in die Welt gekommen war, hatte die Stelle ihre Erfüllung gefunden. Damit meinte er nicht, dass alle Unterdrückung sofort aufhören würde. Seine Worte umfassen vielmehr eine Verheißung, dass für jeden Unterdrückten jetzt ein Retter da ist.

• **Lk 4,18-21** »Der Geist des Herrn ist auf mir, weil er mich gesalbt hat, Armen gute Botschaft zu verkündigen; er hat mich gesandt, Gefangenen Freiheit auszurufen und Blinden, dass sie wieder sehen, Zerschlagene in Freiheit hinzusenden, auszurufen ein angenehmes Jahr des Herrn.« Und als er das Buch zugerollt hatte, gab er es dem Diener zurück und setzte sich; und aller Augen in der Synagoge waren auf ihn gerichtet. Er fing aber an, zu ihnen zu sagen: Heute ist diese Schrift vor euren Ohren erfüllt.

VERFOLGUNG

Siehe auch »Feinde«, »Hoffnung«, »Ausharren«

*D*ieser Themenbereich behandelt einen Sachverhalt, mit dem sich die Bibel besonders beschäftigt - der Verfolgung der Gerechten. Zu den Ironien menschlicher Geschichte gehört der schmerzliche Tatbestand, dass die Gottlosen oft zu Reichtum und Erfolg gelangen, während Gläubige leiden. Eine große Tragödie für jeden Christen besteht darin, dass er nicht nur leidet, sondern **aufgrund dessen leidet, dass er ein Christ ist.** Dies geschah in biblischer Zeit und ist noch immer Realität. Doch ein zentrales Thema biblischer Verheißungen besteht darin, dass Gottes Auge über seine Leute wacht und ihre Verfolgung nicht unbemerkt bleibt.

- **Spr 29,10.27** Blutmenschen hassen den Rechtschaffenen, aber die Aufrichtigen suchen <das Beste für> sein Leben ... Ein Gräuel für die Gerechten ist der Übeltäter, aber ein Gräuel für den Gottlosen ist, wer redlich <seinen> Weg <geht>.

- **Mt 5,10-12** Glückselig die um Gerechtigkeit willen Verfolgten, denn *ihrer* ist das Reich der Himmel. Glückselig seid ihr, wenn sie euch schmähen und verfolgen und alles Böse lügnerisch gegen euch reden werden um meinetwillen. Freut euch und jubelt, denn euer Lohn ist groß in den Himmeln; denn ebenso haben sie die Propheten verfolgt, die vor euch waren.

- **Mt 10,16-18.21-22.24-25.28-30** Siehe, ich sende euch wie Schafe mitten unter Wölfe; so seid nun klug wie die Schlangen und einfältig wie die Tauben. Hütet euch aber vor den Menschen! Denn sie werden euch an Gerichte überliefern und in ihren Synagogen euch geißeln; und auch vor Statthalter und Könige werdet ihr geführt werden um meinetwillen, ihnen und den Nationen zum Zeugnis ... Es wird aber der Bruder den Bruder zum Tode überliefern und der Vater das Kind; und Kinder werden sich erheben gegen die Eltern und sie zu Tode bringen. Und ihr werdet von allen gehasst werden um meines Namens willen. Wer aber ausharrt bis ans Ende, der wird errettet werden ... Ein Jünger ist nicht über dem Lehrer und ein Sklave nicht über seinem Herrn. Es ist dem Jünger genug, dass er werde wie sein Lehrer und der Sklave wie sein Herr. Wenn sie den Hausherrn Beelzebul genannt haben, wieviel mehr seine Hausgenossen! ... Und fürchtet euch nicht vor denen, die den Leib töten, die Seele aber nicht zu töten vermögen; fürchtet aber vielmehr den, der sowohl Seele als Leib zu verderben vermag in der Hölle! Werden nicht zwei Sperlinge für ein paar Pfennige verkauft? Und nicht *einer* von ihnen wird auf die Erde fallen ohne euren Vater. Bei euch aber sind selbst die Haare des Hauptes alle gezählt.

- **Mk 8,35-37** Denn wer sein Leben erretten will, der wird es verlieren; wer aber sein Leben verliert um meinetwillen und um des Evangeliums willen, der wird es erretten. Denn was nützt es einem Menschen, die ganze Welt zu gewinnen und sein Leben einzubüßen? Denn was könnte ein Mensch als Lösegeld für sein Leben geben?

- **Joh 15,18-21** Wenn die Welt euch hasst, so wisst, dass sie mich vor euch gehasst hat. Wenn ihr von der Welt wäret, würde die Welt das Ihre lieben; weil ihr aber nicht von der Welt seid, sondern ich euch aus der Welt erwählt habe, darum hasst euch die Welt. Gedenkt des Wortes, das ich euch gesagt habe: Ein Sklave ist nicht größer als sein Herr. Wenn sie mich verfolgt haben, werden sie auch euch verfolgen; wenn sie mein Wort gehalten haben, werden sie auch das eure halten. Aber dies alles werden sie euch tun um meines Namens willen, weil sie den nicht kennen, der mich gesandt hat.

- **1Kor 4,10a.11-13** Wir sind Narren um Christi willen
... Bis zur jetzigen Stunde leiden wir sowohl Hunger als
Durst und sind nackt und werden mit Fäusten geschlagen und haben keine bestimmte Wohnung und mühen
uns ab und arbeiten mit unseren eigenen Händen.
Geschmäht, segnen wir; verfolgt, dulden wir; gelästert,
reden wir gut zu; wie Auskehricht der Welt sind wir
geworden, ein Abschaum aller bis jetzt.

*Vom Apostel Paulus, der außerordentlich viel über Leiden um
Christi willen wusste, stammt die klassische Aussage in Römer
8, die gleichzeitig eine der inspirierendsten Verheißungen der
gesamten Bibel beinhaltet:*

- **Röm 8,17.35-37** Wenn aber Kinder, so auch Erben,
Erben Gottes und Miterben Christi, wenn wir wirklich
mitleiden, damit wir auch mitverherrlicht werden ...
Wer wird uns scheiden von der Liebe Christi? Bedrängnis oder Angst oder Verfolgung oder Hungersnot oder
Blöße oder Gefahr oder Schwert? Wie geschrieben steht:
»Um deinetwillen werden wir getötet den ganzen Tag;
wie Schlachtschafe sind wir gerechnet worden.« Aber in
diesem allen sind wir mehr als Überwinder durch den, der
uns geliebt hat.

- **2Kor 4,8-12** In allem sind wir bedrängt, aber nicht
erdrückt; keinen Ausweg sehend, aber nicht ohne Ausweg; verfolgt, aber nicht verlassen; niedergeworfen, aber
nicht vernichtet; allezeit das Sterben Jesu am Leib
umhertragend, damit auch das Leben Jesu an unserem
Leibe offenbar werde. Denn ständig werden wir, die
Lebenden, dem Tod überliefert um Jesu willen, damit
auch das Leben Jesu an unserem sterblichen Fleisch offenbar werde. Folglich wirkt der Tod in uns, das Leben aber
in euch.

- **2Kor 6,5.8-10** .. in Schlägen, in Gefängnissen, in
Tumulten, in Mühen, in Wachen, in Fasten ... durch Ehre
und Unehre, durch böse und gute Nachrede, als Verführer
und Wahrhaftige; als Unbekannte und Wohlbekannte; als

Sterbende, und siehe, wir leben; als Gezüchtigte und <doch> nicht getötet; als Traurige, aber allezeit uns freuend; als Arme, aber viele reich machend; als nichts habend und <doch> alles besitzend.

- **2Tim 2,12** Wenn wir ausharren, werden wir auch mitherrschen; wenn wir verleugnen, wird auch er uns verleugnen.

Bedeutet dies alles, dass Leiden an sich gut ist? Wohl kaum! Jeder leidet, und es ist natürlich möglich, dass wir leiden, weil wir etwas falsch gemacht haben. Derartiges Leiden entspricht nicht der »Verfolgung der Gerechten«, wie der erste Petrusbrief verdeutlicht:

- **1Petr 2,20-21** Denn was für ein Ruhm ist es, wenn ihr als solche ausharrt, die sündigen und <dafür> geschlagen werden? Wenn ihr aber ausharrt, indem ihr Gutes tut und leidet, das ist Gnade bei Gott. Denn hierzu seid ihr berufen worden; denn auch Christus hat für euch gelitten und euch ein Beispiel hinterlassen, damit ihr seinen Fußspuren nachfolgt.

Dieser Petrusbrief war offensichtlich an Menschen gerichtet, die Verfolgung erlitten. Sie gehörte noch nicht zu der offiziellen Verfolgung, die einige Jahre später von den römischen Kaisern inszeniert wurde. Vielmehr entsprach sie einem Sachverhalt, den es auch in unserer Zeit noch gibt: Menschen verleumden Christen, indem sie ihnen Unrecht zu Last legen, ihren Glauben verspotten und sie sogar am Arbeitsplatz diskriminieren.

- **1Petr 3,14-16** Aber wenn ihr auch leiden solltet um der Gerechtigkeit willen, glückselig <seid ihr>! Fürchtet aber nicht ihren Schrecken, seid auch nicht bestürzt, sondern haltet den Herrn, den Christus, in euren Herzen heilig! Seid aber jederzeit bereit zur Verantwortung jedem gegenüber, der Rechenschaft von euch über die Hoffnung in euch fordert, aber mit Sanftmut und Ehrerbietung! Und habt ein gutes Gewissen, damit die, welche euren guten Wandel in Christus verleumden, darin zuschanden werden, <worin> euch Übles nachgeredet wird.

- **1Petr 4,12-14.16** Geliebte, lasst euch durch das Feuer <der Verfolgung> unter euch, das euch zur Prüfung geschieht, nicht befremden, als begegne euch etwas Fremdes; sondern freut euch, insoweit ihr der Leiden des Christus teilhaftig seid, damit ihr euch auch in der Offenbarung seiner Herrlichkeit jubelnd freut! Wenn ihr im Namen Christi geschmäht werdet, glückselig <seid ihr>! Denn der Geist der Herrlichkeit und Gottes ruht auf euch ... wenn er ... als Christ <leidet>, schäme er sich nicht, sondern verherrliche Gott in diesem Namen!

VERSUCHUNG

Siehe auch »Sünde und Erlösung«

*E*ine Gestalt in einem Stück von Oscar Wilde sagt: »Ich kann allem widerstehen außer der Versuchung.« Gemäß Wildes Philosophie nimmt die moderne Welt Versuchungen nicht sehr ernst. Wenn Sie Radio- und Fernsehsendungen verfolgen, könnten Sie denken, dass die einzige Versuchung, der es zu widerstehen lohnt, der übermäßige Fett- und Cholesterinverbrauch ist. (Liegt das daran, dass die einzige Sünde, die wir uns vorstellen können, übermäßiges Essen ist?) Die Medien präsentieren zahlreiche Abbildungen von Speisen und Getränken, um uns anschließend zu suggerieren, dass wir wie Supermodels aussehen sollten. Damit wollen sie sagen: Geben Sie Ihren Begierden restlos nach, bis die Schuldgefühle aufsteigen, weil Sie der Versuchung erlegen sind! Glaubt man in unserer körperfixierten Gesellschaft wirklich, dass die einzige ernstzunehmende Versuchung darin besteht, nicht mehr auf die eigene Figur zu achten? Scheinbar ist es so, und es hat auch den Anschein, dass alle anderen Sünden und Versuchungen leicht genommen werden. Das Wort **Versuchung** wird als genauso altmodisch angesehen wie der Begriff **Sünde.**

Doch in Wirklichkeit **muss** Versuchung ernstgenommen werden. Man muss kein hochrangiger Wissenschaftler sein, um festzustellen, dass Menschen in ihren Taten mehr zum Unrecht als zum Recht neigen. Und dabei hören wir ringsum ständig die Worte: »Mach schon, nur keine Hemmungen - alle anderen tun es auch!« Man akzeptiert so leicht die Meinung der Welt, dass der Aufrichtige verklemmt, eingeengt, frustriert und unglücklich sei.

Aber die Bibel stellt Versuchung als ernstzunehmenden Sachverhalt dar - so ernst, dass Gott uns das Nötige gibt, um ihr widerstehen zu können.

- **Spr 2,10-12** Denn Weisheit zieht ein in dein Herz, und Erkenntnis wird deiner Seele lieb. Besonnenheit wacht über dir, Verständnis wird dich behüten: um dich zu retten vom bösen Weg, vom Mann, der Verkehrtes <nur> redet.

- **Spr 14,27** Die Furcht des HERRN ist eine Quelle des Lebens, um die Fallen des Todes zu meiden.

- **Röm 6,14** Denn die Sünde wird nicht über euch herrschen, denn ihr seid nicht unter Gesetz, sondern unter Gnade.

- **Jak 4,7** Unterwerft euch nun Gott! Widersteht aber dem Teufel! Und er wird von euch fliehen.

- **2Petr 2,9** Der Herr weiß die Gottseligen aus der Versuchung zu retten, die Ungerechten aber aufzubewahren für den Tag des Gerichts, wenn sie bestraft werden.

Gott selbst ist unser Retter, wie diese Stellen verdeutlichen. Die Frage danach, warum Gott uns versucht, ist zu keiner Zeit angemessen, denn Gott ist - wie Jakobus erklärte - nie der Ursprung des Bösen in jeglicher Form.

- **Jak 1,13-17** Niemand sage, wenn er versucht wird: Ich werde von Gott versucht. Denn Gott kann nicht versucht werden vom Bösen, er selbst aber versucht niemand. Ein jeder aber wird versucht, wenn er von seiner eigenen Begierde fortgezogen und gelockt wird. Danach, wenn die Begierde empfangen hat, bringt sie Sünde hervor; die Sünde aber, wenn sie vollendet ist, gebiert den Tod.
  Irret euch nicht, meine geliebten Brüder! Jede gute Gabe und jedes vollkommene Geschenk kommt von oben herab, von dem Vater der Lichter, bei dem keine Veränderung ist noch eines Wechsels Schatten.

Ein Problem, womit Christen konfrontiert sind, besteht darin, dass sie fälschlicherweise meinen, von Versuchungen frei zu sein. Der Apostel Paulus stellt deutlich heraus, dass keiner von uns - zumindest in diesem Leben - je von Versuchungen frei ist.

• **1Kor 10,12-13** Daher, wer zu stehen meint, sehe zu, dass er nicht falle. Keine Versuchung hat euch ergriffen als nur eine menschliche; Gott aber ist treu, der nicht zulassen wird, dass ihr über euer Vermögen versucht werdet, sondern mit der Versuchung auch den Ausgang schaffen wird, so dass ihr sie ertragen könnt.

• **Gal 5,17** Denn das Fleisch begehrt gegen den Geist auf, der Geist aber gegen das Fleisch; denn diese sind einander entgegengesetzt, damit ihr nicht das tut, was ihr wollt.

Gott lässt es zu, dass wir versucht werden. Warum? Wäre es nicht besser, wenn er einfach alle Versuchungen aus unserem Leben entfernen würde? Leichter vielleicht, aber nicht besser. So wie unsere Muskeln bei Körperübungen durch Belastung und Erprobung gestählt werden, gewinnen wir geistliche Kraft, wenn wir Versuchungen widerstehen. Eine Stelle aus dem Jakobusbrief drückt dies treffend folgendermaßen aus:

• **Jak 1,2-4.12-15** Haltet es für lauter Freude, meine Brüder, wenn ihr in mancherlei Versuchungen geratet, indem ihr erkennt, dass die Bewährung eures Glaubens Ausharren bewirkt. Das Ausharren aber soll ein vollkommenes Werk haben, damit ihr vollkommen und vollendet seid und in nichts Mangel habt ...

Glückselig der Mann, der die Versuchung erduldet! Denn nachdem er bewährt ist, wird er den Siegeskranz des Lebens empfangen, den der Herr denen verheißen hat, die ihn lieben.

Niemand sage, wenn er versucht wird: Ich werde von Gott versucht. Denn Gott kann nicht versucht werden vom Bösen, er selbst aber versucht niemand. Ein jeder aber wird versucht, wenn er von seiner eigenen Begierde fortgezogen und gelockt wird. Danach, wenn die Begierde empfangen hat, bringt sie Sünde hervor; die Sünde aber, wenn sie vollendet ist, gebiert den Tod.

Denen, die ausharren, wird verheißen, im Himmel zu leben.

- **Jes 33,15-16a** Wer in Gerechtigkeit lebt und Wahrheit redet, wer den Gewinn der Erpressungen verwirft, wer seine Hände schüttelt, um keine Bestechung anzunehmen, wer sein Ohr verstopft, um nicht von Bluttaten zu hören, und seine Augen verschließt, um Böses nicht zu sehen: der wird auf Höhen wohnen.

Wie steht es damit, dass man andere Menschen zur Sünde verleitet oder verführt? In der deutschen Rechtsordnung liegt Anstiftung vor, wenn jemand versucht, jemanden anders zum Begehen einer Straftat zu bewegen, wobei Anstiftung selbst eine Straftat ist. Die Bibel nimmt die gleiche Haltung gegenüber denen ein, die bewusst andere zur Sünde verführen.

- **Spr 28,10** Wer Redliche irreführt auf einen bösen Weg, wird selbst in seine Grube fallen; aber die Lauteren nehmen Gutes in Besitz.

- **Mt 18,6** Wenn aber jemand einem dieser Kleinen, die an mich glauben, Anlass zur Sünde gibt, für den wäre es besser, dass ein Mühlstein an seinen Hals gehängt und er in die Tiefe des Meeres versenkt würde.

*Statt andere zur Sünde zu verführen, sollten wir die Betreffenden der Versuchung **entreißen**. Als Glieder des Leibes Christi sollten wir uns nicht nur um das eigene geistliche Wohl, sondern auch um das des anderen kümmern.*

- **Gal 6,1-2** Brüder, wenn auch ein Mensch von einem Fehltritt übereilt wird, so bringt ihr, die Geistlichen, einen solchen im Geist der Sanftmut wieder zurecht. Und dabei gib auf dich selbst acht, dass nicht auch du versucht wirst! Einer trage des anderen Lasten, und so werdet ihr das Gesetz des Christus erfüllen.

Christen können sich unter anderem darüber freuen, dass der Herr Jesus - um den es vorrangig geht - sowohl Gott als auch

Mensch ist. Obwohl der Glaube geistlicher Art ist, tröstet uns das Wissen, dass der, der den Grundstein unseres Glaubens gelegt hat, ein Mensch wie wir war - jemand, der das Wesen unserer Versuchungen versteht, weil er sie selbst durchlebt hat.

• **Hebr 2,18** Denn worin er selbst gelitten hat, als er versucht worden ist, kann er denen helfen, die versucht werden.

• **Hebr 4,15** Denn wir haben nicht einen Hohenpriester, der nicht Mitleid haben könnte mit unseren Schwachheiten, sondern der in allem in gleicher Weise <wie wir> versucht worden ist, <doch> ohne Sünde.

Vertrauen auf Gott

*Siehe auch »Glaube«, »Gottes Führung«, »Hoffnung«,
»Gehorsam gegenüber Gott«*

*Vertrauen ist genauso wie Hingabe ein schwer fassbares Gut
in unserer Welt geworden. In allen Bereichen, die man einst
als verlässlich ansah, bezeugen Menschen einen Mangel an
Vertrauen - ob es um Obrigkeit, Schulen, Medien und sogar um
eigene Familienangehörige oder Freunde geht. Wem sollen wir
vertrauen? Die Botschaft der Bibel ist eindeutig: Unserem
Gott! Dies bedeutet nicht, dass wir mit Wahnideen und miss-
trauisch durch die Welt gehen und entsprechend handeln. Vielmehr bedeutet es, dass wir Menschen und menschliche Einrich-
tungen realistisch sehen und nicht schockiert sind, wenn sie
uns enttäuschen. Es bedeutet, dass wir uns trotzdem geborgen
fühlen können, indem wir wissen, dass Gott treu ist, wenn
niemand sonst zu uns hält.*

- **Ps 37,3-5** Vertraue auf den HERRN und tue Gutes;
wohne im Land und hüte Treue; und habe deine Lust am
HERRN, so wird er dir geben, was dein Herz begehrt.
Befiehl dem HERRN deinen Weg und vertraue auf ihn, so
wird er handeln.

- **Ps 40,5** Glücklich der Mann, der den HERRN zu seiner
Zuversicht macht und sich nicht wendet zu den Drängern und den in Lüge Festgefahrenen!

- **Ps 46,2-3** Gott ist uns Zuflucht und Stärke, als Beistand in Nöten reichlich gefunden. Darum fürchten wir
uns nicht, wenn auch die Erde erbebt und die Berge mitten ins Meer wanken.

- **Ps 84,12-13** Denn Gott, der HERR, ist Sonne und Schild. Gnade und Herrlichkeit wird der HERR geben, kein Gutes vorenthalten denen, die in Lauterkeit wandeln. HERR der Heerscharen! Glücklich ist der Mensch, der auf dich vertraut!

- **Spr 3,5-6** Vertraue auf den HERRN mit deinem ganzen Herzen und stütze dich nicht auf deinen Verstand! Auf all deinen Wegen erkenne nur ihn, dann ebnet er selbst deine Pfade!

- **Spr 29,25** Menschenfurcht stellt eine Falle; wer aber auf den HERRN vertraut, ist in Sicherheit.

- **Hab 2,4** Siehe, die <verdiente> Strafe für den, der nicht aufrichtig ist! Der Gerechte aber wird durch seinen Glauben leben.

- **Mt 6,28-33** Und warum seid ihr um Kleidung besorgt? Betrachtet die Lilien des Feldes, wie sie wachsen: sie mühen sich nicht, auch spinnen sie nicht. Ich sage euch aber, dass selbst nicht Salomo in all seiner Herrlichkeit bekleidet war wie eine von diesen. Wenn aber Gott das Gras des Feldes, das heute steht und morgen in den Ofen geworfen wird, so kleidet, <wird er das> nicht viel mehr euch <tun>, ihr Kleingläubigen? So seid nun nicht besorgt, indem ihr sagt: Was sollen wir essen? Oder: Was sollen wir trinken? Oder: Was sollen wir anziehen? Denn nach diesem allen trachten die Nationen; denn euer himmlischer Vater weiß, dass ihr dies alles benötigt. Trachtet aber zuerst nach dem Reich Gottes und nach seiner Gerechtigkeit! Und dies alles wird euch hinzugefügt werden.

- **Lk 12,32** Fürchte dich nicht, du kleine Herde! Denn es hat eurem Vater wohlgefallen, euch das Reich zu geben.

WEISHEIT UND UNTERSCHEIDUNGSVERMÖGEN

Siehe auch »Falsche Lehren«

*D*as Wort **Weisheit** *wird heute kaum gebraucht. Man bevorzugt* **Wissen,** *womit Informationen, Daten und Fakten gemeint sind. Man eignet sich Wissen an, um im Beruf voranzukommen - oder um Kandidat beim* **Großen Preis** *zu sein! Am Wissen selbst ist nichts auszusetzen - doch aus der Sicht der Bibel ist es weniger wichtig als Weisheit.*

Der Weise versteht Dinge, wie sie sind - er ist imstande, sich selbst, Gottes Wesen und weltliche Wirkungsweisen recht zu beurteilen. Wissen bringt Forscher und Gelehrte hervor. Weisheit dagegen bringt Menschen hervor, die mit einem klaren Blick dafür, was Gott mit ihnen vorhat, durchs Leben gehen. Und sie kann etwas hervorbringen, wozu das Wissen an sich außerstande ist: Güte. In der Bibel werden Güte und Weisheit nie voneinander getrennt. Einfach gesagt: Weisheit erlangt man dadurch, dass man Gott vertraut.

- **Hi 12,13** Bei ihm ist Weisheit und Macht, sein ist Rat und Einsicht.

- **Ps 19,8** Das Gesetz des HERRN ist vollkommen und erquickt die Seele; das Zeugnis des HERRN ist zuverlässig und macht den Einfältigen weise.

- **Ps 111,10** Die Furcht des HERRN ist der Weisheit Anfang: eine gute Einsicht für alle, die sie ausüben. Sein Ruhm besteht ewig.

- **Ps 119,98-99** Dein Gebot macht mich weiser als meine Feinde. Denn ewig ist es mein! Verständiger bin ich als alle meine Lehrer. Denn deine Zeugnisse sind mein Überlegen.

- **Spr 2,6-7**   Denn der HERR gibt Weisheit. Aus seinem Mund <kommen> Erkenntnis und Verständnis. Er hält für die Aufrichtigen Hilfe bereit, ist denen ein Schild, die in Lauterkeit wandeln.

- **Spr 3,7-8**   Sei nicht weise in deinen Augen, fürchte den HERRN und weiche vom Bösen! Das ist Heilung für deinen Leib, Labsal für deine Gebeine.

- **Spr 10,8**   Wer weisen Herzens ist, nimmt Gebote an, wer aber närrische Lippen hat, kommt zu Fall.

- **Spr 19,8**   Wer Klugheit erwirbt, liebt seine Seele; wer Einsicht bewahrt, wird Glück erlangen.

- **Spr 8,11**   Denn Weisheit ist besser als Korallen, und alle Kleinode kommen ihr nicht gleich an Wert.

- **Eph 1,7-8**   In ihm haben wir die Erlösung durch sein Blut, die Vergebung der Vergehungen, nach dem Reichtum seiner Gnade, die er uns reichlich gegeben hat in aller Weisheit und Einsicht.

- **Kol 3,16**   Das Wort des Christus wohne reichlich in euch; in aller Weisheit lehrt und ermahnt euch gegenseitig! Mit Psalmen, Lobliedern und geistlichen Liedern singt Gott in euren Herzen in Gnade!

Salomo, das größte biblische Vorbild für menschliche Weisheit, ist wegen seines demütigen Gebets zu Beginn seiner Zeit als König von Israel bekannt. Dieses wunderbare Gebet, das Gott in überreichem Maß erhörte, zeigt den überragenden Wert der Weisheit gegenüber allen anderen Besitztümern. Salomo lässt uns auch erkennen, dass wir Weisheit nicht egoistisch, sondern zum Nutzen anderer einsetzen sollen.

- **1Kö 3,7.9-12** Und nun, HERR, mein Gott, *du* selbst hast deinen Knecht zum König gemacht anstelle meines Vaters David. Ich aber bin ein kleiner Knabe, ich weiß nicht aus- noch einzugehen ... So gib denn deinem Knecht ein hörendes Herz, dein Volk zu richten, zu unterscheiden zwischen Gut und Böse. Denn wer vermag dieses dein gewaltiges Volk zu richten?
  Und das Wort war gut in den Augen des HERRN, dass Salomo um diese Sache gebeten hatte. Und Gott sprach zu ihm: Weil du um diese Sache gebeten hast und hast dir nicht viele Tage erbeten und hast dir nicht Reichtum erbeten und hast nicht um das Leben deiner Feinde gebeten, sondern hast dir Verständnis erbeten, um auf das Recht zu hören, siehe, so tue ich nach deinen Worten. Siehe, ich gebe dir ein weises und verständiges Herz, so dass es vor dir keinen wie dich gegeben hat und nach dir keiner wie du aufstehen wird.

- **Pred 9,17** Worte der Weisen, in Ruhe gehört, sind mehr wert als das Geschrei des Herrschers unter Toren.

- **Mt 7,24** Jeder nun, der diese meine Worte hört und sie tut, den werde ich mit einem klugen Mann vergleichen, der sein Haus auf den Felsen baute.

Der Apostel Paulus, ein gebildeter Mann, musste die Christen darauf hinweisen, dass die von Gott kommende Weisheit Ungläubigen möglicherweise als töricht erscheint. Ja, Paulus erkannte, dass all seine Gelehrsamkeit im Vergleich mit der wahren Weisheit himmlischen Ursprungs unbedeutend ist. Seine Worte sind ein Trost für den, der einen niedrigen Bildungsstand hat, und eine Warnung für Menschen, die sich auf die eigene Intelligenz etwas einbilden.

- **1Kor 1,19-21.25-27** Denn es steht geschrieben: »Ich werde die Weisheit der Weisen vernichten, und den Verstand der Verständigen werde ich verwerfen.« Wo ist ein Weiser? Wo ein Schriftgelehrter? Wo ein Wortstreiter dieses Zeitalters? Hat nicht Gott die Weisheit der Welt zur Torheit gemacht? Denn weil in der Weisheit Gottes die

Welt durch die Weisheit Gott nicht erkannte, hat es Gott wohlgefallen, durch die Torheit der Predigt die Glaubenden zu erretten ... Denn das Törichte Gottes ist weiser als die Menschen, und das Schwache Gottes ist stärker als die Menschen. Denn seht, eure Berufung, Brüder, dass es nicht viele Weise nach dem Fleisch, nicht viele Mächtige, nicht viele Edle sind; sondern das Törichte der Welt hat Gott auserwählt, damit er die Weisen zuschanden mache; und das Schwache der Welt hat Gott auserwählt, damit er das Starke zuschanden mache.

- **1Kor 3,19-20** Denn die Weisheit dieser Welt ist Torheit bei Gott; denn es steht geschrieben: »Der die Weisen fängt in ihrer List.« Und wieder: »Der Herr kennt die Überlegungen der Weisen, dass sie nichtig sind.«

Paulus wies die Christen darauf hin, dass uns Gott durch den Heiligen Geist in unserem Leben Unterscheidungsvermögen gibt - die Fähigkeit, Dinge zu sehen und zu verstehen, wofür Ungläubige blind sind.

- **1Kor 2,12-14** *Wir* aber haben nicht den Geist der Welt empfangen, sondern den Geist, der aus Gott ist, damit wir die <Dinge> kennen, die uns von Gott geschenkt sind. Davon reden wir auch, nicht in Worten, gelehrt durch menschliche Weisheit, sondern in <Worten>, gelehrt durch den Geist, indem wir Geistliches durch Geistliches deuten. Ein natürlicher Mensch aber nimmt nicht an, was des Geistes Gottes ist, denn es ist ihm eine Torheit, und er kann es nicht erkennen, weil es geistlich beurteilt wird.

Paulus weist uns ebenfalls darauf hin, dass einige Christen besonders mit Unterscheidungsvermögen begabt sind. In unserer Zeit, da viele Menschen wegen der rechten Glaubensüberzeugungen (und auch wegen der Tatsache verwirrt sind, ob Glaube überhaupt noch zählt), sollte diese Gabe einen hohen Wert besitzen.

• **1Kor 12,7-8.10-11** Jedem aber wird die Offenbarung des Geistes zum Nutzen gegeben. Denn dem einen wird durch den Geist das Wort der Weisheit gegeben, einem anderen aber das Wort der Erkenntnis nach demselben Geist ... einem anderen aber Wunderwirkungen, einem anderen aber Weissagung, einem anderen aber Unterscheidungen der Geister; einem anderen <verschiedene> Arten von Sprachen, einem anderen aber Auslegung der Sprachen. Dies alles aber wirkt ein und derselbe Geist und teilt jedem besonders aus, wie er will.

*Gott wird in der Bibel als ein **gebender** Gott vorgestellt. Weisheit ist eine Gabe, die er denen, die darum bitten, freudig gibt. Der größte Nutzen dieser Weisheit besteht darin, dass sie es uns ermöglicht, den Glauben in dieser Welt zu praktizieren.*

• **Jak 1,5** Wenn aber jemand von euch Weisheit mangelt, so bitte er Gott, der allen willig gibt und keine Vorwürfe macht, und sie wird ihm gegeben werden.

• **Jak 3,13-17** Wer ist weise und verständig unter euch? Er zeige aus dem guten Wandel seine Werke in Sanftmut der Weisheit! Wenn ihr aber bittere Eifersucht und Eigennutz in eurem Herzen habt, so rühmt euch nicht und lügt nicht gegen die Wahrheit! Dies ist nicht die Weisheit, die von oben herabkommt, sondern eine irdische, sinnliche, teuflische. Denn wo Eifersucht und Eigennutz ist, da ist Zerrüttung und jede schlechte Tat. Die Weisheit von oben aber ist erstens rein, sodann friedvoll, milde, folgsam, voller Barmherzigkeit und guter Früchte, unparteiisch, ungeheuchelt.

WIEDERGEBURT, NEUES LEBEN

Siehe auch »Taufe des Geistes und Gaben des Geistes«,
»Rechtfertigung«, »Buße«, »Heil und Rettung«

*B*enjamin Franklin, der aufgrund seiner Experimente mit der Elektrizität berühmt wurde, erhielt einen Brief des Evangelisten George Whitefield. In dem Brief wurde Franklin gesagt, dass er jetzt, da er so viel auf dem Gebiet der Elektrizität kennen gelernt habe, danach streben sollte, »die Wiedergeburt kennen zu lernen«. Whitefield hielt die Gabe eines neuen Lebens für wichtiger als die Tatsache, dass man seine wissenschaftlichen und naturkundlichen Kenntnisse erweitert. Dem haben Christen - einschließlich derer, die das Neue Testament schrieben - stets zugestimmt.

Das Wort **wiedergeboren** ist so oft wiederholt worden, dass wir häufig seine Bedeutung vergessen. Als der Herr Jesus Nikodemus, einem sehr klugen und religiösen Mann, erstmals sagte, dass er »von neuem geboren« werden müsse, wurde er missverstanden. Dies geschieht noch immer, doch es gibt keinen Grund dafür, warum dies so sein muss. Wiedergeboren bedeutet, dass das Herz - der innere, nicht der äußere Mensch - neugemacht wird. Für Menschen, die das erfahren, beginnt damit - um auf die alte Redensart zurückzugreifen - der erste Tag vom Rest ihres Lebens. Der Leib wird nicht neu, wohl aber der innere Mensch. Es ist reiner Tisch gemacht worden, so dass Gott den Betreffenden als völlig neu sieht. Dies ist natürlich nur der erste Schritt. Der Neugeborene muss wachsen, wobei einige schneller und gesünder wachsen als andere. Doch bevor das Wachstum erfolgen kann, muss es diese Wiedergeburt geben.

• **Joh 3,1-8** Es war aber ein Mensch aus den Pharisäern mit Namen Nikodemus, ein Oberster der Juden. Dieser kam zu ihm bei Nacht und sprach zu ihm: Rabbi, wir wissen, dass du ein Lehrer bist, von Gott gekommen, denn niemand kann diese Zeichen tun, die du tust, es sei denn Gott mit ihm. Jesus antwortete und sprach zu ihm: Wahrlich, wahrlich, ich sage dir: Wenn jemand nicht von neuem geboren wird, kann er das Reich Gottes nicht sehen. Nikodemus spricht zu ihm: Wie kann ein Mensch geboren werden, wenn er alt ist? Kann er etwa zum zweiten Mal in den Leib seiner Mutter hineingehen und geboren werden? Jesus antwortete: Wahrlich, wahrlich, ich sage dir: Wenn jemand nicht aus Wasser und Geist geboren wird, kann er nicht in das Reich Gottes hineingehen. Was aus dem Fleisch geboren ist, ist Fleisch, und was aus dem Geist geboren ist, ist Geist. Wundere dich nicht, dass ich dir sagte: *Ihr* müsst von neuem geboren werden. Der Wind weht, wo er will, und du hörst sein Sausen, aber du weißt nicht, woher er kommt und wohin er geht; so ist jeder, der aus dem Geist geboren ist.

Die alttestamentlichen Verfasser verstanden das Wesen der Wiedergeburt. Was sie voraussahen, wurde im Leben des Herrn Jesus erfüllt.

- **Ps 65,4** Sündige Taten haben mich überwältigt; unsere Vergehen, du wirst sie vergeben.

- **Jes 1,16-18** Wascht euch, reinigt euch! Schafft mir eure bösen Taten aus den Augen, hört auf, Böses zu tun! Lernt Gutes tun, fragt nach dem Recht, weist den Unterdrücker zurecht! Schafft Recht der Waise, führt den Rechtsstreit der Witwe! Kommt denn und lasst uns miteinander rechten! spricht der HERR. Wenn eure Sünden <rot> wie Karmesin sind, wie Schnee sollen sie weiß werden. Wenn sie rot sind wie Purpur, wie Wolle sollen sie werden.

- **Jes 55,1-13** Auf, ihr Durstigen, alle, kommt zum Wasser! Und die ihr kein Geld habt, kommt, kauft und esst! Ja, kommt, kauft ohne Geld und ohne Kaufpreis Wein und Milch! Warum wiegt ihr Geld ab für das, was kein Brot ist, und euren Verdienst für das, was nicht sättigt? Hört doch auf mich, und esst das Gute, und eure Seele labe sich am Fetten! Neigt euer Ohr und kommt zu mir! Hört, und eure Seele wird leben! Und ich will einen ewigen Bund mit euch schließen, <getreu> den unverbrüchlichen Gnadenerweisen an David.

- **Jer 17,13-14a** Hoffnung Israels, HERR! Alle, die dich verlassen, werden zuschanden werden. - Und die von mir abweichen, werden in die Erde geschrieben werden; denn sie haben den HERRN, die Quelle lebendigen Wassers, verlassen.
  Heile mich, HERR, so werde ich geheilt! Rette mich, so werde ich gerettet!

- **Jer 31,3.33-34** Der HERR ist ihm von ferne erschienen: »Ja, mit ewiger Liebe habe ich dich geliebt; darum habe ich dir <meine> Güte bewahrt.« ...
  ... Sondern das ist der Bund, den ich mit dem Haus Israel nach jenen Tagen schließen werde, spricht der HERR: Ich werde mein Gesetz in ihr Inneres legen und werde es auf ihr Herz schreiben. Und ich werde ihr Gott sein, und *sie* werden mein Volk sein. Dann wird nicht mehr einer seinen Nächsten oder einer seinen Bruder lehren und sagen: Erkennt den HERRN! Denn sie alle werden mich erkennen von ihrem Kleinsten bis zu ihrem Größten, spricht der HERR. Denn ich werde ihre Schuld vergeben und an ihre Sünde nicht mehr denken.

- **Hes 11,19-20** Und ich werde ihnen *ein* Herz geben und werde einen neuen Geist in ihr Inneres geben, und ich werde das steinerne Herz aus ihrem Fleisch entfernen und ihnen ein fleischernes Herz geben, damit sie in meinen Ordnungen leben und meine Rechtsbestimmungen bewahren und sie befolgen. Und sie werden mir zum Volk, und *ich* werde ihnen zum Gott sein.

- **Hes 36,25-27.28b** Und ich werde reines Wasser auf euch sprengen, und ihr werdet rein sein; von all euren Unreinheiten und von all euren Götzen werde ich euch reinigen. Und ich werde euch ein neues Herz geben und einen neuen Geist in euer Inneres geben; und ich werde das steinerne Herz aus eurem Fleisch wegnehmen und euch ein fleischernes Herz geben. Und ich werde meinen Geist in euer Inneres geben; und ich werde machen, dass ihr in meinen Ordnungen lebt und meine Rechtsbestimmungen bewahrt und tut ... und ihr werdet mir zum Volk, und ich, *ich*, werde euch zum Gott sein.

Den Verheißungen und Prophezeiungen des Alten Testaments wurde im Leben und Werk des Herrn Jesus anschaulich Ausdruck verliehen. Das Neue Testament wiederholt fortwährend die zentrale Botschaft: Das Zeitalter der Wiedergeburt ist angebrochen. Für jeden, der je sein Versagen oder seine Verzweiflung spürte, und für wen gilt das nicht?, ist dies noch immer eine mitreißende, lebensverändernde Botschaft.

- **Mt 18,2-4** Und als Jesus ein Kind herbeigerufen hatte, stellte er es in ihre Mitte und sprach: Wahrlich, ich sage euch, wenn ihr nicht umkehrt und werdet wie die Kinder, so werdet ihr keinesfalls in das Reich der Himmel hineinkommen. Darum, wenn jemand sich selbst erniedrigen wird wie dieses Kind, der ist der Größte im Reich der Himmel.

- **Joh 5,24** Wahrlich, wahrlich, ich sage euch: Wer mein Wort hört und glaubt dem, der mich gesandt hat, <der> hat ewiges Leben und kommt nicht ins Gericht, sondern er ist aus dem Tod in das Leben übergegangen.

- **Joh 6,47** Wahrlich, wahrlich, ich sage euch: Wer glaubt, hat ewiges Leben.

- **Joh 8,36** Wenn nun der Sohn euch frei machen wird, so werdet ihr wirklich frei sein.

- **Röm 6,4-8** So sind wir nun mit ihm begraben worden durch die Taufe in den Tod, damit, wie Christus aus den Toten auferweckt worden ist durch die Herrlichkeit des Vaters, so auch wir in Neuheit des Lebens wandeln. Denn wenn wir verwachsen sind mit der Gleichheit seines Todes, so werden wir es auch mit der <seiner> Auferstehung sein, da wir dies erkennen, dass unser alter Mensch mitgekreuzigt worden ist, damit der Leib der Sünde abgetan sei, dass wir der Sünde nicht mehr dienen. Denn wer gestorben ist, ist freigesprochen von der Sünde. Wenn wir aber mit Christus gestorben sind, so glauben wir, dass wir auch mit ihm leben werden.

- **1Kor 15,22** Denn wie in Adam alle sterben, so werden auch in Christus alle lebendig gemacht werden.

- **2Kor 5,17** Daher, wenn jemand in Christus ist, so ist er eine neue Schöpfung; das Alte ist vergangen, siehe, Neues ist geworden.

- **Gal 2,20** ... und nicht mehr lebe ich, sondern Christus lebt in mir; was ich aber jetzt im Fleisch lebe, lebe ich im Glauben, <und zwar im Glauben> an den Sohn Gottes, der mich geliebt und sich selbst für mich hingegeben hat.

- **Kol 3,9b-10** Ihr (habt) den alten Menschen mit seinen Handlungen ausgezogen und den neuen angezogen ..., der erneuert wird zur Erkenntnis nach dem Bild dessen, der ihn erschaffen hat!

- **1Petr 1,3.23** Gepriesen sei der Gott und Vater unseres Herrn Jesus Christus, der nach seiner großen Barmherzigkeit uns wiedergeboren hat zu einer lebendigen Hoffnung durch die Auferstehung Jesu Christi aus den Toten ...
  Denn ihr seid wiedergeboren nicht aus vergänglichem Samen, sondern aus unvergänglichem durch das lebendige und bleibende Wort Gottes.

- **1Petr 2,9** Ihr aber seid ein auserwähltes Geschlecht, ein königliches Priestertum, eine heilige Nation, ein Volk zum Besitztum, damit ihr die Tugenden dessen verkündigt, der euch aus der Finsternis zu seinem wunderbaren Licht berufen hat.

- **Eph 2,8-10** Denn aus Gnade seid ihr errettet durch Glauben, und das nicht aus euch, Gottes Gabe ist es; nicht aus Werken, damit niemand sich rühme. Denn wir sind sein Gebilde, in Christus Jesus geschaffen zu guten Werken, die Gott vorher bereitet hat, damit wir in ihnen wandeln sollen.

- **Tit 3,5-6** (Er) errettete ... uns, nicht aus Werken, die, in Gerechtigkeit <vollbracht>, wir getan hätten, sondern nach seiner Barmherzigkeit durch die Waschung der Wiedergeburt und Erneuerung des Heiligen Geistes. Den hat er durch Jesus Christus, unseren Heiland, reichlich über uns ausgegossen.

Kann ein Mensch hinsichtlich der Wiedergeburt lügen oder getäuscht werden? Gewiss! Der Herr Jesus und die Apostel erkannten dies. Während sie davor warnten, über den geistlichen Zustand eines anderen Menschen zu richten, gaben sie die Verheißung, dass wir anhand der »Frucht« des Betreffenden erkennen können, ob es wirklich eine Wiedergeburt gegeben hat. Daher geht es bei der Wiedergeburt nicht nur um eine Bitte. Sie beinhaltet vielmehr ein Verpflichtung, Gott zu lieben und nach seinem Willen zu leben.

- **1Jo 3,14** Wir wissen, dass wir aus dem Tod in das Leben hinübergegangen sind, weil wir die Brüder lieben; wer nicht liebt, bleibt im Tod.

- **1Jo 5,4-5.12** Denn alles, was aus Gott geboren ist, überwindet die Welt; und dies ist der Sieg, der die Welt überwunden hat: unser Glaube. Wer aber ist es, der die Welt überwindet, wenn nicht der, der glaubt, dass Jesus der Sohn Gottes ist? ...
  Wer den Sohn hat, hat das Leben; wer den Sohn Gottes nicht hat, hat das Leben nicht.

- **Mt 7,17-21** So bringt jeder gute Baum gute Früchte, aber der faule Baum bringt schlechte Früchte. Ein guter Baum kann nicht schlechte Früchte bringen, noch <kann> ein fauler Baum gute Früchte bringen. Jeder

Baum, der nicht gute Frucht bringt, wird abgehauen und ins Feuer geworfen. Deshalb, an ihren Früchten werdet ihr sie erkennen.

Nicht jeder, der zu mir sagt: Herr, Herr! wird in das Reich der Himmel hineinkommen, sondern wer den Willen meines Vaters tut, der in den Himmeln ist.

* **Mt 3,8**   Bringt nun der Buße würdige Frucht!

WIEDERKUNFT DES HERRN JESUS DIE ENTRÜCKUNG

Siehe auch »Ewiges Leben«, »Himmel«, »Hölle«

*M*anchmal wirft man Christen vor, »nicht von dieser Welt« zu sein. Damit hat man in gewisser Weise Recht. Der christliche Glaube konzentriert sich **tatsächlich** auf das ewige Leben mit Gott. Doch dieser Glaube beeinflusst unser Leben **in dieser Welt.** Einige der edelsten und größten karitativen Taten wurden von Menschen vollbracht, die glaubten, dass sie letztendlich nicht für die Erde, sondern für den Himmel bestimmt sind.

Leider hat es allzu oft den Anschein, als seien Christen »von dieser Welt«, indem sie vergessen, dass die Bibel an sehr vielen Stellen über das Ende des irdischen Lebens redet. In der Vergangenheit war für Christen die Verheißung des Herrn, dass er wiederkommen würde, ein starker Trost. Das sollte auch für uns gelten.

Billy Graham fasste diesen Glauben ziemlich gut zusammen: »Unsere Welt ist voller Angst, Hass, Begierde, Habsucht, Krieg und tiefer Verzweiflung. Mit Sicherheit umfasst die Wiederkunft Jesu Christi die einzige Hoffnung darauf, dass an die Stelle dieser bedrückenden Merkmale Vertrauen, Liebe, allumfassender Friede und Wohlergehen treten.«

- **Phil 3,20-21** Denn *unser* Bürgerrecht ist in <den> Himmeln, von woher wir auch <den> Herrn Jesus Christus als Retter erwarten, der unseren Leib der Niedrigkeit umgestalten wird zur Gleichgestalt mit seinem Leib der Herrlichkeit, nach der wirksamen Kraft, mit der er vermag, auch alle Dinge sich zu unterwerfen.

- **1Thes 4,15-18** Denn dies sagen wir euch in einem Wort des Herrn, dass wir, die Lebenden, die übrigbleiben bis zur Ankunft des Herrn, den Entschlafenen keineswegs zuvorkommen werden. Denn der Herr selbst wird beim Befehlsruf, bei der Stimme eines Erzengels und bei <dem Schall> der Posaune Gottes herabkommen vom Himmel, und die Toten in Christus werden zuerst auferstehen; danach werden wir, die Lebenden, die übrigbleiben, zugleich mit ihnen entrückt werden in Wolken dem Herrn entgegen in die Luft; und so werden wir allezeit beim Herrn sein. So ermuntert nun einander mit diesen Worten!

- **1Petr 5,4** Und wenn der Oberhirte offenbar geworden ist, so werdet ihr den unverwelklichen Siegeskranz der Herrlichkeit empfangen.

- **1Jo 3,2** Geliebte, jetzt sind wir Kinder Gottes, und es ist noch nicht offenbar geworden, was wir sein werden; wir wissen, dass wir, wenn es offenbar werden wird, ihm gleich sein werden, denn wir werden ihn sehen, wie er ist.

In den Evangelien verheißt der Herr Jesus seine Wiederkunft, nennt aber keinen genauen Zeitpunkt. Obwohl er diese Verheißung gegenüber seinen Jüngern ausspricht, verdeutlicht der Herr Jesus, dass damit mehr beabsichtigt ist. Die Möglichkeit, dass er zu jedem beliebigen Zeitpunkt wiederkommen kann, bedeutet, dass wir ein gottgemäßes Leben führen sollten, damit wir stets bereit sind. Wir sollten uns so verhalten, als würde der »Inspekteur« in jedem Augenblick kommen.

- **Mt 24,36-42** Von jenem Tag aber und jener Stunde weiß niemand, auch nicht die Engel in den Himmeln, auch nicht der Sohn, sondern der Vater allein. Aber wie die Tage Noahs <waren>, so wird auch die Ankunft des Sohnes des Menschen sein. Denn wie sie in jenen Tagen vor der Flut waren: sie aßen und tranken, sie heirateten und verheirateten bis zu dem Tag, da Noah in die Arche ging und sie es nicht erkannten, bis die Flut kam und alle wegraffte, so wird auch die Ankunft des Sohnes des Menschen sein. Dann werden zwei auf dem Feld sein, einer wird genommen und einer gelassen; zwei <Frauen>

werden an dem Mühlstein mahlen, eine wird genommen und eine gelassen. Wacht also! Denn ihr wisst nicht, an welchem Tag euer Herr kommt.

• **Mk 13,34-36** Wie ein Mensch, der außer Landes reiste, sein Haus verließ und seinen Knechten die Vollmacht gab, einem jeden sein Werk, und dem Türhüter einschärfte, dass er wache, so wacht nun! Denn ihr wisst nicht, wann der Herr des Hauses kommt, ob des Abends oder um Mitternacht oder um den Hahnenschrei oder frühmorgens, damit er nicht, wenn er plötzlich kommt, euch schlafend finde.

• **Lk 21,27-31.34-36** Und dann werden sie den Sohn des Menschen kommen sehen in einer Wolke mit Macht und großer Herrlichkeit. Wenn aber diese Dinge anfangen zu geschehen, so blickt auf und hebt eure Häupter empor, weil eure Erlösung naht.

Und er sprach ein Gleichnis zu ihnen: Seht den Feigenbaum und alle Bäume! Wenn sie schon ausschlagen, so erkennt ihr von selbst, da ihr es seht, dass der Sommer schon nahe ist. So erkennt auch ihr, wenn ihr dies geschehen seht, dass das Reich Gottes nahe ist ... Hütet euch aber, dass eure Herzen nicht etwa beschwert werden durch Völlerei und Trunkenheit und Lebenssorgen und jener Tag plötzlich über euch hereinbricht wie ein Fallstrick! Denn er wird über alle kommen, die auf dem ganzen Erdboden ansässig sind. Wacht nun und betet zu aller Zeit, dass ihr imstande seid, diesem allem, was geschehen soll, zu entfliehen und vor dem Sohn des Menschen zu stehen!

Die Wiederkunft des Herrn umfasst ein Kommen nur für die Seinen zur Entrückung (s. o.) und ein Kommen »in Macht und Herrlichkeit« sichtbar für alle Menschen zu deren Gericht und zur Aufrichtung des Tausendjährigen Reiches. Dann jedoch sind die Gläubigen bereits mit Christus vereint und erscheinen zusammen mit ihm »in Herrlichkeit«. (Hinzufügung dieses Absatzes durch den dt. Herausgeber.)

- **Kol 3,4** Wenn der Christus, euer Leben, geoffenbart werden wird, dann werdet auch ihr mit ihm geoffenbart werden in Herrlichkeit.

- **1Thes 5,2-3** Denn ihr selbst wisst genau, dass der Tag des Herrn so kommt wie ein Dieb in der Nacht. Wenn sie sagen: Friede und Sicherheit! dann kommt ein plötzliches Verderben über sie, wie die Geburtswehen über die Schwangere; und sie werden nicht entfliehen.

- **1Petr 4,13** ... sondern freut euch, insoweit ihr der Leiden des Christus teilhaftig seid, damit ihr euch auch in der Offenbarung seiner Herrlichkeit jubelnd freut!

- **Mt 25,31-46** Wenn aber der Sohn des Menschen kommen wird in seiner Herrlichkeit und alle Engel mit ihm, dann wird er auf seinem Thron der Herrlichkeit sitzen; und vor ihm werden versammelt werden alle Nationen, und er wird sie voneinander scheiden, wie der Hirte die Schafe von den Böcken scheidet. Und er wird die Schafe zu seiner Rechten stellen, die Böcke aber zur Linken. Dann wird der König zu denen zu seiner Rechten sagen: Kommt her, Gesegnete meines Vaters, erbt das Reich, das euch bereitet ist von Grundlegung der Welt an! Denn mich hungerte, und ihr gabt mir zu essen; mich dürstete, und ihr gabt mir zu trinken; ich war Fremdling, und ihr nahmt mich auf; nackt, und ihr bekleidetet mich; ich war krank, und ihr besuchtet mich; ich war im Gefängnis, und ihr kamt zu mir. Dann werden die Gerechten ihm antworten und sagen: Herr, wann sahen wir dich hungrig und speisten dich? Oder durstig und gaben dir zu trinken? Wann aber sahen wir dich als Fremdling und nahmen dich auf? Oder nackt und bekleideten dich? Wann aber sahen wir dich krank oder im Gefängnis und kamen zu dir? Und der König wird antworten und zu ihnen sagen: Wahrlich, ich sage euch, was ihr einem dieser meiner geringsten Brüder getan habt, habt ihr mir getan.
    Dann wird er auch zu denen zur Linken sagen: Geht von mir, Verfluchte, in das ewige Feuer, das bereitet ist dem Teufel und seinen Engeln! Denn mich hungerte, und

ihr gabt mir nicht zu essen; mich dürstete, und ihr gabt mir nicht zu trinken; ich war Fremdling, und ihr nahmt mich nicht auf; nackt, und ihr bekleidetet mich nicht; krank und im Gefängnis, und ihr besuchtet mich nicht. Dann werden auch sie antworten und sagen: Herr, wann sahen wir dich hungrig oder durstig oder als Fremdling oder nackt oder krank oder im Gefängnis und haben dir nicht gedient? Dann wird er ihnen antworten und sagen: Wahrlich, ich sage euch, was ihr einem dieser Geringsten nicht getan habt, habt ihr auch mir nicht getan. Und diese werden hingehen zur ewigen Strafe, die Gerechten aber in das ewige Leben.

- **Mt 16,27** Denn der Sohn des Menschen wird kommen in der Herrlichkeit seines Vaters mit seinen Engeln, und dann wird er einem jeden vergelten nach seinem Tun.

- **Lk 9,26** Denn wer sich meiner und meiner Worte schämt, dessen wird der Sohn des Menschen sich schämen, wenn er kommen wird in seiner Herrlichkeit und der des Vaters und der heiligen Engel.

- **Offb 1,7** Siehe, er kommt mit den Wolken, und jedes Auge wird ihn sehen, auch die, welche ihn durchstochen haben, und wehklagen werden seinetwegen alle Stämme der Erde. Ja, Amen.

Es ist angemessen, dass die Bibel mit einem Gebet und einer Verheißung hinsichtlich der Wiederkunft Jesu endet.

- **Offb 22,12.20** Siehe, ich komme bald und mein Lohn mit mir, um einem jeden zu vergelten, wie sein Werk ist
...
    Der diese Dinge bezeugt, spricht: Ja, ich komme bald. Amen, komm, Herr Jesus!

ZEUGNISGEBEN

Siehe auch »Gelegenheiten«

Wer hätte gedacht, dass heute - zu Beginn eines neuen Jahrtausends - die Menschen so »sendungsbewusst« sein würden? Mit großem Sendungsbewusstsein - manchmal lautstark und unter Gewaltanwendung - kämpft man für Tierschutz, für Abtreibung, gegen Atomwaffen usw. Sich für eine Sache einzusetzen, ist modern geworden.

In der Bibel geht es einzig und allein um die große Sache, um Gottes Anliegen. Die Bibel enthält zahlreiche Stellen darüber, wie man ein Zeugnis für diesen Gott und seine Güte ist. Das Zeugnisgeben für Gott stellt manchmal in die Konfrontation, geschieht aber nie gewaltsam und brutal.

- **Jes 52,7** Wie lieblich sind auf den Bergen die Füße dessen, der <frohe> Botschaft bringt, der Frieden verkündet, der gute Botschaft bringt, der Heil verkündet, der zu Zion spricht: Dein Gott herrscht als König!

- **Jes 61,1-2** Der Geist des Herrn, HERRN, ist auf mir; denn der HERR hat mich gesalbt. Er hat mich gesandt, den Elenden frohe Botschaft zu bringen, zu verbinden, die gebrochenen Herzens sind, Freilassung auszurufen den Gefangenen und Öffnung des Kerkers den Gebundenen, auszurufen das Gnadenjahr des HERRN und den Tag der Rache für unsern Gott, zu trösten alle Trauernden.

Der Herr Jesus sprach oft über die Frage des Zeugnisgebens für das Reich Gottes. Nach seinen Worten gibt es keinen völlig privaten Glauben. Ein Kind Gottes könnte seinen Glauben nie für sich behalten.

- **Mt 5,13-16** *Ihr* seid das Salz der Erde; wenn aber das Salz fade geworden ist, womit soll es gesalzen werden? Es taugt zu nichts mehr, als hinausgeworfen und von den Menschen zertreten zu werden.

  Ihr seid das Licht der Welt; eine Stadt, die oben auf einem Berg liegt, kann nicht verborgen sein. Man zündet auch nicht eine Lampe an und setzt sie unter den Scheffel, sondern auf das Lampengestell, und sie leuchtet allen, die im Hause sind. So soll euer Licht leuchten vor den Menschen, damit sie eure guten Werke sehen und euren Vater, der in den Himmeln ist, verherrlichen.

- **Mt 10,32-33** Jeder nun, der sich vor den Menschen zu mir bekennen wird, zu dem werde auch ich mich bekennen vor meinem Vater, der in den Himmeln ist. Wer aber mich vor den Menschen verleugnen wird, den werde auch ich verleugnen vor meinem Vater, der in den Himmeln ist.

- **Mt 24,14** Und dieses Evangelium des Reiches wird gepredigt werden auf dem ganzen Erdkreis, allen Nationen zu einem Zeugnis, und dann wird das Ende kommen.

- **Apg 1,8** Aber ihr werdet Kraft empfangen, wenn der Heilige Geist auf euch gekommen ist; und ihr werdet meine Zeugen sein, sowohl in Jerusalem als auch in ganz Judäa und Samaria und bis an das Ende der Erde.

Nach den Evangelien könnte das Neue Testament das »Buch der Zeugen« genannt werden, da der entsprechende Bericht von den Aposteln handelt, wie sie von der Guten Nachricht Christi Zeugnis ablegten. Dies brachte oft Verfolgung mit sich, doch die Nachfolger des Herrn Jesus wussten, dass sie die Nachricht vom Heil nicht für sich behalten konnten - ungeachtet dessen, was die Welt denken oder tun würde.

- **Apg 22,15** Denn du wirst ihm an alle Menschen ein Zeuge sein von dem, was du gesehen und gehört hast.

- **2Kor 5,18-20** Alles aber von Gott, der uns mit sich selbst versöhnt hat durch Christus und uns den Dienst der Versöhnung gegeben hat, <nämlich> dass Gott in Christus war und die Welt mit sich selbst versöhnte, ihnen ihre Übertretungen nicht zurechnete und in uns das Wort von der Versöhnung gelegt hat. So sind wir nun Gesandte an Christi Statt, indem Gott gleichsam durch uns ermahnt; wir bitten für Christus: Lasst euch versöhnen mit Gott!

- **2Tim 1,7-8** Denn Gott hat uns nicht einen Geist der Furchtsamkeit gegeben, sondern der Kraft und der Liebe und der Zucht. So schäme dich nun nicht des Zeugnisses unseres Herrn noch meiner, seines Gefangenen, sondern leide mit für das Evangelium nach der Kraft Gottes!

Eine der ernstesten Warnungen des Herrn Jesus betraf Gläubige, die es vorzogen, ihren Glauben zu verbergen. Er legte dar, dass der Glaube solcher Menschen Heuchelei sei.

- **Lk 9,26** Denn wer sich meiner und meiner Worte schämt, dessen wird der Sohn des Menschen sich schämen, wenn er kommen wird in seiner Herrlichkeit und der des Vaters und der heiligen Engel.

Zeugnisgeben bedeutet nach dem Neuen Testament viel mehr, als von Christus zu reden. Es bedeutet, so zu leben, dass unser Leben seinen Sinn verlieren würde, wenn Gott nicht in uns am Werk wäre. Es bedeutet, dass unser Leben Menschen zwingt, sich zu fragen: »Was haben diese Christen? Und wie kann ich dies bekommen?« Wenn wir wirklich Gott in das Zentrum unseres Lebens stellen, werden diese Fragen zwangsläufig beantwortet werden.

- **Phil 2,13-15** Denn Gott ist es, der in euch wirkt sowohl das Wollen als auch das Wirken zu <seinem> Wohlgefallen. Tut alles ohne Murren und Zweifel, damit ihr tadellos und lauter seid, unbescholtene Kinder Gottes inmitten eines verdrehten und verkehrten Geschlechts, unter dem ihr leuchtet wie <Himmels->Lichter in der Welt.

- **Kol 3,17** Und alles, was ihr tut, im Wort oder im Werk, alles tut im Namen des Herrn Jesus, und sagt Gott, dem Vater, Dank durch ihn!

- **Kol 4,5-6** Wandelt in Weisheit gegenüber denen, die draußen sind, kauft die gelegene Zeit aus! Euer Wort sei allezeit in Gnade, mit Salz gewürzt; ihr sollt wissen, wie ihr jedem einzelnen antworten sollt!

- **1Petr 2,11-12** Geliebte, ich ermahne <euch> als Beisassen und Fremdlinge, dass ihr euch der fleischlichen Begierden, die gegen die Seele streiten, enthaltet, und führt euren Wandel unter den Nationen gut, damit sie, worin sie gegen euch als Übeltäter reden, aus den guten Werken, die sie anschauen, Gott verherrlichen am Tage der Heimsuchung!

- **1Petr 3,14-16** Aber wenn ihr auch leiden solltet um der Gerechtigkeit willen, glückselig <seid ihr>! Fürchtet aber nicht ihren Schrecken, seid auch nicht bestürzt, sondern haltet den Herrn, den Christus, in euren Herzen heilig! Seid aber jederzeit bereit zur Verantwortung jedem gegenüber, der Rechenschaft von euch über die Hoffnung in euch fordert, aber mit Sanftmut und Ehrerbietung! Und habt ein gutes Gewissen, damit die, welche euren guten Wandel in Christus verleumden, darin zuschanden werden, <worin> euch Übles nachgeredet wird.

- **1Thes 4,11-12a** Und (setzt) eure Ehre darein ..., still zu sein und eure eigenen Geschäfte zu tun und mit euren Händen zu arbeiten, so wie wir euch geboten haben, damit ihr anständig wandelt gegen die draußen.

Zorn

Siehe auch »Hass«, »Sanftmut, Demut, Milde«,
»Stolz, Hochmut und Einbildung«,
»Selbstbeherrschung, Enthaltsamkeit und Selbstverleugnung«

*D*ie Bibel sagt an keiner Stelle, dass wir nie zornig sein sollen. Ja, sie berichtet, wie der Herr Jesus, Gottes vollkommener Sohn, die habsüchtigen Geldwechsler aus dem Tempel trieb (Johannes 2,14-16). Jesu Beispiel veranschaulicht, welcher Art der Zorn ist, den Christen verspüren sollten - Zorn angesichts von Unterdrückung, Ungerechtigkeit in der Welt und offensichtlicher Grausamkeit. Mit anderen Worten: Wir sollten über **Sünde** zornig sein.

Doch es nicht diese Art des Zorns, der die meisten von uns packt. Geraten wir nicht gewöhnlich dann in Zorn - manchmal gar in überschäumende Wut -, wenn wir gekränkt, ignoriert oder beleidigt werden? Ist es nicht der Stolz und das Ich, aufgrund derer wir meist zornig werden? Vor dieser Art des Zorns warnt uns die Bibel. Sie verheißt traurige Konsequenzen, wenn wir darin verharren.

- **Jak 1,19-20** Ihr wisst <doch>, meine geliebten Brüder: Jeder Mensch sei schnell zum Hören, langsam zum Reden, langsam zum Zorn! Denn eines Mannes Zorn wirkt nicht Gottes Gerechtigkeit.

- **Pred 7,9** Sei nicht vorschnell in deinem Geist zum Zorn, denn der Zorn ruht im Busen der Toren.

- **Ps 37,8** Lass ab vom Zorn und lass den Grimm! Entrüste dich nicht! <Es führt> nur zum Bösen.

- **Hi 5,2** Denn den Toren bringt der Gram um, und den Einfältigen tötet der Eifer.

- **Spr 14,7** Tritt einem törichten Mann gegenüber, und du wirst keine verständigen Lippen kennen lernen.

- **Spr 16,32** Besser ein Langmütiger als ein Held, und besser, wer seinen Geist beherrscht, als wer eine Stadt erobert.

- **Spr 29,22** Ein zorniger Mann erregt Streit, und ein Hitziger ist reich an Vergehen.

- **Mt 5,22** Ich aber sage euch, dass jeder, der seinem Bruder zürnt, dem Gericht verfallen sein wird; wer aber zu seinem Bruder sagt: Raka! dem Hohen Rat verfallen sein wird; wer aber sagt: Du Narr! der Hölle des Feuers verfallen sein wird.

Wir können unseren Zorn unter Kontrolle halten, denn Gott verheißt, uns dabei zu helfen. Damit handeln wir jedoch gegen den Rat, den die Welt gewöhnlich zu bieten hat: »Lass deinen Gefühlen freien Lauf! Halte dich nicht zurück!« Warum eigentlich nicht? Fühlen wir uns wirklich besser, nachdem wir gegen einen anderen Menschen vorgegangen sind? Oder tendieren wir dazu, erneut so zu handeln, indem wir die Auswirkungen auf andere Menschen übersehen? Ignorieren wir die Weisheit von oben, die sagt: »Komm wieder zur Ruhe«?

- **Röm 12,19-21** Rächt euch nicht selbst, Geliebte, sondern gebt Raum dem Zorn! Denn es steht geschrieben: »Mein ist die Rache; ich will vergelten, spricht der Herr.« »Wenn nun deinen Feind hungert, so speise ihn; wenn ihn dürstet, so gib ihm zu trinken! Denn wenn du das tust, wirst du feurige Kohlen auf sein Haupt sammeln.« Lass dich nicht vom Bösen überwinden, sondern überwinde das Böse mit dem Guten!

Die Sprüche, jenes äußerst praktische Buch des Alten Testaments, beinhalten wahrscheinlich mehr Stellen über den Zorn als jeder andere Teil der Bibel. Da sich einige Dinge nie ändern - wie offensichtlich die menschliche Natur -, geben die Sprüche einige zeitlose Weisheiten hinsichtlich eines zeitlosen Problems weiter.

- **Spr 15,1**   Eine sanfte Antwort wendet Grimm ab, aber ein kränkendes Wort erregt Zorn.

- **Spr 12,16**   Der Narr - sein Unmut tut sich an demselben Tag <noch> kund, wer aber die Schmach verborgen hält, ist klug.

- **Spr 15,18**   Ein hitziger Mann erregt Zank, aber ein Langmütiger beschwichtigt den Rechtsstreit.

- **Spr 17,14**   <Wie> einer, der Wasser entfesselt, <so> ist der Anfang eines Streites; bevor also der Rechtsstreit losbricht, lass ab!

- **Spr 19,11**   Die Einsicht eines Menschen macht ihn langmütig, und sein Ruhm ist es, an der Übertretung vorüberzugehen.

- **Spr 29,8**   Spötter versetzen eine Stadt in Aufruhr, Weise aber wenden den Zorn ab.

- **Spr 19,19**   Wer maßlos zornig ist, muss <seine> Geldbuße zahlen; denn greifst du auch ein, so machst du es nur noch schlimmer.

- **Spr 22,24-25**   Lass dich nicht ein mit einem Zornigen, und mit einem Mann, der sich schnell erregt, verkehre nicht, damit du dich nicht an seine Pfade gewöhnst und deinem Leben eine Falle stellst!

Das Neue Testament weitet das Verständnis dafür, wie wir den Zorn beherrschen können. Christen bilden den Leib Christi, so dass wir als einverleibte Glieder dieses Leibes in besonderer Weise verpflichtet sind, uns umeinander zu kümmern. Es wird zu Zornesausbrüchen kommen - selbst unter ernsthaften Gläubigen. Doch diese sollten so schnell wie möglich beendet werden.

- **Eph 4,26** Zürnet, und sündigt <dabei> nicht! Die Sonne gehe nicht unter über eurem Zorn.

- **Eph 4,31-32** Alle Bitterkeit und Wut und Zorn und Geschrei und Lästerung sei von euch weggetan, samt aller Bosheit! Seid aber zueinander gütig, mitleidig, und vergebt einander, so wie auch Gott in Christus euch vergeben hat!

- **Kol 3,8-10** Jetzt aber legt auch ihr das alles ab: Zorn, Wut, Bosheit, Lästerung, schändliches Reden aus eurem Mund. Belügt einander nicht, da ihr den alten Menschen mit seinen Handlungen ausgezogen und den neuen angezogen habt, der erneuert wird zur Erkenntnis nach dem Bild dessen, der ihn erschaffen hat!

ZÜCHTIGUNG UND ZURECHTBRINGUNG

Siehe auch »Gemeinschaft mit Gott«, »Geduld und Langmut«, »Ausharren«, »Persönliches Wachstum«

Heutzutage wird es als Tugend angesehen, wenn jemand »nicht richtet«. Ist dies nicht eigenartig angesichts dessen, dass Menschen persönliche Fitnesstrainer konsultieren, deren Kritik und Rat ihnen helfen soll? Sporttrainer wissen, dass die Menschen, denen sie kritische Ratschläge geben, Hilfe suchen, weil sie fit sein wollen und ihre Fähigkeiten verbessern möchten. »Sagen Sie mir, was ich falsch mache. Ich möchte es besser machen!« Einem Sporttrainer dies zu sagen, fällt uns nicht schwer, doch uns missfällt der Gedanke an einen »moralischen Experten«, der uns züchtigt und unsere Fehler korrigiert. Wir wehren uns gegen den Gedanken an einen Gott, der auf diese Weise handelt.

Doch genau ein solcher Gott wird in der Bibel offenbart. Er will, dass wir uns bessern, uns vervollkommnen und ihn sowie andere Menschen immer mehr lieben. Gott ist ein Gott der Liebe, und echte Liebe schließt Züchtigung mit ein. Sein Volk sollte mit diesem Tatbestand rechnen, ja ihn sogar freudig erwarten. Und sein Volk sollte sich in gleicher Weise liebevoll um das geistliche Wohl des anderen kümmern.

- **5Mo 8,5-6** So erkenne in deinem Herzen, dass der HERR, dein Gott, dich erzieht wie ein Mann seinen Sohn erzieht! Halte nun die Gebote des HERRN, deines Gottes, indem du auf seinen Wegen gehst und ihn fürchtest.

- **Hi 5,17-18** Siehe, glücklich ist der Mensch, den Gott zurechtweist! So verwirf <denn> nicht die Züchtigung des Allmächtigen! Denn er bereitet Schmerz und verbindet, er zerschlägt, und seine Hände heilen.

- **Ps 94,10-12** Der die Nationen unterweist, sollte der nicht zurechtweisen? er, der Erkenntnis lehrt den Menschen? Der HERR kennt die Gedanken des Menschen, dass sie ein Hauch sind. Glücklich der Mann, den du züchtigst, Jah, den du belehrst aus deinem Gesetz.

- **Spr 1,7** Die Furcht des HERRN ist der Anfang der Erkenntnis. Weisheit und Zucht verachten <nur> die Narren.

- **Spr 3,12** Denn wen der HERR liebt, den züchtigt er wie ein Vater den Sohn, den er gern hat.

- **Spr 6,23** Denn eine Leuchte ist das Gebot und die Weisung ein Licht, und ein Weg zum Leben sind Ermahnungen der Zucht.

- **Spr 12,1** Wer Zucht liebt, liebt Erkenntnis; und wer Ermahnung hasst, ist dumm.

- **Spr 15,5** Ein Narr verschmäht die Zucht seines Vaters; wer aber die Zurechtweisung beachtet, ist klug.

- **Spr 15,31** Ein Ohr, das auf heilsame Mahnung hört, wird inmitten der Weisen bleiben.

- **Spr 17,10** Zurechtweisung dringt bei einem Verständigen tiefer ein als hundert Schläge bei einem Toren.

- **Spr 25,12** Ein goldener Ohrring und ein Halsgeschmeide aus feinem Gold, <so ist> ein weiser Mahner für ein hörendes Ohr.

- **Spr 27,5-6** Besser offene Rüge als verborgen gehaltene Liebe. Treu gemeint sind die Schläge dessen, der liebt, aber überreichlich die Küsse des Hassers.

- **Pred 7,5** Besser, das Schelten des Weisen zu hören, als dass einer das Singen der Toren hört.

- **1Kor 11,32** Wenn wir aber vom Herrn gerichtet werden, so werden wir gezüchtigt, damit wir nicht mit der Welt verurteilt werden.

- **2Kor 4,17-18** Denn das schnell vorübergehende Leichte unserer Bedrängnis bewirkt uns ein über die Maßen überreiches, ewiges Gewicht von Herrlichkeit, da wir nicht das Sichtbare anschauen, sondern das Unsichtbare; denn das Sichtbare ist zeitlich, das Unsichtbare aber ewig.

- **2Tim 3,16-17** Alle Schrift ist von Gott eingegeben und nützlich zur Lehre, zur Überführung, zur Zurechtweisung, zur Unterweisung in der Gerechtigkeit, damit der Mensch Gottes richtig sei, für jedes gute Werk ausgerüstet.

Das große biblische »Züchtigungskapitel« befindet sich in Hebräer 12. Der Autor hält dort eine wunderbare Verheißung für Christen bereit: Mit Hilfe der väterlichen Züchtigung Gottes sollen wir passend gemacht werden, ewig mit ihm zu leben.

- **Hebr 12,5-11** (Ihr) habt die Ermahnung vergessen, die zu euch als zu Söhnen spricht:»Mein Sohn, schätze nicht gering des Herrn Züchtigung, und ermatte nicht, wenn du von ihm gestraft wirst! Denn wen der Herr liebt, den züchtigt er; er schlägt aber jeden Sohn, den er aufnimmt.« <Was> ihr erduldet, <ist> zur Züchtigung: Gott behandelt euch als Söhne. Denn ist der ein Sohn, den der Vater nicht züchtigt? Wenn ihr aber ohne Züchtigung seid, deren alle teilhaftig geworden sind, so seid ihr Bastarde und nicht Söhne. Zudem hatten wir auch unsere leiblichen Väter als Züchtiger und scheuten sie. Sollen wir uns nicht vielmehr dem Vater der Geister unterordnen und leben? Denn sie züchtigten <uns> zwar für wenige Tage nach ihrem Gutdünken, er aber zum Nutzen, damit wir seiner Heiligkeit teilhaftig werden. Alle Züchtigung scheint uns zwar für die Gegenwart nicht Freude, sondern Traurigkeit zu sein; nachher aber gibt sie denen, die durch sie geübt sind, die friedvolle Frucht der Gerechtigkeit.

Aus biblischer Sicht sind wir nicht nur Gott, sondern auch untereinander verantwortlich. Dies meint nicht, dass wir uns überall einmischen sollen. Vielmehr bedeutet es, dass wir uns in dem Bestreben, ein Leben in Liebe und Gottesfurcht zu führen, von anderen Menschen mit den gleichen Eigenschaften leiten lassen sollten. Obwohl Gott unser Vater ist, entspringt ein Teil seiner Weisheit der Züchtigung, die unsere Glaubensgeschwister auf der Erde ausüben.

- **Ps 141,5** Der Gerechte schlage mich - es ist Gnade. Er strafe mich - es ist Öl <für> das Haupt. Mein Haupt wird sich nicht weigern. Denn noch immer bete ich trotz des Unheils, das sie tun.

- **Spr 9,8** Rüge nicht den Spötter, damit er dich nicht hasst; rüge den Weisen, so wird er dich lieben!

- **1Tim 5,20** Die da sündigen, weise vor allen zurecht, damit auch die übrigen Furcht haben!

- **Hebr 3,13** ... sondern ermuntert einander jeden Tag, solange es »heute« heißt, damit niemand von euch verhärtet werde durch Betrug der Sünde!

In der Offenbarung, dem letzten Buch der Bibel, befindet sich die Schau vom Ende der gegenwärtigen und dem Kommen der neuen Welt. Es ist angemessen, dass der Herr Jesus in den abschließenden Kapiteln der Bibel sowohl eine Verheißung als auch eine Warnung ausspricht:

- **Offb 3,19** Ich überführe und züchtige alle, die ich liebe. Sei nun eifrig und tu Buße!

ZUFRIEDENHEIT

Siehe auch »Ehrgeiz«, »Neid und Eifersucht«, »Friede«,
»Irdische Sorgen«, »Kummer und Sorgen«

*D*er Komiker Will Rogers beschrieb Werbung folgendermaßen. Sie »soll in Menschen nicht vorhandene Bedürfnisse wecken und sie veranlassen, dafür mit nicht vorhandenem
Geld zu bezahlen.« Er hatte einen wesentlichen Grundsatz der
Werbung verstanden: Rede einem Menschen ein, dass er unzufrieden ist und Produkt X braucht, damit seine Lebensqualität
verbessert wird. »Wie schön wäre mein Leben, wenn ich nur ...
hätte.« Wie bitte? Eine bessere Arbeitsstelle? Ein neues Auto?
Mehr Urlaub? Größere Muskeln? Eine neue Haarfarbe?

Unsere Bemühungen sind nicht nur auf materielle Dinge
beschränkt. Unsere »Wunschliste« kann auch eine andere Familie, einen anderen Ehepartner, einen Umzug oder sonst irgend-
etwas beinhalten. Überall in unserer Umgebung wird uns ein-
geredet, dass das Leben schön wäre, wenn sich nur ein
bestimmter Bereich unseres Lebens ändern würde. Diese Ein-
flüsterungen begannen nicht mit dem Werbezeitalter. Sie sind so
alt wie die Menschheit. Die biblischen Schreiber waren damit
vertraut. Sie kannten auch jene zeitlose Wahrheit: Zufrieden ist
man nur, wenn man im Willen Gottes lebt. Bis wir **hier** volle
Genüge erfahren, wird das Gras im Garten des anderen immer
grüner sein.

- **Spr 14,30** Ein gelassenes Herz ist des Leibes Leben,
aber Wurmfraß in den Knochen ist die Leidenschaft.

- **Spr 15,15b** ... aber ein fröhliches Herz <hat> ein
ständiges Festmahl.

- **Spr 16,8** Besser wenig mit Gerechtigkeit als viel Einkommen mit Unrecht.

- **Spr 17,1** Besser ein trockener Bissen und Ruhe dabei als ein Haus voller Festspeisen, aber Streit dabei.

- **Spr 17,22** Ein fröhliches Herz bringt gute Besserung, aber ein niedergeschlagener Geist dörrt das Gebein aus.

- **Spr 23,17-18** Dein Herz eifere nicht gegen die Sünder, sondern um die Furcht des HERRN jeden Tag! Denn wahrlich, es gibt <noch> ein Ende, und dann wird deine Hoffnung nicht zuschanden.

- **Pred 2,24** Es gibt nichts Besseres für den Menschen, als dass er isst und trinkt und seine Seele Gutes sehen lässt bei seinem Mühen. Auch das sah ich, dass dies alles aus der Hand Gottes <kommt>.

- **Pred 5,11** Süß ist der Schlaf des Arbeiters, ob er wenig oder viel isst; aber der Überfluss des Reichen lässt ihn nicht schlafen.

- **Pred 6,9** Besser das Sehen mit den Augen als das Umherschweifen der Begierde! Auch das ist Nichtigkeit und ein Haschen nach Wind.

- **Hebr 13,5** Der Wandel sei ohne Geldliebe; begnügt euch mit dem, was vorhanden ist! Denn *er* hat gesagt: »Ich will dich *nicht* aufgeben und dich *nicht* verlassen.«

Derjenige biblische Autor, der über Zufriedenheit vielleicht am sachkundigsten schrieb, war der Apostel Paulus. Indem er geschlagen, eingekerkert, Opfer mehrerer Schiffbrüche geworden, verleumdet und verfolgt worden war, hatte er gelernt, dass äußere Lebensumstände nicht unseren inneren Frieden diktieren müssen. Die beiden folgenden Abschnitte stellen nur eine Auswahl dar.

- **Phil 4,11b-13** Denn ich habe gelernt, mich <darin> zu begnügen, worin ich bin. Sowohl erniedrigt zu sein, weiß ich, als auch Überfluss zu haben, weiß ich; in jedes und in alles bin ich eingeweiht, sowohl satt zu sein als auch zu hungern, sowohl Überfluss zu haben als auch Mangel zu leiden. Alles vermag ich in dem, der mich kräftigt.

- **1Tim 6,6-8** Die Gottseligkeit mit Genügsamkeit aber ist ein großer Gewinn; denn wir haben nichts in die Welt hereingebracht, so dass wir auch nichts hinausbringen können. Wenn wir aber Nahrung und Kleidung haben, so wollen wir uns daran genügen lassen.

ZUNGE

Siehe auch »Zorn«, »Neid und Eifersucht«, »Hass«,
»Richten anderer«, »Selbstgerechtigkeit«

*D*ieser Themenbereich könnte auch mit »Klatschsucht«, »Verleumdung« oder »Kritik« überschrieben werden. Der Grundgedanke besteht darin, dass Worte heilen, aber auch großen Schaden anrichten können. Und man braucht nicht einmal eine glatte Lüge, um einem anderen Menschen zu schaden. Eine Andeutung bzw. ein Hinweis reichen oft schon. Wenn eine Information erst einmal durch Klatsch verbreitet worden ist, wird selten das Positive verstärkt.

Die Bibel beinhaltet zahlreiche Stellen über unseren Gebrauch - und Missbrauch - der Zunge. Vielleicht sind wir versucht, Klatschsucht als relativ unbedeutende Sünde anzusehen, doch das Wort Gottes sieht dies anders. So wie wir uns beherrschen und nicht auf jeden einschlagen sollen, auf den wir zornig sind, sollen wir auch unsere Zunge zügeln, damit sie keinen Schaden anrichten kann. Es gibt auch Gewalt, bei der keine Verletzungen und Wunden entstehen.

* **Ps 34,13-16** Wer ist der Mann, der Lust zum Leben hat, der <seine> Tage liebt, um Gutes zu sehen? Bewahre deine Zunge vor Bösem und deine Lippen vor betrügerischer Rede; lass ab vom Bösen und tue Gutes, suche Frieden und jage ihm nach! Die Augen des HERRN <sind gerichtet> auf die Gerechten und seine Ohren auf ihr Schreien.

* **Spr 11,12-13** Wer seinen Nächsten verachtet, ist ohne Verstand, aber ein verständiger Mann schweigt. Wer als Verleumder umhergeht, gibt Anvertrautes preis; wer aber zuverlässigen Sinnes ist, hält die Sache verborgen.

- **Spr 12,18** Da ist ein Schwätzer, <dessen Worte sind> Schwertstiche; aber die Zunge der Weisen ist Heilung.

- **Spr 16,28** Ein Mann der Falschheit entfesselt Zank, und ein Ohrenbläser entzweit Vertraute.

- **Spr 18,8** Die Worte des Ohrenbläsers sind wie Leckerbissen, sie gleiten hinab in die Kammern des Leibes.

- **Spr 20,19** Wer Anvertrautes preisgibt, geht als Verleumder umher; und mit dem, der seine Lippen aufsperrt, lass dich nicht ein!

- **Ps 101,5** Wer seinen Nächsten heimlich verleumdet, den will ich stumm machen. Wer stolze Augen und ein hochmütiges Herz hat, den will ich nicht dulden.

- **Spr 25,23** Nordwind gebiert Regen, und eine heimliche Zunge verdrießliche Gesichter.

- **Spr 26,20-21** Wo das Holz zu Ende geht, erlischt das Feuer; und wo kein Ohrenbläser ist, kommt der Zank zur Ruhe. Kohle zur Kohlenglut und Holz zum Feuer und einen zänkischen Mann, um Streit zu entfachen.

Von dem Herrn Jesus stammen viele Aussagen über die Zunge. Er war sich bewusst, dass Menschen, die äußerlich »fromm« sind, sich vielleicht »großer« Sünden wie Ehebruch und Trunkenheit enthalten, aber genau solche sind, die durch ihr Reden enormen Schaden anrichten können.

- **Mt 12,33-37** Entweder macht den Baum gut, dann ist seine Frucht gut, oder macht den Baum faul, dann ist seine Frucht faul; denn an der Frucht wird der Baum erkannt. Otternbrut! Wie könnt ihr Gutes reden, da ihr böse seid? Denn aus der Fülle des Herzens redet der Mund. Der gute Mensch bringt aus dem guten Schatz Gutes hervor, und der böse Mensch bringt aus dem bösen Schatz Böses hervor. Ich sage euch aber, dass die Menschen von jedem unnützen Wort, das sie reden werden,

Rechenschaft geben müssen am Tag des Gerichts; denn aus deinen Worten wirst du gerechtfertigt werden, und aus deinen Worten wirst du verdammt werden.

- **Mt 15,18-20a** Was aber aus dem Mund herausgeht, kommt aus dem Herzen hervor, und das verunreinigt den Menschen. Denn aus dem Herzen kommen hervor böse Gedanken: Mord, Ehebruch, Unzucht, Diebstahl, falsche Zeugnisse, Lästerungen; diese Dinge sind es, die den Menschen verunreinigen.

Dem Beispiel des Herrn Jesus folgend haben die neutestamentlichen Verfasser viel darüber zu sagen, wie man die Zunge beherrscht. Sie waren sich bewusst - was für uns alle gelten sollte -, dass der durch Worte angerichtete Schaden groß sein kann.

- **Jak 1,26** Wenn jemand meint, er diene Gott, und zügelt nicht seine Zunge, sondern betrügt sein Herz, dessen Gottesdienst ist vergeblich.

- **Eph 4,31-32** Alle Bitterkeit und Wut und Zorn und Geschrei und Lästerung sei von euch weggetan, samt aller Bosheit! Seid aber zueinander gütig, mitleidig, und vergebt einander, so wie auch Gott in Christus euch vergeben hat!

- **Kol 3,8-10** Jetzt aber legt auch ihr das alles ab: Zorn, Wut, Bosheit, Lästerung, schändliches Reden aus eurem Mund. Belügt einander nicht, da ihr den alten Menschen mit seinen Handlungen ausgezogen und den neuen angezogen habt, der erneuert wird zur Erkenntnis nach dem Bild dessen, der ihn erschaffen hat!

Die klassische Stelle über die Beherrschung der Zunge befindet sich im Jakobusbrief. Diese Verse sollten am Spiegel des Badezimmers aller Christen angebracht werden, so dass sie jeden Morgen gelesen werden können.

- **Jak 3,2b-10** Wenn jemand nicht im Wort strauchelt, der ist ein vollkommener Mann, fähig, auch den ganzen

Leib zu zügeln. Wenn wir aber den Pferden die Zäume in die Mäuler legen, damit sie uns gehorchen, lenken wir auch ihren ganzen Leib. Siehe, auch die Schiffe, die so groß und von heftigen Winden getrieben sind, werden durch ein sehr kleines Steuerruder gelenkt, wohin das Trachten des Steuermanns will. So ist auch die Zunge ein kleines Glied und rühmt sich großer Dinge. Siehe, welch kleines Feuer, welch einen großen Wald zündet es an! Auch die Zunge ist ein Feuer; als die Welt der Ungerechtigkeit erweist sich die Zunge unter unseren Gliedern, <als diejenige>, die den ganzen Leib befleckt und den Lauf des Daseins entzündet und von der Hölle entzündet wird. Denn jede Art, sowohl der wilden Tiere als auch der Vögel, sowohl der kriechenden als auch der Seetiere, wird gebändigt und ist gebändigt worden durch die menschliche Art; die Zunge aber kann keiner der Menschen bändigen: <sie ist> ein unstetes Übel, voll tödlichen Giftes. Mit ihr preisen wir den Herrn und Vater, und mit ihr fluchen wir den Menschen, die nach dem Bild Gottes geschaffen worden sind. Aus demselben Mund geht Segen und Fluch hervor. Dies, meine Brüder, sollte nicht so sein!

Wieviel Klatsch und verbale Gewalt ist unter dem Namen »konstruktive Kritik« einzuordnen? In seinem Brief stellt Jakobus deutlich heraus, dass es unchristlich ist, Mitgeschwister - entweder offen ins Gesicht oder hinter deren Rücken - zu kritisieren.

- **Jak 4,11-12** Redet nicht schlecht übereinander, Brüder! Wer über einen Bruder schlecht redet oder seinen Bruder richtet, redet schlecht über das Gesetz und richtet das Gesetz. Wenn du aber das Gesetz richtest, so bist du nicht ein Täter des Gesetzes, sondern ein Richter. *Einer* ist Gesetzgeber und Richter, der zu erretten und zu verderben vermag. Du aber, wer bist du, der du den Nächsten richtest?

- **1Petr 2,1** Legt nun ab alle Bosheit und allen Trug und Heuchelei und Neid und alles üble Nachreden.

Wie steht es mit der Kehrseite der Medaille? Wie reagieren wir auf den uns durch jemanden anders zugefügten Schaden, selbst wenn wir die eigene Zunge beherrschen? Denken wir daran, dass Gott für uns eintreten wird. Die Bibel versichert uns, dass wir auf lange Sicht nichts befürchten müssen.

- **Jes 51,7-8** Hört auf mich, die ihr Gerechtigkeit kennt, du Volk, in dessen Herzen mein Gesetz ist: Fürchtet nicht die Schmähung der Menschen und erschreckt nicht vor ihren Hohnreden! Denn wie ein Kleid wird die Motte sie verzehren und wie Wolle die Schabe sie verzehren. Aber meine Gerechtigkeit wird in Ewigkeit bestehen und mein Heil von Generation zu Generation.

- **Mt 5,11-12** Glückselig seid ihr, wenn sie euch schmähen und verfolgen und alles Böse lügnerisch gegen euch reden werden um meinetwillen. Freut euch und jubelt, denn euer Lohn ist groß in den Himmeln; denn ebenso haben sie die Propheten verfolgt, die vor euch waren.

INDEX